Misterios, anécdotas y leyendas de la Comunidad de Madrid

Misterios, anécdotas y leyendas de la Comunidad de Madrid

José Felipe Alonso Fernández-Checa

EDICIONES LA LIBRERÍA

C/ Arenal, 21
28013 Madrid
Telf.: 91 541 71 70
Fax: 91 542 58 89
E-mail: info@edicioneslalibreria.com

Fotografías: J. Felipe Alonso y Pablo Alonso
Fotografías de cubierta: Álvaro Benítez Álvez

ISBN: 978-84-9873-116-3
Depósito Legal: S-344-2011

Impreso en España/Printed in Spain

ÍNDICE

PRESENTACIÓN

Pese a que Madrid como Comunidad autónoma no tiene nada de histórico, ya que fue creada en 1983 como mera división territorial de carácter político, sus tierras sí presentan un gran pasado cultural cargado de historia y tradición. En los 178 municipios que engloban nuestra Comunidad autónoma –dejando la gran urbe a parte– se pueden encontrar desde restos prehistóricos hasta búnkeres de la Guerra Civil, pasando por calzadas romanas, atalayas árabes, castillos y monasterios medievales y un largo etcétera que nada tienen que envidiar a comunidades y regiones que, al menos en apariencia, tuvieron una mayor importancia en el pasado. Madrid es por lo tanto un gran crisol cultural, y un claro ejemplo de la enorme riqueza que nuestros antepasados a lo largo de los siglos han ido aportando a esta «nación de naciones».

Pero no todo son elementos arquitectónicos, ya que Madrid es también una tierra de hombres ilustres. Aquí nacieron o vivieron personajes como Francisco Jiménez de Cisneros, natural de Torrelaguna, fundador de la Universidad de Alcalá de Henares (Complutense), una de las más importantes de Europa en el siglo XVI; Miguel de Cervantes, nacido, o al menos bautizado, en la misma Alcalá de Henares y autor del inmortal Quijote; los grandes escritores del Siglo de Oro Lope de Vega y Francisco de Quevedo, cuyas correrías por la entonces provincia madrileña se pueden apreciar en *El Buscón*, y en la propia vida del maestro que estudió en la universidad alcalaína; don Íñigo López de Mendoza, más conocido popularmente como el marqués de Santillana; el Arcipreste de Hita, quien confiesa que ha nacido en Alcalá de Henares; el héroe de Cascorro; los héroes anónimos del dos de mayo…, y alguno más desconocido popularmente que tiene su hueco en esta pintoresca obra; incluso bandidos del pelaje de Luis Candelas y otros que tuvieron en la Predriza, durante el siglo XIX, tanta importancia como las venturas y desventuras que nos han contado de Sierra Morena.

Por desgracia el Madrid del siglo XXI no trata con demasiado respeto el legado de siglos y siglos de historia. A pesar de que algunos municipios cuidan su patrimonio con el fin de mostrarlo orgullosos a todo aquel que quiera visitarlos, muchos otros prefieren alterarlo o incluso destruirlo en aras del progreso y la modernidad, que en el fondo no es más que especular y prostituir su propia historia con un afán lucrativo sin darse cuenta de que su actitud esta privando a las futuras generaciones de disfrutar de una herencia que haría que estuvieran orgullosos de su patria, porque esta, al fin y al cabo, no es el país en el que habitas, sino el lugar en el que resides.

Diego ALONSO
Historiador
Madrid, 2011

INTRODUCCIÓN

La Comunidad de Madrid es un caleidoscopio de sorpresas cuando se mira intensamente más allá de un primer vistazo. Todos conocemos las principales poblaciones, o mejor aún, ciudades, que componen esta región. Todos hemos visitado alguna vez, o podemos hablar de Aranjuez, El Escorial, Móstoles, Fuenlabrada, Alcalá de Henares…, pero qué poco conocemos de los más de cien municipios que se extienden por los 8021 km^2 que ocupan el centro de la península Ibérica. Nada, o muy poco sabemos, de lugares como La Acebeda, Cervera de Buitrago, El Atazar, Bustarviejo, Miraflores de la Sierra, Buitrago, Soto del Real, Carabaña, Tielmes, Pezuela de las Torres, Villalbilla, Corpa, Daganzo de Arriba –no existe el de Abajo–, Estremera, Perales… Precisamente esas antiguas aldeas que hoy en numerosos casos se han convertido en pequeñas localidades con municipio propio, a veces compartido entre dos o tres asentamientos, es lo que hace más rica esta tierra. Por ello este libro está dedicado a descubrir aspectos de todas ellas que rayan, en numerosas ocasiones, en lo legendario, tanto en su propio nombre como en su origen, o en sus creencias y tradiciones. Las hay marianas, con multitud de apariciones de vírgenes en los márgenes de los ríos, caminando por sus aguas, en lo alto de una montaña, enredadas entre las ramas de un árbol, o junto a un pozo. Costumbres ancestrales como el refugio en cuevas para combatir a los romanos, o en castillos para luchar contra el árabe invasor. ¡Qué decir de las atalayas que estos construyeron! O de la mística idea de que el monasterio de El Escorial tapaba una entrada al infierno. La aparición de celos por amor, con una encina cuyo fruto promete o no la felicidad conyugal; e incluso un viajero que visitó las fuentes del Nilo antes de que lo hiciesen estadounidenses e ingleses. Luchas contra otro invasor, las tropas napoleónicas; o el avistamiento de objetos volantes no identificados. La presencia de hadas, elfos y duendes; los cocos y las damas blancas que recorren algunas de nuestras carreteras secundarias... Todo eso y más es lo que guarda esta Comunidad en su seno, y es de lo que las próximas páginas quieren aportar, buscando su protagonismo. Ni más ni menos. Tan solo apunto las leyendas para que cada lector se sienta involucrado en su descubrimiento por sí mismo, creando en su imaginación un interés que convierta esta obra en algo más que un mero texto de relación.

Con esa intención está escrito desde el cariño que uno siente por su Comunidad, que gracias a estas páginas he descubierto, porque tampoco yo conocía qué era lo que se movía por debajo de la mera observación de carteles en una carretera con tal o cual nombre que anuncia un municipio próximo.

No quiero acabar sin mostrar mi agradecimiento a todas aquellas personas que han aguantado estoicamente mis preguntas sobre tal o cual hecho de su pueblo; a aquellos ayuntamientos que se han prestado activa y agradablemente a mi investigación, así como a aquellos que no lo han querido hacer, que de todo ha habido, pues precisamente estos últimos me han espoleado más a continuar investigando. A todos ellos muchas gracias, porque sin ellos estas páginas que usted ahora tiene en sus manos no hubiesen salido a la luz. Gracias.

J. Felipe Alonso

La Acebeda

CEBEDEÑO

Este pequeño municipio situado en la zona norte de la Comunidad, al pie de la sierra de Somosierra, cerca del puerto de La Acebeda, de 1686 m de altura, cruzado por numerosos arroyos que provienen de las montañas, no posee una leyenda que lo identifique, aunque en el romancero tradicional madrileño se acusa a sus «mozos» de ser bastante hábiles con la navaja y pendencieros.

Los mocitos de El Cuadrón,
gastan la fajita ancha,
los mozos de La Acebeda,
se cosen a puñaladas.

Pero no todo es tan escabroso, ya que La Acebeda guarda una enigmática presencia que si se mira más con los ojos del corazón que con los de la cara se podrá apreciar por aquellos que aún no han perdido la ilusión.

Los vecinos del lugar saben que el nombre de la población proviene de su propio entorno, de la impresionante cantidad de acebos que años atrás se podían encontrar en sus tierras y que hoy en día, entre los bosques de pinos, robles y fresnos, pueden aún verse. Muchos de ellos son de carácter centenario. Sirva como ejemplo destacar que en el año 1987 la Consejería de Agricultura de la Comunidad de Madrid catalogó un ejemplar que tenía doce metros de altura.

La localidad fue fundada en tiempos de la Reconquista, cuando algunos pastores del municipio de Horcajo de la Sierra, muy próximo, que hacían sus rutas de trashumancia con el ganado por esas tierras, comenzaron a construir cabañas al borde de la cañada real en una colina poblada por miles de acebos, utilizando su madera unida al barro y a la piedra.

A partir de ese instante el lugar pasó de ser una zona de paso a una parada para reponer fuerzas, y posteriormente a un asentamiento en la ruta del ganado, dependiente de la Comunidad de la Villa y Tierra de Buitrago. El territorio se regía por unas ordenanzas que lo dividían en

Tipo de una de las primeras cabañas que en este lugar se construyeron.

cuartos, y La Acebeda pertenecía al de Horcajo junto a las aldeas de Madarcos, Piñuécar, La Nava y Bellida.

Aparece reflejada como una pequeña aldea en el *Libro de la montería* de Alfonso XI con el nombre de Acevediella.

A lo largo de su existencia ha pertenecido siempre al señorío de Buitrago, hasta la abolición de este a principios del siglo XIX.

Decíamos que hay que mirar con los ojos del corazón más allá de la iglesia de San Sebastián y del santuario de la Fuente del Saz, y recrear la mirada entorno a las pequeñas cascadas de la dehesa, porque allí, cuando uno se lo merezca y recorra con su vista de ilusión de niño el entorno, puede que descubra a un pequeño ser de la naturaleza, a un elfo joven, de gran belleza que aparece con su cabeza cubierta por un gorro coronado por una bola roja. Muy alegre se muestra, jovial, y con una sonrisa sincera que proyecta a todos los que le ven. Es muy amante de una cancioncilla popular que le muestra la amistad de quien le llama.

> En invierno mis hojas son verdes,
> cuando otros el pardo prefieren.
> De todos los árboles
> (como dice la rima)
> el acebo la corona lleva.
> Los días de diciembre ya llegan,
> y yo marcharé a la ciudad,
> donde los villancicos suenan.
> De todos los árboles
> (¡callad y escuchad!)
> el acebo la corona lleva.

Y a él se puede pedir ayuda y consejo, que con buena gana ofrecerá ambos apoyos.

Ajalvir

AJALVIREÑO

Aunque se puede buscar el origen del nombre de Ajalvir en una tradición culta, de la que más tarde nos ocuparemos, es mucho más interesante, ya que raya en lo legendario, la hipótesis que aportan diferentes autores, entre ellos Andrés Marín.

Estamos a principios del siglo X, y en un valle se cultivaba el ajo, que se cosechaba en grandes cantidades con poco esfuerzo. Con el fin de cuidar la recolección de esta planta los árabes construyeron dos pequeñas cabañas, junto a las que pronto se añadieron otras, hasta formar un conjunto, una aldea, que por estar en el centro de un «ajal», recibió el nombre de Ajalvir. Sin embargo en el romancero popular madrileño se habla de las aceitunas y no de los ajos, como producto agrícola de Ajalvir.

> En Ajalvir la aceituna,
> que es comida regalada,
> en Daganzo,
> el buen garbanzo.

No obstante ya decíamos antes que este municipio ubicado en la comarca de Alcalá de Henares tiene una raíz mucho más culta, ya que se hace provenir etimológicamente del árabe *al-jaloui* que puede traducirse como «aislado, retirado, apartado», aunque el profesor Jiménez de Gregorio apunta que proviene del árabe *fayy albir,* es decir «camino ancho entre dos montañas», que se ajusta a su orografía, ya que la población está enclavada en un valle rodeado de colinas.

Lo cierto es que cualquiera de las dos vale para explicar el topónimo del lugar, pero a nuestro juicio es mucho más divertida y popular la primera que la sesuda segunda.

En cuanto a la fundación de la población, Rodrigo Malo González en el libro *Guía del visitante de la iglesia de la Purísima Concepción,* perteneciente a las Guías Artísticas de la Diócesis de Alcalá de Henares, dice que es posible que la villa existiese a mediados del siglo VIII, como una aldea fundada por los musulmanes llegados a esas tierras desde Alcalá. Posteriormente y tras la toma cristiana de Alcalá y de Madrid (Magerit) se repobló la zona. En el municipio hay gran número de cuevas que comunicaban manzanas enteras de la población, y que se han considerado como un extraordinario sistema de defensa, ya que forman una red laberíntica en la que es fácil perderse. Se ha encontrado algún resto romano y visigodo, pero parece ser que están más de acuerdo con su origen las tesis del asentamiento musulmán.

En las *Relaciones topográficas* de Felipe II de 1574 aparece mencionada esta población como «villa, cámara de la dignidad arzobispal de Toledo de tiempo inmemorial a esta parte, de que no hay memoria al contrario, y tiene horca y picota como tal villa de tiempo inmemorial a esta parte, y que han oído decir que en el becerro de la iglesia mayor de Toledo está la declaración de cómo es villa, y cámara del arzobispado de Toledo».

En 1579 Ajalvir fue vendido a Baltasar Castaño, pero el pueblo pidió a la Corona ejercer su derecho de tanteo, y al final fue comprado por los propios vecinos, haciéndose así con su propia jurisdicción, tras pagar 295 467 maravedíes a la Tesorería Real. La carta de privilegio obtenida de esta forma por la localidad fue refrendada años más tarde por Felipe V (1719) y Fernando VII (1812).

Esta acción de los vecinos está reflejada en las *Relaciones de Lorenzana* de 1782: «... Después dicho señor rey la vendió para los fines de la guerra que tenía a Baltasar Castaño, residente en la Corte y después por los vecinos que entonces había (que eran ciento setenta y seis) se tantearon aprontando su importe y después de hallarse señores de sí mismos se presentaron a Su Majestad dicho señor rey don Felipe Segundo, como consta del real privilegio, dado en el real sitio de San Lorenzo en nueve de julio de mil quinientos y ochenta y seis, y confirmado por el señor don Felipe Quinto en cédula que dio en Madrid a quince de diciembre de mil setecientos y diez y nueve...».

Como curiosidad podemos destacar una tradición ya perdida como era la celebración de carreras de caballos, en las que los jinetes trataban de alcanzar las naranjas que colgaban de cuerdas en la plaza Mayor durante la fiesta de Santa Águeda.

Y de esa tradición perdida a un hecho mucho más moderno. La sorpresa que se llevaron los vecinos de Ajalvir cuando en 1998 la secta o religión, según quién se refiera a ellos, de los Testigos de Jehová, decidió abrir allí su casa principal en España, como un lugar idóneo para sus meditaciones y retiros. A partir de esa fecha el lugar se ha convertido en una de las plataformas fundamentales para la expansión europea de esta congregación.

Allí han construido un centro enorme, con varios edificios de viviendas, una clínica deontológica, diversos servicios sociales, una imprenta, una biblioteca y una sala de conferencias con más de dos mil plazas.

Los Testigos de Jehová son un movimiento de corte milenarista fundado por Charles Russell (1852-1916), presbiteriano norteamericano preocupado por la idea del retorno de Cristo. Su fe se basa en un pesimismo fundamental: el mundo está dominado por Satanás; no existe culto alguno, incluso el bautismo que realizan por inmersión es un gesto meramente simbólico. Interpretan libremente la Biblia, niegan la Trinidad, la inmortalidad del alma y el infierno. Solamente los elegidos entrarán en el paraíso, los demás volverán a la Tierra renovada dentro de un reino que durará para siempre. Como siguen la palabra de la Biblia hasta sus últimas consecuencias, mantienen la objeción de conciencia y no admiten las transfusiones de sangre. Inicialmente el movimiento anunció la llegada de Cristo para 1874, y el inicio del reinado para 1878. después de este fracaso, la Watchtower, sociedad anónima internacional que gobierna la sociedad, fijó el año 1918 como fecha del fin del mundo. Al no acertar ninguna de sus predicciones hablan de un cambio en el mundo, de un mundo nuevo a partir de las profecías por ellos realizadas, y no de la finalización, sino del nacimiento de una nueva era.

El nombre de Ajalvir proviene del cultivo del ajo.

Alameda del Valle

ALAMEDANOS

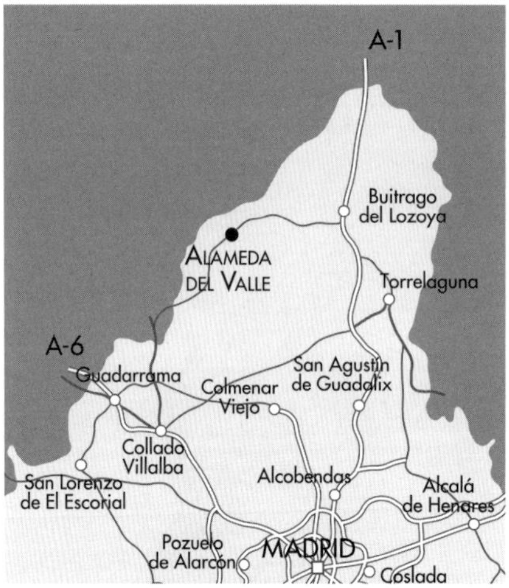

Pasando yo una mañana
El puerto de Malangosto
Asaltome una serrana
Tan pronto asomé mi rostro.
Desgraciado, ¿dónde andas?
¿Qué buscas o qué demandas
Por aqueste puerto angosto?
Contesté yo a sus preguntas:
Me voy para Sotos Albos.
Dijo: El pecado barruntas
Con esos aires tan bravos
Por aquesta encrucijada
Que yo tengo bien guardada
No pasan los hombres salvos.
Plantóseme en el sendero
La sarnosa, ruin y fea,
Dijo: ¡Por mi fe, escudero!
Aquí estaré yo queda;
Hasta que algo me prometas
Por mucho que tu arremetas,
No pasarás la vereda.
Díjele: Por Dios vaquera,
No me estorbes la jornada
Deja libre la carrera,
Para ti no traje nada.
Me repuso: Entonces torna,
Por Somosierra trastorna,
Que aquí no tendrás posada.

Así cita el Arcipreste de Hita el puerto de Malagosto en el *Libro de buen amor* (siglo XIV), cuando habla de la séptima dama: la serrana vaquera, Chata de Malangosto. (*Cantiga de la serrana de Malangosto*).

La importante alameda que crece a orillas del río Sauca y su posición en el valle alto del río Lozoya, dan nombre a este municipio perteneciente a la comarca de la Sierra Norte madrileña, muy cerca del citado puerto de Malagosto. No obstante conviene señalar que el topónimo proviene del vocablo árabe *al-hameda* como se conocía a esta población en la Edad Media antes de la repoblación cristiana. De esa época hay varios documentos donde se menciona esta aldea. Por ejemplo, Alfonso X el Sabio, en 1273 concedió exenciones tributarias a los que *«moran o moraren»* en las alberguerías del puerto de Malagosto. El *Libro de la montería* de Alfonso XI nombra también el puerto y las cabañas existentes a su pie.

Las ordenanzas de Segovia de 1302 que apuntan a la repoblación de las zonas existentes entre la sierra de

Guadarrama y los campos del Jarama, hablan del «Vall de Lozoya» y lo dividen en cuatro cuadrillas: Rascafría, Oteruelo, Alameda y Pinilla, obligando a caballeros, dueños, escuderos y doncellas a que adquiriesen sus tierras. Para poder adquirir un terreno o quiñón en este valle se debía construir una casa y tener un caballo propio, de acuerdo con las ordenanzas dictadas por el concejo de Segovia.

Alameda del Valle queda integrada en el sexmo de Lozoya. Término utilizado para denominar una agrupación de pueblos. Siendo este sexmo uno de los diez que constituyen la Comunidad de la Ciudad y Tierra de Segovia, formada por cerca de doscientas aldeas de mayor o menor tamaño. Esta organización sociopolítica y económica tuvo por objeto el disfrute y aprovechamiento en común de los vastísimos territorios reconocidos y confirmados por los monarcas castellanos a los segovianos como recompensa por sus ayudas en las luchas contra los árabes. Durante el siglo xvii se producen diversas tensiones entre las localidades integradas en el sexmo del valle de Lozoya y el monasterio de El Paular, que se ve favorecido por los derechos que le otorgan los respectivos monarcas, de tal forma que se dicta una Real Disposición por la que se segregan del sexmo las localidades de Pinilla, Oteruelo, Rascafría y Alameda del Valle, para otorgárselas al monasterio. Más tarde, un acuerdo de 1677 modifica los términos garantizando el aprovechamiento de los pastos a los vecinos del sexmo. En 1833, Alameda del Valle deja de pertenecer a Segovia y se incorpora a la provincia de Madrid.

El municipio cuenta con varias leyendas o tradiciones muy interesantes, y generalmente poco conocidas, relacionadas con las creencias religiosas, de las que existen en abundancia en las poblaciones que conforman la Comunidad de Madrid.

La ermita de la Virgen de Santa Ana nos ofrece la primera de ellas. Se trata de una tradición que se remonta al siglo xiv, y relata que un pastor de Oteruelo cuidando del ganado encontró una imagen de la Virgen en unas peñas situadas entre el cauce del riachuelo de Santa Ana que desciende desde la Morcuera y desemboca sus aguas en el Lozoya. La llevó a su pueblo, pero la imagen desapareció y fue encontrada de nuevo en aquel peñasco. Al intentar llevársela de nuevo, comprobó que no podía con ella, pues era muy pesada. Tampoco pudo moverla usando un carro, pero si la movía en dirección hacia Alameda, sí podía desplazarla. Entendió entonces que la imagen, formada por una talla de la Madre de María que llevaba en sus brazos a su Hija y esta a su vez al

Paisaje propio de Alameda del Valle.

Niño Jesús, quería ir hacia esa población y así lo hizo. Entonces se construyó una ermita en el monte para que la albergara. En el periodo de la Guerra Civil, la Virgen desapareció al ser escondida para evitar su destrucción, y al finalizar la contienda fue colocada en una capilla en la iglesia parroquial donde permanece actualmente, aunque a tres kilómetros del pueblo existe la ermita de Santa Ana en el monte del mismo nombre.

Otra tiene que ver con la patrona de la localidad, Santa Mariana, y cuenta cómo esta joven de quince años, hija del gobernador de Roma en Limia, fue abandonada por su padre al enterarse que era cristiana. Un tal Olibrio, prefecto de Roma, se encontró con ella y le planteó su amor, a lo que la joven se negó. Por ello la mandó encarcelar y torturar. Como no consiguió doblegarla, ordenó finalmente que muriese decapitada. Cuenta su historia que en el momento del martirio se le aproximó una paloma blanca que le traía una cruz de oro.

Santa Marina, Patrona de Alameda
que por la fe tu vida se entregó,
testimonio de Cristo,
testimonio de fe, fuerza y valor.
Santa Marina, Patrona de Alameda,
de este tu pueblo sé siempre protección
protégenos del mal,
protégenos del odio y la ambición.

También encontramos aquí la tradición de los *atravesaos,* que más que una leyenda se trata de una curiosidad relacionada con la iglesia parroquial de Santa Marina Virgen y Mártir. Con motivo de acondicionar el techo de una de sus capillas, se iniciaron en el siglo XVIII unas obras que llevaron al empleo de diferentes vigas de madera. Una de ellas tenía un tamaño superior a las demás y era más grande que la puerta por la que se quería introducir en la iglesia. Para tal fin y viendo la imposibilidad de hacerla entrar, se compró aceite, cuentan que hasta diez arrobas, y con él se barnizó la viga, que siguió sin deslizarse por la puerta ni doblarse un poco para permitir su acceso a la iglesia. Ante ello fue desechada al comprobar que lo único que se podía hacer con ella era que se quedase atravesada en la entrada del templo. De ahí viene esa tradición de que se hable de los habitantes de Alameda del Valle como de los *atravesaos.*

El Álamo

ALAMEÑO

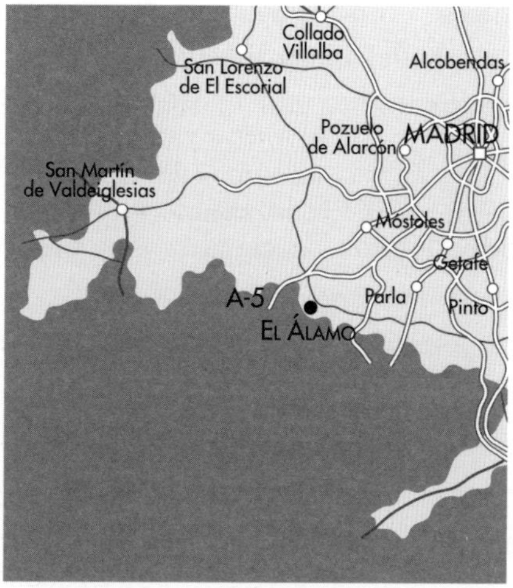

La sombra de un gran álamo negro, o de dos, según la fuentes que se consideren, y la existencia junto a él, o a ellos, de una venta en una zona de paso de arrieros, lugar de parada habitual al borde del camino de la Extremadura, regentada por un tal Toribio Orgaz, o Toribio Alonso –e incluso Toribio Fernández Moreno–, dio origen a que algunas cabañas se levantasen a su alrededor, hasta crear de esta forma una aldea que era conocida como la Venta del Álamo, y más tarde simplemente como El Álamo.

Aun cuando se considera esta historia como real, lo cierto es que debemos hablar de la repoblación llevada a cabo por los habitantes del concejo de Segovia de la zona sur de la sierra tras la reconquista de esas tierras alcanzada por el rey Alfonso VI en el año 1085. Así aparecen numerosas poblaciones que más tarde se han ido integrando en las provincias de Segovia, Madrid y Toledo. Con el fin de favorecer estas repoblaciones de tierras que han quedado desiertas por los conflictos o por otra serie de circunstancias, incluidas las plagas, se originan los denominados «sexmos», es decir, tierras a las que se emigra para aprovechar sus recursos, y que incluyen un número determinado de aldeas. La Venta del Álamo queda incluida en el sexmo de Casarrubios del Monte.

Posteriormente, Isabel la Católica concede las tierras donde se ubica la venta como señorío a su mayordomo, Gonzalo Chacón, en reconocimiento a los servicios prestados a la corona. Bajo esta familia permaneció El Álamo durante los siglos XVI y XVII, hasta que obtuvo el privilegio de villazgo en 1662. No obstante, su estatus no cambiará ya que en el siglo XVII aparece como señorío del conde de Miranda y duque de Peñaranda. Situación que se mantiene hasta la desaparición de los señoríos a principios del siglo XIX.

Una de las curiosidades que tiene este municipio es su recuerdo de la Edad Media. Los alameños celebran una tradicional Feria Medieval en mayo a la que acuden artesanos de toda España. Aquí puede apreciarse por unos días cómo era el Medioevo español, con un mercadillo tradicional, representaciones teatrales, aparición de dragones, aquelarres...

Posiblemente por su ubicación en una zona limítrofe en la frontera de la Reconquista camino de la Extremadura, es por lo que desde 1998 se ha tomado con ganas por parte de todos sus habitantes la celebración de la Feria Medieval, que ha pasado de ser un mero festejo comercial a algo más, una representación total.

Al despuntar mayo, el pueblo se engalana con recuerdos medievales. Allí se dan talleres de oficios que enseñan cómo se desempeñaban estos en la Edad Media; se venden ungüentos y remedios curativos a base de hierbas; huyendo de la Iglesia y de su persecución pueden verse pasear por el pueblo supuestas brujas; se puede comprar y degustar té y pastelillos árabes en un zoco... Así como comprobar cómo ajustaban sus cuentas los caballeros medievales y cómo impresionaban a sus damas midiendo sus lanzas y espadas en los torneos.

El ambiente medieval lo envuelve todo. Paseos de caballeros sobre las monturas engalanadas con sus colores, acompañados por pajes hacia las tiendas de campaña donde clavan sus lanzas con los pendones representativos de cada uno. La Justicia recorriendo las calles con algún reo que condenar; representaciones circenses, teatrales, música de la época...

Por un momento y por unos días, el Medioevo se hace dueño de una moderna población que en mayo abandona la modernidad para sumergirse en el pasado. En un pasado que no parece que precisamente haya sido el suyo.

Alcalá de Henares

ALCALAÍNO

Situada en la cuenca del río Henares, al este de la Comunidad, se encuentra la *Ikesankom Kombouto* o *Iplacea* celtíbera, tomada por los romanos que le pusieron el nombre de *Complutum*. Aunque la etimología exacta de esta palabra se desconoce, existe la hipótesis de que puede significar «confluencia de aguas», del latín *confluvium*. Esta denominación vendría dada por ser una tierra donde confluyen los ríos Henares, Camarmilla y Torote. Cuando la ciudad visigoda fue ocupada por los árabes, trasladaron su núcleo urbano a las colinas existentes al otro lado del río Henares. Le pusieron como nombre *Al-qal'a*, es decir «el castillo o fortaleza». De ahí que se suela hablar de una concepción etimológica de Alcalá de Henares como del «castillo sobre el río Henares».

El nombre del río Henares parece provenir del latín, ya que en época romana se lo denominaba *Faenarius*, es decir «río que atraviesa campos de heno».

La historia de la fundación de la ciudad es por lo tanto muy antigua, los restos arqueológicos encontrados en su municipio corresponden al Paleolítico. Posteriormente y perteneciente a la Edad del Hierro, se ha hallado un castro celtibérico en la cuesta de Zulema. Pero el primer asentamiento ibérico es el de Iplacea.

La conquista romana de la Península crea la población de Complutum, que aparece mencionada en el año 80 antes de Cristo durante las guerras entre Sertorio y Pompeyo, y a la que en época de Augusto se considera como de gran importancia estratégica por ser un nudo de comunicaciones, ya que por ella pasaban un total de veintitrés calzadas. En un principio se habla de una red de fortificaciones en el cerro del Viso, y posteriormente, ya en el siglo II, se puede encontrar un asentamiento al pie del cerro, comenzando a crearse lo que conformaría como una verdadera población romana.

La llegada de los visigodos dotó al lugar de una mayor importancia, hasta el punto de contar con la sede de un obispado.

Como pueblo que ocupa un lugar estratégico en el centro de la Península, los árabes también lo entendieron así y construyeron una fortificación en la falda del monte Ecce Homo, al otro lado del río, desde donde podían defender el camino de Zaragoza a Toledo. Hay constancia de que en el siglo x hubo un asedio de cristianos leoneses que querían atacar Guadalajara y que fueron derrotados por las fuerzas musulmanas librando del asedio a los habitantes de *al-Qul'aya*. Ya en los primeros años del siglo xi, la antigua Complutum aparece mencionada en las crónicas islámicas como *Qal'at Abd-al Salam*, que suele traducirse como «Castillo de Abd al Salam», lo que denota la consideración que tenía. Su fuerza era importante, como demuestra que pese a los intentos cristianos de ocupar esa zona tras la conquista de Toledo por parte de Alfonso VI en 1085, Alcalá se mantuviese bajo dominio musulmán hasta que en 1118 las tropas al mando del arzobispo de Toledo, Bernardo de Sedirac, consiguió rendir la plaza.

La población pasó de ser una comunidad a un señorío eclesiástico, lo que le valió gran número de privilegios. Su nombre evolucionó desde Burgo de Santiuste, Alcalá de Santiuste, Alcalá de San Justo y Alcalá de Fenares, en el siglo xiv, hasta llegar al conocido actualmente como Alcalá de Henares. Su judería fue muy famosa en Castilla por su importante mercadería. No obstante será en 1508 cuando se abra la Universidad Complutense o Universidad de Alcalá, gracias a la acción del cardenal Cisneros, cuando se suma a su situación estratégica y comercial, el aporte cultural, contando con la participación de personalidades como Antonio de Nebrija, padre de la Gramática Española, o con el nacimiento del escritor más importante de todos los tiempos, Miguel de Cervantes, el 29 de septiembre de 1547. Aunque no se sabe con seguridad si Cervantes nació en Alcalá, sí que se puede garantizar que fue bautizado en la parroquia de Santa María la Mayor de esta localidad madrileña, el 9 de octubre de 1547, como refleja su acta de bautismo.

> Domingo, nueve días del mes de octubre, año del Señor de mill e quinientos e quarenta e siete años, fue baptizado Miguel, hijo de Rodrigo Cervantes e su mujer doña Leonor. Baptizóle el reverendo señor Bartolomé Serrano, cura de Nuestra Señora. Testigos, Baltasar Vázquez, Sacristán, e yo, que le bapticé e firme de mi nombre. Bachiller Serrano.

Tampoco debemos olvidarnos de otro alcalaíno ilustre, otro literato anterior a Cervantes. Se trata de Juan Ruiz, Arcipreste de Hita, autor del *Li-*

bro de buen amor, del que se desconoce fecha de nacimiento y fallecimiento, aunque sí que en 1315 ya no era arcipreste. Y podemos afirmar que era de Alcalá de Henares, dado que es el mismo autor quien lo menciona en su copla 1510, dentro de la decimocuarta dama: la Mora.

> Hija, mucho os saluda uno que es de [Alcalá
> Y os envía una zodra con aqueste alabalá;
> El Señor os protege, muchas riquezas ha.
> Tomadlo, hija, señora. La mora: leguálá.

Tampoco hay que olvidarse de Quevedo, quien estudió en la Universidad Complutense, vivió en Alcalá y dejó su impronta en la población protagonizando diferentes sucesos. En su obra *El Buscón* hay numerosas referencias alcalaínas, sobre todo referidas al comportamiento de los estudiantes.

> De la entrada de Alcalá, patente burlas que me hicieron por nuevo.

En 1678 el rey Carlos II concedió a Alcalá el título de ciudad. Aunque se habla de una cierta decadencia de la población a lo largo del siglo XIX, lo cierto es que siempre ha mantenido una posición interesante en la provincia y posterior Comunidad de Madrid. Hasta tal punto que en 1998 su casco histórico y su universidad fueron declarados Patrimonio de la Humanidad por la UNESCO.

Como toda población de larga historia, posee multitud de curiosidades y leyendas. De todas ellas mencionaremos algunas y haremos un especial hincapié en las que nos parecen más interesantes.

En primer lugar hay que referirse a la *fundación de Iplacea*. Cuenta la leyenda que un grupo de troyanos que se escaparon de la debacle de su guerra contra los griegos, llegaron con sus naves a las costas levantinas y desde allí al interior de la meseta, donde realizaron un asentamiento en las laderas del cerro de San Juan del Viso, donde fundaron una población a la que pusieron por nombre Iplacea. Aunque queda en manos de las tradiciones legendarias de Alcalá, conviene recordar que en esa zona se han encontrado monedas griegas.

A continuación relataremos algunas de las leyendas que en el municipio alcalaíno se han relacionado con las cuevas que en él existen. Así encontramos la cueva del Zulema, en el cerro de San Juan del Viso, donde se afirma que existe un palacio lleno de tesoros, que nadie ha visto, porque aquellos que han intentado su exploración no han regresado. No obstante hay una tradición árabe que señala que en ese lugar Muza encontró gran cantidad de joyas y la llamada Mesa de Salomón, que llevó a Damasco y la colocó a los pies del Califa. Sobre esto hay un

Restos de la atalaya árabe existente en Alcalá la Vieja.

breve relato del historiador árabe Ibn Abd al-Hakam (885) que señala que fue localizada, la Mesa de Salomón, en un lugar a dos días de Toledo dirección a Guadalajara, coincidente con Alcalá (Complutum), en la cuesta del Zulema. Otra de cuevas es la de los Gigantes, que se encuentra en el cerro de la Vera Cruz, y que se cree que comunicaba el castillo de Alcalá con la fortaleza de Santorcaz, y que en ella vivían gigantes. También hay que mencionar las relacionadas con los cerros, como es el caso del de la Vera Cruz, relacionado con la toma de Alcalá por parte de las fuerzas del arzobispo de Toledo, Bernardo; o el cerro Malvecino, por el lugar en el que los cristianos colocaron sus artilugios de guerra en 1113 para atacar la fortaleza árabe.

Pero como toda población cristiana de realengo, Alcalá no se puede escapar a tener una leyenda que la una a la Virgen, o una tradición que la vincule a algún santo o martirio. En estos casos contamos con la *Leyenda de la Virgen del Val*, así como con el *Martirio de los niños Justo y Pastor*. Ambos hechos son, posiblemente, los más conocidos de la tradición alcalaína.

La *Leyenda de la Virgen del Val* relata el hallazgo, en 1184, de una talla de la Virgen, aunque los estudios de Francisco Viana, Raquel y Lourdes (ver el libro *Alcalá de Henares: historia, tradiciones y leyendas*) dan como fecha más probable el año 1348. Según recoge la tradición, un labrador que estaba preparando su campo para la siembra cayó al río próximo, y cuando la corriente lo arrastraba apareció la imagen de la Virgen con el Niño a la que se aferró y con la que ganó la orilla. Cuando accedió a la ribera comprobó que la Virgen había desaparecido.

Pese a no entender lo ocurrido dio gracias a Dios y a la Virgen, lo que repetía siempre que iba a esas tierras. Ocurrió que otro día se encontraba arando en el mismo lugar y el arado se atrancó en la tierra. Excavando para liberar el útil de labranza, encontró una escultura de alabastro de la Virgen con el Niño en brazos. Cogiéndola en sus brazos se la llevó a su amo, quien la colocó en una habitación de

Virgen del Val.

la casa para que protegiese a su familia, pero al día siguiente la talla había desaparecido. Preguntado el criado si este la había cogido, y ante la negativa del labrador acudieron todos al lugar donde fue encontrada en un principio, y allí estaba encima de un árbol próximo. Ante este hecho, comprendieron cual era el mensaje y se decidió construir en ese lugar una ermita que cobijase la escultura. La zona era conocida como El Valle, de donde proviene el primer nombre, Virgen del Valle, y posteriormente Virgen del Val. Se la considera la protectora de Alcalá y se afirma que ha intervenido para ayudar a los alcalaínos en las diferentes calamidades que ha sufrido esta población a lo largo de su historia.

En cuanto a la tradición de los santos niños Justo y Pastor vinculada con Alcalá de Henares, lo mismo que con otras poblaciones próximas, como Los Santos de la Humosa y Tielmes, cuenta que en tiempos del emperador Diocleciano, sobre el año 303, vivía en Complutum una viuda y sus dos hijos llamados Justo y Pastor, de siete y nueve años respectivamente. Eran hijos de san Vidal, soldado romano que fue martirizado en el año 293 por no renunciar al cristianismo. Un día, al salir de la escuela oyeron a los soldados pregonar la prohibición dictada por Diocleciano de que los cristianos pudiesen ejercer libremente su religión. Para protestar por ello se presentaron ante la puerta de la casa del gobernador de la ciudad, Daciano. Tras la negativa de la guardia a dejarles entrar y ante la protesta de los niños y la acumulación de personas que querían saber qué ocurría, el gobernador los recibió. Ambos confesaron ante Daciano que eran cristianos y que no estaban dispuestos a renunciar a su fe. El romano ordenó que los azotasen como escarmiento y que los encarcelasen como castigo. Como siguiesen insistiendo, el gobernador decidió que se los decapitase, pero que se hiciese a escondidas para evitar tumultos. La sentencia se cumplió fuera de la ciudad, y cuando los habitantes de Alcalá se enteraron del hecho, acudieron en

Martirio de los santos niños Justo y Pastor.

tropel ante la casa del gobernador que huyó de la localidad.

Hasta aquí la historia del martirio, y ahora comienza una parte de leyenda. Los restos de los niños no fueron encontrados, y, naturalmente, su hallazgo se produjo de forma milagrosa en el siglo v, cuando el arzobispo de Toledo, Asturio Serrano, llegó a Alcalá para descubrirlos gracias a una visión celestial que le señaló el lugar del enterramiento. En aquel lugar se construyó una capilla para albergar las reliquias. Cuando llegaron los árabes, los restos fueron trasladados primero a Guadalajara y después a Narbona, y más tarde a Huesca, ya en pleno siglo xv. Ante la petición del arzobispo de Toledo, señor de Alcalá, de que les fueran devueltas las reliquias, y tras la orden dada por Felipe II de que así fuera, los restos de los niños Justo y Pastor llegaron de nuevo a la ciudad donde habían sido martirizados el 7 de marzo de 1568.

No podemos despedirnos de Alcalá de Henares sin tener un recuerdo hacia su universidad, a esas aulas fundadas por Cisneros y por las que han pasado personajes de la talla de Ignacio de Loyola, Francisco de Quevedo, Félix Lope de Vega, san Juan de la Cruz, o Antonio de Nebrija, entre otros. Pero no es de ellos y de otros muchos de los que vamos a hablar, sino de la situación que en el siglo XVII tenía este centro universitario en el que se daba enseñanza superior a cualquier clase social, sin importar la capa de la sociedad de la que proviniese el estudiante. Así aparecen diferentes grupos de jóvenes estudiantes, que en función de su situación de origen y estudios que realizaban tenían un nombre característico.

Por ejemplo, estaban los *camaristas*, que pertenecían a las clases más humildes, y dado que no podían costearse una habitación en una casa o en un colegio mayor, tenían que vivir en el patio de la universidad y dormir sobre unas camas de cáñamo allí instaladas; luego estaban los *capigorrones*, que llevaban una gorra granate y que también eran de clase humilde, se costeaban los estudios haciendo recados para los estudiantes ricos o buscándoles los medios oportunos para su diversión. En tercer lugar encontramos a los llamados *repetidores* que se dedicaban a explicar y repetir las lecciones a los estudiantes más ricos, e incluso a veces acudían a los exámenes en su lugar. Y por último los *dotrinos*, los verdaderos estudiantes, los que empollaban día tras día para doctorarse en las materias que estudiaban. Junto a estas clases estudiantiles se encontraba la de los *ricos*, que iban a su propio ritmo dejando unas monedas por allí y por acá para acabar unos estudios de unas materias que en muchos casos jamás ejercerían.

Y para finalizar, recordar que el 14 de marzo de 1986, varios soldados del acuartelamiento militar de paracaidistas ubicado en la ciudad observaron antes de la medianoche una especie de estrella blancoazulada de seis picos con uno mayor que el resto, que realizó diversas bruscas maniobras antes de desaparecer en dirección a Madrid. A su testimonio, creíble o no, se suma el hecho palpable de que un caza militar apareció en el cielo siguiendo el citado ovni.

Alcobendas

ALCOBEDENSE

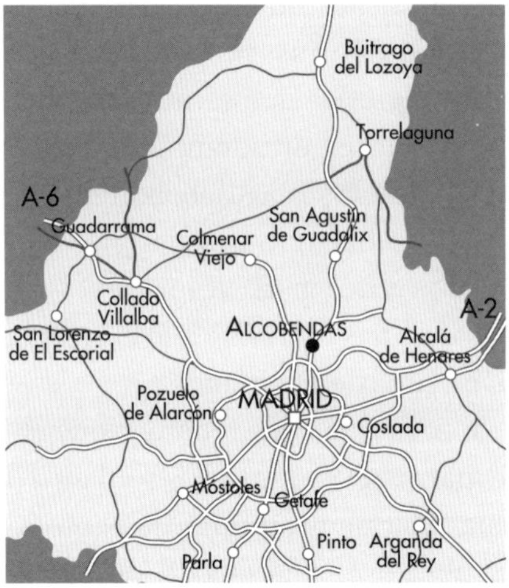

No hay una claridad de ideas sobre el origen del nombre de esta población situada al norte de la ciudad de Madrid en el camino hacia Burgos, ya que existen gran cantidad de hipótesis contrapuestas. Hay defensores de la idea de que proviene del árabe *alccoba*, que puede traducirse como «lugar de reposo», y apuntan que el ábside de la iglesia parroquial de San Pedro es una parte de los restos de una atalaya árabe, por lo que serían los musulmanes quienes fundaron la población y le dieron el nombre. Aunque la primera referencia histórica que aparece sobre Alcobendas hay que buscarla en el inicio del siglo XIII en un documento escrito en latín y fechado en Burgos el 5 de agosto de 1208. En él se habla de que el rey Alfonso VIII incorpora esta localidad a Madrid en un deslinde que hace de ese concejo con el de Segovia.

A vueltas con el nombre, Menéndez Pidal lo referencia con palabras célticas o prerromanas, y hace una derivación del término *Alcovindos*, que se traduce como «colina o cerro blanco». Así mismo, el profesor Francisco Villar lo ajusta más y habla de *Alcebindos*, como «cerro del corzo». Pero, ítem más, otros investigadores señalan que la palabra «alcoba» se empleaba en la Castilla del siglo XIII para nombrar un cuarto para pesar mercancías; e incluso ha habido quien lo ha asociado a una planta silvestre comestible.

Como vemos hay gustos para todos, así que cada uno que se quede con la que prefiera o con la que se ajuste más a sus deseos, y es que como se escribe en las *Relaciones topográficas* de Felipe II redactadas en 1580, Alcobendas es «pueblo muy antiguo, y que no tienen noticia ni saben decir quien lo fundó».

Tras la batalla de Montiel (1369), Enrique II donó a Pedro González de Mendoza el señorío de Alcobendas separándolo de Madrid, junto con Barajas y Cobeña, y perteneció a esta familia hasta 1453 cuando Íñigo López de Mendoza, marqués de Santillana, lo permutó por Torija. En 1457 fue de nuevo cambiado este territorio por el de Carmena con Diego Arias Dávila, contador mayor real de Enrique IV, y bajo esta familia, condes de Puñonrostro, hasta la supresión de los señoríos jurisdiccionales en el siglo XIX.

Antes de entrar en reseñar alguna de sus leyendas, es muy interesante y curioso el hecho de que su evolución, pasado y futuro, se encuentran unidos permanentemente a otra localidad, separada de ella tan solo por una calle ancha, denominada actualmente avenida de España. Se trata de San Sebastián de los Reyes, municipio fundado por unos vecinos de Alcobendas que huyeron a esas tierras hace más de quinientos años para separarse del señor de la comarca, Arias Dávila. Desde entonces la rivalidad ha sido constante, aunque en los últimos años del siglo XX se ha conseguido que se compartan ciertos servicios entre ambas localidades.

Como casi todos los pueblos españoles, no solo de la Comunidad de Madrid, cuenta con una seudoleyenda o tradición de alguna aparición de virgen o santo que, o bien se convierte en patrona o patrón del lugar, o en protectora o protector. En este caso Alcobendas no puede ser menos, y se menciona la aparición de la Virgen en un paraje próximo a la zona que hoy ocupa la urbanización de lujo El Soto de La Moraleja, en cuyo interior se mantiene aún la ermita dedicada a Nuestra Señora de la Paz, patrona de la localidad.

Según la tradición que guarda la propia Hermandad de la Virgen de la Paz existente en Alcobendas, la Virgen se apareció a una pastorcilla en un paraje de la entonces aldea de Fuentidueña, en las proximidades de Alcobendas y que hoy ya ha desaparecido dejando paso a El Soto de la Moraleja. De la existencia de esa aldea se habla en las *Relaciones topográficas* de Felipe II: «A medio cuarto de legua de esta villa está una ermita que es de esta villa, que se nombra Nuestra Señora de la Paz, y que oyeron decir que en la dicha ermita había un pueblo que se nombraba Fontidueña, y que ahora está despoblado, la causa por la que se despobló no lo saben...».

El relato sobre el que se sustenta este hecho es el siguiente:

> Según esta antiquísima y constante tradición, una imagen de la Virgen fue aparecida o hallada en una higuera por una pastorcilla manca que apacentaba un rebaño de ovejas en Fuentiduña, y aquella dijo a esta que fuese al pueblo para dar noticia del hallazgo. Pero como observase a la pastorcilla turbada, mandola ir a su casa para que su madre le entregara un pan de los muchos que tenía en un arca, a lo que la pastorcilla replicó que no podría dárselo porque cuando había salido de su casa no lo había, a lo que

> la Virgen replicó diciéndola: «Pues yo sé que tu madre tiene un arca llena de pan, y para que creas lo que te digo, tira un canto con la mano que tienes manca». Luego que la pastorcilla puso en ejecución tal mandato quedó asombrada al ver que su mano manca estaba sanada, por lo que corrió al pueblo a dar cuenta de todo lo ocurrido y ver si era cierto que su madre tenía el arca llena de pan, de lo que se convenció, así como de que se había llenado milagrosamente.

Se desconoce cuándo se produjo la aparición, que bien podría situarse durante el reinado de Alfonso VI, tras la reconquista de la zona. El cronista de la villa, Francisco García Calatrava, manifiesta que la imagen de la Virgen era de madera antigua, al parecer de tilo, sentada sobre una silla, como todas las de su época, al parecer bizantina. En uno de los libros de la Fábrica del Archivo Diocesano de Madrid, del siglo XVIII, se recogía una tradición y creencia sobre su origen oriental: «... créese también y como tal lo refiere la tradición, que fue hecha por Nicodemus y pintada por san Lucas».

Tampoco se conoce cuándo se construyó la ermita en la que comenzó a darse culto a la imagen, si fue de construcción posterior o anterior a la aparición, aunque en la ermita actual, en la peana de una cruz de piedra berroqueña colocada frente a la puerta principal se encuentra grabado el año de 1110 en una inscripción borrosa por la erosión, que García Calatrava, en el siglo XIX, descifraba del siguiente modo: «A la Virgen de la Paz, Julián de Castro regaló esta cruz en 1110». Sobre la autenticidad o veracidad de tal fecha caben varias posibilidades. Existe concordancia entre el inicio de la advocación de «Virgen de la Paz» y el año de la inscripción, pues tal advocación mariana parte del año 1087, cuando tras la conquista de Toledo por Alfonso VI, este había pactado y ordenado la conservación de las mezquitas y permitido la libre profesión religiosa, pero la reina doña Constanza y el arzobispo don Rodrigo, con un escuadrón de soldados, asaltaron la principal mezquita toledana (ubicada en el solar de la actual catedral), y quitaron de ella cuanto había perteneciente a la religión mahometana. Tan pronto como el rey hubo conocido el suceso, quiso depurar responsabilidades por haberse incumplido la concordia pactada, temeroso de la posible levantisca actitud de revancha musulmana. Pero ello no acaeció así, sino que los moros instaron a su alfaquí para que suplicase al rey clemencia para los profanadores, accediendo a que la mezquita quedara para los cristianos como catedral, como así lo hizo. En recuerdo de este hecho notable de concordia y «paz» entre las gentes de diferentes credo y raza se instauró el culto mariano bajo la advocación de «la Paz» en la fecha de su ocurrencia, el 25 de octubre.

Volviendo al año de 1110 de la inscripción de la cruz berroqueña, surge la duda sobre si su impresión fue coetánea o posterior a él. Dato importante a considerar, pues si de inscripción coetánea se tratara habría de tenerse en cuenta que, por aquel entonces, y hasta las Cortes de Segovia de 1383, en Castilla regía el cómputo cronológico de la «era hispánica», no coincidente con el hoy asumido cómputo de la «era cristiana», por lo que estando antedatado el cómputo anual en treinta y ocho años por aquella era, tendríamos que el año 1110 de la era hispánica se correspondería al año 1072 de la era cristiana. Teniendo en cuenta que todas las fechas de la reconquista madrileña que han sido consignadas hasta ahora lo han sido conforme al cómputo de la era cristiana, tendríamos como resultado que la datación de la cruz de la ermita provendría nada menos que de trece años antes de la conquista de Madrid y de su alfoz por las tropas cristianas, lo que confirmaría la existencia de un enclave mozárabe en el lugar de la actual ermita. Por contra, no cuadraría la advocación a la Virgen de la Paz al ser esta posterior en el tiempo, como hemos visto anteriormente.

En cuanto a la fecha del 24 de enero en la que se celebra la aparición de la Virgen, la tradición la ha mantenido inamovible desde aquellos primeros días hasta la actualidad. Y por lo tanto ese día se celebra el de la patrona de Alcobendas.

A esta tradición se suma la de la oración que realizaba san Isidro ante la Virgen en la ermita cada vez que iba a trabajar a los campos de Alcobendas.

Hay un texto remitido el 25 de enero de 1667 por el capellán Domingo de Mier al vicario de Madrid en donde expone un milagro atribuido a la imagen de Nuestra Señora de la Paz.

> Doy cuenta a V. m. como habiéndome celebrado la festividad de Nuestra Señora de la Paz, ermita de esta villa, ayer domingo veinticuatro del corriente, uno de los priostes que celebraban la fiesta para el gasto dispuso en su casa una tinaja de vino hasta cosa de diez arrobas, y siendo así que se gastó la víspera y día todo lo que fue menester, y estando por la noche última de la fiesta con muy poco vino, que dicen que habría cosa de media arroba en ella, esta mañana, día de la fecha de esta, se halló la tinaja en el mismo ser que la puso el primer día, con las diez arrobas de vino. El prioste dio noticia de que era un milagro lo que había ocurrido en su casa. Concurrió tanta gente, así de esta villa como de Madrid, que se continuó por espacio de cinco o seis horas viendo sacar el vino, acompañándome de la justicia, sacerdotes, religiosos y escribanos de esta villa, y a mi parecer se sacarían, según la cuenta que hubo, más de treinta arrobas, haciendo poco vacío la tinaja, que ha sido en cantidad consi-

derable, se quedó buena parte en la tinaja. La he hecho guardar y para disponer lo que más convenga del servicio de Dios, honra y gloria suya.

Curiosamente es una de las poblaciones de la Comunidad de Madrid que más veces aparece mencionada en nuestra literatura. Por ejemplo, la encontramos en *El Quijote*, donde Miguel de Cervantes la pone en boca del asustado Alonso López; o por Lope de Vega en *La Paloma de Toledo*; mientras que Quevedo aprovecha su habilidad satírica para lanzar burlas en un soneto hacia los habitantes de Alcobendas, y Góngora se refiere en unos versos a una joven «desvergonzada» vecina de esa localidad.

Una moza de Alcobendas
sobre su rubio trenzado
pidió la fe que le he dado
porque eran de oro las prendas;
concertados sin contiendas
nuestros dulces desenojos,
me pidió sobre sus ojos
por lo menos un doblón;
yo, aunque de esmeralda son,
se le libré en Tremecén.
¿Hice bien?

Alcorcón

ALCORCONERO

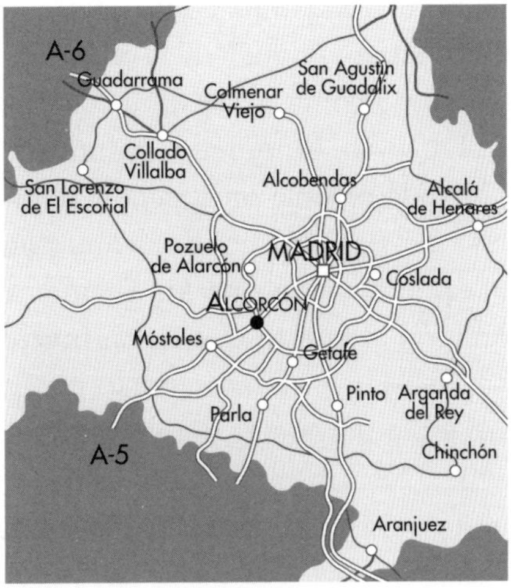

Parece ser que una fábrica de loza tuvo la culpa de que siglos atrás un grupo de personas decidiese crear primero una aldea y posteriormente una población más grande que se ha ido desarrollando con el tiempo hasta confirmarse como una de las villas más populosas de la Comunidad de Madrid.

Enclavada en la zona natural de hábitat de los carpetanos, esta ciudad situada al suroeste de la Comunidad, probablemente fundada por los árabes, aparece referenciada en un documento fechado el 28 de julio de 1208, donde se habla del límite de la cañada de Alcorcón. No obstante, hay también alguna referencia a un enclave árabe denominado *Al-Qadir*, fundado por artesanos y alfareros musulmanes, de donde vendría posteriormente la forma «Alcorcón», y como prueba de ello se apunta la existencia de las vasijas de barro en el escudo local.

El nombre proviene, por lo tanto, o puede provenir de esa fabricación de loza, donde se gastaba mucho «alcor», nombre con el que se conocía el óxido de cobre empleado por los alfareros. También se simplifica esta búsqueda de nombre indicando que hace referencia a la existencia de un «alcornocal» donde se instalaron los primeros pobladores del lugar.

Durante el reinado de los Reyes Católicos, cuando se ponen los límites entre las jurisdicciones de Toledo y Madrid, está confirmado que en Alcorcón se mantenía un floreciente comercio de «pucheros». Esa labor queda destacada en el inventario de todos los pueblos del reino que se lleva a cabo bajo el reinado de Felipe II conocido como *Relaciones topográficas*, donde puede leerse respecto a Alcorcón que «no se ha podido hallar la antigüedad de dicho lugar, ni quién fue su fundador», y más adelante se añade que «de lo que se labra en el dicho lugar mejor que en otras partes, que es cántaros, ollas, jarros y pucheros, y esto se labra también y es barro tan a propósito para el ministerio que son, que se llevan a muchas partes lejos y se tienen en mucho en todo el reino».

Recuperado por los cristianos entre los años 1083 y 1085, aparece incorporado al sexmo de Aravaca, y en 1383 fue otorgado por Juan I como señorío a Pedro de Mendoza, desde donde regresaría prontamente a manos reales. La población fue obteniendo, siglo a siglo, una mayor importancia porque se encontraba en una zona de paso de los caminos que unían las tierras de Castilla la Vieja con Castilla la Nueva y con Extremadura, y así lo se destaca también en las *Relaciones topográficas* de Felipe II.

Interesante es, precisamente por ocupar ese espacio reseñado, su aparición en la literatura del llamado Siglo de Oro, en obras como *La Tarasca de Alcorcón*, de Calderón de la Barca; *El Alcalde de Alcorcón*, de Agustín Moreto; o *La niña de Alcorcón*, de Lope de Vega.

Al margen de esto, hay un hecho muy interesante unido al mundo de lo paranormal, protagonizado por dos amigos en el verano de 1995, vecinos de Alcorcón. Cuando regresaban a su casa de madrugada, los dos jóvenes se vieron sorprendidos por una intensa niebla en la carretera de Extremadura. Diez minutos más tarde la niebla desapareció y comprobaron que se encontraban en las proximidades de San Agustín de Guadalix, a más de cincuenta kilómetros de Alcorcón.

¿Teletrasportación? ¿Invento para justificar algún tipo de aventura? Nadie ha sabido explicar esta experiencia que tanto Benjamín como Javier aseguran haber vivido, y de la que niegan cualquier invento o manipulación.

Hay otro fenómeno paranormal, unido a la posible presencia de fantasmas en el palacio-castillo del marqués de Valderas, algo que los vecinos de Alcorcón aseguran que es un invento para asustar a algunas personas que iban allí a pernoctar o a correrse una juerga. No obstante aquí queda expuesto aunque con todas las reservas del mundo, puesto que no hay prueba que confirme la presencia de esas formas ectoplasmáticas en ese lugar.

Esta población ha tenido protagonismo en la observación de ovnis en diferentes ocasiones. Como prueba de ello ofrecemos dos casos: uno que se produjo en mayo de 1969, cuando seis personas pertenecientes a un grupo musical vieron, sobre las tres de la mañana, un objeto brillante que estaba en el suelo y que despedía una luz verde muy brillante; del otro se llevó a cabo un expediente militar que ha sido desclasificado y que se trata de una supuesta observación de un vuelo errático de un objeto luminoso sobre el parque de Lisboa, que fue fotografiado. Según se desprende del estudio de esas fotografías se trata de un montaje y no de un objeto extraterrestre.

Aldea del Fresno

ALDEANOS

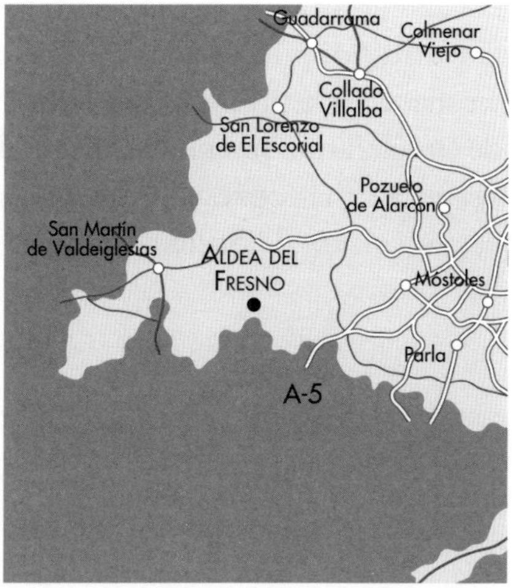

Cuenta la tradición que «diéronle el nombre de Aldea por su insignificante vecindario que consistía al principio en seis pastores con sus correspondientes familias, y le agregaron el sobrenombre del Fresno por hallarse en el centro de las primeras casas uno muy hermoso, cuyo espeso ramaje hizo sombra durante el verano a las primeras chozas o casas».

Pero la erudición apunta a que el lugar se denominó, en un principio, San Pedro de Villanueva, antes que Fresno, y que fue esto último no por un solo árbol, sino por la amplia cantidad de fresnos que había junto a los ríos Alberche y Perales. La palabra «aldea» proviene del árabe con un significado de «finca rústica», de tal forma que el nombre definitivo quiere decir «finca rústica rodeada de fresnedas».

Aunque los musulmanes pasaron por allí y el pueblo quedó totalmente destruido en la Edad Media –queda como recuerdo de los árabes una noria–, los pastores que llevaban a cabo la trashumancia con su ganado volvieron a construir cabañas en la zona.

Formó parte del llamado sexmo de Casarrubios, y en 1627 pasó a ser posesión de Catalina de Mendoza, nombrada posteriormente marquesa de la Fresneda, y aunque los vecinos quisieron ejercer su derecho de tanteo, no lo lograron. A partir del siglo XVIII aparece ligada a ese señorío. Fue incluida en la provincia de Madrid en 1833.

Aldea del Fresno se encuentra unida al río Alberche, nombre que proviene del árabe *al-birka*, que significa «estanque». Del curso de estas aguas se puede decir que ha permanecido siempre pendiente la población, donde es posible el baño, de tal forma que tanto a esta zona como al cercano pantano de San Juan, formado por el mismo río, se las ha denominado eufemísticamente «las playas de Madrid».

Como curiosidad de Aldea del Fresno destaca la existencia, en la finca El Rincón, del Safari de Madrid, un espacio natural donde pueden observarse más de doscientas especies diferentes de animales sin bajarse del coche. Fue una idea diseñada por el naturalista Félix Rodríguez de la Fuente. En la última década del siglo XX, las dificultades económicas de los dueños de las instalaciones les llevaron a realizar una subasta de los animales que poseían con la única cláusula de obligatoriedad de dejarlos, una vez adquiridos, en el parque. De esta forma por pocos miles de pesetas se podía tener la propiedad de un león, o de un elefante, por destacar dos de las especies más conocidas que allí se mueven con total libertad.

Algete

ALGETEÑO

Quizás por ser una población donde hubo un gran comercio manejado por los judíos, que tuvieron allí su centro de actuación en toda la comarca del Jarama y del Henares, el romancero popular madrileño atribuye a los vecinos de esta población el ser «tramposos» y pertenecer a la clase de los que «deben y no pagan».

> En Fuentelsaz los judíos, las
> campanas lo declaran,
> en Algete los tramposos, los que
> deben y no pagan,
> Alalpardo y Valdeolmos,
> valientes Ribatejada.

Próximo al río Jarama, este municipio situado en la comarca natural de La Campiña, en la zona de influencia de Alcalá de Henares, no posee una constancia clara del momento de su fundación, y aunque hay una teoría que aboga por un origen ibero, y han aparecido en la zona restos de villas romanas y asentamientos visigodos, lo más probable es que tanto la población como su nombre sea de origen musulmán.

La denominación de Algete parece derivar de *Al-Satt,* que puede traducirse por «ribera», lo cual es lógico si consideramos la presencia próxima del río Jarama. Quizás por ello el primer documento en el que aparece mencionada es del año 720, donde se apunta que Tariq ibn Ziyad iba con sus guerreros hacia el norte y dejó a un grupo vigilando un camino junto a un cerro y un río, que recibió por ello el nombre de *Al Satt.* Algunos arabistas apuntan a la denominación Algete como de «acequia», más que como ribera.

Estas tierras pasarían a manos cristianas en el 1081, cuando Alfonso VI comenzó la reconquista de la cuenca del Jarama, expulsando a los musulmanes y repoblando esas tierras con personas llegadas del norte. Así mismo se apunta que numerosas familias judías se asentaron en la población dado que se encontraba en una ruta donde el comercio era intenso.

La villa de Algete se recorta en el horizonte.

Es en el siglo XVI cuando alcanza el título de villa, y en 1579 es transferido desde el arzobispado de Toledo a la corona. Felipe II lo vende por veinte mil ducados a García Hurtado de Mendoza, marqués de Cañete y virrey del Perú. Más tarde, con Felipe V se erige el ducado de Algete a favor de Cristóbal de Moscoso y Montemayor.

Siempre que se habla de esta localidad, hay un recuerdo hacia Juan Alonso de Moscoso, nacido en Algete en 1532, que llegó a ser obispo de Málaga, y quien nunca se olvidó se dónde estaban sus raíces. En 1610 fundó, ocupando ya la mitra malagueña, un monte de piedad en su pueblo para socorrer a los vecinos de la villa y cuidar de su educación. Cuando falleció en 1614, a la edad de ochenta y dos, años fue enterrado en la catedral de Málaga, desde donde fue trasladado años más tarde hasta la iglesia de Algete en un pequeño cofre. Estos restos se han perdido y solamente hay constancia documental de ello.

Algete cuenta con una leyenda urbana recogida en diversos libros y blogs, que comentaremos brevemente. Se trata de la presunta existencia de un grupo de gnomos en una casa. En 1994 una familia se trasladó a vivir a esta población, y nada más asentarse en ella comenzaron a ocurrir «cosas raras»: la televisión funcionaba sola, había señales de labios en las paredes dentro de humedades en donde no existía ninguna tubería; de los tres perros que vivían con ellos dos murieron en circunstancias extrañas. Y el ama de la casa afirmó en su momento haber visto a tres pequeños seres que no eran ratas o cualquier otro tipo de animal, de unos cincuenta centímetros de altura con gorros rojos en sus cabezas en el jardín. Ahí queda reflejado este descubrimiento como una curiosidad más de nuestra Comunidad.

Alpedrete

ALPEDRETEÑO

De sus canteras de granito se extrajeron numerosas piedras para formar parte de la construcción del monasterio de El Escorial.

El origen del nombre de este municipio situado en el noroeste de Madrid, en el valle del Guadarrama, se hace remontar a la invasión árabe y al asentamiento de un grupo de ellos que aprovecharon su cantería, de ahí que lo denominasen *El Pedret* o «pedregal», que con el uso frecuente de la palabra se tornó en Alpedrete. No obstante hay quien afirma que su nombre es más antiguo, romano, y viene dado por la expresión latina *ad petrum*, referida naturalmente a su carácter rocoso.

Su historia está unida a la de Manzanares y a los constantes litigios entre segovianos y madrileños. En el año 1160 el rey Alfonso VII decide que pase al servicio de Madrid. En 1268 el rey Alfonso X el Sabio pone la comarca bajo su amparo, y en 1639 se le concede el privilegio de villazgo. En las *Descripciones de Lorenzana* se dice que «no hay memoria alguna por quién se fundó esta villa, ni tiene escudo alguno de armas y sí solo, por alguna razón e congruencia, se hace muy verosímil sería fundada por los Excmos. Sres. duques del Infantado, por cuanto esta villa, como también todas las de todo el Real, componían una sola con la villa de Manzanares, en donde existe un castillo con las armas de la casa de los señores duques…».

Tras la concesión por parte de Felipe IV del privilegio de villazgo con jurisdicción civil y criminal, Alpedrete se convierte en un barrio del municipio de Collado Villalba con alcalde propio pero dependiente de esta población. Situación que se mantendrá hasta que en 1840 consiga su autonomía.

Según consta en el libro *Testimonio de segregación de Alpedrete de la Villa de Collado Villalba*, la ceremonia de independencia tuvo lugar el 26 de abril de

1840, cuando a las ocho de la mañana el pueblo fue convocado a toque de campana, y en ese acto público le fue entregada la vara de mando al primer alcalde constitucional de la población, Basilio Montalvo.

> El comisionado, usando de su facultad, ejercicio, sacó y libertó a este pueblo de la que sobre él tenía Collado Villalba. Y le hace e hizo tal pueblo de Alpedrete por sí y sobre sí que desde hoy en adelante se intitule pueblo o lugar con jurisdicción civil.

Destaca entre las construcciones de la localidad la iglesia de la Asunción de Nuestra Señora, que tiene su origen en el siglo XV, una de las mejores representaciones de las iglesias fortificadas de la sierra de Guadarrama.

Alpedrete posee también su tradición o leyenda referente a la actuación de la Virgen y de los santos. En este caso se basa en la vida y martirio de santa Quiteria, ocurrido en el mes de mayo del año 122.

Hija de un noble romano, Lucio Catelio Severo, nació con nueve hermanas más a la vez. Su madre asustada y creyendo ver en ello acciones de los espíritus malignos ordenó que las llevasen hasta un río próximo del lugar donde vivían, en la provincia romana de Tarraco, para que fueran ahogadas. Pero las personas que debían llevar a cabo esa acción se apiadaron de las recién nacidas y las trasladaron a una aldea donde las cuidaron en secreto dándoles los nombres de Genivera, Liberata, Victoria, Eumelia, Germana, Marsia, Basilia, Marina y Quiteria, y las educaron en la fe cristiana.

El padre se enteró de la existencia de sus hijas y logró capturar a Quiteria a la que encarceló por no querer renegar de su fe y aceptar casarse con un noble romano de nombre Germano.

En prisión recibió la visita de la Virgen en sueños que le prometió que con un anillo por ella entregado le sería protegida su virginidad. La joven se despertó fuera de la cárcel y huyó por el bosque, donde fue perseguida por Germano quien tras darle alcance la decapitó.

Santa Quiteria es la patrona de Alpedrete y cuenta con una ermita, construida en las proximidades del cementerio de la localidad.

Ambite

AMBITEÑO

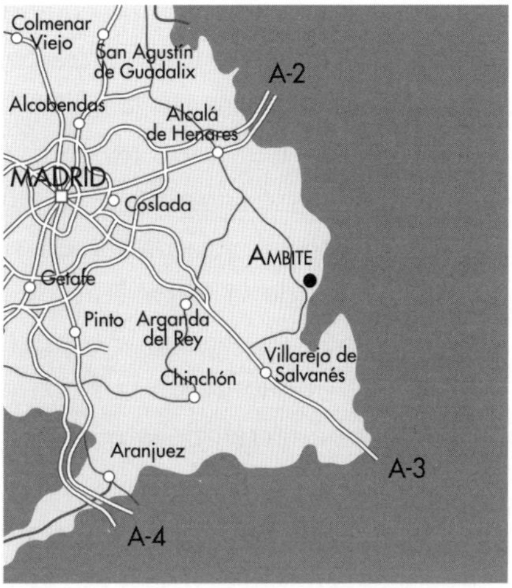

Una cruz y una encina concitan el interés legendario de este pueblo situado en la cuenca del río Tajuña y conocido por ello como Ambite del Tajuña, aunque se le suele mencionar simplemente como Ambite.

La abundancia de restos arqueológicos encontrados en sus tierras indica un origen muy antiguo. Para Gómez Moreno el nombre proviene del vocablo ligur *amd-bit*, que significa «luchador ciego». No obstante en la relación histórica encargada por Felipe II se apunta desconocimiento en un principio, aunque páginas más adelante hay una explicación sobre el topónimo.

> La causa por la que se llama Ambite se desconoce por ser de mucha antigüedad, y si de otra manera se ha llamado, no se sabe.

Posteriormente se puede leer que «según la subcesión de Toledo, se llamó Ambir y de ahí se puede haber corrompido el nombre de llamarse como se llama Ambite».

Y en las *Relaciones de Lorenzana* se habla de «... este pueblo en lo antiguo se nombraba con la descripción de Villa Hermosa, y hoy solo con la de villa de Ambite».

No obstante, en 1124 los árabes se refieren a esta población con el nombre de *Ambith et Balmores.*

Los primeros antecedentes documentados hay que buscarlos en la Baja Edad Media, y siempre relacionados con la jurisdicción de Alcalá de Henares. Formó parte del arzobispado de Toledo, pasando a integrarse en el Común de la Tierra de Alcalá en el siglo XV. Ya en 1537 se le concedió el título de villa, y 1578 fue comprado por Esteban Lomelín, un financiero genovés que formó allí un importante señorío. Años más tarde esas tierras pasaron a manos del caballero de la Orden de Santiago Alonso de Peralta y Cárdenas, diplomático al servicio de Felipe II, cuya gestión fue recompensada por el rey nombrándole vizconde de Ambite. En el siglo XVIII aparece como señorío perteneciente a los marqueses de Legarda, situación que se mantuvo hasta la desaparición de este tipo de jurisdicciones a principios del siglo XIX.

Una población tan antigua y de origen tan misterioso, no puede sino contar con gran profusión de leyendas e historias curiosas. De todas ellas elegimos tres que aportan diferentes ideas conceptuales.

En primer lugar encontramos la tradición religiosa que ya hemos dicho que no puede faltar en ninguna población española, en general, y en la Comunidad de Madrid, en particular. Se trata de la *Leyenda de la Cruz de Ambite*.

Cuenta que un religioso capuchino que cabalgaba procedente de Mondéjar, por las proximidades del monte de Casa Vieja, en el término de Ambite, vio cómo el cielo se cubría de oscuras nubes presagiando una fuerte tormenta. Pero que sin detenerse continuó su camino, aunque el viaje no fuera fácil por las condiciones atmosféricas. Un rayo hizo que su caballo se encabritase y se dirigiese hacia un barranco. El sacerdote tiró de las bridas a la vez que mirando el crucifijo que tenía al cuello, gritaba con todas sus fuerzas: «¡Válgame la Cruz de Cristo!». El caballo se detuvo en el instante justo al borde del barranco, clavando una de sus patas en un peñasco que había al límite de la unión del llano con la depresión. Volviendo a grupas logró llegar a Ambite, y entrando en la iglesia rezó agradeciendo la intervención divina y prometiendo ir a Tierra Santa para traer un trozo de la Cruz de Cristo. Un año más tarde así lo hizo, y cuando regresó trajo una astilla de la citada cruz que se guarda en un Lignum Crucis de la parroquia de la Asunción de la población. Se puede ver una cruz de piedra en la Peña de los Llanos, que recuerda este hecho.

En algunos textos se habla de un caballero y no de un monje como protagonista del suceso. En este segundo caso el grito de alarma cambia y en lugar de ¡Válgame la Cruz de Cristo! se afirma que dijo ¡Válgame la Cruz de Ambite!

Otra leyenda, menos mística, es la que se cuenta referida al palacio del marqués de Legarda, obra del siglo XVII, construida por Alonso de Terante y Cárdenas. Según el relato, uno de sus propietarios posteriores, hombre piadoso, fue asesinado por su esposa, quien escondió el cadáver debajo del piso de una de las habitaciones. Años más tarde se descubrieron los huesos del fallecido. Antiguamente este palacio se encontraba en el centro del pueblo, pero un vendaval arrasó las casas próximas dejándolo aislado en un extremo de la localidad. ¿Una señal más de lo que allí ocurrió?

La bellota dulce anuncia la felicidad, la amarga...

Incluso hay una tercera tradición que tiene que ver con la existencia de una encina, que existe actualmente y que se encuentra a unos cuatrocientos metros de la plaza del Ayuntamiento. Tiene aproximadamente una altura de veinte metros y un perímetro de casi cuatro. La leyenda dice que en la Edad Media un guerrero iba a sentarse a la sombra del árbol para compartir su sombra con una hermosa doncella, y que un día se fue a la guerra. Entonces la doncella iba todas las tardes a llorar debajo del árbol y después tocaba una rama. Pasó mucho tiempo sin saber nada de él. Los frutos que dieron las primeras ramas eran dulces, los de las segundas eran amargos. De ahí que si se quiere saber el futuro en amores hay que comer las bellotas, y según el gusto se sabrá si van a perdurar o no.

Y ya sin entrar en lo legendario, pero sí en lo curioso, podemos destacar el denominado *Monumento a los ojos* del arroyo de la Vega. Se trata de un monumento muy especial que está formado por tres arcos, el central más grande, rodeados por un jardín, que tienen sus muros cubiertos por multitud de azulejos con dibujos y palabras, todos ellos referidos a los ojos. Hay quien lo relaciona con el cercano puente de los Cinco Ojos.

Se trata de un lugar que irradia una cierta magia, y que fue construido por Federico Díaz Falcón (†1982). Si la carretera que pasa a escasos metros de este *Monumento a los ojos* se mantiene en silencio, es decir, si no

Un homenaje a aquello que permite admirar la belleza: los ojos.

pasa ningún coche, la sensación que irradia es sobrecogedora. En Ambite se habla de que este vecino del lugar tuvo una vida llena de desencuentros familiares y pérdidas de seres queridos y que quiso plasmar en estos «arcos» una parte de la pena de su trayectoria vital. Allí los mensajes son múltiples, y aunque los gamberros que desgraciadamente abundan en nuestro país se han dedicado a arrancar muchos de los azulejos y a grafitear algunos huecos, el lugar mantiene su dosis de encantamiento.

El ojo que ves
no es ojo porque tú lo veas
es ojo porque te ve.

(A. Machado)

Anchuelo

CORITO

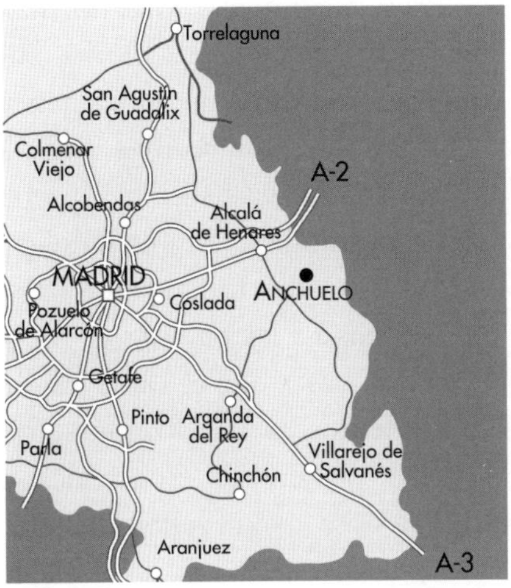

Hay que tener cuidado cuando se quiere contar un secreto, pues si se hace en el campo la orografía puede jugar una mala pasada. Según la leyenda hay un dicho en esta población: «El secreto de Anchuelo, que lo oyó todo el pueblo», y que viene referido a una conversación secreta de dos pastores mientras guardaban sus rebaños en dos cerros situados enfrente uno del otro, y que pudo escucharse en muchos kilómetros a la redonda. En la conversación, uno de ellos le contó al otro que pensaba casarse, a la vez que le pedía que no dijese nada en el pueblo. Como todos se enteraron del hecho, se puede hablar de la aparición del refrán «el secreto a voces».

El nombre de esta población situada en la comarca de Alcalá de Henares, parece provenir de una denominación romana a la zona que ocupaba un asentamiento inicial, en un valle ancho, o en un ancho valle. De ahí derivaría el nombre posterior de Anchuelo. No obstante la población se funda con la repoblación de la comarca tras la Reconquista. Pasó a pertenecer al arzobispado de Toledo, y dependió de la mitra toledana como todas las tierras de la comarca de Alcalá. En 1579 Felipe II ordenó que se separase de Toledo y que fuese vendida a Melchor de Herrera, marqués de Auñón, transacción que no llegó a ejecutarse al ejercer los vecinos su derecho de tanteo, con lo que de esta forma se obtuvo el título de villa de realengo. Así se mantuvo hasta el siglo XVIII.

Anchuelo posee varias curiosidades y leyendas. Por ejemplo, una muy interesante es la que habla de la maldición lanzada por una joven contra un caballero que la cortejaba y con el que no acababa de encontrar la fecha de boda. Aunque las familias intentaron ponerse de acuerdo sobre el lugar y el día en que habían de celebrarse los esponsales, ninguno de sus miembros halló la solución, por lo que la pareja se separó. En el instante de abandonar el lugar, la joven miró con odio al que hasta entonces era su prometido, de nombre Pero, y le espetó: «¡Ojalá te escuernes!»; el joven cayó del caballo en el camino de regreso a su casa de Pioz y se golpeó con una piedra, lo que causó que le apareciesen en la cabeza dos enormes chichones que recordaban a los cuernos de un chivo, desde entonces se conoce al lugar como el Paraje de Pero Chivo.

No obstante, hay otra historia que habla de Pero Chivo, y que aunque guarda alguna semejanza con la anterior, difiere en cuanto a los resultados. Se apunta a que un joven conocido como Pero Chivo cabalgaba desde Anchuelo hacia Alcalá una noche para irse de fiesta en compañía femenina a pesar de estar casado, y que esta no era la primera vez. La mujer, cansada de las infidelidades de su esposo, rogó a Dios en la puerta de su casa que vengara la ofensa que le inflingía una y otra vez su marido. Estalló una terrible tormenta y un rayo cayó sobre el caballero arrojándolo muerto al suelo. Para que nadie se olvidase del suceso, la mujer hizo que se levantase una cruz de piedra que recordara la afrenta, cruz que aún hoy en día puede verse en la salida de Anchuelo hacia Alcalá.

Interesante es la existencia de unos supuestos fenómenos paranormales detectados en su cementerio, alrededor de la ermita de la Virgen de la Oliva, por varios vecinos a finales del siglo XX, que asustaron y preocuparon a bastantes habitantes del pueblo. El hecho dio mucho que hablar e incluso pasó a las páginas de varios periódicos, hasta que el 12 de julio de 1995 se demostró que lo que se consideraban presencias espectrales no eran otra cosa que el reflejo del alumbrado público del pueblo. El alcalde ordenó apagar las luces y el cementerio quedó a oscuras, las volvieron a encender y de nuevo sobre las tumbas aparecieron indicios luminosos.

Mucho más leyenda es la del tesoro de Retuenga, que se dice se encuentra escondido en un paraje de la vega de Retuenga y que solo puede ser descubierto por una persona de origen árabe. Por mucho que se ha buscado, que sepamos nosotros hasta el momento no se ha encontrado ningún tesoro en Anchuelo, aunque se sigue contando de abuelos a nietos, y posiblemente más de un vecino no desespera de tener la posibilidad de hallarlo.

Aranjuez

RIBEREÑO

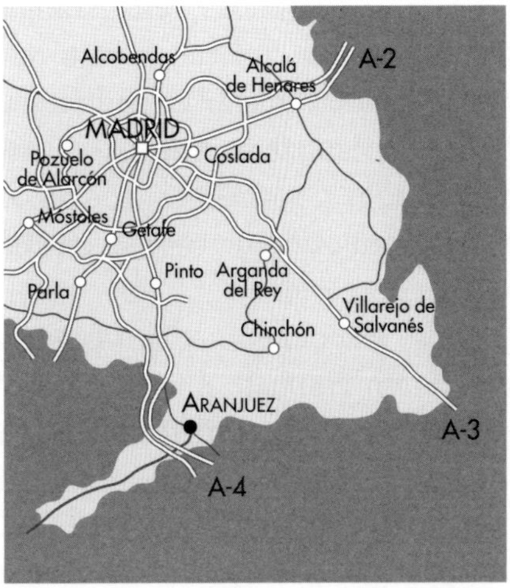

Sin lugar a dudas una de las poblaciones más importantes, no solo de la Comunidad de Madrid, sino de la historia de España, es Aranjuez; por su tradición, su cultura y por haber sido escenario de numerosos hechos destacados en el desarrollo de la realidad social del país. Ciudad ribereña del río Tajo, que en el año 1560 fue designada por el rey Felipe II como real sitio, y reconocido su paisaje cultural por la UNESCO como Patrimonio de la Humanidad en el año 2001.

Sobre el origen de su nombre hay, como en tantos otros municipios madrileños, diversas aportaciones y especulaciones. Según Rafael Lapesa el topónimo proviene del vascuence, de las palabras *Arantza*, es decir «espino», o de *Aran*, que sería «valle». Sin embargo para el gramático castellano Antonio de Nebrija, el origen del nombre se debía al árabe *ibn Arankej*, traducido como «lugar poblado de nogales»; aunque a juicio del padre Sarmiento, la raíz de todo hay que buscarla en el término latino *Ara Iovis* o «Altar de Júpiter», y lo relaciona con un posible templo dedicado a Júpiter Pluvio. Lo cierto es que sea de un origen o de otro, la denominación de Aranjuez pasa entre el siglo XI y el XV por diversos nombres: *Almuzúndica, Arauz, Aranzuel, Aranzueque y Aranzuet*, que como vemos son todos ellos válidos para llegar al actual.

Su historia es también bastante singular, pues aparece relacionada con Aníbal y la batalla del Tajo (220 a. C.) cuando los cartagineses derrotan a los romanos y a sus aliados vascos, carpetanos y ólcades; los musulmanes arrojan del poblado a los visigodos, y tras su derrota en 1085 pasa a manos de Alfonso VI, después lo vuelven a recuperar en el 1108, para ser castellano definitivamente en 1178, cuando se incorpora el municipio a la Orden de Santiago. Desde ahí hasta la actualidad hay gran cantidad de hechos históricos unidos a Aranjuez en los que no nos vamos a detener, tan solo señalar como más importantes la construcción en 1387 por parte del maestre de la Orden de Santiago, Lorenzo Suárez de Figueroa, de una casona que sirve como hospital para los caballeros heridos en la guerra contra los musulmanes, que sería convertida en 1489 en palacio por obra y gracia de los Reyes Católicos. En 1540 el rey Carlos I hace que se construya el puente sobre el río Tajo; su hijo Felipe II le concede el título de real sitio en 1560; en 1706 durante la guerra de Sucesión, el portugués marqués de las Minas establece en la localidad su gobierno temporal. El rey Carlos III hace construir el denominado puente Largo sobre el Jarama, que tiene trescientos metros de longitud, en 1761. A lo largo de todos estos años los diferentes reyes van enriqueciendo con palacios, jardines y diversas construcciones la población, y aunque se registran diferentes hechos que añadir a esta relación, saltamos hasta el 17 de marzo de 1808, cuando se produce el motín de Aranjuez, que obliga a abdicar al rey Carlos IV a favor de su hijo Fernando VII. Saltando de nuevo en el tiempo, ya que aquí queremos tan solo dar unas pinceladas históricas, llegamos al 9 de febrero de 1851, cuando se inaugura la línea férrea con Madrid y aparece el denominado Tren de la Fresa. Desde entonces hasta nuestros días la población ha sufrido numerosas transformaciones que afortunadamente apenas han afectado a su casco histórico, a sus palacios y jardines.

Más que leyendas, en Aranjuez hay que hablar de hechos históricos, que se pueden iniciar en el combate que tuvo Aníbal contra los carpetanos, ólcades y vacceos; y acabar con el famoso motín que supuso en 1808 la caída de Carlos IV.

Tanto Polibio como Tito Livio hablan de un combate muy cruento de los guerreros de Aníbal con los habitantes de una zona próxima al río Tajo, y cuyo resultado favoreció a los cartagineses que lograron atravesar las aguas con su caballería y elefantes. Este enfrentamiento fue comentado en 1580 por el conde de Mora, quien en su *Historia de Toledo* indica que se encontró una espada cartaginesa en las aguas próximas a Aranjuez y que fue enviada a Felipe II para que la incorporase a su armería.

Otro hecho importante por su trascendencia es el conocidísimo motín de Aranjuez que obligó a la abdicación del rey Carlos IV en 1808 a favor de hijo Fernando VII, y dio paso a la guerra de la Independencia contra el invasor francés, con la derrota de las tropas de Napoleón en España.

También es una curiosidad que los vecinos de Aranjuez tienen algunas expresiones autóctonas como *berola* por cabeza; *berolo* por piedra; *bunibo* por arbusto, *hacer cuernos* por hacer novillos, *gango* por merendero...

Por último cabe mencionar la cantidad de monumentos bien conservados que posee, así como sus jardines, conjunto que como ya hemos señalado le sirvieron para ser incorporada en el 2001 al Patrimonio de la Humanidad por la UNESCO. Mencionaremos de ellos el Palacio Real iniciado en el siglo XVI, y finalizado con la aportación de Sabatini en el reinado de Carlos III, prácticamente doscientos años más tarde del comienzo. Durante este periodo se fueron realizando diversas actuaciones de ampliación y consolidación del palacio. También el Jardín de la Isla, en el río Tajo, que data de la remodelación de los jardines que inicia Felipe II tras designar a Aranjuez como real sitio. Otro jardín importante es el Jardín del Príncipe, remodelación de El Sotillo ordenada por el rey Fernando VI, y en cuyo interior Carlos IV levantó la Casa del Labrador, como lugar de recreo para el príncipe de Asturias y futuro rey de España, Fernando VII.

Numerosos autores clásicos han reflejado en sus obras la belleza de Aranjuez. Como muestra basta señalar a Miguel de Cervantes, que en su novela pastoril *Los trabajos de Persiles y Segismunda* lo destaca.

> Nuestros peregrinos pasaron por Aranjuez, cuya vista, por ser en tiempo de primavera, en un mismo punto les puso la admiración y la alegría; vieron iguales y estendidas calles, a quien servían de espaldas y arrimos los verdes y infinitos árboles, tan verdes que las hacían parecer de finísimas esmeraldas; vieron la junta, los besos y abrazos que se daban los dos famosos ríos Henares y Tajo; contemplaron sus sierras de agua; admiraron el concierto de sus jardines y de la diversidad de sus flores; vieron sus estanques, con más peces que arenas, y sus esquisitos frutales, que por aliviar el peso a los árboles tendían las ramas por el suelo; finalmente, Periandro tuvo por verdadera la fama que deste sitio por todo el mundo se esparcía.

Paisaje típico del río Tajo.

O también en la obra poética de Antonio Hurtado de Mendoza.

> No es el mayo y tiempo alegre
> lo que Aranjuez ofrece,
> que en sus campos a todas horas
> le nacen blancas auroras
> soles negros le amanecen.

Arganda del Rey

ARGANDEÑO/ALEANO

Mucho se habla del motín de Aranjuez, pero muy poco del conocido como motín de Arganda, impulsado por los vecinos a principios del siglo XVII contra la compra de la localidad pretendida por el duque de Lerma, Francisco Gómez de Sandoval y Rojas, en 1613, y que si bien no sirvió para evitarlo, sí puso de manifiesto que con los argandeños no se juega, sobre todo cuando el propio duque tuvo que salir «por piernas» huyendo de la población.

Los celtas y los romanos supieron aprovechar un extenso valle para asentarse y utilizar sus tierras de cultivo gracias a la generosidad del agua que abunda en la zona. Trabajos arqueológicos indican que ya en el Paleolítico el valle del río Jarama era un lugar elegido por los cazadores que allí levantaban cabañas para resguardarse mientras se dedicaban a la actividad de perseguir las manadas de animales.

Como en numerosos pueblos de la Comunidad, el origen del nombre da motivo a numerosas teorías y controversias. En un principio se atribuye a la dominación romana y a sus explotaciones agrícolas, y se habla de la expresión latina *area canda*, es decir «área blanca»; aunque como en casi todas las poblaciones hay otra teoría que se sustenta en el asentamiento musulmán, y en el nombre *Arkhanda*. De todas formas las diferentes fuentes que se pueden consultar abundan en que la mayoría de los indicios indican que se trata de un topónimo anterior a la dominación romana, y se identifica a Arganda con la *Uriaganda* celtibérica, según Abraham Ortelius, cartógrafo de Felipe II en 1575, es decir, con «el terreno de las aguas». A ello contribuye el que la raíz «argan» que emplean otras poblaciones se asocia con los cursos fluviales, referidos a las aguas claras que hay en sus proximidades. También se habla de la anterior población de Alternia como germen de Arganda, e incluso de Varcila Municipium. Ramón Menéndez Pidal apunta directamente a su raíz céltica y habla de «Ar» y «Ganda», es decir de «cosa extrema o alejada» y de «dura, alta», por lo que el topónimo se referiría a «tierra extrema, dura y alta». También existe la apreciación de que *Argan* es el nombre de una planta de cuya nuez se puede extraer aceite comestible, y que es de la A*rganda sideroxilon* de donde proviene Arganda.

En cuanto al añadido «del Rey» al nombre, tiene su origen en el siglo XVI, cuando Felipe II lo compró al arzobispado de Toledo por diez mil ducados y le otorgó la condición de villa de realengo.

El origen de la población como tal proviene, pues, de los musulmanes, quienes dejaron la base para que el núcleo se consolidase con la Reconquista y la repoblación cristiana de finales del siglo XI, aunque su verdadera expansión tiene lugar a partir del siglo XIV. El rey intentó vender a algún noble la localidad después de haberla hecho villa en 1580, pero sus vecinos fuerzan el derecho de tanteo y la adquieren por 10 200 ducados. La situación de la población no era muy boyante y en 1613 el duque de Lerma, Francisco Gómez de Sandoval y Rojas, valido de Felipe III, se ofrece como salvador de Arganda comprando el señorío a los prestamistas que habían dejado dinero a los vecinos para que estos se hiciesen con la propiedad. En

Homenaje al famoso tren de Arganda.

ese momento se produce el motín de Arganda, que no sirve para evitar la actuación del valido, pero sí para demostrar la fuerza de un pueblo que en 1650 se vio libre de señor al morir el nieto del duque sin sucesión, por lo que pasaron de nuevo a la corona.

De la fortaleza de los vecinos de Arganda tenemos un hecho constatado que permite comprobarlo. Se trata de la denominada «Barca del Rey».

El camino que iba desde Madrid hacia Cuenca y Valencia tenia que atravesar el río Jarama por Arganda, y para tal menester había una barca que trasladaba de una orilla a otra a los viajeros y ganados. Esta barca era propiedad a medias del rey Felipe II y de los vecinos, que se repartían a partes iguales los beneficios que se obtenía por su servicio.

Menos histórico es la presencia de un ovni el 12 de enero de 1981 sobre la localidad que acompañó a un vehículo unos kilómetros en dirección a Madrid hasta que lo adelantó a gran velocidad y se perdió en el cielo.

Arroyomolinos

ARROYOMOLINENSE

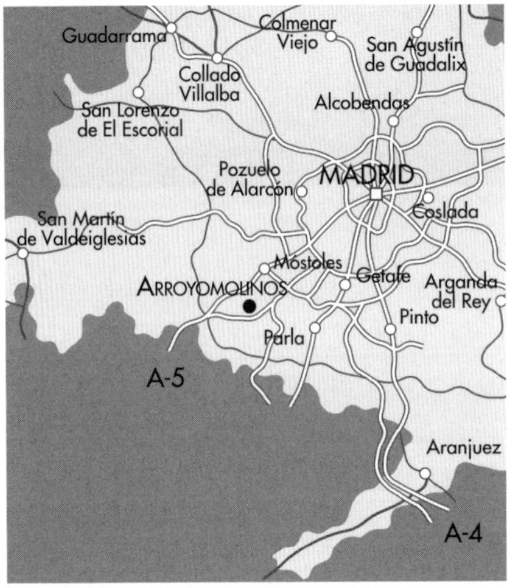

Los molinos, se dice que más de siete, situados en una ladera del valle de la Arroyada, en las orillas del arroyo de los Combos, son los que dieron su nombre a esta población, que inicialmente se llamó Chozas Arroyo de Molinos o Chozas del Arroyo de los Molinos.

Según algunas fuentes, la población fue fundada por los árabes y más tarde conquistada y cristianizada por Alfonso VI de Castilla en su avance hacia Toledo (1085). Aunque no será hasta el año 1380 cuando aparezca mencionado en una real cédula. No obstante su historia es muy confusa hasta la aparición en 1476 de Juan de Oviedo, que se adueñó del pueblo y ordenó la construcción de la torre conocida como torreón de Arroyomolinos o torre del Pan, que en la actualidad se conserva y que fue definitivamente acabada por obra de Gonzalo Chacón, quien firmó un acuerdo con los vecinos y el concejo del lugar tras haber sido designado conde de Casarrubios por el rey Felipe III. En el siglo XVIII pasó a manos del conde de Miranda, quien lo retuvo hasta la desaparición de los señoríos a principios del siglo XIX.

El torreón del Pan, que durante el siglo XIX fue convertido en granero y palomar, esconde su propio secreto, el de su construcción. No hay un acuerdo definitivo sobre si fue realmente, y como apuntábamos antes, Gonzalo Chacón quien acabó la obra o si por el contrario ya se la encontró finalizada cuando tomó posesión de Arroyomolinos. Un documento del siglo XV atribuye a Juan de Oviedo la construcción, aunque se suele especular con que fue quien la inició y no quien la terminó. Sea de una forma o de otra, bajo el señorío de Gonzalo Chacón se instaló el blasón y se llevaron a cabo los remates superiores.

Según las *Relaciones Lorenzana* estamos ante una obra «fuerte y hermosa con su gran foso, cuatro cubillos y su torreón en medio. Tiene bastantes habitaciones y desde la plaza de armas se da vista al de Villaviciosa». De planta rectangular y esquinas redondeadas, cuenta con cuatro plantas interiores.

También Lorenzana referencia en sus *Relaciones* de 1786 la existencia de un palacio, hoy ya desaparecido, que estaría ubicado al oriente del pueblo, en el denominado prado de las Calles. Según las ruinas que entonces existían se dice que «... sin duda, en él vivieron los Reyes Católicos, y de estos y del señor Felipe II hay y he visto muchas cédulas reales dadas y firmadas en Chozas de Arroyo Molinos».

Y como curiosidad que tener en cuenta con respecto a este pueblo, podemos señalar que se encuentra dividido en tres barrios que se separan entre sí por diferentes arroyos que atraviesan el lugar: de los Combos, de Moraleja Mayor y de Moraleja Menor.

El Atazar

ATAZAREÑOS

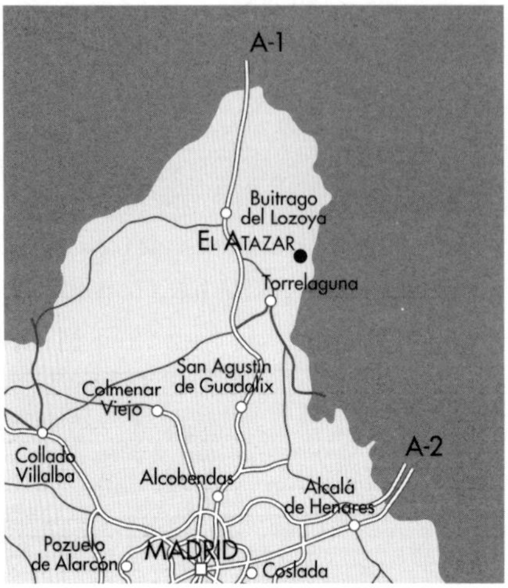

Un enorme embalse para abastecer de agua a Madrid, y luces de ovnis saliendo de él o sobrevolándolo, es algo más que susceptible de ser contado como una peculiaridad de este municipio del noroeste de la Comunidad.

De nombre original «Latazar», formado en torno a un campamento árabe del siglo XII. En sus proximidades se ha encontrado una de las torres de vigilancia de la red de atalayas dispuestas por los musulmanes en toda esa zona para defender el camino entre Talamanca y Madrid. Esta población fue conquistada por Alfonso VI en 1096, y en 1368 pasó a formar parte del señorío de Buitrago. Gracias al marqués de Santillana, Íñigo López de Mendoza, en 1490 recibió el título de villa.

El Atazar pasó de esta forma a pertenecer al Cuarto de las Villas Eximidas, junto a La Hiruela y a Puebla de la Mujer Muerta, lo que le supuso el poder administrar justicia ordinaria y el derecho a tener cárcel y rollo de picota.

Perteneciente a la intendencia de Guadalajara, con la nueva división en provincias de España en 1833, El Atazar pasará a formar parte de Madrid.

Su gran atractivo es el embalse, la presa más grande de la Comunidad de Madrid, que fue construida en 1972 y que posee una capacidad para suministrar el 45 % de todo el abastecimiento de agua a la provincia.

También es interesante la Fuente Vieja, de origen árabe situada a un kilómetro de la población.

En los diez años de la llamada oleada ovni sobre España (1975-1985), se registraron numerosos avistamientos subacuáticos, muchos de ellos en los embalses de El Vellón y de El Atazar. De hecho un grupo de investigadores del Centro de Investigación de los Fenómenos Ufológicos, iniciaron la denominada «Operación Pantanos».

Uno de los casos más interesantes fue el que vivieron un grupo de jóvenes excursionistas que acamparon en

Vista del embalse de El Atazar.

las proximidades del embalse, y que durante la noche se vieron sorprendidos por diversas luces que sobrevolaban el lugar y que se sumergían en las aguas del embalse.

Iniciada la investigación se descubrieron que allí ocurría algo raro, o al menos así lo demuestra un informe exhaustivo conocido como «Informe de El Atazar», en el que se relata que se han producido avistamientos de objetos voladores de todas formas y tamaños, algunos entrando y otros saliendo del agua; vehículos que sobrevolaban el lugar con forma de cigarros puros, luminosos, de colores blanco y amarillo, que se movían en silencio... También se apuntó en el informe que se habían observado algunas formas de humanoides, generalmente siluetas, que medían entre uno y tres metros.

Durante los años ochenta se registró una fuerte sequía y el embalse comenzó a rebajar su caudal de agua, y los fenómenos, que siguieron produciéndose, dejaron de ser actualidad en los medios de comunicación, dado que había otros temas económicos y políticos más importantes, aunque nos consta que se siguió investigando en la sombra. De hecho y aunque ya no se hable para nada de los ovnis de El Atazar, un investigador del informe mantiene que algo ocurre en el lugar, y que si bien no se puede afirmar que se trate de una base extraterrestre, lo cierto es que «algo raro sucede allí».

Sea verdad o mentira, tenga una base científica o se trate de una patraña inventada y diseñada por algún bromista, es una realidad que cuando uno se asoma a El Atazar siente que está ante algo difícil de explicar que le llega mucho más dentro, se capta una energía diferente, propia de aquellos lugares que se consideran especiales en el mundo, y de los que hay más de uno en la Comunidad de Madrid, aunque cueste creerlo.

Batres

BATREÑO

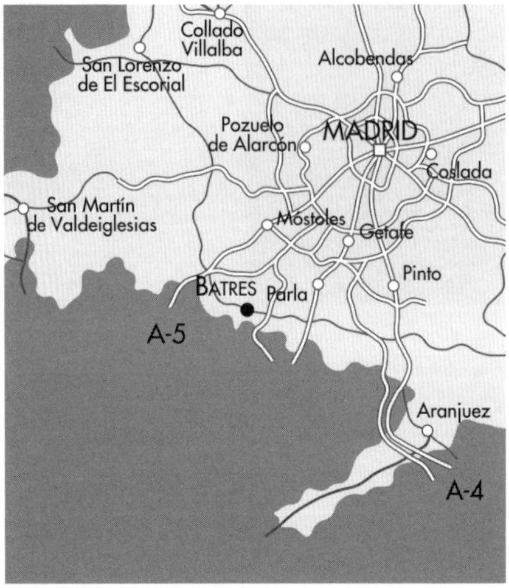

Quizás pudo ser un monasterio el origen de esta población situada en un altozano con mucha vegetación, próximo al río Guadarrama, y donde, por encima de todo, se destaca una poblada alameda, y, sobresaliendo sobre las copas de los árboles, las almenas de un castillo, que se une a un rico patrimonio artístico y cultural.

Hay diferentes tesis sobre la fundación de Batres, así como de su nombre. Por una parte se dice que la denominación proviene del término indoeuropeo *Pwatria*, con el significado de «padre»; también de un asentamiento carpetano conocido como *Vatria*, que posteriormente fue conquistado por los romanos, quienes le dieron el nombre de *Gran Watria*, tal y como aparece mencionada en el año 150 por el emperador Antonio Pio. El pueblo tuvo una cierta relevancia como prueba el hecho de que Materno Cinegio, cónsul de Roma, eligiera el lugar para construir una villa. Destruido el enclave por los almorávides, su núcleo se debe a la repoblación cristiana iniciada tras la Reconquista, hecho que se llevó a cabo con gran celeridad por su posición estratégica en la cuenca del río Guadarrama. Fue conocida entonces como *Gran Villa de Batres* y su foco principal era el monasterio de Santa María de Batres perteneciente a la Orden de Cluny, tras haber sido donado el lugar por Alfonso VII de Castilla a los cluniacenses. En el siglo XIV se construyó un castillo defensivo del que aún se conservan restos interesantes integrado como palacio fortificado, y a su alrededor se constituyó un señorío. El edificio, que ha estado vinculado históricamente a los señores de Batres, ha incorporado diferentes estilos arquitectónicos, como el gótico isabelino y el plateresco. Situado en un altozano, a su alrededor serpentean diferentes arroyos que van a verter sus aguas al río Guadarrama, muy próximo, creando una especie de foso natural. Construido de ladrillo cocido, los cimientos son de pedernal, y en su planta cuadrada destaca sobre todo la torre del homenaje, que puede observarse por encima de la arboleda que rodea al conjunto. En el interior del recinto, considerado Conjunto Histórico-Artístico, se encuentran diferentes monumentos, entre otros, la fuente de Garcilaso, considerado uno de los lugares visitados por los más prestigiosos literatos españoles, como Lope de Vega, Luis de Góngora y Diego Hurtado de Mendoza, entre otros. Allí pueden leerse dos placas de mármol con textos de Lope de Vega y Góngora en homenaje al poeta.

El líquido cristal que de esta fuente
Admiras, caminante,
El mismo es de Elicona;
Si pudieres, perdona al paso un solo
[instante:
Beberás cultamente ondas que del
[Parnaso
Hasta su vega trajo Garcilaso.
(Luis de Góngora)

Si la memoria vuelves a esta fuente,
Juzgarás que con vena eterna llora
Al varón, que a su Patria más honora,
Docto en la espada, y en la pluma ardiente.
(Lope de Vega)

En 1504 se funda el mayorazgo de Batres por parte del comendador mayor de León, Garcilaso de la Vega y de su esposa Sancha de Guzmán; este señorío quedó en sus manos hasta que en el siglo XVIII, y tras ser absorbido por la casa de Oñate y duques de Nájera, pasó a formar parte del señorío de los marqueses de Riscal, de los que se separaría a principios del siglo XIX.

En cuanto al nombre, ocurre lo mismo que con el origen, pues hay diferentes teorías de las que destacaremos tres fundamentalmente. En primer lugar la palabra de origen hispánico *battere* que significa «batir o golpear»; la segunda es una acepción árabe, *batam* que se traduce por «curtir las pieles», y que desde luego engarza perfectamente con una de las riquezas fundamentales de la población como era la industria de la piel, y que reuniría en una sola forma las dos palabras a las que nos hemos referido: *baterre* y *batam*; y como tercera forma también mencionaremos la palabra árabe *al-batia*, con el significado de «tinaja que recoge agua de lluvia».

Hablábamos de su riqueza cultural, y como muestra de ello debemos referirnos a la figura del poeta Garcilaso de la Vega que se crió en Batres, y vivió en el castillo fundado por su padre, también llamado Garcilaso. Su vida fue un hermanamiento entre lo poético y lo militar, pues estuvo al servicio de Carlos V en Alemania, Italia, Túnez y Provenza, y murió en el ataque al castillo de Muey. De su obra literaria quedan tres églogas, cinco canciones, dos elegías, treinta y ocho sonetos y una epístola. También hay que constatar que Hernán Pérez de Guzmán, señor de Batres, escribió allí su obra *Las generaciones y semblanzas*.

Aquí encontramos una leyenda unida al tradicional misticismo del siglo XV. Esta vez se refiere a una cruz que apareció entre los sarmientos. Se trata, pues, como no puede ser de otra forma, del hallazgo por parte de un labrador de una cruz en la que se distinguía la imagen pintada de Cristo entre un montón de sarmientos que había recogido en el campo, siendo este hallazgo hecho cuando en su casa iba a encender la lumbre. La noticia corrió por todo el pueblo, y aunque los vecinos de la localidad de Añover del Tajo, próxima a Batres, reclamaron para sí la cruz afirmando que se les había perdido hacía muchos años, lo cierto es que la Santa Cruz de Batres, como se la conoce, permaneció en ese lugar. Este hallazgo se mantiene en la iglesia parroquial de la población, de donde sale en solemne procesión el segundo domingo de febrero.

Becerril de la Sierra

CHURRO

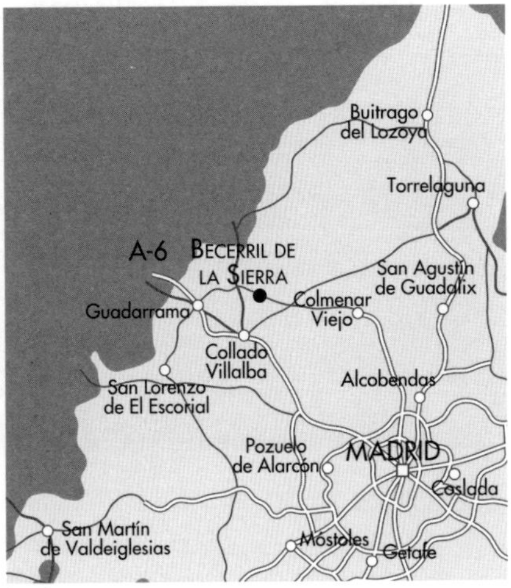

Aunque se habla de un origen muy confuso, parece ser que un itinerario romano que uniría Cercedilla con Colmenar Viejo fue posiblemente el motivo que dio pie a que bajo la falda de la sierra de Guadarrama se crease un pequeño enclave, que posteriormente sería utilizado por los visigodos, y algo después por los musulmanes, a juzgar por los vestigios encontrados. No obstante, la repoblación cristiana que realiza Alfonso VI a partir de la toma de Toledo en esas tierras es la razón que ha ganado en el tiempo más credibilidad.

El nombre se hace proceder de «becerro» por ser considerada una zona de crianza del ganado vacuno, y de la sierra por estar al pie de ella.

Perteneciente al Real de Manzanares, fue arrabal del pueblo de Manzanares hasta 1636; su historia se vincula al desarrollo de la zona y a los enfrentamientos que entre segovianos y madrileños se mantuvieron por ocupar los lugares que la Reconquista dejaba libres en la falda de la sierra. El 1 de mayo de 1152, el rey Alfonso VII otorgó la posesión de los montes y sierras desde el puerto del Berrueco hasta el puerto de Lozoya al concejo de Madrid, lo que es ratificado años más tarde por Alfonso X el Sabio (1268) al mantenerse la disputa. No obstante los segovianos inician la colonización de esas mismas tierras, lo que va a ser detenido por Juan I en 1383 cuando dona el Real de Manzanares a la familia de su mayordomo mayor, Pedro González de Mendoza. Propiedad que es confirmada por Juan II en 1445 a favor de Íñigo López de Mendoza, al que concede el título de marqués de Santillana y conde real de Manzanares. A partir de ese momento aparece en los documentos Becerril de la Sierra mencionado entre las villas y aldeas que componen el real.

En 1799 Becerril pasa a formar parte de la provincia de Madrid, al igual que todo el partido judicial de Colmenar Viejo.

Paisaje típico de Becerril de la Sierra.

No existe una historia propia o una leyenda que nos permita destacar algún aspecto de esta población, por ello vamos a incorporar aquí dos cuentos que son factibles de exponer en cualquiera de los pueblos que están situados en las proximidades de la sierra de Guadarrama, puesto que a cualquiera de ellos se podría atribuir las influencias de la laguna de Peñalara. Ya sé que los puristas se extrañarán de que se sitúe en este lugar tales hechos, y que quizás podrían ir mejor en la referencia a Navacerrada o incluso a Cercedilla, pero si se toma el camino que atraviesa La Maliciosa se puede salir por la Bola del Mundo hasta la zona de Cotos, y de allí a Peñalara es un paseo.

Pues bien, cuenta la tradición que en esa laguna la noche de difuntos, el 1 de noviembre, a la fría luz de la luna emerge en el centro un islote y sobre él la figura de una pastora. Se trata de una joven que intentando salvar uno de sus corderos extraviado entre las rocas cayó al agua y se ahogó en ellas, y que ese día regresa para buscar al animal desde su atalaya.

También hay otro relato unido a las aguas de Peñalara, y que cuenta cómo dos jóvenes se bañaron en sus aguas. El primero que la atravesó de un lado a otro llevaba un libro en la boca y al llegar a la orilla se puso a leer mientras su compañero nadaba. En un momento dejó la lectura y cerró el libro, y en ese instante las aguas se tragaron al nadador que nunca más apareció.

Belmonte de Tajo

BELMONTEÑOS/POZUELENSES

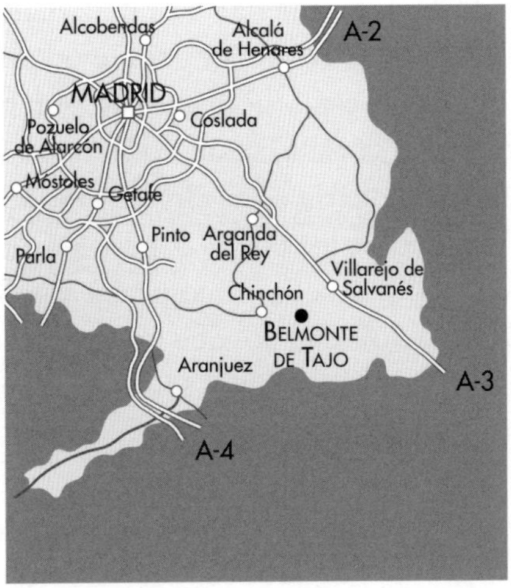

Por tomar aguas de un pozo que había cerca de la aldea y carecer de fuentes, se dio el nombre de Pozuelo de la Soga a este municipio situado en la zona sureste de la Comunidad de Madrid, dentro de la denominada cuenca del río Tajo; y por tener que usar para sacar agua del este muchos metros de cuerda, por su profundidad, se añadió «soga». Posteriormente cambió la denominación por Pozuelo de Belmonte, por estar rodeado de «bellos montes»; y por último quedó el actual de Belmonte por la contracción de los bellos montes, y del Tajo, por la proximidad del río. También hubo una etapa entre los siglos XIII y XIV que fue llamado Toledillo, por las numerosas cuestas que tiene la población y que recuerdan a las de Toledo.

Tras la Reconquista se instaló en la aldea la Orden Militar de Santiago. En 1336 el Rey Pedro I concede a Pozuelo el privilegio de villazgo, es decir, el título de villa, comenzando a denominarse a partir de ese momento Belmonte del Tajo. En 1579, la villa pasó de nuevo a ser propiedad de la corona, que la dio a Álvaro García de Toledo, primer señor de Belmonte que fundó un mayorazgo allí. Ya bajo el reinado de Carlos II se elevó a condado el señorío, título que se mantuvo hasta la derogación de tales derechos a principios del siglo XIX.

Aquí también encontramos otra leyenda o tradición que nos habla de la aparición de una imagen de la Virgen que se va a convertir en la patrona de Belmonte, conocida como Virgen del Socorro. Se trata del hallazgo que realiza un labrador del siglo XV, quien al regresar a casa tropieza con un objeto que debido a la oscuridad le parece una muñeca. Lo guarda en el zurrón para dárselo a su hija, y cuál no será su sorpresa cuando al llegar a casa ve que ha desaparecido de la bolsa. De nuevo al día siguiente la vuelve a encontrar en el mismo sitio, pero tampoco llegó con ella a casa. Así ocurrió

Un pozo dio su primer nombre a Belmonte de Tajo.

hasta cinco veces. Extrañado y alarmado, se lo contó al cura del pueblo, quien al día siguiente le acompañó junto a varios vecinos. Encontraron la «muñeca» en el mismo lugar, y al recogerla, se dieron cuenta de que era la talla de una virgen. El labriego señaló que la Virgen quería socorrerlos y por eso se acordó ponerle ese nombre, la Virgen del Socorro. Pero si hasta aquí el relato entra en la lógica de numerosas tradiciones, resulta que a continuación nos debemos adentrar en la leyenda. Al colocar la imagen en una ermita construida en un cruce de caminos de cuatro pueblos, Belmonte de Tajo, Colmenar de Oreja, Chinchón y Valdelaguna, para evitar la disputa de estas poblaciones por hacerse con la talla, se acordó que cada día se colocaría a la Virgen mirando hacia uno de los pueblos, pero resultó que siempre se la encontraba vuelta hacia Belmonte, lo que se entendió como que ella quería ser la patrona de este pueblo.

También podemos destacar una costumbre que hoy ya se ha perdido, como era la de fabricar un pelele que era manteado por las mozas del pueblo durante la celebración del Carnaval, y que era quemado al finalizar su vapuleo.

Madre del Socorro
siempre te llevamos
en el pensamiento
los que aquí cantamos
somos de Belmonte
y es nuestra patrona
Madre del Socorro
Reina de la gloria
aquí en este pueblo
hoy te veneramos
y si estamos lejos
también te adoramos
aunque te llevamos
en el corazón
somos pecadores
danos tu perdón.

El Berrueco

BERRUECATOS

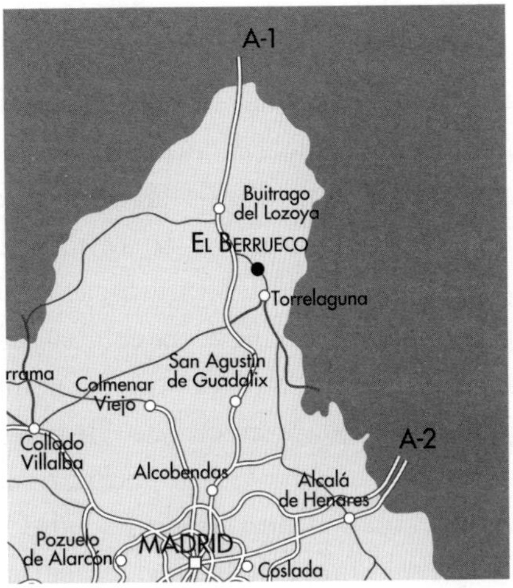

¿Se imaginan encontrarse por la calle un día a Herodes, a san José y María, ver a unos pastores en el momento de recibir la visita del ángel, o tras recorrer un camino tan solo iluminado por antorchas llegar hasta un portal donde está el Niño Jesús con sus padres, sus dos animales de compañía y donde es adorado por los Reyes Magos y los pastores? Pues eso es lo que uno puede encontrarse durante la Navidad en esta población situada en la zona norte de la Comunidad, entre los dos alineamientos montañosos que separan Madrid de Segovia y Guadalajara, conocida como sierra Norte, y en la ribera del embalse de El Atazar.

No es que se esté soñando o que se haya trasladado uno a través de una máquina del tiempo, es mucho más simple que todo eso. Desde 1998 los vecinos de El Berrueco se disfrazan con las ropas de Belén, cierran la parte más antigua del pueblo, lo engalanan con antorchas, y durante la noche celebran la Navidad a su manera, con un Belén Viviente en el que se ofrecen además de lo tradicional, un conjunto de escenas bíblicas y de oficios en cada una de ellas, junto a una pequeña representación teatral.

Por ejemplo, se puede asistir a la Anunciación: el ángel anuncia a María su próxima maternidad; las hilanderas: en donde se muestran los utensilios y trabajos que hacían esas mujeres; los canteros: oficio típico del pueblo, que es conocido por la destreza y buen hacer de sus artesanos de la piedra; la panadería: en un corral varias personas trabajan la masa de harina y en un horno de barro cuecen sus panes; la anunciación a los pastores: se muestra a un grupo de estos con su rebaño en el momento en que el ángel les anuncia el nacimiento del Niño Dios; un mercado en su ebullición de comercio; pastores cocinando gachas; Herodes a la búsqueda del Niño…, y así hasta la llegada al Portal, donde no falta el mínimo detalle.

Los árabes construyeron una red de atalayas en la Comunidad.

El origen del nombre de El Berrueco parece deberse al cerro de granito que domina la población, ya que *berrueco* significa «peñasco rocoso». Y sobre esto se recuerda la palabra latina *verruca* con el significado de la «cumbre levantada» de algún monte o peñasco, destacando que en su término municipal hay varias canteras de granito.

La existencia de los primeros asentamientos hay que buscarlos en la Edad del Bronce, aunque la población actual data de los siglos X y XI. Parece ser que creció a la sombra de una atalaya árabe de comunicaciones, dado que en aquella zona estaba la línea fronteriza entre cristianos y musulmanes. Esta especie de cinturón fronterizo contaba con numerosas edificaciones alineadas en el valle situado en la falda de la sierra, y servía para poder avisar con tiempo de las incursiones de los cristianos del otro lado de la cordillera.

En 1085 el rey cristiano Alfonso VI ocupó el territorio conocido como la Marca Media, es decir, todas las tierras de dominio musulmán entre la cordillera Central y Toledo, iniciando la repoblación de esas zonas. Con ello otorgó los derechos de las Comunidades de Villa y Tierra, y El Berrueco pasó a formar parte de la jurisdicción de Uceda, mientras que Buitrago lo hacia de otras aldeas. Estalló un conflicto entre ambas cabeceras jurisdiccionales, por El Berrueco y La Cabrera. No obstante el Berrueco pertenecerá a la villa de Uceda, dependiente del arzobispado de Toledo, hasta que en 1592 obtenga el privilegio de villa y la

El Berrueco, firme a la orilla de El Atazar.

corona disponga que cuente en su término con horca, picota, y rollo.

En 1613 los vecinos no tienen más remedio que vender la jurisdicción al duque de Uceda, que permanece en este señorío hasta su abolición a principios del siglo XIX.

Aún quedan restos de la atalaya musulmana, muy desmoronada, prácticamente en ruinas, situada en lo alto de un cerro de mil metros de altura. Esta torre es de características semejantes a las encontradas en la zona y que formaban parte de la línea fronteriza. De este tipo son las que se pueden observar en mejor o peor estado situadas en las proximidades de poblaciones como Buitrago, Manjirón, Sieteiglesias, El Berrueco, Torrelaguna, Redueña, Venturada y El Vellón.

Berzosa del Lozoya

BERZOSANO

Bajo la falda del cerro conocido como de la Mujer Muerta, en el macizo de Ayllón (no confundir con la otra montaña del mismo nombre femenino entre Madrid y Segovia) se encuentra un pueblo atravesado por el río Lozoya próximo al embalse de El Villar. Se trata de Berzosa del Lozoya, abrupto, de paisaje fuerte y roqueño, sobre cuya denominación se ha abierto un amplio debate por considerarse diversas posibilidades, aunque todas tienen en común referirse a la vegetación de la población.

En primer lugar tenemos la derivación de «berza», que existe en abundancia en el municipio; también se apunta la posibilidad de que provenga de «brezo», matorral que es muy común en la zona; y una tercera posibilidad es la de «bercios», planta gramínea que se da muy bien en estas tierras. Hay una cuarta teoría que rompe con la vegetación y que busca una raíz más culta afirmando que estamos ante el prefijo «berti, belo», de origen celta, que se refiere a algo que está trenzado.

Sea vegetación o palabra celta, lo cierto es que Berzosa aparece mencionada en el siglo XV en el *Libro de la montería* de Alfonso XI. Con la creación de la Tierra de Buitrago, Berzosa pasó a pertenecer a esta, que detentaba la jurisdicción común. En el siglo XVIII aparece ligada a Serrada, una pequeña aldea con la que se formaba el concejo, y así estará hasta que a principios del siglo XIX desaparecen los señoríos. En 1977 se decidió que se fusionasen en uno solo los términos de Robledillo de la Jara, Puebla de la Sierra y Berzosa, aunque esa división duró poco tiempo, ya que un año después desaparece esta unión y cada municipio queda constituido de forma independiente.

No hay una leyenda que se identifique con Berzosa, aunque sí un hecho curioso, como es el que durante algún tiempo, nadie sabe cuando comenzó ni como finalizó, los mozos y

Vista de Berzosa del Lozoya.

mozas del lugar celebrasen la festividad del aguinaldo que se desarrollaba durante Navidad. Esta actividad consistía en que los jóvenes lugareños pedían ese aguinaldo en Noche Buena y con el dinero recaudado se llevaba a cabo una cena el día 6 de enero.

Boadilla del Monte

BOADILLENSE

Muchas conjeturas diferentes se dan tanto sobre el origen de esta población, como sobre el porqué de su nombre. Hasta tal punto hay que destacar esa interrogante, que incluso en las *Relaciones topográficas* de Felipe II se apunta la ignorancia de ello.

En lo que respecta a la denominación se barajan las hipótesis de una derivación del árabe *Boadil-la* o *Boab-dil*, que podría ser el nombre del dueño de la zona; aunque también se especula con la forma *bos-ovis* como procedencia del topónimo, con una significación de «rebaño de bueyes», por lo que bien podría ser un lugar donde un señor musulmán de nombre Boadil tuviese apacentando su ganado. Así mismo se quiere hacer provenir el nombre del término *boa*, que sería el de una planta semejante al junco.

Y si hay esta compleja consideración de su nombre, qué decir del origen de la población. Incierto, muy incierto resulta, porque en su término municipal se han encontrado restos de un cementerio visigodo, y también de una mezquita, lo que hace suponer que los elementos mudéjares que tiene la iglesia de San Cristóbal, del siglo XV, pueden ser restos de una fortaleza árabe.

Hay un lugar en la zona donde se cree que había una ermita dedicada a san Babilés, que está incluido en los calendarios mozárabes del siglo VII, así como una localidad llamada Romanillos, que supone la existencia de un asentamiento romano, pero todo sigue siendo incierto, lo que le da un carácter muy especial.

En la Edad Media formó parte del sexmo de Casarrubios, hasta que Isabel la Católica cedió el territorio al señorío de Chinchón. En el siglo XVI el municipio fue comprado por el marqués de Belmonte, y en 1763 lo adquirió el infante Luis Antonio de Borbón, hermano de Carlos III, que fue desterrado de la corte por su matrimonio con Teresa Vallabriga, mujer que no pertenecía a la nobleza. Para su alojamiento se construyó el palacio del Infante, proyectado por Ventura Rodríguez. Este palacio estuvo durante mucho tiempo vacío hasta que en 1797 una de las hijas del infante, María Teresa, se casó con el favorito de la reina María Luisa, Manuel de Godoy, momento en el que Boadilla inició una etapa de florecimiento.

La leyenda de la existencia y martirio de san Babilés es reseñable en este lugar. Cuenta que san Babilés era obispo de Pamplona, y que tras la invasión musulmana se trasladó a Toledo y posteriormente al lugar donde se supone que estaba la ermita; allí, en compañía de su hermano, enseñaba a los lugareños la doctrina cristiana. Al llegar allí los árabes decapitaron a los dos y a ochenta niños. Era el 30 de octubre del año 715, aunque se apunta más al año 815. En el mes de mayo se celebra la fiesta dedicada a este santo martirizado por los almorávides.

También entra Boadilla en la historia de las oleadas de ovnis que nos han visitado hace años, últimamente no se han producido avistamientos que se sepa en la Comunidad de Madrid.

La familia del infante don Luis, de F. de Goya.

En febrero de 1967 tres personas, por separado, vieron un objeto que emitía haces sumisos, que aterrizó a pocos metros de ellos sobre las 21 horas y que se elevó posteriormente a gran velocidad. También el 1 de julio del mismo año se vio y fotografió un aparato circular con una especie de H doble en su panza en las proximidades de San José de Valderas, ovni que resultaría más tarde ser un montaje. Pero lo más interesante es que poco tiempo después se registró el aterrizaje de un objeto misterioso llegado del cielo en Boadilla, o al menos eso fue lo que dijeron los vecinos. ¿Otro montaje? Aquí queda reseñado, y que cada uno piense lo que quiera.

El Boalo

BOALENSES

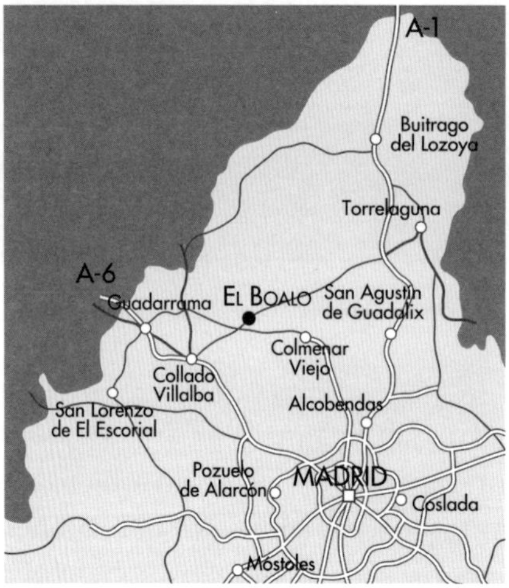

Tres pueblos en uno, eso es lo primero que se puede decir de El Boalo, que cuenta con tres núcleos de población y un solo municipio: El Boalo, Matalpino y Cerceda.

Como no puede ser de otra forma, cada uno de ellos tiene su propio origen independiente, aunque en la actualidad el ayuntamiento de las tres poblaciones se encuentre en El Boalo, donde reside desde 1881. No obstante por separado tienen su propia idiosincrasia, interés e importancia, como lo demuestra que Íñigo López de Mendoza, marqués de Santillana, mencionase a Matalpino, por ejemplo, en su obra, o a El Boalo.

Allá a la vegüela
a Mata el Espino
en esse camino
que va Loçoyuela,
de guisa la vi
que me fiço gana
la fractura temprana.
Descendiendo Yelmo ayuso,
contra Bóvalo tirando,
en ese valle de suso,
vi serrana estar cantando.

El nombre de El Boalo se relaciona con el término *boalaje*, definido como «dehesa boyal»; mientras que el de Cerceda parece provenir del latín *quercetum*, es decir «lugar poblado de encinas». Por su parte Mataelpino puede ser una derivación de «mata de pinos», debido al entorno del lugar en el que se estableció la población.

El origen de las tres poblaciones proviene de la Reconquista, y las primeras referencias aparecen en el siglo XII, sobre Cerceda y Mataelpino, y posteriormente se habla de El Boalo. En 1383 Juan I donó el territorio a su mayordomo Pedro González de Mendoza, y tras un largo pleito entre sus hijos por ver a quién correspondían las poblaciones allí asentadas, este se resolvió a favor de Íñigo, por lo que las tres poblaciones permanecieron vinculadas siempre a la casa de Mendoza y al ducado del Infantado.

Los picos serranos custodian a estos tres pueblos.

En 1747, Cerceda consigue el título de villa, y en 1881 se le otorga a El Boalo y a Mataelpino.

Una de las historias que se cuentan en Mataelpino tiene su referencia en el bandolerismo que durante la segunda mitad del siglo XVIII y el siglo XIX se dio en la provincia de Madrid, sobre todo en la zona de la sierra, y en particular en la Pedriza, dado que era un estupendo lugar donde refugiarse del acoso de las autoridades. En este caso se habla de una banda que raptó a un niño, al que devolvió tras el pago del rescate, y en la misma operación robó a un pastor, al Cabrero Bautista, una escopeta de caza, y sus ropas. Alguna de las prendas motivó una pelea en el reparto del botín, y uno de los miembros del grupo, Isidro *el de Torrelodones,* le pegó un tiro a su jefe, para hacerse con un mayor botín. El jefe de la cuadrilla cayó muerto en un refugio que tenían al pie de la sierra de los Porrones.

En la carretera que hay desde Mataelpino a El Boalo, se puede ver, después de cruzar un pequeño puente de madera, una cruz de piedra, que tiene como fecha el 29 de octubre de 1886. Según se relata en la población, esta cruz es el recuerdo que puso allí una joven de El Boalo, ante la muerte de su novio que era de Mataelpino. Otra versión, apunta a que se trata de la tumba de un hombre que disputó con otro por los amores de una mujer y que falleció a sus manos acuchillado.

Y dentro de lo destacable hay que hablar de una casa existente en Mataelpino que guarda un misterio, conocida como la Casa del Cabrero. Se dice que un rayo cayó sobre ella cuando estaba habitada, y atravesando la cocina, alcanzó y mató a un gato y a dos cabras. Al marcharse el cabrero del lugar asustado por el incidente, la casa quedó vacía hasta que unos veraneantes de Madrid la alquilaron. La desgracia parece que iba unida a ella, puesto que cuando la mujer que la había alquilado estaba quemando las ropas de su hijo que había muerto asesinado en Madrid, la casa se incendió poniendo en peligro la vida del resto de la familia. Quedan algunos restos de esta «casa maldita» que aún pueden verse en el lugar.

Braojos de la Sierra

BRAOJEÑO

Este pueblo serrano situado en una de las laderas de la sierra de Guadarrama se encuentra encomendado a la protección de la Virgen del Buen Suceso, que cuida y protege a los caminantes que quieren cruzar esos parajes, según la tradicional leyenda que se relata en la localidad.

Se desconoce el origen de Braojos, aunque algunos historiadores hablan de un posible asentamiento celta, y por ello derivan su nombre del prefijo «bra», con el significado «broza de los árboles». No obstante también hay quien apunta que es una población posterior y que su denominación proviene del término latino *aperi oculus*, que sería «abre los ojos». Lo que desconocemos es cuál es el sentido que podemos darle a esta última acepción, ya que únicamente se nos ocurre la planta espinosa conocida como «abrojos».

Como tantos otros pueblos de la Comunidad, lo más seguro es que fuese un asentamiento de la Reconquista, iniciado por pastores. Los primeros documentos que hablan de Braojos datan del 18 de julio de 1096, cuando pasó a formar parte de la Comunidad de la Villa y Tierra de Buitrago, tras otorgar el rey Alfonso VI de León y Castilla diferentes privilegios para que las tierras fronterizas entre cristianos y musulmanes fueran repobladas tras ser reconquistadas y crear así una zona segura y estable.

Inicialmente el asentamiento no fue más que un conjunto de chozas y corrales construidos por los pastores de Segovia que encontraron al otro lado de la sierra buenas tierras para su ganado. La Comunidad de la Villa y Tierra de Buitrago estaba organizada con una administración dividida en Cuartos, uno de ellos estaba formado por Braojos, junto a Navarredonda, San Mamés, Pinilla, Villavieja, Gargantilla y La Serna.

Según las *Relaciones de Lorenzana*, el pueblo fue fundado por los antepasados de los duques del Infantado,

Fuente-abrevadero.

señores del municipio en el siglo xviii. Unión que se mantuvo hasta la abolición de los señoríos a principios del siglo xix.

Una costumbre muy curiosa que se da en esta localidad es La Pastorela, una danza que se remonta al siglo xv y que se baila en la iglesia durante la noche de Nochebuena, el día de Navidad, el día de Año Nuevo y el día de Reyes. Se trata de una ofrenda de los mejores corderos al Niño recién nacido. Los danzantes ataviados con trajes de pastores bailan al son de la música interpretada por huesos, almirez, botellas, panderetas y bombos, formando dos filas ante el altar.

En esta población se puede hablar también de la existencia de una leyenda unida naturalmente a su patrona, la Virgen del Buen Suceso. Esta tradición proviene del siglo xviii y se basa en que un vecino de la localidad que viajaba desde Segovia se vio sorprendido por un temporal en el puerto de Arcenes, donde la nieve le bloqueaba el paso. Tras varios días de aguantar en el lugar y cuando pensaba que su fin estaba próximo, se encomendó a la Virgen y le rezó un avemaría. Al instante se iluminó el lugar y vio marcado un camino por el que pudo seguir su marcha. Al contar el hecho en el pueblo se habló de un «buen suceso», y como según este viajero había intervenido la Virgen, pues a partir de ese momento se consideró a la Virgen del Buen Suceso como la patrona de Braojos, y se celebra su festividad el 8 de septiembre.

Ermita de la Virgen del Buen Suceso, patrona de Braojos.

Brea de Tajo

BREANO

Los filólogos apuntan a que el topónimo de esta población se trata de una raíz gallega que tendría relación con la acción de llover. Esta posibilidad nos parece un tanto remota en el tiempo y en el espacio, por lo que nos inclinamos más a creer en la teoría de que *brea* se puede traducir por «vereda», aunque también puede venir del genérico *braida*, que equivale a «llanura». Sobre su añadido de Tajo no hay ninguna duda, pues se encuentra en la cuenca de este río.

Fundado posiblemente por los árabes, fue repoblado tras la Reconquista, se instauró allí la orden religioso-militar de Calatrava, y alcanzó el privilegio de villazgo gracias a la labor del maestre de esta, Gonzalo Núñez de Guzmán en el año 1401. Este título fue confirmado, primero por los Reyes Católicos, y más tarde por su nieto Carlos I. En 1538, este mismo rey vendió las tierras de Brea a Luis Hurtado de Mendoza, marqués de Mondéjar. El pueblo se mantuvo bajo este señorío hasta la desaparición de estos a principios del siglo XIX.

Destaca esta pertenencia en la aparición en el escudo de la población de la cruz de Calatrava y las armas de los Mendoza.

La Orden de Calatrava es una orden militar y religiosa, fundada en el Reino de Castilla en el siglo XII por el abad Raimundo del monasterio cisterciense de Fitero, con la intención de proteger la localidad de Calatrava al sur de la actual provincia de Ciudad Real, próxima a Sierra Morena. El acuerdo de creación de la orden y la cesión de la fortaleza de Calatrava fue firmado por el rey Sancho III el 1 de enero de 1158 en Almazán. Los caballeros de Calatrava participaron en numerosas batallas contra los musulmanes y ocuparon diversas poblaciones para defender la frontera cristiana del ataque de los almohades, sobre todo en la línea del río Tajo.

Vestían el hábito cisterciense blanco con una cruz negra, que en el siglo XIV se transformó en cruz griega de color rojo con flores de lis en las puntas.

Una tradición muy curiosa que se daba hace años en Brea, y que hoy en día ha desaparecido, era que con motivo de la fiesta de San Antón, se regalaban a los niños unos panecillos en forma de caballos y burros.

Brunete

BRUNETENSE

Un pueblo destrozado, casi borrado del mapa; un nuevo pueblo construido en sus proximidades, recuerdo de un hecho imborrable de nuestra historia, lamentable, que supuso el fin de un principio, o quizás el principio de un fin, cuyo desarrollo sirvió para que nuestra sociedad volviese a crearse sobre esa nada y se desarrollarse en aras de una mejor sociedad muchos años después. Brunete es el sinónimo de un suceso de la realidad española que ha llenado páginas de diferentes obras y que causó la muerte a un millón de españoles. Aun hoy en día, si los parapsicólogos quieren acercarse a esa tierra, podrían obtener más de una psicofonía que recordase la dura batalla que aquí se dio durante la Guerra Civil.

No hay una teoría clara de su fundación, aunque se habla de que podía haber sido un grupo de nómadas segovianos quienes se asentasen allí, dedicados a la ganadería y a las actividades propias de ella. No obstante, y aunque se han encontrado algunos restos en dos yacimientos que se remontan a la época romana, la conquista musulmana hizo que estos terrenos pasaran a manos de un sarraceno conocido como El Morillo, que vivía en el castillo de Villafranca, y que tras la Reconquista ocuparon los cristianos.

Las primeras noticias que se tienen de Brunete datan de 1452, cuando Enrique IV cedió a los vecinos la propiedad de la dehesa boyal, y en 1480 los Reyes Católicos lo otorgaron a los marqueses de Bobadilla. En 1520, fue Carlos I quien dio a los dueños de Brunete el título de condes de Chinchón, a quienes pertenecerá hasta que a mediados del siglo XVIII aparezca la villa como señorío de Domingo Grilloe, marqués de Francavila y residente en Génova. El pueblo crece, y a principios del siglo XIX deja de ser un señorío con la promulgación de las Cortes de Cádiz y la desaparición de este tipo de privilegios.

La importancia de Brunete vuelve a tomar protagonismo cuando en

Las tierras de Brunete guardan recuerdos de la Guerra Civil.

1937 las fuerzas que se habían levantado contra la República establecen allí una línea de cerco de Madrid y los militares republicanos deciden intentar romper ese frente desplazando sus fuerzas hacia esa localidad. Estamos a 6 de julio, veinte días más tarde una de las más cruentas batallas que se van a producir en la guerra finaliza, con un leve avance republicano y una heroica defensa del otro bando que ha supuesto la destrucción del 97 % del pueblo. Solamente algunos edificios, entre ellos la iglesia, se mantienen en pie en un estado lamentable. Al finalizar la guerra se inicia la reconstrucción sobre los mismos solares, y en 1941 Francisco Franco hace entrega de las primeras viviendas, el nuevo pueblo se inaugura en 1946. Aun hoy en día pueden contemplarse algunos fortines de aquella época, que han sido incluidos dentro de Catálogo de Bienes Protegidos.

No hace falta hablar en el caso de esta población de una leyenda o de un hecho que no sea el ya relatado, acuñado como el primer pueblo español destruido durante la contienda sangrienta que enfrentó entre 1936 y 1939 a todo un país.

En cuanto al nombre, nos quedamos con las palabras incluidas al respecto en el diccionario de Covarrubias del siglo XVIII, que apunta a que Brunete proviene del paño de lana basto de color negro que allí fabricaba un grupo de artesanos segovianos denominado «bruneta».

Buitrago del Lozoya

BUITRAGUEÑO

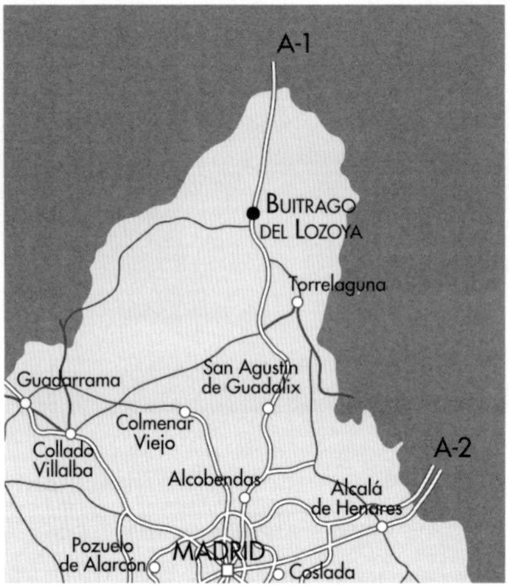

Cabeza de la Comunidad de Villa y Tierra del mismo nombre desde la Reconquista, consideración que recibe por su posición estratégica en el valle medio del Lozoya.

Conserva íntegro su recinto amurallado, circundado por el río que le sirve de foso natural defensivo. Controla la vía natural que comunica ambas mesetas a través del puerto de Somosierra, único paso que permite atravesar el Sistema Central. Las referencias históricas más antiguas datan del siglo I a. C., y se trataría de la *Brittablo* o de la *Litabrum* conquistada por Cayo Flaminio, y mencionada por Tito Livio. No existe ningún vestigio de la época romana ni de los tiempos anteriores a la Reconquista. En este caso aparece mencionada en las actuaciones guerreras de Alfonso VI, hacia 1083, quien le va a conceder años después las armas de su escudo, es decir un toro debajo de una encina con la leyenda *Ad alenda pecora*, es decir, «para el sustento del ganado». En 1304 Fernando IV concede a Buitrago el privilegio de la feria de ganado que aún hoy en día se celebra. Fue durante mucho tiempo la cabeza de los pueblos de alrededor.

Enrique II entregó la villa a Pedro González de Mendoza, y fue su hijo, Diego, quien construyó el castillo. El señorío se mantuvo en manos de los Mendoza hasta que a principios del siglo XIX se pusiese fin a este tipo de situaciones.

Su estructura urbana es la que se consolidó durante la Baja Edad Media, manteniendo las murallas, que son de origen musulmán, posiblemente del siglo XI, pero totalmente restauradas posteriormente. Aquí puede observarse el Adarve Bajo, lienzo de muralla que recorre la ciudad de forma paralela al río Lozoya; la torre Albarrana, situada en la zona sur que protege la entrada principal al recinto, y otra parte de la muralla con gran profusión de torreones macizos, barbacanas, fosos y un alcázar. Este castillo es

Juana la Beltraneja estuvo alojada en este castillo.

un conjunto arquitectónico gótico-mudéjar del siglo XV, de planta rectangular, siete torres y un patio central de armas. En todo el conjunto se nota la influencia del marqués de Santillana, Íñigo López de Mendoza, que fundó varios edificios en la población. No obstante los buitragueños recuerdan que el personaje más importante que estuvo alojado en este alcázar fue Juana la Beltraneja, sobrina de Isabel la Católica, con la que combatió por la corona de Castilla. También tiene una gran importancia, mucho más moderna, la presencia de un museo dedicado al pintor Pablo Picasso, fundado por el que fuera su peluquero y amigo, Eugenio Arias Herranz, nacido en la localidad.

El nombre proviene, aunque no está del todo probado y aceptado, a una deformación en el tiempo de *Brittablo*, aunque Ramón Menéndez Pidal en su *Toponomía prerrománica hispana* dice que «Buitrago designó originalmente el predio o vico poseído por un *Vulturio*, adjetivando este nombre del propietario mediante el sufijo céltico "oco", se dijo *Vultiacum*, nombre que resulta Buitrago, por el mismo camino que *vultare*, resulta buitre».

Entre otras tradiciones, destaca la más moderna, que a iniciativa de un grupo de vecinos comenzó a tomar cuerpo en 1988, se trata de la celebración en Navidad, los días 20, 21, 25 y 27 de diciembre, de un Belén viviente. Inicialmente fueron ochenta vecinos los que actuaron en él, representando once escenas del nacimiento de Jesús. Su importante evolución ha logrado que en la actualidad sea un referente de este tipo de actos que se celebran en las mismas fechas en España, y que cada año aumenta más en la participación de las actuaciones y en la ambientación de las escenas bíblicas que allí se producen, superando los 180 actores y las 21 escenas, en un recorrido de más de 1300 m por las calles de la población.

Bustarviejo

BUSTARVIEJENSE

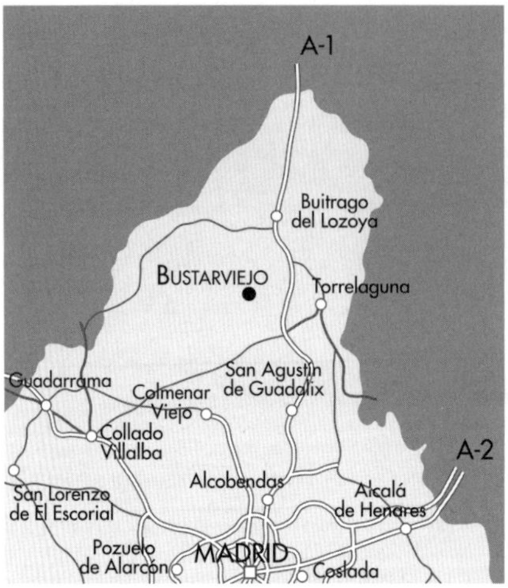

La más graciosa serrana
que en el mundo no ay su par
es Menga de del Busca.
(Serranilla Anónima)

O también:

Menga, la del bustar,
que yo nunca vi serrana
de tan bonito bailar.
(Serranilla Anónima)

Y el romancero popular madrileño se refiere a sus vecinos calificándolos de habladores.

Navalafuente tramposos,
porque deben y no pagan,
en Bustarviejo habladores,
que tienen la lengua larga.

El origen del nombre de Bustarviejo es desconocido, aunque hay una teoría que indica que proviene del latín *bustar*, es decir, «dehesa o pastizal de bueyes».

Su primera referencia hay que buscarla en el *Libro de la montería* de Alfonso XI, por un pleito que tiene en 1297 con la población próxima de Canencia por el uso de unos pastos. En los documentos fechados entre 1324 y 1325 se afirma que las tierras de Bustarviejo eran dehesas «aboyadas y auténticas», es decir, dehesas dedicadas a la cría de bueyes.

De 1482 se conserva una sentencia dada por los Reyes Católicos en la que se reconoce a Bustarviejo la posesión del valle, que incluía las aldeas de Valdemanco y Navalafuente. Perteneció hasta 1626 a la Comunidad de Ciudad y Tierra de Segovia, cuando el rey otorgó a la población su privilegio apartando al pueblo y a sus anejos de Segovia, con jurisdicción, señorío y vasallaje. En 1734 se separa Navalafuente, y en 1842 Valdemanco.

Uno de sus hechos más legendarios, es el conocimiento que dicen los vecinos de la localidad de saber cuándo va a hacer mal tiempo, cuándo se van a producir tormentas, en función del estado que presente una de sus montañas próximas, la de Mondalindo, y que puede apreciarse a través de una

Las nubes sobre el Mondalindo presagian tormenta.

cancioncilla popular que se transmite de padres a hijos de forma oral.

Virgen del Espinar
llévatelo a Mondalindo
que tiene un buen costillar.

Otra leyenda que incluye este monte es la que habla del tesoro escondido en las entrañas del Mondalindo.

Mondalindo, lindo, lindo
quien te vea te desea,
quien cogiera la moneda
que debajo de ti queda.

Y aun hay una tercera que habla de una mora que en la mañana de San Juan sale de una cueva que se encuentra en la parte más alta del monte, y que peina sus cabellos en lafuente Fría, donde nace el arroyo Mondalindo.

También para rematar ese poder meteorológico que poseen sus vecinos, hay otra tradición unida a las tormentas, y que se encuentra referida a la zona montañosa del macizo del Pendón y a la cumbre de Marraz, ya que se afirma que si sobre las tres cumbres hay nubes, eso quiere decir que va a llover con seguridad.

Poniéndose la zamarra la Najarra
El Pendón el chaquetón
y el san Pedro la montera
lloverá, quiera o no quiera.

Cabanillas de la Sierra

CABANILLERO/GALLITO

… et exit ad stratam publicam Toletanam, quae vadit per Cabaniellas…

Así aparece Cabanillas en los siglos XII y XIII en documentos reales que fijan los límites entre Madrid y Segovia, cuando Alfonso VIII deslinda los términos en 1208.

El origen de su nombre se basa en las cabañas que construyeron los pastores para resguardarse cuando iban a la zona de pastos con su ganado; y en cuanto al añadido de la Sierra, data de 1916, cuando se le aplica como referencia a su lugar en la provincia de Madrid.

Situado entre la sierra de La Cabrera y la cuenca del río Guadalix, se habla de que en estas tierras hubo asentamientos romanos con diversas villas entre los siglos III, IV y V, aunque como tantas otras poblaciones serranas su origen más seguro debe de ser el de un asentamiento de pastores, dado que el término municipal está atravesado por tres cañadas, la Real de Extremadura, la de Sacedón del Portillo, y la de Venturada, aunque también es cierto que se encuentra dentro de la zona defensiva y de control de los musulmanes en la denominada Marca Media, con la cercana torre de vigilancia de Venturada.

Cabanillas queda integrada, tras la Reconquista, en la Comunidad de Villa y Tierra de Uceda, haciéndose cargo de todos estos lugares el arzobispado de Toledo, hasta que en 1593 se le otorga la categoría de villa real independiente en su jurisdicción y término, por lo que se la eximía de la jurisdicción de Uceda. En el siglo XVIII se consolida como una población que se aprovecha de su situación en la vía de comunicación entre las dos mesetas, con la existencia de diversas posadas y mesones. La división territorial de 1833 la hace pasar a formar parte de la provincia de Madrid.

No hay una leyenda propia del lugar, pero sí dos tradiciones que por sus peculiaridades merece la pena destacar, aunque una de ellas se haya

La sierra de La Cabrera acompaña a Cabanillas.

perdido ya. Precisamente esta es la que se llevaba a cabo la noche del 30 de abril al 1 de mayo, cuando los jóvenes del pueblo levantaban un gran árbol llamado «mayo» en la plaza y enramaban las casas de sus novias. Con el alba se trataba de trepar por el árbol para conseguir algún premio, o quien sabe si para demostrar a sus novias el valor y la fortaleza que poseían.

La otra tradición que comentábamos es la fiesta de mayor arraigo que existe en Cabanillas, y que se celebra el 8 de diciembre con motivo de la Inmaculada Concepción. Es la Luminaria, que se remonta a 1898, y que consiste en realizar una gran hoguera en la plaza de la localidad donde se quema tomillo recogido en los montes próximos en la leña también recogida por los jóvenes en la zona. Las ascuas de la hoguera se aprovechan para asar patatas que se reparten entre los asistentes. Esta tradición, como ya hemos apuntado, se remonta a 1898, cuando se fundó la Hermandad de la Virgen de Cabanillas.

La Cabrera

CABRENSE

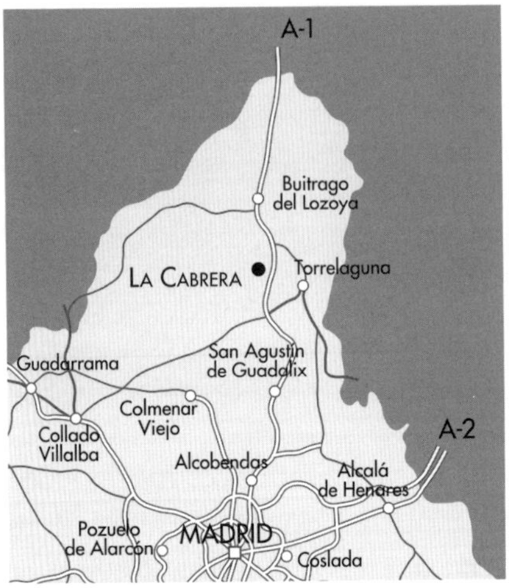

Curiosamente esta población guarda un recuerdo de una santa eremita, María Egipciaca, que protagoniza una leyenda de carácter hagiográfico que recorrió media Europa y que en España encontró su eco en la Alta Edad Media. Aunque la santa jamás estuvo en nuestro país, y mucho menos en las tierras que ocupa actualmente La Cabrera, hay que resaltar que su ejemplo de ermitaña, o al menos el que de ella se transmitió por el Viejo Continente, fue copiado por muchos monjes. Rápidamente, y aunque luego hablemos de cuál es la tradición que se aprovecha de la santa para desarrollar una leyenda que con base en ella toca al monasterio de San Julián, conocido más tarde como de San Antonio, fundado por los monjes benedictinos aproximadamente en el año 1088, conviene que esbocemos quién era esta santa. Se trata de una pecadora, una prostituta, que arrepentida de sus actos se retira a una cueva en Egipto para hacer penitencia, y que aunque recibe la visita del demonio varias veces para tentarla, consigue resistirse y morir en olor de la gracia divina.

Y dicho esto, sobre lo cual volveremos más adelante, nos vamos a centrar ahora en la historia menos legendaria de este pueblo, cuyo nombre se encuentra claramente relacionado con su paisaje abrupto y la ganadería de cabras que había en su término.

La Cabrera se encuentra situada en la zona norte de la Comunidad, a los pies de la sierra del mismo nombre, y en su término se han encontrado restos de un castro celta y enterramientos de la Edad del Hierro. En el cerro de La Cabeza hay restos de pequeñas casas de planta circular con una muralla perimetral de origen visigodo de la segunda mitad del siglo v. También se han encontrado en la carretera de Valdemanco, en la zona conocida como Tumba del Moro, una pequeña necrópolis con tumbas antropomorfas excavadas en la roca.

La Sierra de La Cabrera da su nombre a esta población.

Aunque no hay constancia de exacta de ello, parece ser que durante la presencia musulmana formaba parte de lo que se denominaba «tierra de nadie», por ser una franja fronteriza entre cristianos y árabes, sin tener ninguno de ellos población asentada allí. Es a partir de la Reconquista, y sobre todo del siglo XI, cuando comienza la repoblación al pie de la sierra, formándose una aldea que pasa a pertenecer al señorío de Buitrago, dentro del Cuarto de Garganta. Como toda la comarca pasó a formar parte de la casa de los Mendoza entre los siglos XII y XIII en régimen de señorío que se mantendrá hasta la desaparición de este tipo de conceptos a principios del siglo XIX. No obstante hay que reseñar que pese a pertenecer al señorío, obtuvo el título de villa en 1748, con derecho a horca y picota, privilegio que fue confirmado por Carlos III en 1768.

Unida a la leyenda de santa María Egipciaca a la que nos hemos referido anteriormente, destaca en La Cabrera la existencia del monasterio de San Julián, fundado en el año 1088 por benedictinos, que pasó a principios del siglo XV a la orden franciscana, y que a partir de ese instante se denominó de San Antonio y San Julián, aunque más conocido por San Antonio, nombre con el que ha llegado a nuestros días.

La tradición que ha crecido entorno a la figura de santa María Egipciaca y del citado monasterio, habla de la existencia de una ermita que estaba junto a una cueva conocida como el eremitorio de Santa María Egipciaca, y a veces se apunta únicamente a la cueva añadiéndose que en su interior

Fuertes y recortados picos custodian La Cabrera.

brotaba una fuente. Este eremitorio estaba próximo al monasterio de San Antonio, por lo que ya nos debemos situar, según la leyenda, en pleno siglo XV o XVI, y en el camino entre ambos lugares se producía un hecho significativo. Un pastor había encontrado una imagen de la Virgen de pequeño tamaño en la cueva, se habla de poco más de quince centímetros, y aunque los monjes la llevaron hasta el monasterio, la imagen siempre volvía a la cueva. Los monjes llegaron a atar la imagen a las mangas de sus hábitos y a recorrer el camino tocándola, pero inevitablemente cuando cruzaban la puerta de San Antonio, la imagen desaparecía y regresaba a la cueva, indicando que lo que deseaba era estar en ese lugar, por lo que se construyó allí una ermita, hoy en día desaparecida.

Y a modo de curiosidad, hay que señalar que La Cabrera es el único pueblo de la Comunidad donde se conserva la Gaita Serrana, un instrumento musical de madera de higuera y cuernos de vaca que era empleada siglos atrás por los pastores, y que se ha recuperado durante la primera mitad del siglo XX.

La gaita, también conocida como «albogue», consta de un tubo de madera, generalmente de higuera, con cuatro o cinco agujeros, uno de ellos en la parte inferior, separados por pequeños tabiques tallados en la madera. Los extremos están constituidos por dos cuernos de vaca, uno pequeño que protege lo que sería la lengüeta, y otro más grande por donde sale el sencillo sonido que emite este instrumento musical. De su importancia da cuenta la gran cantidad de grabados que de ellos hay en los libros antiguos y en las catedrales e iglesias de diferentes zonas de España, lo que demuestra que su uso no era únicamente pastoril, sino que también fueron apreciadas por juglares y trovadores.

Por último, debemos recordar que La Cabrera entra dentro de los enclaves de la sierra norte incorporados a la consideración de ser una zona de gran influencia ufológica.

Cadalso de los Vidrios

CADALSEÑO/SOPLÓN

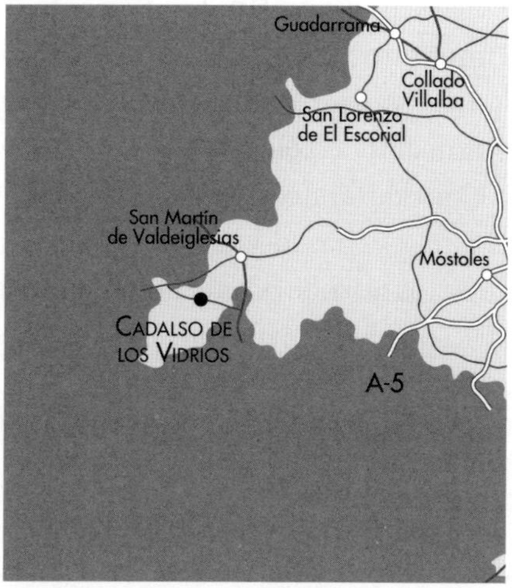

Si hay un pueblo de la Comunidad de Madrid que tenga un origen legendario, ese es, sin lugar a dudas Cadalso de los Vidrios. Y digo esto porque la leyenda atribuye a un grupo de judíos llegados la Península en tiempos de Nabucodonosor la fundación de un asentamiento que daría origen posteriormente a una población más amplia con el paso de los romanos. Lo que sí es cierto, y como tal podemos apuntarlo huyendo de este origen un tanto increíble, es que en la Reconquista hubo un importante comercio en el lugar instaurado por los judíos que se aprovechaban para llevar a cabo sus negocios de la localización de Cadalso, en el camino de Toledo.

Como lugar de paso de importantes caminos, cualquiera de las gentes que invadieron la España antes de la Reconquista dejaron su impronta en Cadalso, lo cual incrementó su importancia al aportar cada uno parte de sus conocimientos e incorporar a una simple aldea los elementos que precisaban para cubrir sus necesidades.

Volviendo a la realidad, más o menos contrastada, y tras el paso de iberos y celtiberos por estas tierras de la zona de la Sierra Oeste de Madrid, con la proximidad de la cuenca del río Alberche, llegaron los romanos, tras la conquista del territorio por parte de Quinto Pluvio y Marco Fluvio. A este asentamiento se le dio el nombre de *Cadalfarum*, que puede traducirse e interpretarse como «lugar alto» de tránsito en el camino del oeste hacia el sur a través de Toledo. De todas formas es en la etapa visigoda cuando se constituye una aldea, pequeña, pero que va a fijar el devenir futuro de Cadalso, que en ese momento se comienza a llamar Las Ventas de Santa Ana, por existir este tipo de construcción que daba alimento y descanso a los viajeros. Por ello, como en otros casos de la Comunidad, el pueblo crece entorno a ella.

Los musulmanes ocuparon la población estableciendo allí una

plaza defensiva de Toledo, con una atalaya en el pico Muñana, la dominación árabe permaneció de Cadalso por espacio de tres siglos. También construyeron una muralla y una mezquita que fue reconvertida en iglesia por los cristianos, una vez que Alfonso VI reconquistó la población en 1082, otorgándole el título de villa muy leal y noble. Durante los siglos XII, XIII y XIV se vio favorecida por diversos privilegios reales, como lugar importante de paso en las comunicaciones hacia Ávila y Valladolid.

Cadalso fue una de las poblaciones que se aprovechó de las emigraciones de personas procedentes de Ávila para ir creciendo y mantener una situación de privilegio frente al dominio de localidades próximas toledanas como Escalona, hasta que en 1389 Juan I confirmó que como villa quedaba libre de esta segunda población.

La historia de la población relata con especial énfasis la estancia de Isabel la Católica en el palacio construido por Álvaro de Luna, tras haber sido proclamada como heredera de la corona de Castilla el 19 de septiembre de 1468 en el Tiemblo (Toros de Guisando).

Cadalso fue entregado en dote en la boda de la hija bastarda de Fernando el Católico, Juana de Aragón, con el duque de Frías, Bernardino Fernández de Velasco, permaneciendo bajo este Ducado hasta que en el siglo XVIII pasó a manos del marqués de Siete Iglesias. En 1833 se integró definitivamente en la provincia de Madrid, ya que hasta entonces había pertenecido a Toledo.

Considerando «cadalso» como lugar alto, el añadido «de los vidrios» se debe a los hornos para la fabricación de vidrio que había en la población, y que alcanzó gran fama en los siglos XVI y XVII, compitiendo con los mejores de España y Europa. Para ello se aprovechaba la piedra procedente del cerro de Guisando y el barro del río Tórtolas, resistente a las altas temperaturas. De allí salieron gran parte de la cristalería de la real Botica del monasterio de El Escorial. Alguno de los hornos se mantuvo trabajando hasta los primeros años del siglo XX en que se cerraron definitivamente.

Hay varias leyendas y hechos interesantes en Cadalso. Por ejemplo, se destaca la presencia de personalidades en el pueblo, como es la visita que hizo santa Teresa de Jesús a Nuestra Señora de los Ángeles, o el nacimiento en 1777 de Luis María de Borbón, hijo del infante don Luis, hermano de Carlos III, que se une a la ya mencionada estancia de Isabel la Católica y a la residencia de Álvaro de Luna y de la construcción del castillo-fortaleza de Villena.

Pero si esta presencia es destacable,

hay que referir otros hechos legendarios que producen, cuando menos, curiosidad al imaginar lo que hay detrás de esos relatos.

Tras la conquista por parte de Alfonso VI de la población, algunos musulmanes se hicieron fuertes en la torre defensiva de la peña Muñana, manteniéndose allí varios meses aprovechando su situación estratégica. Para alimentarse hacían salidas en las que atacaban a los aldeanos y les robaban víveres y enseres. Cuenta la leyenda que para poner fin a esa ocupación los cadalseños llevaron un rebaño de cabras hasta la proximidad de la peña y que colocándoles antorchas encendidas en los cuernos las lanzaron contra las defensas musulmanas. Corriendo monte arriba prendieron fuego al recinto musulmán, que de esta forma tuvo que rendirse.

Otra historia habla de la existencia de las cuevas de época musulmana conocidas como las Cuevas del Pilar, que cuentan con nueve bocas de medio cañón situadas en las afueras del pueblo, y que se dice que llevan hasta el monte donde está la atalaya árabe, y que de su conocimiento se servían los sitiados para hacer salidas a buscar alimentos, cuando aguantaron los ataques cristianos.

Y por último, queremos reseñar el clásico «cuento» que se suele unir a las cuevas y al sentido de «escondite» que se le da. Tras abandonar los árabes el enclave de la peña Muraña, una mujer del pueblo encargó a un grupo de hombres que buscasen un supuesto tesoro que habían dejado los ocupantes de la atalaya en su huída tras ser derrotados. Es obvio decir que no encontraron nada.

Camarma de Esteruelas

CAMARMEÑO/CAMPIÑERO

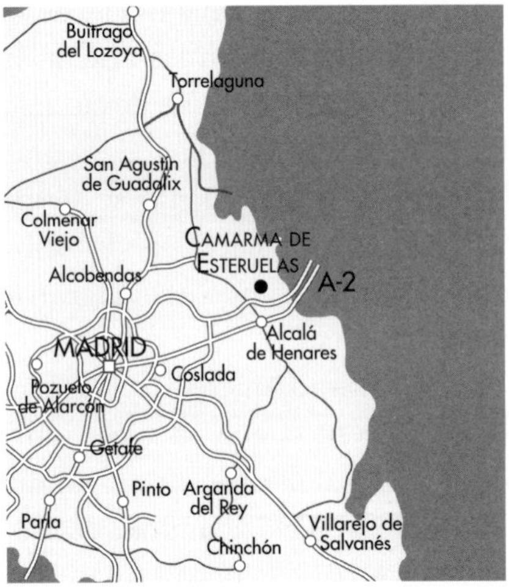

Un amplio territorio marcado por el arroyo Camarmilla, afluente del río Henares, cuya fertilidad atrajo desde épocas prehistóricas a diferentes pueblos, es donde se asentaron diversas aldeas todas ellas con el nombre principal de Camarma y luego un añadido calificativo de alguna de sus cualidades o de alguno de sus pobladores o dueños.

El nombre concita numerosas teorías, que van desde una etimología latina, a un término hebreo, pasando por una procedencia árabe. Veamos alguno de estos orígenes. Sería prerromano y Camarma podría provenir del término hebreo *schamar-ma*, que significaría «centinela de la balsa» o «guardián del agua»; también se hace derivar de la forma latina *cammarus*, como «lugar cuyo dueño es Camarus», y se añade de Esteruelas en el sentido de «suelo abarrancado en donde se depositaban las aguas»; así mismo se dice que los que fundaron el pueblo llegaron de Cantabria, de la zona de la Camárica, e impusieron el nombre de su lugar de origen. ¿Quién lo sabe? El hecho es que cualquiera de ellos nos puede servir, y la verdad es que cualquiera nos parece interesante.

Según la carta arqueológica realizada por Román Garrido y Díaz del Río en 1992, en el municipio se han detectado varios yacimientos que corresponden a la Edad del Bronce y a la Edad del Hierro. De estas etapas hay restos de cerámicas globulares encontradas junto al arroyo Camarmilla y otros enseres. Visigodos y árabes también anduvieron por estas tierras, sobre todo debido a su proximidad a Alcalá de Henares, y explotaron las tierras de las vegas. Pero parece ser que no fue hasta la Reconquista y la toma de Alcalá por las fuerzas cristianas en 1118, cuando se ocupa toda la planicie agrícola y se repuebla un amplio territorio que da origen a varias aldeas agrícolas que configuran, junto a otras, la Comunidad de Villa y Tierra de Alcalá.

Casa Consistorial de Camarma de Esteruelas.

Junto al arroyo Camarmilla o en sus proximidades, aparecen Camarma de Suso o de la Encima, Camarma de Yuso o del Caño y Villaviciosa o Camarma de Esteruelas. De todas ellas al final únicamente queda la última, que forma parte de la administración de Alcalá.

En el siglo XVI consigue la carta de villazgo y queda eximida de ser una aldea de la jurisdicción de Alcalá y sujeta al señorío del arzobispo de Toledo. Consigue en 1588 la jurisdicción civil y criminal. Las dificultades del concejo hace que en 1720 se venda a Antonio Puche y Doncel, quien se deshará de Camarma en 1776 al vendérsela a Manuel Joseph de Alevio, en manos de quien se mantendrá hasta 1812, con el dictamen de las Cortes de Cádiz de abolir los señoríos.

Las otras dos Camarmas sufren una evolución semejante y así durante el siglo XVII aparecen sujetas a diferentes señoríos de realengo, como es el Colegio de la Villa de Alcalá de Henares, en el caso de Camarma del Caño; o del conde de Coruña, Pedro Gómez, en el de Camarma de la Encima; variando a lo largo de los años de un señor a otro. A principios del siglo XIX la localidad de la Encima queda despoblada y se anexiona a Camarma del Caño, que será tomada bajo la jurisdicción de Esteruelas. No obstante con la división provincial y la inclusión de la población de Valdeavero en Madrid, las tierras de Camarma del Caño pasan a formar parte de Valdeavero.

Destacaremos en Carmarma una tradición religiosa como curiosidad de esta población donde no aparece ninguna leyenda interesante, salvo la propia de su origen como asentamiento y como denominación, y la

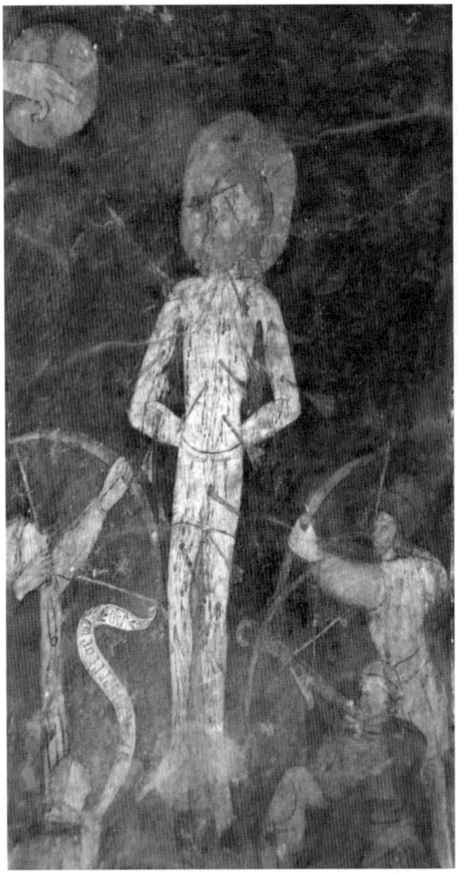

Pintura de san Sebastián en la iglesia de San Pedro.

profundidad de su historia en el tiempo y el espacio.

Decíamos curiosidad religiosa y naturalmente festiva, que se realiza el 20 de enero cuando se traslada la imagen de san Sebastián desde su ermita, que hoy en día forma parte del cementerio, hasta la iglesia de San Pedro. El culto a san Sebastián parece que proviene de los siglos XIII al XV, a juzgar por la representación simbólica de este santo que hay al fondo del altar, una pintura realizada al temple siguiendo la tradición románica. Pero lo que más destaca es que la procesión la efectúan únicamente los varones de la cofradía, quienes después de la misa reparten las llamadas «caridades», unos panecillos confitados con anisillos. Se apunta a que esta tradición tiene su origen en la distribución de este tipo de alimento entre los más necesitados siglos atrás.

Campo Real

CAMPEÑO/VEGUERO

La Aldea del Campo, que gracias a Felipe II se denominó, y se denomina desde entonces Campo Real, según consta en las *Relaciones topográficas* encargadas por este rey, y que fue vendida a un genovés de nombre Baltasar Catano.

> … habrá diez meses poco más o menos que Su Majestad vendió este pueblo a un genovés que se llama Baltasar Catano, y se rescató y tomó por el tanto que fueron diez y siete mil ducados poco más o menos, y en la cédula que Su Majestad le dio este renombre de la villa de Campo Real, porque antes se llamaba la villa del Campo, y ha veinte y cinco años que sirvió a Su Majestad con siete mil ducados, porque la hizo villa, y la eximió y apartó de la justicia de la villa de Alcalá de Henares, a al cual estaba sujeta, y se llamaba Aldea del Campo.

Perteneciente a la cuenca del río Tajuña, su origen parece ser muy antiguo, ya que se han encontrado herramientas neolíticas muy cerca del actual casco urbano. No obstante, con el nombre de Campo de Almonacid o Campo de Almiraeg, existía ya en época musulmana una población en la zona que fue tomada por Fernando I en el siglo XI y reconquistada de nuevo por los árabes años después, quienes se mantuvieron allí hasta ser derrotados por las tropas del arzobispo de Toledo en 1118. En un documento de 1214 firmado por Alfonso VIII se habla ya de Aldea del Campo. En el siglo XV forma parte del Común de las Tierras de Alcalá, bajo la jurisdicción de Toledo. Este Común estaba formado además por Santorcaz, Villavilla, Arganda y Pezuela. Un siglo después la corona recurrió a la venta de los territorios donados a las órdenes militares, lo que suponía que las aldeas pasaban a ser de «realengo», hecho que aprovecharon los vecinos de Campo Real para solicitar al rey el título de villa e independizarse y que Felipe II les concedió. Es muy interesante destacar que en este tiempo había allí un monasterio de los monjes guerreros de la Orden de San Juan, que hoy es la iglesia de Santa María del Castillo.

Iglesia de Santa María del Castillo, antiguo monasterio de la Orden de San Juan.

Se cuenta una leyenda sacra unida a la ermita del Santísimo Cristo de la Peña, edificio del siglo XVIII.

Un día que un pastor estaba con su ganado junto a una gran peña donde había una fuente para que abrevasen las ovejas –sobre ese lugar es sobre el que está construida la ermita–, se le apareció Cristo. Asustado, el pastor llegó corriendo al pueblo para contar a sus vecinos lo que le había ocurrido. Todos fueron hasta el lugar encontrando únicamente allí la roca, la fuente y las ovejas paciendo tranquilamente, y cuando iban a regresar a sus casas recriminando al pastor por tan burdo engaño, se apareció ante todos los presentes Cristo. Inmediatamente se inició la construcción de una ermita en el lugar que, según se cuenta en el pueblo, ha dado origen a lo largo de su historia a diversas acciones que se consideran milagrosas.

Campo Real es famoso por las aceitunas que se producen en sus olivares.

Canencia

CANENCIANO/AHUMADO

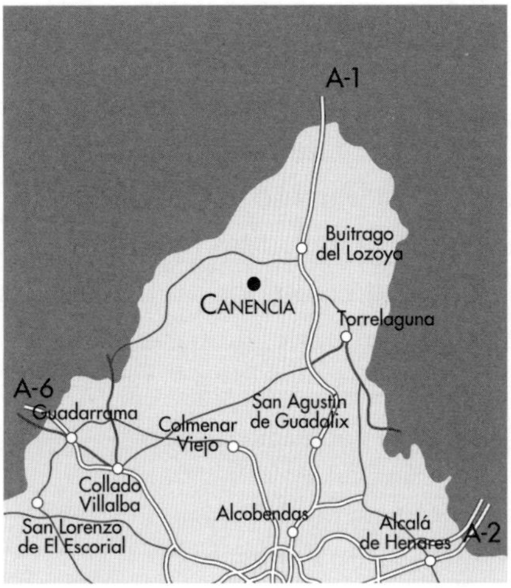

Tierra del valle del río Lozoya que incorpora varias historias sobre los bandoleros que durante el siglo XIX tuvieron en esa tierra serrana su guarida y las tierras de sus correrías. También está considerada una buena zona de toreros, tal y como se refleja en el romancero popular madrileño.

> En Guadalix cebolleros,
> porque tienen cerca el agua,
> en Miraflores pleitistas,
> que de eso tienen la fama,
> en Canencia son toreros,
> y en Garganta son espadas.
> De Canencia los toreros,
> de Garganta los espadas,
> los mocitos de El Cuadrón,
> corren la vaquita brava,
> las mozas de Lozoyuela
> las cosen a puñaladas.

Aunque hay en la zona hay puentes de origen romano que se vinculan a las calzadas que construyeron para cruzar las sierras, su origen está más próximo a la repoblación cristiana llevada a cabo por Alfonso VI de Castilla. El terreno era ideal para la caza, y así aparece en el *Libro de la montería* de Alfonso XI, como lugar para cobrar jabalíes y osos. Quizás por eso se cree que su nombre proviene del uso de los perros para las monterías, y de «canes» a Canencia solo hay un paso. Por cierto que este animal aparece reflejado en su escudo.

No obstante hay otras teorías sobre el topónimo, como una que alude al latín *canus*, «blanco», denominación que le sería dada por las superficies nevadas. Y también hay quien afirma que el nombre medieval de Canencia no era otro que Collado Hermoso, sin que sepamos cuál es la derivación que sufriría para llegar hasta su denominación actual.

Parte integrante del territorio del sexmo de Lozoya, que dependía de la Villa y Común de la Tierra de Segovia, debió de ser poblada por ganaderos provenientes de esa zona. La situación de la mancomunidad se mantuvo, junto a la de otras poblaciones, hasta que en 1833 se llevó a cabo la nueva

El potro: instrumento destinado a marcar a las reses y a herrar a los caballos.

división administrativa y pasó a formar parte de la provincia de Madrid.

Una tradición propia de Canencia es la que nos aporta la procesión de Semana Santa, conocida como Procesión del Arado, donde destaca la peculiaridad de que la cruz de Cristo está formada por los arados romanos tradicionales.

Hablábamos al principio de los bandoleros que se movían por la zona en el siglo XIX, y sobre ellos hay una historia legendaria pese a la corta distancia en el tiempo que hay hasta nuestros días. Existía entonces un bandido que muy al estilo de Robin Hood robaba a los ricos y daba una parte a los pobres, hecho que sirvió a Calleja Guijarro para escribir un romance sobre dos de ellos, Fernando Delgado, *el Tuerto* y su lugarteniente Barroso.

En el romance se relatan los deseos de el Tuerto de hacer diversos asaltos a Canencia, y que para ello manda a su lugarteniente para que observe la zona, pero Barroso es descubierto por la Guardia Civil. Tras una dura lucha resulta alcanzado por un disparo que le causa la muerte, de forma que:

Cuando el Tuerto se enteró,
Puso por medio la sierra.
Ya podéis dormir tranquilos,
Ganaderos de Canencia.
El ojo os había echado
Gente de mala ralea
Y de un solo hilo pendían
Vuestras personas y haciendas.
Ya podéis dormir tranquilos,
Ganaderos de Canencia.

También se apunta como ejemplo de sus correrías por la sierra que hay lugares cuyo nombre guarda ese recuerdo, como por ejemplo que en el antiguo camino de Canencia a Lozoya se encuentra un robledal conocido como Mata de los Ladrones.

Las idas y venidas del Tuerto, que nunca fue apresado por la Guardia Civil, quedan reflejadas en la siguiente coplilla:

Mientras existan tocones
Le van a coger al Tuerto
¡Por los cojones!

Carabaña

CARACITANO/CARABEÑO

El agua, la riqueza de sus fuentes y el carácter medicinal que se le ha dado a ese líquido elemento que se encuentra en estas tierras es lo que mejor ha definido y define a Carabaña.

Si bien su origen no queda claro, se ha asociado a esta población con la Caraca de los betones, pueblo que combatió duramente contra los romanos y que fueron derrotados y desalojados de la zona. Una vez asentados los invasores, la vega del río Tajuña se pobló, en principio con un campamento que custodiaba la calzada romana entre Complutum y Segóbriga, y más tarde con mansiones residenciales y granjas que explotaban la tierra. Además de la calzada queda también un ara en una esquina de la plaza de España, en la que, según se escribió en el siglo XVI, se podía leer una inscripción de un jefe militar romano donde explicaba su deseo de colocar sobre el altar un ídolo al que rendían culto sus soldados antes del combate. En el siglo V llegaron hasta allí los visigodos, como confirman los yacimientos encontrados en el cerro de Cabeza Gorda, una necrópolis. Con la entrada de los musulmanes en el territorio se revolucionó la agricultura y se mejoró la producción agrícola de la vega. La Reconquista supuso la repoblación cristiana de la zona y en 1135 el arzobispo de Toledo concedió el Fuero de Alcalá a las veinticinco aldeas que estaban bajo su jurisdicción, entre ellas Carabaña. No obstante las guerras contra los árabes y el apoyo que los segovianos dieron al rey Alfonso VIII, hizo que este donase al concejo de Segovia varias aldeas, entre ellas la que nos ocupa aquí, aunque en 1214 pasó de nuevo a formar parte de las propiedades del arzobispado toledano.

Ya en el siglo XVI los vecinos de Carabaña pidieron al rey que les eximiera de la jurisdicción de Alcalá y que les concediese el título de villa, lo que se hizo realidad en 1557, aunque no dejó de pertenecer a Toledo hasta

La famosa medicinal «Agua de Carabaña» se sigue embotellando en este pueblo, ahora de una forma más industrializada y menos romántica que en el siglo XIX.

1578 cuando se unió a la corona junto a Orusco y Valdilecha.

Buscando el dinero que le hacía falta a la corona para soportar el peso que suponía estar en guerra con media Europa, el rey vendió la población a Esteban Lamelin, de donde el señorío pasó a manos de Sebastián Cordero, en poder de quien permaneció hasta 1625, cuando se registra una nueva venta a la familia Vega, bajo cuya tutela estuvo hasta principios del siglo XIX.

Las *Relaciones de Lorenzana* ya habla en el siglo XVIII de las aguas medicinales de Carabaña, indicando que:

> También hay tierra salitrosa, útil para fábricas de este género, y un mineral de agua salina sulfúrea purgante, con que acostumbran los naturales y circunvecinos medicinarse en sus dolencias, experimentando considerable alivio, y en algunas ocasiones se cuaja, quedando el agua reducida a sal de extraordinaria blancura.

Pero el salto cualitativo se produce en el siglo XIX, cuando el médico Juan Bautista Santoya y el farmacéutico Ruperto Chávarri forman una sociedad para comercializar el líquido, Aguas Minerales Naturales de Carabaña La Favorita. Tanta importancia lograron alcanzar que a finales del siglo fue preciso construir allí un balneario, hoy ya en ruinas. Los primeros años del siglo XX fueron los del verdadero esplendor de las aguas y de La Favorita, por lo que pronto se creó otra empresa, La Margarita, única competencia en la zona.

Pero además de sus aguas medicinales, Carabaña aporta una leyenda religiosa unida también a Campo Real, que se suele datar en el siglo XV. El relato dice que por aquellos años llegó a Carabaña y a Campo Real un peregrino que pidió ayuda y cobijo, y que fue bien recibido por los habi-

Entrada al balneario donde se puede degustar el agua de Carabaña y aprovechar otros remedios medicinales

tantes de ambas poblaciones. En la segunda se alojó en una posada de la que desapareció misteriosamente dejando en su lugar dos tallas de Jesús crucificado de diferente tamaño. Junto a la de mayor tamaño ponía el nombre de Carabaña, y en la de menor el de Campo Real. Pese a las discusiones de los vecinos de ambos pueblos, al final cada talla fue a parar al lugar que había escrito el peregrino. En Carabaña se la colocó en la iglesia de la Asunción, donde se la conoce con el nombre de Cristo de la Paz y de la Salud. A esta imagen se le atribuyen numerosos milagros, sobre todo la protección que dio a los vecinos del lugar durante la epidemia de cólera que en 1834 asoló a los pueblos de la vega del Tajuña, manteniendo a los habitantes de Carabaña libres de la enfermedad.

Casarrubuelos

CASARRUBUELENSE/SAGREÑO

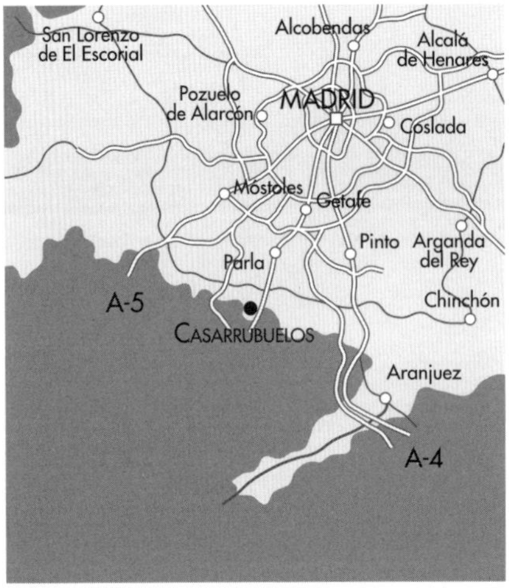

De origen romano, uno de los pueblos más antiguos de Madrid, tal y como apuntaba en 1536 las *Relaciones topográficas* de Felipe II.

> Es de los más antiguos que tiene la Tierra de Madrid.

De origen indudablemente romano, en virtud de los restos que se han encontrado en su término, aparece mencionado por primera vez en el siglo XII, cuando el año 1154 es cedido a Illescas (Toledo) por medio de una Carta Puebla que se conserva en el ayuntamiento de esa localidad, aunque en el siglo siguiente se agrega a Madrid como lugar de realengo. Si bien hasta ese momento se encontraba unido a Casarrubios del Monte, de donde toma su nombre, pasa a depender del sexmo de Villaverde dentro del alfoz de Madrid.

En 1536 toma el nombre de Casarrubuelos de Madrid. Ya en pleno siglo XVII los vecinos compran la alcabala a Felipe III, y el privilegio es refrendado en 1715 por Felipe V. Tras la lucha contra los invasores franceses en la guerra de la Independencia el lugar queda casi despoblado y el entorno arrasado. Este combate, en el que caen valientemente muchos de sus vecinos, da origen al nombre del campo que existe entre el monasterio de Santa María de la Cruz, saqueado por las fuerzas de Napoleón, y el pueblo: el Calvario.

En este pequeño lugar se produce un hecho legendario en 1449, que es conocido como de las Apariciones. Vecinos del lugar reciben la visita de la Virgen varias veces en un terreno situado entre Cubas y Casarrubuelos, donde se encontraba la fuente Cecilia. Estas apariciones conmocionaron a toda la comarca y dio origen a la construcción de un monasterio que gozó de cierta importancia durante los siglos XVI y XVII, hasta que fue destruido, y apareció otro en su lugar que pertenece en la actualidad a Cubas.

Cenicientos

CENIZO/CORUCHO

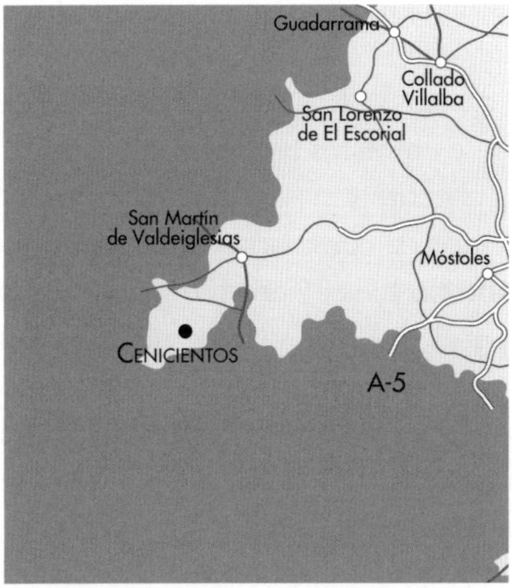

Mezcla de tradición y leyenda se unen a la hora de hablar del origen del nombre de este pueblo situado en la zona de la Sierra Oeste de la Comunidad, que originariamente se conocía como San Esteban del Encinar o San Esteban de la Encina. Pero demos tiempo al tiempo y comencemos por reseñar que se trata de un asentamiento muy antiguo y bastante desconocido, como apuntan las *Relaciones de Lorenzana.*

> Cuándo y por quién se fundó el lugar y qué armas tiene no ha llegado a mis noticias, y mucho menos si ha tenido algún suceso notable en su historia o algún hombre ilustre…

En las inmediaciones de la población hay una gran piedra de granito con relieves de figuras y animales tallados en una de sus caras, conocida como la Piedra Escrita, que se ha interpretado como un monumento megalítico prerromano, mientras que otros investigadores apuntan a que se trata de restos de un templo romano dedicado a Diana, y dan como probable que allí hubiese una villa agrícola. En ella se ha descubierto recientemente, 1995, la inscripción latina *Animo libem solvit, Siscinius Q Dianae*, es decir «Siscinio Q. cumplió su promesa de buen grado ante Diana». También queda de la época visigoda constancia de una presencia en el lugar a través de una necrópolis muy próxima a la Piedra Escrita, lo que hace pensar que hubo un asentamiento encima del otro, y quién sabe si de alguno anterior de la época ibera o celtibera. No obstante la repoblación más segura es la que se produce en el proceso de la Reconquista, ya que aparece una referencia en el año 1188 cuando se hace una alusión a la actual Peña de Cenicientos y el arzobispado de Toledo autoriza al licenciado Martín Gómez a construir una iglesia. Más tarde pasó a formar parte del señorío de Escalona y posteriormente a manos de Álvaro de Luna. En el siglo XVI consiguió el privilegio de villazgo.

Comentábamos antes la mezcla de unión entre la tradición mantenida por los vecinos y lo legendario en torno al nombre del pueblo. Volvemos a referir que la población originaria se llamaba San Esteban del Encinar o de la Encina, dado que estaba bajo el patronazgo de este santo, y que formaba parte del ducado de Escalona, donde existía el apellido Encina, recordemos al inventor del teatro español Juan de la Encina y sus églogas. Pues bien, un enviado del rey Alfonso VIII llegó hasta San Esteban para reclutar soldados para combatir a los musulmanes, se suele poner como fecha el 1212, y así cobrar más importancia, pues recordemos que en ese año las tropas cristianas vencieron a las árabes en la batalla de las Navas de Tolosa, con lo que la participación de vecinos de Cenicientos podría ser aun más loable. El enviado real solicitó ayuda en la cantidad de cien lanzas, y los habitantes del lugar respondieron que el rey podía contar con «cien y cientos». Esa respuesta hizo que desde entonces la población cambiase de nombre y pasase a llamarse cien y cientos, y con el paso del tiempo se contrajo hasta Cenicientos. Lo cierto de todo esto es que en el *Libro de la montería* ya aparece como Cenicientos.

Y que no se nos olvide apuntar que el gentilicio de corucho, que también se usa para definir a los vecinos de Cenicientos, proviene de una escultura de bronce conocida como Cabeza de Toro, «corucho» que fue donada por el escultor José Antonio Arenillas en 1995, por lo que este apelativo es, por el momento, muy moderno.

Cercedilla

PARRAO

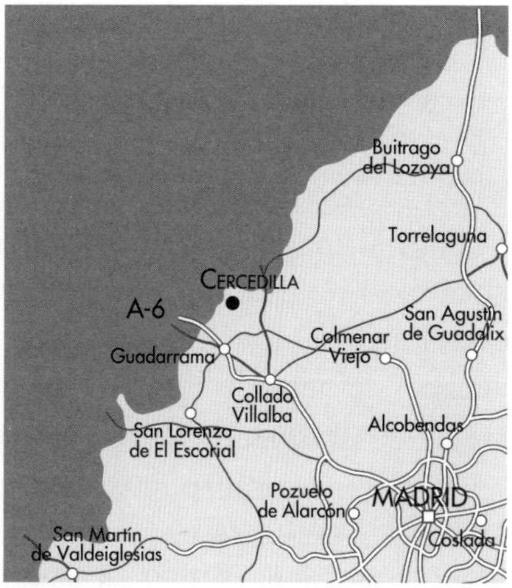

No solo los romanos supieron aprovechar un lugar como Cercedilla en la proximidad de la sierra como parte del camino que les permitía cruzar Guadarrama a través del paso de la Fuenfría o Fuente Fría, como demuestra la calzada que por allí trazaron, sino que también sirvió de paso para personajes de la picaresca española diseñados por las plumas de dos insignes escritores de la talla de Miguel de Cervantes y de Francisco de Quevedo.

Muchos investigadores consideran que el nombre de Cercedilla deriva de la palabra latina *quercus*, de «cereza», y añaden que por eso se llamó durante algún tiempo Zerecedilla; aunque también hay quien apunta que se trata de *quequetula*, palabra latina que en su forma vulgar sería *cercedula*, es decir, «garza». No está muy claro que una de esas dos formas sea el origen del topónimo, y desde luego la segunda parece mucho más improbable, ya que parece difícil que en una zona tan montañosa hubiese tantas garzas como para ponerle su nombre a una aldea.

Asentamiento romano junto a la calzada que atraviesa la sierra formando parte de la denominada Vía Antonina que unía Titulcia con Segovia por el puerto de la Fuenfría, aunque no hay ningún resto que lo confirme, tan solo esa «carretera». Se supone que al menos durante su construcción, y dada la importancia del paso de la sierra, tendría que haber allí, al menos, un campamento. Tampoco queda muy claro si los árabes estuvieron por aquí, aunque no sería de extrañar que se aprovechasen del camino trazado por los anteriores invasores. Con todo, se señala como fecha más exacta la repoblación surgida tras la conquista de Toledo en 1085. Curiosamente esta zona ha sido siempre un punto de confrontaciones entre Segovia y Madrid, ya que la mayor parte de las aldeas del sur de la sierra fueron habitadas por segovianos que atravesaron las montañas para buscar mejores pastos para su ganado, aunque estos territorios dependían del concejo de Madrid. Pero no solo era el ganado y los pastos, hay que tener en cuenta que Cercedilla era un lugar de paso casi obligatorio para todas las mercancías que fluctuaban entre ambas mesetas. Pleito tras pleito nada se solucionaba, ya que la corona, en función de sus intereses, daba la razón una vez a unos y otra vez a otros. En 1249 el rey Fernando III decidió tomar cartas en el asunto y mandó derribar todas las aldeas construidas por los segovianos en tierras madrileñas, aunque les concedió el permiso de utilizar sus pastos. Esta última decisión sirvió para que con este motivo se volviesen a levantar cabañas y formar de nuevo las aldeas en los mismos parajes o en zonas muy próximas. En 1268 por obra de Alfonso X el Sabio, Cercedilla se incorpora al Real de Manzanares, que en 1389 sería donado por Juan I a su mayordomo Pedro González de Mendoza, y de ahí pasaría a Íñigo López de Mendoza, nombrado ya por Juan II, marqués de Santillana.

De la importancia del lugar como cabecera del paso hacia Segovia da fe el hecho de que con motivo de los viajes de los reyes de Madrid a Valsaín, se convirtiese en camino real, con lo que en las proximidades se comenzaron a abrir ventas y posadas que enriquecieron la población. En el siglo XVII Felipe IV le concedió el título de villazgo, tal y como aparece en las *Descripciones de Lorenzana.*

> Este pueblo se hizo villa por privilegio del rey don Felipe Cuarto el año 1630. Es propia del Duque del Infantado, comprendida en el Real de Manzanares.

Felipe V mantuvo la importancia del camino de Cercedilla y del paso de la Fuenfría construyendo varios puentes y reforzando otros. A finales del siglo XVIII comenzó a perder parte de su interés tras abrirse otro camino a través de Navacerrada.

Cervantes sitúa a uno de sus pícaros, Rinconete, como natural de la zona de la Fuenfría, afirmando que por allí pasa mucha gente, mientras que Quevedo obliga a su Buscón a pernoctar en Cercedilla camino de Segovia.

El poeta Luis Rosales es uno de los insignes vecinos de esta población a la que dedicó unos versos:

> Las noches de Cercedilla
> las llevo en mi soledad
> y son la última linde
> que yo quisiera mirar.

Una población que se encuentra al pie de una sierra tan importante como es Guadarrama, tiene que mantener alguna tradición e incluso leyenda unida a esos montes y a esos caminos que van subiendo desde los 1365 m hasta los 1796 m que marca el

Estas montañas próximas a Cercedilla son el límite de la Comunidad de Madrid con la provincia de Segovia, y a traves de ellas los romanos trazaron una de sus calzadas.

puerto de la Fuenfría, o los 2138 m de Siete Picos.

Por eso hay que referirse a dos de estos montes que pese a estar más en la zona segoviana que en la madrileña, forman parte de la misma sierra. Me refiero a Montón de Trigo (2155 m) y a la Mujer Muerta (2196 m).

La silueta del Montón de Trigo hace alusión a su nombre, y la leyenda relata que cierto día había un rico labrador aventando un montón de trigo cuando pasaron a su lado unos mendigos que le pidieron una limosna. El agricultor, que era muy avaro, les contestó que no tenía nada que darles y los echó de sus tierras. Pero antes de irse, uno de los pobres le preguntó que cómo era posible que dijera que no tenía nada si estaba viendo el enorme montón de grano trigo que tenía ante sí. El labrador le contestó que aquello que estaban viendo no era otra cosa que arena y no trigo como pensaban. El mendigo le maldijo: «Permita Dios que se te vuelva tierra», y poco después se cumplió la maldición.

Suponemos que esta leyenda quiere señalar que el monte conocido como Montón de Trigo es un símbolo contra la avaricia, porque de ser el montón que estaba aventando el labrador, tendría que ser algo más que un gigante.

> En las laderas del Montón de Trigo, que queda a lo lejos, un zagal estará grabando en silencio y a punta de navaja un corazón en su cachava de fresno. Los serranos, al Montón de Trigo, le llamaban Pan de Azúcar o el Tiro de Barra.
>
> Camilo José CELA

Respecto a la Mujer Muerta, hay una serie de leyendas que intentan explicar el porqué del nombre y de esa forma que se puede apreciar de una mujer tendida cubierta con un velo y los brazos entrecruzados. Lo curioso es que sin saber por qué se relaciona a la mujer con las relaciones amorosas, con los celos y con los altercados pasionales.

La primera afirma que proviene de unos celos infundados y de un crimen pasional. Un pastor estaba enamorado de la hija de un granjero, que no le hacía mucho caso. Cierto día la vio con otro pastor, y considerándolo un rival, ciego por los celos atacó a ambos y los mató. En aquel tiempo no existía la montaña, sino que pocos días después hubo un temblor de tierra y la forma que emergió del suelo recibió este nombre entre los lugareños por parecerse a una mujer dormida o muerta y en recuerdo a aquel hecho luctuoso. Naturalmente desconocemos la fecha del suceso, aunque como leyenda nos parece una de las más curiosas de la zona.

También hay una segunda relacionada con el amor. Dos caballeros disputaban por obtener los favores de la misma dama, y para conseguirla iniciaron un combate a muerte. La mujer, que no deseaba perder a ninguno de ellos, se puso en medio del duelo para detener el combate, con tan mala suerte que fue atravesada por ambas espadas. Durante la noche se desencadenó una tremenda tormenta que modeló con la lluvia y el viento la forma de la mujer asesinada en los montes próximos.

Otra es mucho menos amorosa, se trata de reflejar una lucha que por la jefatura de una tribu llevaron a cabo dos hermanos en aquella zona. La madre, preocupada por perder a alguno de sus hijos, ofreció a los dioses su vida a cambio de que imperase la cordura entre ambos, que llegasen a un acuerdo y que no combatiesen. Las divinidades le concedieron el deseo e imperó la paz entre ambos hermanos. Tras una gran tormenta apareció el cuerpo de la madre en forma de montaña, lo que supuso que cesasen las luchas.

No podemos acabar este lugar sin señalar que entre los casos desclasificados por la Junta de Jefes del Estado Mayor de apariciones de ovnis en la Comunidad de Madrid, hay un informe sobre uno de ellos que fue visto en Cercedilla el 23 de marzo de 1995. Ni entramos ni salimos en su certeza, tan solo lo mencionamos.

Cervera de Buitrago

CERVERATO

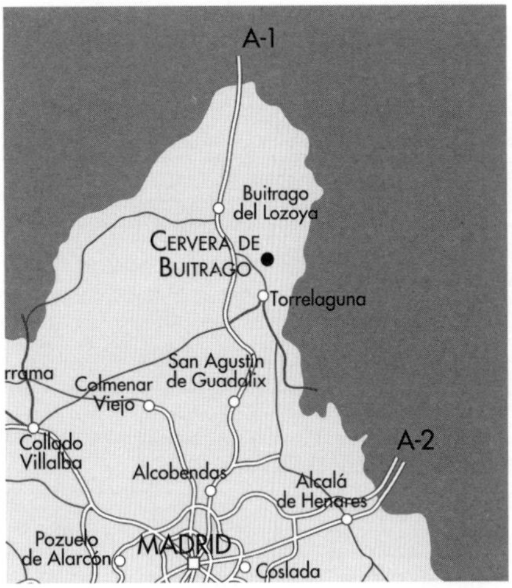

A la pregunta de si es posible que de forma natural existan personas que tengan seis y siete dedos en sus manos y en sus pies, se puede contestar que sí, que no hay que irse muy lejos de Madrid para tener un documento que así lo atestigüe.

En Cervera de Buitrago se ha dado este fenómeno tal y como apunta un reportaje llevado a cabo en la revista *Semana* en 1991, que aporta la documentación oportuna al respecto para que no se piense que es una información sensacionalista engañosa. Allí se habla de que en 1929 había unas ciento cincuenta personas que tenían más de cinco dedos en las manos y en los pies, y eufemísticamente se apunta que eran muy felices, sobre todo los hombres, porque gracias a ello no tenían que hacer el servicio militar.

Junto al embalse de El Atazar, se encuentra Cervera, nombre inicial de la población a la que se añadió, ya en el siglo XIX, el de Buitrago, para distinguirla de otras de semejante denominación, a la vez que recordar que siempre ha estado a la sombra de esa otra localidad.

Es muy sencillo buscarle un origen al nombre. Se apunta a la gran cantidad de ciervos que se podían observar y cazar en aquellas tierras, y se supone que la primera aldea que se formó en las proximidades del río tras la Reconquista, tomó esa denominación.

Cervera ha estado siempre unida a la villa de Buitrago, en la comunidad que se instituyó en el siglo XIII. Como las diferentes poblaciones de la zona fue entregado al duque del Infantado y a sus descendientes, los Mendoza, a quienes perteneció hasta la desaparición de los señoríos por parte de las Cortes de Cádiz a principios del siglo XIX.

Cervera de Buitrago forma parte de la serie de avistamientos de ovnis que se registraron sobre el embalse de El Atazar entre 1975 y 1985, que motivó una investigación exhaustiva

La población de Cervera, junto a la orilla del embalse de El Atazar.

por parte de investigadores de este tipo de fenómenos en la denominada Operación Pantanos.

De ello ya hemos hablado al comentar la localidad de El Atazar, por lo que dejamos aquí simplemente la reseña de este fenómeno vivido en Cervera.

La leyenda urbana del nacimiento de niños en el pueblo con seis y siete dedos en pies y manos, viene dada por la presencia de un extraño muy alto, ataviado con una túnica negra, que apareció a principios del siglo pasado por la zona. Permaneció algún tiempo por Cervera, no mucho, y desapareció tan misteriosamente como había llegado. Dicen que a raíz de su desaparición los niños comenzaron a nacer con ese dedo de más.

Chapinería

CHAPINEROS/LLANEROS

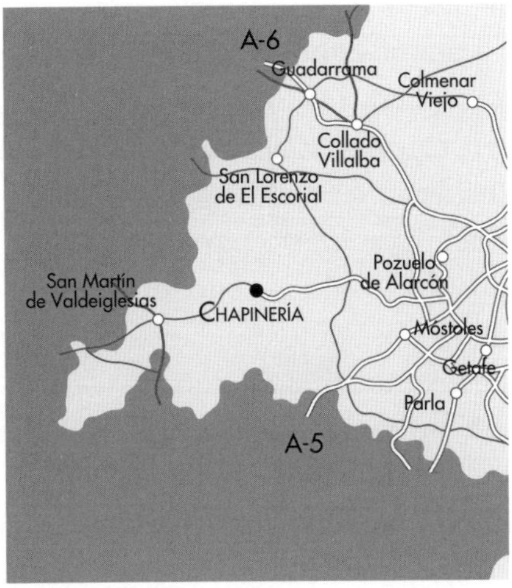

Parece curioso y a la vez gracioso que el nombre de un pueblo provenga, supuestamente, de un zapato de mujer. Y así lo cuenta Covarrubias quien afirma que «chapín era el calzado de las mugeres, con tres o cuatro cochos, y algunas hay que llevan treze por dozena, y más ventaja que levanta el carcañal».

Aunque se han encontrado en la comarca restos arqueológicos del paleolítico y dos asentamientos visigodos, se considera que lo más probable es que esa tierra estuviese deshabitada durante la época musulmana, y que fuese con la conquista de Toledo por las fuerzas cristianas cuando llegaron hasta allí los segovianos. Los pastores procedentes de Segovia aprovecharon las prebendas de la corte para ir ocupando con su ganado los diferentes pastos que había en la zona sur de la sierra, estableciendo cabañas y corrales, en un principio aislados, que poco a poco fueron constituyendo aldeas. De esta forma se van creando los sexmos, quedando Chapinería incorporado al de Casarrubios.

Si bien no se tiene una fecha clara de la fundación de la población, sí se sabe que en 1467 se cita en Toledo una calle que se denomina Chapinería, en honor de ese municipio. Formado por pocas cabañas y no mucha población, quedó convertido en un barrio de Colmenar del Arroyo, hasta que en 1630 compraron su jurisdicción y consiguieron que Felipe IV les otorgase el privilegio de villazgo. No obstante, a lo largo del siglo XVIII aparece como integrante del señorío del conde de Villafranca de Gaitán, de donde pasó a manos de los marqueses de Villanueva de la Sagra, familia a la que pertenecerá hasta principios del siglo XIX.

Chapinería cuenta con su propio nombre como leyenda. Parece ser que en el primer tercio del siglo XVII se trasladó a vivir en una localidad próxima a Colmenar de Arroyo, un zapatero que se dedicó a fabricar un tipo de zapatos llamados «chapines» que eran muy apreciados por las mujeres de la corte. Se suelen definir como «chanclos de corcho, forrados de cordobán». A él se unieron posteriormente otros vecinos que conocían el mismo oficio, por lo que junto a esa primera casa aparecieron otras dedicadas a la fabricación de chapines, y de ahí viene el nombre de la población. Porque si el taller de un zapatero se llama zapatería, lógicamente el de un chapinero se debe llamar chapinería.

No obstante, y como lo indican las *Relaciones de Lorenzana*, del siglo XVIII, el nombre es mucho más antiguo. Por ello no sería extraño que aunque no quedan restos de la presencia musulmana, la denominación del lugar provenga de una gran cantidad de alcornoques, ya que la palabra árabe *chapin* significa «alcornoque», con lo que sería lógico que al emplear el corcho en los zapatos de las damas, los zapateros se trasladasen a un lugar donde se producía este material.

No podemos dejar de señalar en esta población la presencia de un héroe español, Eloy Gonzalo, que llegó a Chapinería el 4 de enero de 1873 junto a sus padres adoptivos, Francisco Díaz y Braulia, ya que el niño había sido abandonado en las proximidades de la inclusa con un papel junto a él que decía únicamente su nombre, Eloy Gonzalo García.

Estamos ante el «Héroe de Cascorro», quien tras ingresar en el ejército y protagonizar algunas acciones que le valieron ser condenado a prisión, se ofreció voluntario para ir a la guerra de Cuba, y allí se encontró cercado junto a doscientos soldados españoles por los guerrilleros cubanos, en una cifra próxima a los cuatro mil. Era octubre de 1896, careciendo de víveres y sin querer capitular, el capitán de la tropa, Francisco Neila, trazó como único plan hacer una salida arriesgada y prender fuego al campamento enemigo. Eloy se presentó voluntario y consiguió cumplir la misión, y los soldados españoles atacaron para lograr salir del cerco de Cascorro. La noticia fue conocida en España, desde donde se le rindieron honores por su heroicidad. Eloy no pudo regresar de Cuba, pues falleció de malaria el 18 de junio de 1897 en el Hospital militar de Matanzas.

En Chapinería le fue levantada en 1935 una estatua que ocupa el lugar de privilegio que le corresponde en la plaza del mismo nombre.

Chinchón

CHINCHONETE/CHINCHONÉS

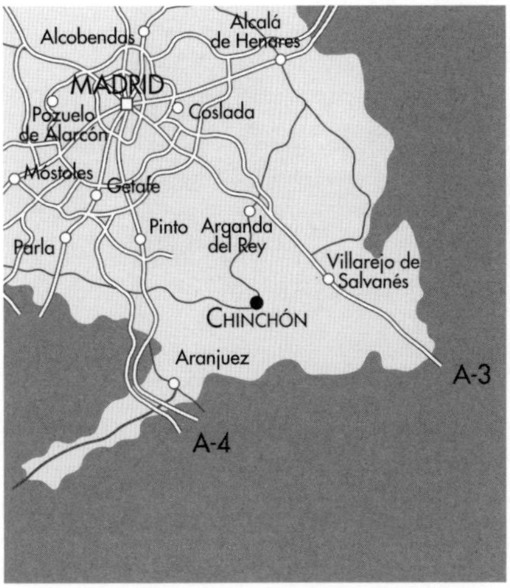

La plaza Mayor cerrada con carros por la parte donde no hay casas, da igual el año que sea o quién esté al frente de la corporación municipal, porque lo importante es que se ha perpetuado una tradición, la de la corrida de toros que se inició hace ya más de quinientos años. Fue un 16 de septiembre de 1502 cuando en honor de Juana la Loca y de su marido Felipe el Hermoso se desarrolló el primer festival taurino en la plaza de armas del castillo. Y esa costumbre llegó a ser tan importante que bastantes años y algunos siglos después, el primer rey de la dinastía de los Borbones, Felipe V, dio a Chinchón y a su plaza el título de «Real Coso Taurino». Lugar que los chinchoneros han sabido aprovechar dando cobijo a numerosos cineastas de fama internacional, que filmaron allí parte de sus películas, y a grandes toreros.

Considerada una de las poblaciones más interesantes de la Comunidad, posee uno de los orígenes más antiguos. Según los restos encontrados, allí hubo asentamientos humanos en el Neolítico, y junto a El Salitral se han encontrado vestigios de un poblado ibero o celtibero. También hay datos de presencia romana en las vías de comunicación de la comarca y en el sistema de regadíos aplicados a las tierras. Formó parte del reino árabe de Toledo, y tras la Reconquista fue repoblado en época de Alfonso VI de Castilla, integrado en el concejo de Segovia. En 1480 se convirtió en señorío de los marqueses de Moya, Andrés Cabrera y Beatriz de Bobadilla, y de esa fecha data el castillo que existe en la población, así como numerosas construcciones que le dieron el carácter que aún mantiene, sobre todo en su plaza Mayor.

En 1520 muchos vecinos se unieron a la revuelta de los comuneros de Castilla, y tras la derrota de estos a manos de las tropas imperiales de Carlos I, pasó de ser marquesado a condado de Moya. A principios del

Cuando la plaza de Chinchón se cierra para las corridas de toros, estas balconadas corridas se convierten en sus tendidos.

siglo XVIII, Felipe V fue proclamado rey de España en su plaza Mayor, lo que le costó a Chinchón ser atacada por las fuerzas del archiduque Carlos. En 1738 el condado fue comprado por el rey para el infante Felipe de Borbón y Farnesio, y un año más tarde le concedió el título de «la muy noble y leal». Cedida a la condesa de Chinchón, María Teresa de Borbón y Villabriga, la población aprovechó su matrimonio con el favorito de la reina, Manuel Godoy, para acrecentar la belleza del lugar. Tras sufrir los avatares de la guerra de la Independencia y el saqueo de los franceses, la villa dejó de pertenecer al condado con la promulgación de las Cortes de Cádiz.

Sobre el origen del nombre existen tres teorías diferentes, aunque tan solo una de ellas se ha aceptado universalmente. Se dice que proviene del castellano antiguo «chinchón» y «quiñón», como se denominaba la quinta parte de la tierra donde se siembra. También está la segunda hipótesis que apunta a *chincha*, «campana o cencerro», y por último, y la que se considera más real, la que hace referencia a la procedencia de la palabra «chinchón» del latín *cicer*, que significa «garbanzo», también conocido como chícharo, leguminosa que es muy abundante en sus tierras.

Como no podía ser de otra forma, Chinchón posee numerosas historias y más de una leyenda o hecho curioso.

Unido a la tradición taurina encontramos una historia protagonizada por uno de los mejores toreros del siglo XIX, Frascuelo. Según se cuenta en el lugar, se celebraban las fiestas de Santiago de 1863, y un jo-

Detalle de la plaza de Chinchón, esta vez con automóviles en lugar de con los toros que protagonizan sus tradicionales corridas. Conocida además por más de una decena de películas aquí filmadas.

ven que quería ser matador de toros, conocido como el Papelista, por ser de oficio empapelador, se presentó en la plaza, y tras ofrecer unos cuantos pases de gran belleza se dispuso a colocar las banderillas al animal, una res que pesaba más de 350 kilos, con tan mala fortuna que este le enganchó con un pitón en la cara interna del muslo. Trasladado herido a la posada del Tío Tamayo, fue curado de la herida, y permaneció en Chinchón tres meses atendido por el médico del pueblo, que le dio el alta a finales de octubre. Este joven se llamaba Salvador Sánchez Povedano, y más tarde sería conocido en el mundo taurino como Frascuelo, uno de los toreros más grandes de la historia. El 21 de septiembre de 1880 recibió del pueblo un estoque con la empuñadura de oro y la inscripción «Chinchón a su hijo adoptivo».

Comparte con la localidad de Valdilecha una leyenda sobre la existencia de una bruja o mujer vestida de negro que se aparecía en las proximidades del río Tajuña. Aquí la mencionamos simplemente y la estudiaremos en profundidad en la exposición del otro municipio, pues tenemos razones fundadas para pensar que aun en el caso de ser una leyenda compartida entorno al cauce del río, es mucho más lógico que se trate de Valdilecha que de Chinchón.

Interesante es una tradición más moderna, que data de 1963 y que se refiere a la celebración el Sábado Santo de la Pasión de Cristo. Chinchón ha sido considerada siempre como una de las primeras poblaciones, y más importantes, donde se representaban autos sacramentales en el corral de comedias de la plaza Mayor, allá por el siglo XVII, y en aquella fecha, y gracias a la iniciativa del coadjutor Luis Lezama, un grupo de actores revivieron esa tradición con la puesta en escena de una modesta función que contaba con los Apóstoles y con Cristo, representando alguna breve escena de la Pasión. Lo que en un principio fue algo breve, sentido, y casi anecdótico, se ha convertido en un espectáculo místico que impresiona por la sencillez y por el carisma que año tras año va tomando. En la actualidad son ya más de 250 vecinos los que interpretan a lo largo de hora y media, un total de ocho actos, que se desarrollan por diferentes calles del pueblo.

La noche se ilumina con las antorchas dispuestas por las calles, casas y la plaza donde se va a llevar a cabo la representación. Primero hay que asistir a la Última Cena, después llega la Oración y el Prendimiento. Posteriormente es el momento del Pretorio, y en cuarto lugar está el cuadro llamado Simón de Cirene, para seguir hasta ver a la Verónica, el Encuentro, el Calvario en la plaza donde se han instalado las tres cruces, y por último la Resurrección.

Está considerada la más antigua de cuantas escenificaciones de Semana Santa se llevan a cabo en la Comunidad.

Ciempozuelos

CIEMPOZUELEÑO

De fecha remota. Así es como se refieren al origen de Ciempozuelos los diferentes investigadores que han buscado un punto de referencia en el que basar el primer asentamiento del pueblo.

Los abundantes restos arqueológicos que se han encontrado en su término municipal llevan a afirmar que la zona estaba poblada en la Edad del Bronce por una cultura capaz de fabricar vasijas campaniformes. Tal es la importancia de los yacimientos registrados en Ciempozuelos, que incluso se defendió durante mucho tiempo que esta localidad era el lugar originario de esa cultura. Pueblos nómadas que conocían, seguramente, la metalurgia y que buscaban estaño y cobre. De ellos se han encontrado restos en otras zonas de la Comunidad.

El vaso de Ciempozuelos está fechado en el segundo milenio antes de Cristo, y se considera el resto más importante correspondiente a esa cultura que poblaba gran parte del territorio que ahora conocemos como Comunidad de Madrid.

Pero el misterio de esta población sigue, haciendo caso a las palabras que un investigador escribía a mediados del siglo XIX.

> El origen de este pueblo es todavía un problema que no ha podido resolver la crónica con sus continuas investigaciones, conociéndose tan solo, así por sus antiguos restos como por la tradición, que es de fecha remota.

Se habla de la llegada de los romanos e incluso de que fueron los primeros que llevaron a cabo un asentamiento estable fundando allí la villa de Ixchadia. Algo que se defiende en las *Descripciones de Lorenzana.*

> Esta población se fundó por los romanos y, en su tiempo, se llamó la ciudad de Eschadia.

Considerando esta posibilidad nos encontraríamos con que fueron un grupo de romanos procedentes de la isla de Ischia los que fundaron la primitiva Ciempozuelos, dándole el nombre de Ixchadia o Eschadia.

La tradición cuenta que en el año 714 los árabes arrasaron una aldea visigoda que allí se había construido. Con la derrota musulmana comienza la repoblación por parte de un grupo de segovianos. En 1137 aparece incorporado a la jurisdicción del concejo de Segovia, en el sexmo de Valdemoro.

En 1480 los Reyes Católicos separaron Ciempozuelos, Titulcia y San Martín de la Vega de Segovia, para donarlos a los marqueses de Moya, Andrés Cabrera y Beatriz de Bobadilla. Posteriormente, Carlos I en agradecimiento a Pedro Fernández de Bobadilla por su apoyo durante la guerra de las Comunidades, le dio el título de conde de Chinchón. Saltando algunos años en el tiempo, encontramos que en 1738 el condado fue comprado por el infante Felipe de Borbón y Farnesio, que lo cedió más tarde a su hermano Luis. De ahí pasaría a María Teresa de Borbón y Vallabriga, condesa de Chinchón, que se casó con Manuel Godoy.

El condado despareció con la promulgación de las Cortes de Cádiz, y Ciempozuelos pasó a formar parte de la provincia de Madrid.

Respecto al nombre, tenemos varias hipótesis, aunque todas con el común denominador del agua.

En las *Descripciones de Lorenzana* se apunta que este lugar se llama así porque «con motivo de los muchos pozos que se hicieron para traer un gran conducto de agua la pusieron Ciempozuelos, con cuyo nombre permanece».

Otra versión hace referencia también a un conducto de agua que llevaba el líquido a la plaza del que salían múltiples pozos a lo largo del recorrido.

En Ciempozuelos hay varios hechos muy interesantes, uno propio de una actividad hospitalaria, aunque ha dado lugar muchos años después, a una leyenda urbana bastante dura, más bien surgida de una novela de terror o gótica; otro refleja el nacimiento de una personalidad importante en el difícil arte de la arquitectura; y para que nada falte, una leyenda mariana.

Fundado en 1877 por fray Benito Menni, el Hospital Psiquiátrico San Juan de Dios inició un buen servicio como manicomio donde se recogía a los varones locos. Posteriormente, en 1833, se habilitó una zona para mujeres. Hoy en día el concepto que en aquellos años había del lugar ha cambiado bastante, tanto en actitud como en servicios que ofrece a quien los necesita.

La leyenda urbana es conocida popularmente como la del Novio Decapitado. No hay una fecha exacta, ya que según quien la cuente, la fecha es en el último tercio del siglo XX, o bien en los dos o tres primeros años del XXI. La historia cuenta que un fin de semana una pareja de novios habían salido en su coche para acudir a una fiesta. Ese sábado se extendió por todo el pueblo la alarma porque uno de los inquilinos del manicomio, considerado muy peligroso, había logrado burlar la vigilancia del centro y se había escapado. Cuando los jóvenes regresaban a su casa, el coche se quedó sin gasolina, y tras esperar en el arcén por si pasaba alguien y los podía ayudar, el joven decidió ir a buscar gasolina con una lata a un surtidor que estaba unos kilómetros más allá de donde se habían detenido. La joven se quedó en el interior del coche. Pasaron dos horas sin saber nada de su novio, cuando de repente comenzaron a sonar golpes muy fuertes en el techo del vehículo. La joven alarmada salió de este y pudo ver a un hombre con la cabeza de su novio en la mano golpeando el automóvil. La chica logró huir del lugar pero cayó en una profunda crisis. El asesino loco o el loco asesino, fue detenido horas más tarde por la Guardia Civil.

Esta leyenda que aquí ofrezco la he escuchado más allá de nuestras fronteras y la he leído en algunos libros de Estados Unidos, donde cuentan algo semejante ocurrido en Texas. También creo recordar que una serie de cómics que se vendieron en España en los años ochenta y que eran todos de historietas terroríficas, incluyó una semejante. Ahí queda reseñada, sea cierto o no el hecho.

El otro comentario que incorporo aquí es, afortunadamente más festivo. Se trata de reconocer que el gran arquitecto Ventura Rodríguez nació en 1717 en Ciempozuelos. Maestro, director de Arquitectura de la Real Academia de Bellas Artes de San Fernando, y autor de obras como el Palacio Real de Madrid, o la remodelación y finalización de la basílica del Pilar de Zaragoza.

La leyenda mariana se refiere al culto que se da en este pueblo a la Virgen bajo la forma de Virgen del Consuelo. Cuentan que la imagen era muy antigua, y que fue traída a España por un discípulo de san Pedro en el año 50. Fue escondida por los habitantes de la aldea ante la llegada de los árabes. Una vez reconquistada por parte de las fuerzas de Alfonso VI, los vecinos sacaron a la luz la talla, y le pusieron por nombre Virgen de la Antigua o Nuestra Señora de la Antigua. Pese a su estado lamentable por el tiempo pasado, fue guardada por el párroco, quien la entregó posteriormente a un familiar, una mujer que se dedicaba al bordado. En esa época, una pertinaz sequía se extendió por estas tierras agrícolas amenazando con arruinar las cosechas, y fue entonces cuando los campesinos se acordaron de la Virgen. Un grupo de ellos acudieron a casa de la bordadora y todos juntos rezaron a la imagen:

¡Madre y consuelo de afligidos, en quien [depositó Dios
Los tesoros de su clemencia, tenedla vos de [los campos
En la sed que padecen. No permitáis que el [hambre y
La miseria se apoderen de este pueblo.

La lluvia se hizo patente y acabó con la sequía, por lo se atribuyó a la Virgen el milagro. A raíz de ello se llevó a cabo una discusión entre los vecinos, si cambiar el nombre a la Virgen para llamarla Señora de los Milagros o del Consuelo. Esta última fue la vencedora, por lo que desde entonces se la conoce como Virgen del Consuelo.

Pero la leyenda sigue, ya que los vecinos en agradecimiento pidieron a un restaurador que retocase la imagen. Como este no supiese por dónde empezar su obra por considerarla difícil se dio algún tiempo para pensarlo, y todas las mañanas se acercaba a ver la imagen. Por fin, tomada la decisión de cómo llevar a cabo su trabajo se dirigió al lugar en que se encontraba la Virgen, y cuál no sería su sorpresa al comprobar que la talla ya estaba restaurada y que eso había ocurrido en solamente una noche.

Cobeña

COBEÑUDO

Localidad de la comarca de Alcalá de Henares que se disputa con Torrelaguna el honor de ser la población donde nació santa María de la Cabeza, esposa de san Isidro, el patrono de Madrid.

Asimismo, Cobeña fue uno de los asentamientos más ricos de los judíos a finales del siglo XIV. Allí se dieron cita más de setenta familias judías de mercaderes, tratantes, plateros y cereros, hasta el punto de que se consideró su aljama como pieza fundamental en el desarrollo económico de la comarca de Alcalá. De esta riqueza y de la posterior pobreza que se da en la población por la expulsión de los judíos dan cuenta las *Relaciones* de Felipe II.

> … ha venido en gran perdimiento y disminución esta dicha villa por los trajes que los vecinos de esta villa han usado y usan por los gastos excesivos que hacen y vestidos que sacan cuando se desposan y casan, porque sacan gran número de joyas, como es plata labrada blanca y dorada y corales y paños finos y sedas de tal suerte que se ha visto joyas algunas personas en más cantidad que valían todos los vienes que tenían…

De ahí viene el refrán que aún hoy en día recuerdan los vecinos de esta población de «Más vale Cobeña que Alcalá y sus tierras».

El origen del nombre no está muy claro, aunque se suele aceptar que proviene de una derivación de «cueva», aunque, sinceramente, no sabemos a qué se refiere.

Fundado por los árabes en el siglo X, se suele destacar que estos se asentaron sobre un enclave romano, lo cual, una vez más, tampoco está claro. Sí tenemos datos de la época de la Reconquista, y de la donación llevada a cabo por Enrique II en 1369 a Pedro González de Mendoza, junto a Barajas y Alcobendas. De esas manos pasará a Lorenzo Suárez de Mendoza en 1466, nombrado conde de Coruña. Durante los siglos posteriores se mantuvo integrada en este señorío hasta la promulgación de las Cortes de Cádiz, que en 1812 dio carpetazo a la existencia de este tipo de derechos señoriales.

Hay una cierta leyenda unida a la fundación de Cobeña, y es la que relata que tras la conquista de esta aldea por los árabes, uno de los jefes musulmanes la regaló a uno de sus capitanes que se había destacado en los combates contra los visigodos que ocupaban ese territorio.

Algo más lúdico es la aparición de círculos con símbolos en los campos agrícolas próximos a la población en el mes de julio del 2008, semejantes a otros que se han podido ver en la misma semana en Bilbao, Málaga y Barcelona. Todos estos símbolos son atribuidos a la existencia y al paso de los ovnis. Son los *crop circles* ingleses que incluso han llegado a protagonizar una película, *Señales*. No obstante, hay una prueba palpable de que estos círculos no tienen un claro origen extraterrestre. En el aeropuerto de Barajas, muy próximo a esta localidad, no se detectó durante esos días ninguna actividad extraña en el cielo de su entorno. De todas formas ahí queda la reseña del hecho y como decimos en estos casos, que cada cual lo interprete como quiera o lo mejor que sepa.

Pues bien, aún nos queda plantear una de las principales dudas que se produce en la Comunidad. ¿Nació santa María de la Cabeza en Cobeña? ¿Quizás lo hizo en Torrelaguna?, ¿o fue en otra población agrícola? Nadie lo sabe. Únicamente se puede aventurar la idea de que nació en una localidad próxima a Madrid. No obstante, y ya que estamos hablando de la mujer de san Isidro Labrador, no está de más que recordemos algo de su vida. Nacida, pues, en una población cercana a Madrid en el siglo XII, se casó con Isidro, de quien tuvo un hijo; María Toribia llevó una vida piadosa junto a su esposo, ejerciendo la caridad. A menudo se retiraba a una ermita próxima al río Jarama para orar. A la muerte de su marido se retiró a vivir a esa ermita, donde falleció. Canonizada en el siglo XVII, sus restos fueron llevados a la real colegiata de San Isidro en 1769 para que reposaran junto a los de su esposo, san Isidro Labrador. El papa Benedicto XIV concedió en 1752 en su honor Oficio y Misa, y en la Bula de canonización del patrón de Madrid, *Rationi congruit*, el papa dice sobre María Toribia que «la mencionada consorte del bienaventurado Isidro, llamada María de la Cabeza, está considerada por los españoles, en atención a sus santas costumbres, como digna de veneración y, en todo, semejante a su marido. Por esta razón, su antiquísimo culto mereció ser aprobado».

Collado Mediano

COLLAÍNO

La crianza del ganado. Esos lugares donde se encerraban los animales para tenerlos a buen recaudo, que eran conocidos en la Edad Media como «collados», abundaban en aquella zona rica en pastos, y junto a los que comenzaron a edificarse cabañas donde guarecerse en la labor de pastoreo. De esos corrales viene el nombre de Collado, al que se agregó en un momento de su historia, no está clara la exactitud de la fecha, el Mediano para distinguirlo de otros semejantes, e incluso para indicar la importancia que poseía.

Los restos romanos que se han encontrado hacen que entremos en un legendario origen que apunta a un asentamiento importante en la zona, que se ha querido identificar con la Miacum mencionada en los *Itinerarios* de Antonino.

La historia de esta «mansio» romana o posada que estaría al borde de la calzada que desde Segovia, y a través del puerto de la Fuenfría, llegaba a la meseta sur, y de la que se conocía su existencia pero no su ubicación, parece que comienza a hacerse realidad gracias a los trabajos arqueológicos de la Comunidad de Madrid. Según las investigaciones que han encontrado los restos cerca del arroyo de los Linos, se habría construido entre los siglos I y V en tres fases distintas, y a lo largo de ellas, posiblemente en alguna se trató de una reconstrucción por algún tipo de problemas; se dispuso una planta cuadrada dividida en habitaciones con un sistema termal, una cocina y un patio distribuidor, todo ello en un edificio de dos plantas preparado para el descanso y el disfrute del viajero.

Sea o no Miacum, lo cierto es que esa posada existe en Collado Mediano, y el tiempo futuro y los trabajos a medio plazo dirán quién tiene razón, si los que defienden que efectivamente se trata de la «mansio» perdida, o si por el contrario es otra y hay que seguir buscando la que mencionó Antonino.

La crianza del ganado fue lo que dio origen a una población como Collado Mediano, por ser rica en pastos.

Como uno más de los pueblos de la sierra, su repoblación se produce después de la Reconquista, y por parte de los ganaderos segovianos. Con ellos se incorporó al concejo de Segovia, hasta que los pleitos con el de Madri, motivaron la aparición del Real de Manzanares en 1268 como una solución. Con esta actuación, Alfonso X el Sabio pretendía evitar los conflictos e incluso iba más allá, al permitir que tanto los madrileños como los segovianos pudiesen usar libremente los pastos.

El primer documento que habla de la existencia de Collado Mediano dentro del Real de Manzanares hay que buscarlo en 1338, cuando Juan I otorga la comarca a su mayordomo Pedro González de Mendoza, de donde pasará a su hijo, Diego Hurtado de Mendoza, manteniéndose estable esta situación.

En el siglo XVII, Ana de Mendoza, sexta duquesa del Infantado, consigue que Collado Mediano obtenga el privilegio de villazgo. En 1812 con la promulgación de la Constitución de Cádiz, quedó libre de cualquier tipo de vasallaje.

Una curiosidad de esta población, bastante desconocida por muchos de sus vecinos, es la instalación en 1841 en el cerro de Cabeza Mediana, a 1331 m de altura, de un telégrafo óptico que formaba parte del sistema de telegrafía de la línea Madrid-Valladolid-Burgos, que funcionó entre los años 1842 y 1852. Sus restos pueden ser visitados hoy en día, aunque ha desaparecido el cuerpo superior que estaba formado por tres plantas.

Hay una leyenda popular que da fe del porqué de que Collado tenga menos terreno en su término municipal que Cercedilla, Guadarrama o Los Molinos. Según esa tradición, a mediados del siglo XIX se reunieron en una comida los alcaldes de las cuatro poblaciones para ponerse de acuerdo en el reparto de las tierras y marcar claramente cuáles eran los términos de cada uno de los pueblos. Durante la comida trasegaron abundante vino, pero parece ser que el alcalde de Collado no acabó satisfecho, de forma que ofreció a los demás su parte a cambio del vino que quedaba, por lo que la reunión finalizó con el reparto de las tierras, en las que todos ganaron, menos el representante de Collado Mediano, que se quedó como estaba gracias a su afición al vino.

Collado Villalba

VILLALBINO

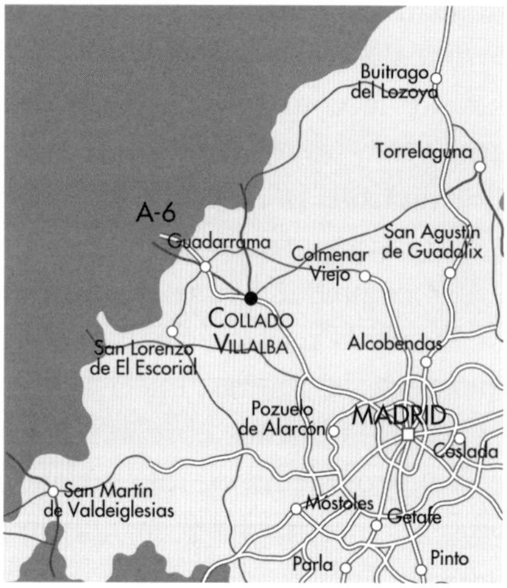

El dolmen de los Entretérminos, una construcción megalítica de hace más de tres mil años, que fue descubierto en 1934 en el denominado monte del Andaluz, y junto a él un ajuar funerario que consistía en restos de arma, joyas y cerámicas, marca de alguna forma la historia de Collado Villalba.

Se tienen noticias de asentamientos de pueblos celtiberos allí, como Amia Elarig y Cantaber Elquisme, y hacia el año 220 a. C. experimentó el proceso de romanización que dio al lugar el nombre de *Villae-Alba*, es decir, «Villa Blanca», en virtud de la blancura que tenía la piedra de granito que se podía sacar de su cantera. De esta etapa han quedado algunos restos de tumbas y un altar dedicado a Marte. Posteriormente se ubicaron allí los árabes, de los que quedan sepulturas antropomórficas excavadas en roca y la fuente del Caño Viejo. Reconquistada en el siglo XI y poblada por ganaderos segovianos, formó parte del sexmo de la Comunidad y Tierra de Segovia hasta que pasó a pertenecer al Real de Manzanares. Su historia se encuentra unida a la casa de Mendoza y al pueblo de Alpedrete. Obtuvo en 1630 el título de villazgo, y en 1840 se separa de esta población.

Hay que destacar como curiosidad, que los vecinos se aprovecharon durante el siglo XVII de su privilegiada posición al límite de la sierra para construir varias ventas al borde del camino que unía Madrid con Valladolid, donde dar descanso y comida a los viajeros. Era tal su importancia que en 1725 se escribe sobre ello en el *Catastro de Ensenada*, mencionadas como las Ventas de Martín, y se afirma que rentaba a la casa del Infantado 2058 reales de vellón, además de los ingresos que representaban para sus dueños y para quienes las regentaban. Otra venta mencionada años después, 1786, es la de la Santísima Trinidad, que recibe el calificativo de fonda.

En los archivos desclasificados del Ejército Español sobre los casos de ovnis vistos en España, se habla de la observación de un objeto luminoso que en 1994 sobrevolaba Collado Villalba y que tras llevar a cabo diversas pasadas y un vuelo imposible de realizar por un avión, se detuvo suspendido unos kilómetros más allá sobre el embalse de Valmayor. Pudo ser observado por diversas personas que circulaban en aquel momento por la carretera que une San Lorenzo de El Escorial con Galapagar. De este avistamiento nos ocuparemos cuando hablemos de Galapagar, y por eso aquí simplemente lo mencionamos.

Como también dejamos en el aire la existencia durante el siglo XIX de diversos bandoleros que tenían como base las zonas más altas de la Pedriza y que actuaban con toda impunidad por estas tierras, al igual que por las otras poblaciones como Moralzarzal, Alpedrete, Collado Mediano, Guadarrama y Becerril de la Sierra, sin olvidarnos de El Boalo, Cerceda, Soto, Miraflores e incluso el propio Manzanares el Real, hechos que con nombres y apellidos expondremos cuando tratemos de algunos de estos pueblos donde esta tradición ha quedado más patente en las historias que relatan sus vecinos.

Colmenar del Arroyo

COLMENAREJO

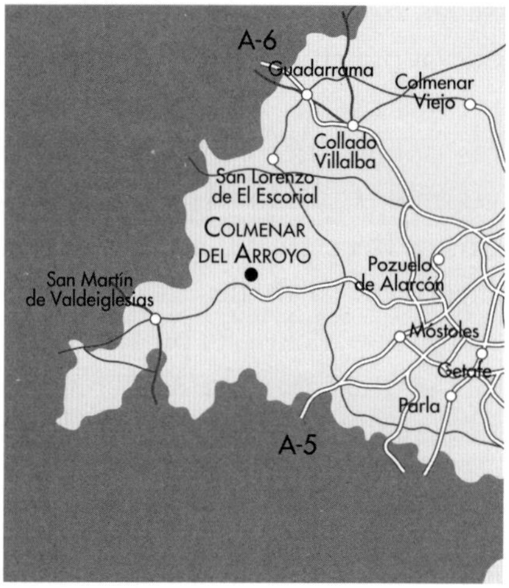

El olmo viejo hendido por el rayo, que diría Antonio Machado referido a los árboles existentes en las proximidades de su querida Soria y de su adorado río Duero, bien podría también haberse referido al olmo legendario de Colmenar del Arroyo.

Esta población situada en la comarca de la Sierra Oeste de la Comunidad, en una zona próxima a los ríos Alberche y Cofio, tiene un origen anterior a la Reconquista y a la repoblación cristiana. En la zona se han encontrado algunos restos que apuntan a la existencia de un asentamiento visigodo. No obstante, fue en el siglo XI cuando se habla de una aldea conocida como Pajar Viejo, situada al oeste del posterior núcleo urbano, y que estaría constituida por cabañas de pastores, dado que la repoblación fue protagonizada por segovianos dedicados al pastoreo que llegaron a aquellas tierras para aprovechar los pastos. Posteriormente se detecta también otra aldea cerca de la ermita de San Vicente, que tendría su origen en un conjunto de cabañas para estancias temporales de los pastores.

Las primeras referencias de Colmenar se pueden encontrar en el *Libro de la montería* de Alfonso XI que hace referencia, no solo a la aldea, sino a un arroyo que cruza el pueblo, y que más adelante sería conocido como arroyo de Colmenar, de la Barrera o del Canalizo. Perteneciente al sexmo de Casarrubios, consiguió en 1624 el privilegio de villa, según concesión firmada por Felipe IV. Una fuerte crisis económica hizo que en 1692 el pueblo fuese vendido a Alonso Carnero, perdiendo su condición de villa de realengo para convertirse en parte de un señorío. Un año después fue revendida al duque de Noblejas, a quien pertenecerá hasta la desaparición de los señoríos en 1812.

Su nombre proviene del cultivo de la miel, dado que la zona es muy rica en flores, aunque se desconoce si en un principio tenía alguna otra denominación y posteriormente, al sobreponerse el cultivo de la miel al del ganado, que era la riqueza inicial, adopta la forma castellana de Colmenar, y en cuanto al del Arroyo, proviene del cauce de agua que atraviesa el lugar.

Un texto del siglo XIX indica que «lo llamaron primero Colmenar solo por existir en las inmediaciones de sus primeras y modestas viviendas importantes colmenas; pero al ensancharse con el aumento de la población y construirse edificios al otro lado del arroyo, lo denominaron Colmenar del Arroyo, más bien para distinguirlo del primitivo Colmenar, que ya por entonces se llamaba Viejo, y por lo tanto no podía confundirse con el nuevo, para significar que se hallaba subdividido por el arroyo predicho».

Una historia singular es la del famoso olmo de la plaza del pueblo, hoy ya desaparecido. Relatan los cronistas de la villa que no se puede fechar su existencia, aunque se sabe que ya en el siglo XVI existía. Antonio Cantó dice que «frente a la iglesia, y en la plaza del pueblo, se ve un frondoso y antiquísimo olmo, rodeado de altas gradas de piedra y algunos parches en su añoso tronco, sitio que es el punto de reunión de la gente de bien de la localidad».

Este olmo era el lugar en el que los vecinos se reunían para hablar de sus problemas, y siempre que tocaba la campana de la iglesia para convocar asamblea, esta se llevaba debajo del frondoso árbol, hasta el punto de que se construyeron unas gradas para estar más cómodos en las discusiones que allí se producían. También se señala, aunque eso sea un poco leyenda urbana, que más de un bandolero se escondió en él para evitar la acción de la justicia. En 1978 desapareció por culpa de una fuerte tormenta, y aunque en la actualmente denominada plaza de España se ha plantado otro ejemplar, nunca será como el primero, cuya longevidad fue derribada por el rayo como el olmo del Duero cantado por el insigne poeta Antonio Machado.

Colmenar de Oreja

COLMENARETE

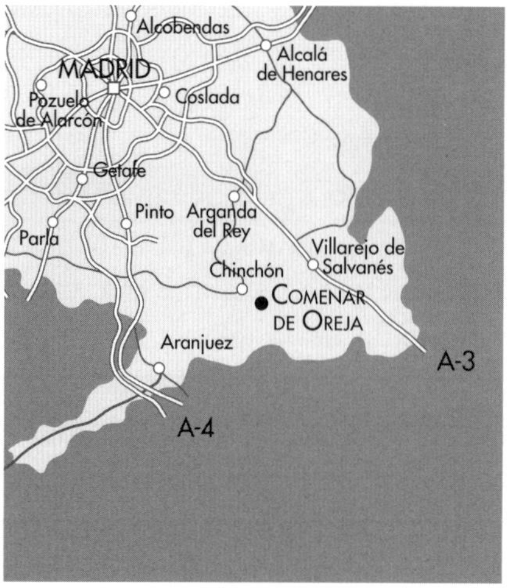

Tres cosas tiene Colmenar que no tiene Madrid: las canteras, los hornos y el puente de Zacatín.

El origen de Colmenar de Oreja es muy difícil de precisar, como ocurre en numerosos pueblos de la Comunidad de Madrid. La tradición y algunos documentos apuntan a que fue fundado por los cónsules romanos Escipión y Cayo Aurelio, en el año 220, como un campamento militar al que se llamó Aurelia, en honor del emperador Marco Aurelio. También se habla, con base en los *Anales de Toledo*, de la existencia de un poblado romano fundado entre los ríos Tajo y Jarama, al que se dio el nombre de Aurelia, también en honor al mismo emperador. Según esta teoría el asentamiento se debió al comprobar que la zona era rica en miel, y entonces se formó una aldea dedicada al cuidado de las colmenas próximo a Aurelia a la que denominaron «Pis Aurelia». Con el paso del tiempo Aurelia derivaría en Oriella, de ahí hacia Oresia, y posteriormente Oreja, lo que unido a sus colmenas nos da una idea del porqué del nombre de Colmenar de Oreja.

No obstante hay quien opina que hubo antes un poblado carpetano que fue atacado por Aníbal en la conocida batalla del río Tajo, y que fue destruido por este.

De la época visigoda poco se sabe, ya que la historia relata con intensidad los conflictos entre los musulmanes y los cristianos, pero apenas nos deja pistas de ese otro periodo. No obstante hay que señalar que existían dos asentamientos diferentes; por un lado Oreja, que estaba en un altozano al otro lado del río Tajo, y que contaba con una fortaleza desde la que se vigilaba una gran porción de terreno, y por otro el asentamiento de los apicultores.

Oreja, su castillo y lo que representaba estuvo en poder musulmán hasta el 1091, año en que, según una leyenda, pasó a manos de la corona de Castilla, gracias a la dote que

Plaza Mayor, finalizada en 1794, uno de los ejemplos típicos de las plazas porticadas, sobre la que destaca la iglesia de Santa María la Mayor.

le fue dada por el rey de Sevilla a su hija Zaida para su matrimonio con Alfonso VI. Pero como la situación durante todos estos años era un ir y un devenir de los enfrentamientos entre árabes y cristianos, una expedición llevada a cabo en el año 1113 por el gobernador de Córdoba, permitió a los musulmanes recuperar la fortaleza. La importancia estratégica del lugar como punto defensivo de la línea divisoria del Tajo, hizo que los esfuerzos cristianos se redoblasen, y así en 1139, Alfonso VII ordena el sitio de Oreja, y unos pocos meses después el recinto se rinde, siendo reconquistada por última vez por el lado castellano. Asimismo, y con el fin de acabar con las incursiones desde el sur, se inicia la repoblación de ese territorio que no solo contempla Oreja, sino que además incorpora, entre otras aldeas, Ocaña, Noblejas y Ontígola.

En el año 1171, Alfonso VIII otorgó el castillo de Oreja a la Orden de Santiago, quien tuvo a su cargo la población hasta 1540, cuando se convirtió en señorío. Ese año la población de Colmenar absorbe definitivamente a Oreja, quedando desvinculada de la Orden de Santiago, y que desde entonces se conoce como Colmenar de Oreja. Su desarrollo posterior se lleva a cabo bajo la influencia del Real Sitio de Aranjuez, hasta la desaparición de los señoríos a principios del siglo XIX.

Zona de importantes canteras, su piedra ha sido utilizada en conoci-

La boca del túnel de piedra de Zalacatín muestra el camino que cruza por debajo de la plaza de parte a parte.

dos monumentos madrileños, como el Palacio Real y la fuente de La Cibeles. En el pueblo destaca el puente de Zacatín que, construido en el siglo XVII, atraviesa toda la plaza Mayor salvando un profundo barranco, para permitir el paso de los vecinos.

Leyendas y tradiciones se entremezclan en esta población con hechos puntuales de los momentos históricos que se han desarrollado junto a la evolución de Colmenar de Oreja, y que siempre han dejado patente lo importante que fue el enclave de Oreja como línea defensiva del río Tajo entre la dos tierras en conflicto, al norte los cristianos, al sur los musulmanes. De ahí que se hable de la princesa Zaida, de su vivencia con Alfonso VI, y la entrega como dote del castillo de Oreja; o de la mujer de Alfonso VII, que hizo retirarse a los musulmanes de un posible ataque al castillo de San Servando de Toledo, remitiéndoles un mensaje en el que los instaba a combatir, si «querían guerrear contra hombres y no contra mujeres», contra su esposo, Alfonso VII que estaba sitiando a la fortaleza de Oreja.

> Hija soy de Raimundo Berenguer de Barcelona, muerto hace ahora nueve natividades, e hija soy de Doña Dulce de Provenza. Cuando por ellos fui entregada en matrimonio a mi esposo, el emperador, me fue explicada la importancia de mi presencia junto a él, y se me ilustró sobre el valor de mi vida, y sobre el valor de mi muerte. Desde entonces no temo al día de las pompas ni a la noche de las guerras. Preparada estoy, pues, para morir en cualquier instante, como mujer y como emperatriz. Y lo haré, si es menester, en defensa de este castillo de San Servando, si a vos o quema la vergüenza de guerrear contra un mujer, sabiendo como sabéis que mi esposo, el emperador, se halla en conquista de Oreja, a no muchas leguas de aquí, donde con su ejército podría ofreceros la batalla que tanto parecéis anhelar como miedo tenéis…

Naturalmente en un lugar como este no puede faltar una tradición religiosa. Se trata del Cristo del Humilladero, cuya llegada a Colmenar de Oreja se encuentra rodeada de un halo de grandeza. En la batalla de Lepanto (1571) falleció el señor de Colmenar, Bernardino de Cárdenas, combatiendo junto a Juan de Austria, y unos años después aparecieron por la población unos sacerdotes que traían consigo una talla semejante al Cristo que acompañó al triunfo de los cristianos frente a los turcos en ese combate naval. Recordemos que hay una leyenda entorno a este Cristo que presidía la galera capitana de Juan de Austria, y es que cuando una bala de cañón iba a alcanzar la talla, esta se ladeó de forma que la esquivó y desde entonces se quedó en esta postura. La llegada de la imagen a Colmenar de Oreja fue recibida con gran fervor por los vecinos, que construyeron una ermita que se conoce como ermita del Cristo del Humilladero.

Asimismo se puede hablar de una fiesta muy antigua que se celebra en esta población, y de una costumbre gastronómica sobre la que se ha desarrollado una leyenda bastante lúdica.

La fiesta se celebra en Navidad, y se conoce como «las murgas». Se trata de un recorrido por el pueblo cantando villancicos acompañados por instrumentos caseros, como los huesos o arrabel y las zambombas.

En cuanto a la gastronomía, es curioso hablar de un plato típico de Colmenar de Oreja que se conoce como «carne al desarreglo», y cuyo nombre cuenta con una cierta leyenda. El relato dice que un grupo de mujeres preparaban en el campo sobre una hoguera un guiso de carne, al que echaron productos de la huerta, tales como ajos, cebollas y tomates, mientras que los hombres se dedicaban a las tareas del campo. Según se iba cocinando el guiso, el olorcillo que se desprendía hacía que más de uno se aproximase a comprobar qué es lo que había en el fuego, y con diferentes distracciones a las cocineras, metían la mano en la marmita para probar la carne. Como fueron muchos los que tomaron una «tajada», la cantidad del guiso fue mermando, de tal forma que cuando por fin las cocineras pudieron imponerse en su labor, una de ellas al ver lo que había ocurrido exclamó «¡Pero qué desarreglo me habéis hecho!».

Colmenar Viejo

COLMENAREÑO/COLMENARIEGO

Las piedras de su cantera, la miel, un recuerdo de una parte de nuestra historia, la Maya y..., naturalmente la taba. Eso y algo más es lo que ofrece Colmenar Viejo, que posee, como toda población de cierta tradición, una leyenda mariana.

La historia más arraigada en este municipio situado en la cuenca alta del río Manzanares, nos dice que allí vivía un viejo apicultor que albergaba a los viajeros que hacían el camino hacia Segovia, y que por eso el lugar en el que daba posada a los transeúntes se conocía entre todos como El Viejo, y que por su trabajo con las abejas, era un colmenero, se comenzó a denominar a aquel sitio como El Colmenar del Viejo. Sobre ello nos da una pista las *Relaciones topográficas* de Felipe II.

> ... no tuvo ni ha tenido otro nombre, y la causa por la que así se nombró fue porque antiguamente, el sitio de esta Villa y término era de grandes montes, y en el sitio de ella, antes de que se poblase, había un colmenar de colmenas de miel por ser como era la tierra dispuesta para ello, el cual colmenar era y residía en él un viejo, donde tenía su morada y casa, y cerca del dicho colmenar pasaba el camino de Alcalá para Segovia y otras partes, y hacían noche algunos pasajeros en la casa del dicho viejo, y así quedó con este nombre, y la memoria donde estaba el colmenar se dice que es en las casas que dejó Diego González Primo, el viejo, que son bajo de la plaza de la dicha villa.

Los orígenes de la población se suelen remontar a la época visigoda, por los hallazgos realizados y en virtud de la inscripción encontrada en la ermita de la Virgen de los Remedios, y de la necrópolis junto a ella, aunque también se han hallado algunos restos árabes. Se supone que tras la conquista de Toledo por los cristianos se inició, al igual que en muchos otros pueblos, su repoblación, creándose un alfoz y un asentamiento de ganaderos segovianos. Y también, como en tantas otras aldeas de la comarca, los litigios entre madrileños y segovianos se hicieron comunes. Fernando III au-

Necrópolis visigoda en Colmenar.

torizó al concejo de la villa de Madrid la destrucción de los poblados que los segovianos construyesen entre Manzanares y Colmenar, pero esto no paró la repoblación y los enfrentamientos; por ello Alfonso X el Sabio decidió disponer que Colmenar pasara a depender de la jurisdicción de El Real de Manzanares, y poner así fin a las disputas.

En 1504 le fue otorgado el rango de villa, momento a partir del cual su historia permanece unida al señorío de Manzanares el Real, hasta la desaparición de este tipo de jurisdicción con la Constitución de 1812.

De su actividad de cantería también nos da cuenta las *Relaciones topográficas* de Felipe II, donde se indica que «hay muchas canteras de piedra para edificios de casas y piedras de molino, que es piedra berroqueña de buen grano».

La tradición más popular de Colmenar es la Fiesta de la Maya, que se celebra en los primeros días de mayo, como exaltación de la llegada de la primavera. Se trata de entronizar a una niña o joven como reina de la estación. Engalanada con sus mejores ropas, se sienta en una especie de altar adornado con mantones y flores, mientras que otras niñas o jóvenes se dedican a pedir dinero a los viandantes, que está destinado a «la maya, que es bonita y galana».

Esta costumbre que se daba en diferentes pueblos de Madrid, llegó a prohibirse en el siglo XVII, aunque en Colmenar se siguió llevando a cabo, y si bien es cierto que durante algunos años parecía que había desaparecido,

Ermita de Nuestra Señora de los Remedios.

actualmente es una de las principales celebraciones de ese municipio.

También es importante destacar aquí el juego de las tabas, que en otros lugares de España se conoce como «de la cruces». Se trata de lanzar el hueso de la rodilla del carnero y apostar sobre de qué lado va a caer, si será de la zona de «panza» o de «hueco o culo». En estas tiradas se apuestan grandes sumas de dinero, e incluso hay algún vecino que recuerda que «fulanito» se llegó a jugar tierras, casa, o incluso a la mujer. Se lleva a cabo dos veces al año, por San Andrés, el 30 de noviembre, y por Santa Lucía, el 13 de diciembre. Una tradición que nadie sabe cuándo empezó, pero a la que Colmenar se aferra como propia.

Hay también un recuerdo a las actividades que por aquí llevó a cabo durante la guerra de la Independencia el guerrillero el Empecinado contra los invasores franceses, e incluso aun hay quien relata la cruenta batalla que se dio en las calles del pueblo entre los españoles al mando de Juan Martín y los soldados de Napoleón, que fueron derrotados por la partida del patriota español.

Decíamos que como pueblo con una cierta tradición, Colmenar Viejo posee su leyenda mariana. Efectivamente, corresponde a las apariciones de Nuestra Señora de los Remedios, patrona de la población. Según publicó en 1912 el cronista de la Ciudad Lineal –recordemos que toda esa zona de Madrid, incluido Chamartín y las Cuarenta Fanegas, pertenecían al municipio de Colmenar– José María Sembí, «los santulayos del pueblo sabemos que la Virgen se apareció sobre una piedra, rodeada de tomillos, en el sitio donde está la ermita. La trasladaron cerca de Chozas, a la ermita de San Bartolomé y desapareció de allí presentándose otra vez sobre la piedra».

Menos religiosa es la observación de un objeto volante no identificado realizada por una joven que el 8 de junio de 1980 realizaba el trayecto de Colmenar a Madrid. Tenía la forma de un gran sombrero con luces amarillas y rojas, tras descender con una trayectoria en forma de escalera y casi llegar al suelo, remontó la altura a gran velocidad y desapareció en el cielo.

Colmenarejo

COLMENAREJANO

Tan antiguo como Colmenar Viejo, también con sus colmenas como referente, y la proximidad al embalse de Valmayor, que le hace entrar en la historia de los avistamientos de ovnis sobre las aguas y los cielos de la Comunidad de Madrid.

Se habla de una aldea en la que vivía un tal Mateo que poseía muchas colmenas, y que por ello se conocía el lugar como Colmenar de Don Mateo, y que para diferenciarlo de Colmenar El Viejo se lo llamó Colmenarejo; aunque también hay otra teoría que señala que se denominó así por ser posterior al otro Colmenar. Sea una u otra la razón, el nombre parece muy ajustado a la producción de la miel, por ser una zona con gran riqueza de flores que permitían obtener una buena cosecha de este producto.

En las *Descripciones de Lorenza* se apunta que:

> Se cree tiene la misma antigüedad que la villa de Colmenar Viejo, de donde según quieren algunos, tomó el nombre diminuto, aunque otros son de sentir que se llamó así por la abundancia de colmenas que se criaban en otros tiempos en esta jurisdicción.

Su origen se sitúa en el Medioevo, dado que se ha encontrado en el término municipal una necrópolis medieval con seis tumbas antropomorfas orientadas hacia el este. El siglo XII parece el más probable como fecha fundacional, y serían, una vez más, los pastores segovianos los primeros en llegar a la búsqueda de pastos al sur del Guadarrama. Como ocurrió con los demás asentamientos próximos a la sierra, los conflictos entre madrileños y segovianos no tardaron en darse. En 1287, Sancho IV otorgó el territorio a Segovia, pero en 1294 se cambiaron las tornas y pasó a depender del concejo de Madrid, bajo cuya jurisdicción estuvo hasta que Alfonso X el Sabio unió todos los lugares de esa zona y la colocó dentro del Real de Manzanares, convirtiéndose, posteriormente, en parte del señorío de los Mendoza, sujeto a Galapagar.

En 1630 le fue dado el privilegio de villa, rompiendo así su vinculación con la otra población, aunque bajo el señorío de Manzanares, situación que finalizó con la promulgación de la Constitución de 1812.

Colmenarejo destacó en los años noventa por la gran cantidad de objetos volantes no identificados (ovnis) que aparecieron en sus cielos, y que los especialistas en la materia, ufólogos, consideraron debidos a su proximidad al embalse de Valmayor, ya que durante ese periodo los avistamientos parecían provenir o dirigirse a las principales presas de la región, sobre todo a Valmayor y a El Atazar, ya que son los dos embalses más importantes de la Comunidad de Madrid, junto con el de Santillana.

Vamos a mencionar aquí dos casos cuya verosimilitud no ha podido ser negada por nadie, y los expondremos para que cada cual juzgue a su antojo. Uno con la aparición de un campo electromagnético y otro con la presencia de una esfera roja flotando sobre la carretera.

El primero fue el vivido por una pareja de vecinos de Colmenarejo, J. G. y su mujer, cuando salían de la población rumbo a sus trabajos en Madrid. La fecha, agosto de 1994, la hora, las seis de la mañana. De repente y después de una luminiscencia en el cielo, su coche se paró, se le apagaron las luces y se quedó quieto en la carretera. Asustados, intentaron continuar su camino aprovechando la pendiente, llevando el coche en punto muerto y accionando cada pocos metros el freno de mano, así recorrieron unos pocos kilómetros, hasta descender el puerto, en ese momento, el coche volvió a arrancar el motor, él solo, y las luces regresaron a sus faros.

El segundo es el de otro vecino que cuando circulaba entre Galapagar y Colmenarejo, de noche, vio una esfera de color rojo flotando sobre la carretera. El automóvil se detuvo, hasta que de repente la esfera desapareció a gran velocidad, entonces llegó la normalidad a su vehículo.

Según los ufólogos, Colmenarejo es uno de los lugares de la Comunidad de Madrid donde más casos de ovnis se han detectado entre 1993 y 1994, con especial incidencia en la zona de Peñas Blancas.

Expuesto queda sin más comentarios.

Corpa

CORPEÑO

Poco se sabe de este pueblo integrado en la cuenca norte del río Tajuña que siempre ha estado a la sombra de Alcalá de Henares. Tampoco está claro el origen de su nombre, aunque en este caso se apunta a una posible derivación de un trozo de mineral en bruto. Se apoya en que los nombres que se dan a algunos parajes del término municipal están relacionados con el tema.

De la fundación también hay sombras. En las propias *Relaciones de Lorenzana* del siglo XVIII se dice que «no hay noticias por quién ni cuándo se fundó esta villa, ni tiene armas conocidas». Por ello hay que suponer que se debe a la repoblación de las tierras de Alcalá después de la Reconquista, y que pudo ser un asentamiento de agricultores que llegaron de las tierras cercanas de Guadalajara creando una pequeña aldea que en 1578 pasaría a depender del marquesado de Mondéjar, donde permanecería hasta que a principios del siglo XIX la Constitución de Cádiz acabó con todos estos privilegios.

Pero no por carecer de una historia muy detallada o excitante, Corpa deja de poseer una leyenda singular vinculada a un proceso de santidad de un hidalgo o caballero vecino de la villa. Se trata de Francisco Collante, hijosdalgo asesinado en octubre de 1626, y cuyos restos momificados se encontraban en un arcón debajo del coro de la iglesia de Santo Domingo de Silos de la población, hasta que desaparecieron durante la Guerra Civil y no se han vuelto a encontrar.

Las *Relaciones de Lorenzana* relatan este hecho, por lo que nos ceñiremos a ellas.

> … y en los sucesos de su historia, solo parece digno de alguna consideración el que permanecieron en este pueblo unas familias de hidalgos hasta los años de 1620, el lo que, por desavenencias que hubo con el estado general, salieron desterrados, quedándose solamente uno por aclamación del pueblo llamado Francisco Collantes, cuya caridad y celo por los pobres y por la iglesia debe ser muy re-

Palacio del marqués de Corpa o de Mondéjar, construido en el último tercio del siglo XVI.

comendable. Tuvo una muerte desgraciada, porque, enojados sus parientes de no haberlos seguido en su destierro, o bien disgustados de la versación de sus caudales y hacienda, maquinaron su muerte, valiéndose para su logro de un hombre de Madrid, de oficio escultor, el que fingiéndose pobre, tuvo proporción de ir a comer a casa de dicho Collantes (que tenía la costumbre de convidarlos) y, al darle fingidamente la gracias, le atravesó alevosamente el pecho con una gubia. Vivió veinte y cuatro horas. Perdonó al agresor, e intercedió por él, y mandó que se le diese algún socorro de sus bienes. Su cadáver, después de cincuenta años de sepultura, apareció incorrupto e íntegro el hábito de Montesa, de cuya orden era caballero, y su cadáver permanece aún en la misma forma.

Placa que cuenta la historia de la iglesia parroquial de Santo Domingo de Silos, donde estuvo enterrado el cadáver de Francisco de Collantes hasta su desaparición durante la Guerra Civil.

Coslada

COSLADEÑO

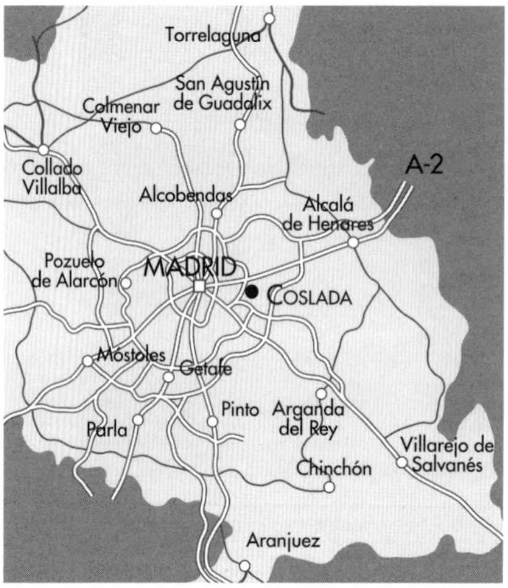

Convertido en uno de los municipios industrial y dormitorio por su proximidad a la ciudad de Madrid, ha sido catalogado como perteneciente al área metropolitana de la capital.

El origen del nombre es probablemente latino, de *cos*, es decir, «pedernal», y *late*, por «abundante», que vendría dado por las canteras de ese mineral y de yeso que hay en el término municipal. Pero hay otras teorías muy diversas. Por ejemplo, con base a la obra *Toponimia prerrománica hispana* de Menéndez Pidal, se apunta a que Coslada proviene de una derivación del vocablo celta *coslo* o *cosla*, que significa «avellano», y del sufijo románico «da», lo que es «avellanar». Pero también podría ser, y no es ningún absurdo pensar así, que como pasa la real cañada Galiana por su término, se puede aplicar la palabra «colada» que hace referencia al terreno por el que transita el ganado.

Su origen se suele datar en el siglo VI, aunque se han encontrado en la zona restos de cabañas de la Edad del Bronce y un puente supuestamente romano. La aldea pudo comenzar como un centro de producción agrícola bajo la dominación musulmana para alimentar a los habitantes de Madrid. Fue conquistada por los castellanos y reconquistada por los almohades en 1195, y definitivamente cayó en poder cristiano en tiempos de Fernando III, en el siglo XIII. Formó parte del sexmo de Vallecas de la Comunidad de la Villa y Tierra de Madrid. En el siglo XV fue señorío de Juan de Luján, maestro de Enrique IV, y posteriormente pasó a ser considerado lugar de realengo, aunque sus tierras estaban divididas en manos de diferentes dueños que aprovechaban la pesca del río Jarama, o los molinos que por allí existían, entre ellos el de Torrejoncillo. Esta última localidad sería donde se asentaría el Real Sitio de San Fernando de Henares en el siglo XVIII.

A mediados del siglo XVII la localidad de Coslada fue vendida al conde de Biraven, aunque también se habla de una venta al conde de Mirabel; permaneció como señorío poco tiempo en manos de esta familia, ya que a principios del siglo XVIII lo encontramos en manos del marqués de Estepa. En 1786, las *Relaciones de Lorenzana* habla de la población como aldea de realengo dependiente de la villa de Madrid. La documentación sobre la catalogación de Coslada como villa no está muy clara y se apunta hacia los años 1850 o 1851 como fecha del hecho.

Un suceso muy importante para el desarrollo de Coslada lo encontramos, y lo apuntamos como curiosidad, en la existencia del puente de Viveros sobre el río Jarama, del que se dice que ya en el siglo XIII soportaba un enorme tráfico, dado que la cañada real de la senda Galiana atravesaba el río por él, con lo que eran numerosos los viajeros y el ganado que procedente de la llamada cañada soriana lo usaban. Junto al puente se construyeron algunas cabañas para aprovechar el negocio que suponía atender a pastores y caminantes, e incluso una venta a la que hace referencia Francisco de Quevedo en su *Buscón*. Asimismo se consideraba el lugar muy peligroso, pues los delincuentes aprovechaban el descuido de los viajeros y la situación del puente para cometer sus fechorías. Con el paso del tiempo sufrió diferentes transformaciones y refuerzos hasta la construcción de un nuevo puente de piedra de mayores dimensiones en 1771 para que pudiese soportar el paso de los carruajes, contaba con nueve arcos separados por pilares cubiertos a tres aguas.

Otra curiosidad que añadir a Coslada es el nacimiento del primer negocio industrial de la población que tuvo lugar a principios del siglo XX. Se trata de las Aguas de Coslada «La Maravilla», unas aguas mineralizadas, sulfatadas, sódicas, magnésicas, potásicas y débilmente litínicas, cuyas propiedades fueron certificadas por Santiago Ramón y Cajal. Estaban consideradas recomendables como un purgante seguro y rápido, y que además actuaban para combatir las afecciones de estómago y riñones, así como las digestiones difíciles y el reumatismo.

Y si alguien quiere recordar lo que era la trashumancia, no tiene nada más que asomarse a la cañada real el día marcado para poder comprobar in situ cómo eran conducidos los rebaños por este camino que comenzaba en la sierra de la Cebollera, al sur de la Rioja, y tras atravesar tierras de Soria y Guadalajara se adentraba en Madrid por el Corredor del Henares rumbo a tierras de Toledo y Ciudad Real.

Cubas de la Sagra

CUBERO

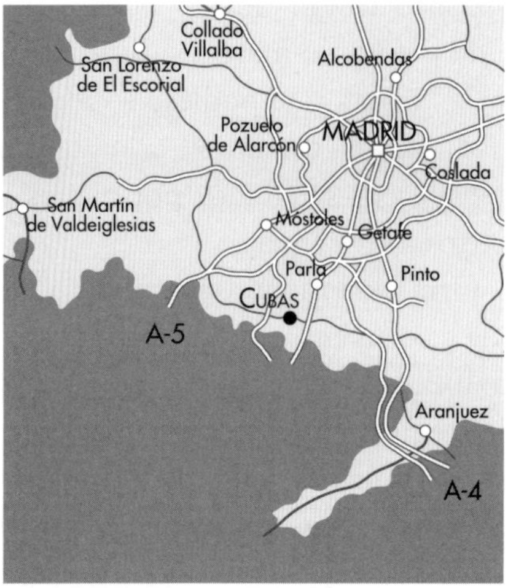

La abundancia del agua que hay en su término, donde no existe un río, ni un arroyo «peligroso», ni un pantano…, sorprendió en su momento al ser detalladas las características de Cubas en las *Relaciones de Lorenzana*. Aunque no hay un conocimiento exacto del origen del nombre, siempre se ha apuntado a que en un principio la población se denominó Fuentes Claras, precisamente por la cantidad de agua y por su pureza.

La tradición apunta a que fue fundada por los árabes, aunque la verdad es que no se ha encontrado ningún resto que así lo atestigüe. El primer documento en el que se nombra a Cubas es un privilegio de Alfonso VIII dado a la ciudad de Segovia en 1208 y en el que se establece el reparto de tierras entre Madrid y Toledo. Posteriormente se la incluye en la Comunidad y Tierra de Madrid como parte del sexmo de Villaverde.

Lo cierto es que no hay mucha más información, aunque se sabe que a lo largo del siglo XIV pasó de una mano a otra, hasta que en 1445 fue entregada junto con Griñón al conde de Medinaceli, Alfonso Álvarez de Toledo. A su muerte los terrenos de Cubas fueron heredados por su hijo Pedro Núñez. Sus descendientes se disputaron posteriormente el dominio del lugar, que a principios del siglo XVII fue vendido al marqués de Povar, quien se casaría con la hija del segundo marqués de Malpica, título que sería heredado por sus descendientes que poseerían Cubas hasta principios del siglo XIX.

La primera curiosidad que encontramos sobre Cubas es su paso de señorío a depender del concejo de Madrid. Según relatan los documentos de la época, Cubas y Griñón pertenecían a un tal Juan Ramírez, un hombre de negocios relacionado con los judíos toledanos, y que era fiador de mayor Abendaño, recaudador de impuestos que un día se fugó con el dinero de la Hacienda Real a tierras de Aragón. Por ello los bienes de Juan Ramírez fueron subastados el 28 de septiembre de 1374 en Toledo, y fue el concejo de Madrid el que se quedó con las dos aldeas por ocho mil doblas de oro castellanas.

Una aparición mariana concita nuestro interés en esta población, y que según relata la tradición tuvo lugar el 3 de marzo de 1449. Suele ser conocida como «La porqueriza». Se encuentra documentada en las *Relaciones topográficas* de Felipe II.

Inés, hija del herrero del pueblo, sacaba ese día los cerdos al pastizal, y en las proximidades de la zona conocida como Fuente Cecilia, se le apareció una señora ricamente vestida y rodeada de un gran resplandor que entabló conversación con ella. La señora alabó su fe y le recomendó que aconsejase a los vecinos de la aldea que se confesasen y que marchasen por el buen camino, ya que iba a llegar sobre ellos una gran pestilencia que causaría la muerte a muchas personas. La niña no quiso contar nada aquel día, pero de nuevo se le apareció la señora que la recriminó por no haber seguido su consejo. Entonces Inés se lo contó a su padre, quien no quiso dar importancia a aquellas palabras. Los encuentros de la pastora y la señora se sucedieron varios días, hasta que esta le confesó que era la Virgen María, y para que la creyesen tomó la mano de Inés, y apretando sus dedos pulgare e índice hizo con ellos una cruz que nadie pudo deshacer. El pueblo, convencido de que estaba realmente ante una aparición mariana, llevó a cabo una procesión hasta el lugar de las apariciones. La Virgen se presentó ante los vecinos y clavando una cruz en el suelo les pidió que levantasen allí una iglesia y que la llamasen de Santa María. En cuanto a la niña, dijo que fuese hasta Guadalupe donde su mano quedaría curada. El arzobispado concedió el permiso oportuno ante la petición de los vecinos para levantar la iglesia, que se denominó de Santa María de la Cruz.

La construcción que en un principio iba a ser una iglesia, creció en tamaño por las aportaciones de los vecinos de Cubas y de los pueblos próximos, con lo que se convirtió en un monasterio, en cuya iglesia había clavada en su centro una cruz en recuerdo del lugar indicado por la Virgen. En 1936 y durante la Guerra Civil quedó totalmente destruido, y aunque en los años cincuenta volvió a edificarse, el nuevo monasterio ya no tiene el glamur y la importancia mística que poseía en el siglo XV y en los años siguientes, y como prueba de ello están las visitas que a él rindieron, entre otros, personajes de la alcurnia e importancia del cardenal Cisneros, Felipe II, Felipe III o Felipe IV.

Daganzo de Arriba

DAGANCEÑO

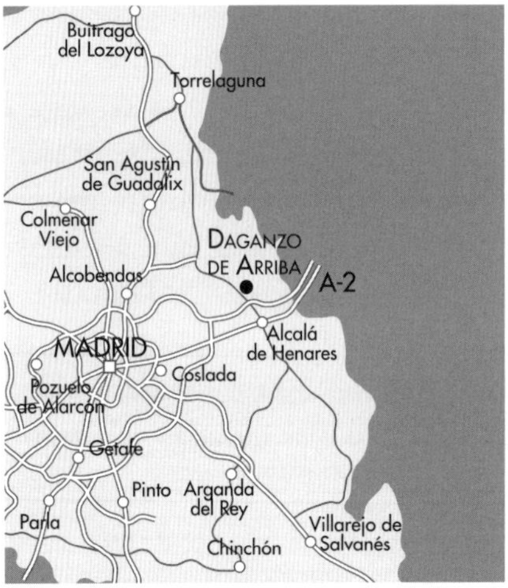

En Daganzo el buen garbanzo,
en Ajalvir la cebada,
Valdetorres los cagones,
que se cagan en las bragas
De la gran venida que hubo,
enturbiaron el Jarama
Se llevó doscientas vacas,
Paracuellos y Barajas,
Alapardillo y Valdeolmos,
valientes Ribatejada.

(Romance popular madrileño)

Si alguien busca en el mapa el contrapuesto a Daganzo de Arriba, es decir Daganzo de Abajo, no lo va a encontrar nunca; y si cuando pasa por las cercanías de este municipio de la Comunidad de Madrid quiere entender cómo es que se le da el calificativo de «arriba» cuando no hay un «abajo» con el que compararlo, solo se le puede decir que sí, que existió en su momento y que los avatares de la vida acabaron con esa aldea, y que los vecinos se integraron en la próxima, que es la que tiene actualmente ese nombre.

No es algo que queramos inventar para justificar un nombre u otro, o que vayamos a presentar aquí una leyenda o tradición que lo justifique, es simplemente que, como tantos otros pueblos creados después de la Reconquista por los pastores o por los agricultores, que aparecieron y desaparecieron por las emigraciones de sus pobladores, algunos a la aldea próxima, se formó una única población más fuerte y mejor preparada para resistir los riesgos del momento, o bien, se huyó de los problemas a lugares más lejanos.

En las *Relaciones topográficas* de Felipe II se habla de un lugar cercano a Daganzo de Arriba, conocido como Daganzuelo, aldea que fue comprada por Juan Vaca de Herrera en 1586 y que denominó Daganzo de Abajo.

El origen del nombre proviene de la palabra latina *dagentium*, aunque se suele considerar mucho más exacto una derivación del prefijo «daga», que proviene del árabe *taga* y que puede traducirse como una referencia a las

Campo de El Globo.

hileras que forman los ladrillos antes de ser cocidos. No obstante la idea sigue sin estar muy clara, dado que en esa zona lo que se daba era la agricultura y no hay ninguna tradición que hable de la construcción o de la existencia de algún horno de cocción de ladrillos.

Se han encontrado restos de una necrópolis visigoda, donde se hallaron joyas de oro y bronce, un brocal, una espada, lanzas… Y se apunta a la existencia de un asentamiento en las proximidades del río Torote, cerca de la actual ubicación de la ermita de la Virgen del Espino. No obstante fue después de la Reconquista cuando se repuebla la zona, y ya aparece Daganzo como aldea en el siglo XIII. Los Reyes Católicos lo ceden al Conde de Coruña en 1480, y en el siglo XVI obtuvo el reconocimiento de villa, aunque se mantuvo bajo este condado hasta la desaparición de los señoríos a principios del siglo XIX.

El interés de la aldea de Daganzo y de su economía basada en la agricultura, sirvió a Miguel de Cervantes para escribir un entremés titulado *La elección de los alcaldes de Daganzo*, donde expone una reflexión sobre cómo se puede elegir un alcalde a través de la intervención de cada uno de los candidatos, desgranando sus personalidades, buscando así el buen gobernante, recreando la sociedad pueblerina, con sus pros y sus contras.

Reverencia os hace el cuerpo,
Regidores de Daganzo
Hombres buenos de apunte
Hombres buenos de pensado
De calentra prevenidos
Para procesar los cargos
Que la ambición solicita.

Un hecho más moderno y curioso es el protagonismo que tuvo Daganzo y sus vecinos cuando, finalizando el siglo XVIII, aterrizó un globo en los campos próximos a la población, y más de uno lo tomó por lo que no era y le quiso descerrajar un tiro, no solo a la tela, sino a su ocupante.

Transcurría el 12 de agosto de 1792 cuando en los jardines de El Buen Retiro y ante el rey Carlos IV y su esposa, el diplomático italiano Vicenzo Lunardi hizo volar un globo por el cielo de Madrid. El viento lo condujo hacia Daganzo, donde cayó causando una huida despavorida de los habitantes de la población que estaban en el campo creyendo que era algún animal celeste que se arrojaba hacia ellos. Cuando algunos vecinos se atrevieron a aproximarse al objeto extraño armados con horcas, azadas y alguna que otra escopeta, descubrieron que del interior salía un hombre que con un acento extranjero los tranquilizaba indicándoles que no pasaba nada. Tuvo suerte, pues según se cuenta, más de un daganceño pensó en disparar primero y preguntar después. Una vez calmados los ánimos, fueron los propios vecinos los que con ayuda de caballerías llevaron el globo hasta las caballerizas del pueblo y agasajaron al aeronauta considerado como un héroe por haber surcado el cielo desde Madrid hasta Daganzo. Desde entonces este paraje se conoce con el nombre de El Globo.

El Escorial

ESCURIALENSE

Se suelen fundir los nombres de El Escorial y el de San Lorenzo de El Escorial, en uno solo, mostrando desconocer que se trata de dos poblaciones diferentes, si bien es cierto que una nacida a la sombra de la otra. En el principio fue El Escorial, y en su término municipal se construyó el monasterio de San Lorenzo de El Escorial en el siglo XVI, dando origen a un nuevo núcleo urbano conocido con ese nombre, por lo que queremos dejar bien claro, aunque parezca un absurdo, que hay dos pueblos diferentes prácticamente con el mismo nombre. Uno es El Escorial, del que nos ocupamos aquí y ahora, y el otro es San Lorenzo de El Escorial, del que hablaremos en su lugar.

El origen del nombre, como en tantos otros casos, no tiene un consenso, sino más bien una amplia serie de teorías. La primera lo hace derivar del termino escoria, de tal forma que un escorial sería un depósito de restos metalúrgicos, lo que no parece que se adapte a la zona puesto que no hay ninguna constancia histórica de la existencia de instalaciones industriales en el lugar; otra es la que proviene del vocablo latino *aesculus*, que se refiere al castaño de indias, árbol que abunda en la zona; y una tercera posibilidad apunta a la palabra árabe *casiri*, referida a un lugar rocoso. Y para que nada falte, más recientemente se habla de la palabra oscuridad, es decir, de la expresión antigua *escuridad,* que vendría dada por la presencia de bosques húmedos y umbríos en la zona.

La historia de esta población es muy antigua, ya que se puede hablar de la existencia de una antigua calzada romana que surcaba la sierra, y que se ha identificado con la Vía XXIV del itinerario de Antonino. Pero parece ser que no hay un verdadero asentamiento hasta los siglos XI y XII, cuando la repoblación cristiana de la Reconquista se llevó a cabo por ganaderos segovianos que aprovecharon las cañadas para expandirse por esta zona y aprovechar sus pastos. En un principio no se puede hablar de una verdadera aldea, sino más bien de un conjunto de cabañas aisladas próximas a los caminos, con sus correspondientes corrales y cercanas a las tierras de pastoreo. Posiblemente de la unión de varias de aquellas chozas, nació lo que más tarde sería una aldea, y después la población de El Escorial.

En la segunda mitad del siglo XVI, El Escorial aparecía reflejado como Escurial o Scurial, y fue el lugar elegido por Felipe II para construir un monasterio conmemorativo de la victoria en la batalla de San Quintín. Hay una carta del propio rey donde queda este aspecto reflejado:

> Sabed que, en reconocimiento de la Vitoria que Nuestro Señor fuer servido darme el dia de Sant Lorençio, del año pasado de 1557, temgo determinado de edificar y doctar un monasterio.

Antes de iniciarse las labores de construcción, Felipe II por medio de una cédula real de fecha 8 de abril de 1565, ordena la segregación de El Escorial de Segovia y le otorga el título de villa.

> … que el dicho lugar de El Escorial agora de aquí en adelante sea villa en sí y sobre sí y que en él se use y ejercite la jurisdicción civil y criminal alta y baja mero, mixto, imperio y se conozca de todas las causas civiles y criminales de cualquier manera y cantidad y cualidades que sean, tenga y haya en el dicho lugar horca y cuchillo, cárcel y cepo, y todas las otras insignias de jurisdicción, y se llame e intitular villa…

Comienza la construcción del monasterio dentro del término de El Escorial, y para tal fin se instalan en la población los encargados de tan magna obra, así como los monjes que teóricamente van a ser los encargados de ocupar el sacro lugar una vez se encuentre levantado. En principio crece la población de El Escorial con estos trabajadores y sus familias, pero más tarde comienzan a construirse casas alrededor de las obras, con lo que aparece una aldea que reúne cada vez a más trabajadores, creándose una población dependiente de El Escorial a la sombra de su futuro monasterio.

La consolidación de las dos poblaciones como tales y el deseo de cada una de ellas de prevalecer sobre la otra producirán por espacio de dos siglos constantes enfrentamientos, que serán superados por los vecinos en función del favor real en cada momento, potenciando a los asentados antes que a los que ocupan los espacios alrededor del monasterio o viceversa. El hecho es que será en pleno siglo XVIII cuando Carlos III resuelva el problema al poner en marcha un plan urbanístico en el sitio real, lo que va a permitir un mayor crecimiento en los aledaños del monasterio. La demarcación de ambos núcleos de población tendrá lugar en 1792, segregando el Real Sitio de San Lorenzo de El Escorial de El Escorial.

Dejando a un lado las leyendas que se unen a la construcción del monasterio, a si es o no una de las puertas del infierno, a su carácter mágico, a la energía que transmite..., que dejamos para cuando hablemos de San Lorenzo, destacaremos aquí, en principio, una referida a las conocidísimas apariciones marianas que se produjeron en un prado próximo al pueblo entre 1981 y 2002, lugar que hoy sigue siendo visitado, y en el que se concentran peregrinos llegados de todas partes los primeros sábados de cada mes.

Una mujer humilde, Luz Amparo Cuevas, afirmó ver a la Virgen de la Dolorosa, que se le aparecía sobre la corona de un fresno en el paraje conocido como Prado Nuevo. Aunque la Iglesia no ha considerado en toda su importancia o interés el hecho, lo cierto es que hasta el año 2002 fue un gran número de personas las que acudían allí a rezar a la Virgen, y las que hablan de numerosas curaciones milagrosas y otros fenómenos que se suceden en torno a esas apariciones. Aun hoy en día se sigue manteniendo el lugar como un punto de peregrinación para algunas personas.

Por contrapartida nos referiremos ahora a una verdadera leyenda que tiene como protagonista al gran enemigo medieval de la Virgen, el demonio.

Una huella profunda, que se quiere identificar con un talón de un pie, que se puede ver en una roca cerca de la Silla de Felipe II, a no más de un kilómetro de distancia, sirve para aseverar que la historia que se relata a su alrededor es cierta.

Una joven llamada Martiña, que era muy devota de la Virgen, antes de que se construyera el monasterio, se encontraba por aquellos parajes paseando, cuando se le apareció el demonio en forma de peregrino, quien le ofreció todos los bienes que quisiera a cambio de que renegara de su devoción mariana y le entregara su alma. Ante la negativa de la muchacha, pese a la insistencia del demonio, este se enfureció y saltó sobre la piedra, provocando una fuerte explosión y dejando allí para siempre marcada la huella de su fracaso.

Estremera

ESTREMEREÑOS

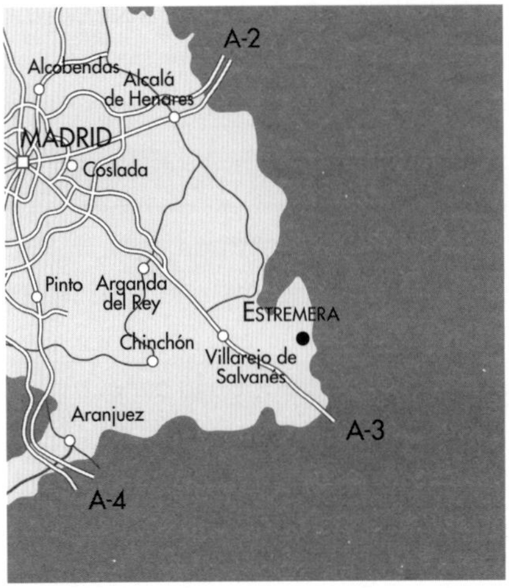

Variadas curiosidades nos presenta este pueblo situado en la cuenca del río Tajo, desde haber servido de dote de la princesa Zaida cuando se casó con Alfonso VI; llevarse a cabo su repoblación por culpa de las hormigas que atacaron una aldea próxima; a los restos arqueológicos misteriosos que se guardan en la cueva y poblado de Pedro Fernández, sin olvidarnos del Cristo de Casasola. Realidades y ficciones que iremos desgranando poco a poco. Pero antes, comencemos por conocer un poco de dónde viene Estremera y cómo fueron sus inicios.

El origen del nombre se relaciona con los extremos, ya que se afirma que se llamó así por encontrarse en un punto de confluencia entre la Alcarria y la Mancha; otra forma de explicar la denominación es que se llama extremo por encontrarse justo en la zona final de la Reconquista. Así se afirma en las *Relaciones topográficas* de Felipe II. También se dice que el nombre es la acción de «estremar el ganado», es decir, de separar las ovejas de los corderos para el destete, operación que se realizaba en un prado cercano a la población. Sea de una forma o de otra, hay que dejar constancia de que en un principio se conocía este asentamiento como Estremera del Duque, así como Estremera del Tajo, aunque hoy en día ha quedado únicamente como Estremera, y lo más curioso es que lógicamente y según todas esas razones expuestas como nacimiento del topónimo se debería llamar Extremara y no Estremera.

Fundado en el año 1006, se han encontrado restos arqueológicos en la zona de cuevas, lo que induce a pensar que la comarca estuvo habitada en la Edad del Bronce. La dominación árabe está constatada por la gran cantidad de nombres en la zona que tienen su origen en esa lengua, así como la consideración de que se trataba de un enclave importante en la etapa visigoda. Se habla de la existencia de dos aldeas, hoy desaparecidas, Casasola y Santiago de la Vililla, que fueron lugar de diversos combates entre cristianos y musulmanes en una zona semidesértica al sur del Tajo.

Tras diversos litigios, el territorio fue administrado en el siglo XII por la Orden de Santiago, que en 1140 fundó allí una encomienda. Esta orden tuvo diversos pleitos con la Orden de Calatrava, que reclamaba el control de las tierras y aldeas, así como con la Iglesia de Toledo. Tras una primera demanda en 1214 que se falló a favor de la Orden de Santiago, la Iglesia toledana volverá a pleitear, pero sin conseguir nada, aunque seguirá reclamando durante años la iglesia de Estremera.

En el siglo XVI, el duque de Pastrana y príncipe de Éboli compra la villa, y en 1568 consigue que Felipe II le de el título de duque de Estremera. Entre los siglos XVI y XVII, esta población conoce sus mejores momentos, al contar con un palacio donde se reúnen los principales miembros de la corte, incluida la famosa princesa de Éboli, Ana de Mendoza y de la Cerda.

Se cuenta que tras enviudar, la princesa se trasladaba desde su residencia de Pastrana hasta el palacio de Estremera para verse con Felipe II, y más tarde con el secretario y hombre de confianza del rey, Antonio Pérez, para conspirar con este contra don Juan de Austria y contra el propio Felipe II. Posteriormente formó parte de la casa del Infantado, hasta principios del siglo XIX.

Cuenta la tradición que, al igual que ocurrió con Oreja (ver Colmenar de Oreja), la aldea de Estremera fue entregada a Alfonso VI como dote de su matrimonio con la princesa árabe Zaida, hija del rey de Sevilla. No obstante, al igual que en el caso anteriormente señalado, y considerando que el rey ya había conquistado Toledo, se apunta que se podría tratar más de un gesto de vasallaje que de la dote por la boda.

También otro hecho histórico es la repoblación que se hizo de Estremera gracias a la acción de las hormigas, creemos que se trata de una plaga de termitas, que asoló y prácticamente destruyó la aldea de Annos o Anós, situada en la zona montañosa que bordea el río Tajo entre Brea y Driebes, que estaría situada hoy en día en Guadalajara, en el término municipal de Almoguera. La leyenda cuenta que los vecinos de la localidad tuvieron que abandonarla y trasladarse a la población de Estremera porque una plaga de hormigas se comió materialmente su población.

Ya hemos mencionado la aldea de Casasola, de la que también se apunta que se despobló con el paso de sus vecinos a Estremera, y de la que se conserva en la iglesia parroquial un Cristo de gran tamaño que siempre se ha denominado el Cristo de Casasola y al que se une una leyenda sobre la prerrogativa que da en el caso de producirse una pertinaz sequía. No obstante no siempre fue así, pues hay un relato sobre una actuación demasiado intensa por parte del Cristo a principios del siglo XX, cuando en medio de una gran sequía se sacó la imagen en procesión para pedirle que lloviese, y no solo lo hizo, sino que granizó de tal forma que la cosechas se perdieron. Pero como la fe mueve montañas, a mediados del mismo siglo hubo de nuevo sequía, y el Cristo volvió a salir en procesión, esta vez llovió y no hubo granizo.

En una población tan antigua y en la que estuvieron los árabes, amén de ser fronteriza, no puede faltar una leyenda sobre la existencia de un tesoro. Se trata de una formación rocosa situada sobre el río Tajo conocida como Monroyo, donde la leyenda cuenta que vivía un rico terrateniente visigodo y que ante la llegada de los árabes escondió por allí un fabuloso tesoro, que nunca ha sido encontrado.

Fresnedillas de la Oliva

FRESNEDILLERO/JARANDO

Dicen que: «al forastero, la guarrona y el escribano les sacarán el dinero». Y desde luego así lo harán como se encuentre por las calles de la población el 20 de enero, fiesta de San Sebastián, más conocida como de la Vaquilla.

Históricamente se habla de Fresnedillas como nombre que proviene de los bosques de fresnos que hay en sus límites, y se apunta que el término de la Oliva es mucho más reciente y que también se debe a los olivos que hay en el municipio.

No se conoce con exactitud cuál es su origen, aunque como lugar en una zona de cruce de caminos lo más seguro es que siempre hubiese allí algún tipo de asentamiento. Se han encontrado fragmentos cerámicos de la Edad del Bronce, y también se ha apuntado la posibilidad de que una calzada romana pasara por ese lugar; y que los visigodos creasen una población, que luego sería aprovechada por los árabes; pero con todo, lo más probable es que la primera aldea o asentamiento estable fuese debida a las cabañas que tras la Reconquista construyeron pastores con sus ganados. Las *Descripciones de Lorenzana*, de finales del siglo XVIII, muestran esa misma confusión en el origen de Fresnedillas.

> No hay por dónde averiguar el tiempo en que se pudo fundar este pueblo, pero según se infiere de algunos instrumentos, parece haber sido en los últimos del siglo XIV, y aunque igualmente se ignora quiénes hayan sido sus fundadores, dícese que, siendo este territorio inculto y montuoso, solían asistir a él varios pastores a apacentar sus ganados, quienes, haciendo chozas para resguardo de la intemperie y dándose a la agricultura, se vinieron a establecen en ella, de modo que formaron una pequeña aldea en cuya clase permaneció sujeta a la villa de Robledo de Chavela hasta el año 1740, en que se hizo villa y se le señaló su propia jurisdicción.

En 1520 los vecinos de la localidad apoyaron la revuelta comunera, y al perder tuvieron que indemnizar al conde de Chinchón por los daños causados en sus posesiones. Pese a ser villa en 1740, la situación precaria de su habitantes hizo que se convirtiese en parte del señorío de los marqueses de Robledo, aunque diez años más tarde vuelve a ser independiente. En 1833 deja de pertenecer a la provincia de Segovia y pasa a ser parte de la de Madrid.

Un hecho curioso relacionado con esta población es la existencia de un paraje próximo conocido como los Degollados, que da lugar a dos leyendas diferentes. Por un lado, la que apunta que había allí una pequeña aldea de no más de diez vecinos que fueron atacados por los bandidos en algún año del siglo XIV, ya que no hay una fecha exacta, quienes pasaron a cuchillo a casi todos. Pero los que quedaron con vida se refugiaron en un bosque de fresnos junto a los que había otras cabañas de pastores, dando así mayor impulso a Fresnedillas.

Por otra parte, hay una tradición que cuenta que en el lugar de los Degollados había una casa de los caballeros templarios, que se cuidaban de acompañar y defender a los viajeros de los ladrones que actuaban con impunidad por aquel territorio despoblado. Estos caballeros fueron atacados una noche y degollados todos mientras dormían, y de ahí el nombre. Pero no se ha encontrado ningún resto que sustente esta teoría. Además de esta misma tradición se habla en el pueblo de Navalagamella.

También hay pruebas de la existencia de otra población próxima, la de los Pajares de San Bartolomé, que estaba situada entre los arroyos de las Chorreras y San Bartolomé, y que fue abandonada, según la leyenda, por una gran epidemia de peste que causó muchas víctimas y que hizo que sus vecinos sanos la abandonasen y se dirigiesen a Fresnedillas. Aún se pueden observar algún tipo de restos de las antiguas construcciones.

En la zona de los Degollados se pueden apreciar la existencia de varias construcciones de la Guerra Civil española (búnkeres), y hay quien afirma que allí se pueden obtener psicofonías que relatan hechos acaecidos en aquel campo de batalla.

Nadie sabe cuándo comenzó la tradición de la Vaquilla. Algunos afirman que su origen hay que buscarlo en las fiestas romanas para atraer la bonanza para el pueblo y el campo; otros la hacen partir de una leyenda, que no tiene fecha pero que se afirma que es «ancestral», y que relata que un forastero llegó un día a la población, y asustó a una vaca que huyó por los huertos pisoteando todo, por lo que se le obligó a pagar los destrozos.

Estamos en el día 20 de enero, donde se conjuga la tradición más pagana, con el culto a san Sebastián, mezcla de sentimientos y de tradiciones. Aquí interviene el pueblo distribuido en los diversos personajes que entran en este juego festivo. Por un lado está la gran protagonista, nada más y nada menos que la vaquilla, que no es sino un hombre disfrazado con cabeza de vaca, cuya intención es cornear al alcalde y al alguacil, a los que embiste pero no hiere, y a los que persigue por diferentes calles del pueblo, mientras que un grupo de jóvenes, los judíos, que portan cencerros en sus espaldas, hacen lo posible por distraer al animal. Mientras tanto, en la plaza del Ayuntamiento se encuentran los otros dos protagonistas del festejo: la guarrona, una hilandera con amplio escote, pese a ser un hombre disfrazado, a quien acompaña el escribano, ataviado con traje negro, que se dirigen a los visitantes para pedirles el dinero oportuno que permita reparar los daños que está causando la vaca en su espantada por el pueblo. Para ello van recitando: «El día veinte de enero espantó la vaca el forastero. ¿Dónde fue a parar? A la huerta El Terronal. Allí destrozó patatas, judías, pimientos... lo cual asciende a... (se dice una cantidad exagerada). Cero mata cero, ¡que pague el forastero!».

Con el dinero recaudado todos los personajes y sus invitados se dan una buena cena, tras haber matado simbólicamente a la vaca.

No podemos acabar de hablar de Fresnedillas, sin destacar también la importancia que tiene la Estación Espacial próxima, por haber sido uno de los lugares, además de las poblaciones vecinas de Navalagamella y Robledo de Chavela, donde más observaciones de ovnis se han registrado desde 1970 hasta nuestros días.

Fresno de Torote

FRESNERO/JARAMEÑO

Érase un hombre a una nariz pegado,
érase una nariz superlativa,
érase una nariz sayón y escriba
érase un peje espada muy barbado.
Era un reloj de sol mal encarado
érase una alquitara pensativa,
érase un elefante boca arriba,
era Ovidio Nasón más narizado.
Érase un espolón de una galera,
érase una pirámide de Egipto,
las doce Tribus de narices era.
Érase un naricísimo infinito,
muchísimo nariz, nariz tan fiera
que en la cara de Anás fuera delito.

Hay varias teorías sobre la persona a la que Francisco de Quevedo dirigió este conocido soneto. Unos dicen que a su enemigo el poeta Luis de Góngora, otros que al conde duque de Olivares, y una tercera de la que aquí nos hacemos eco, considera que estaba destinado a un sacerdote que vivía en Fresno de Torote, al que el insigne escritor conoció cuando pasaba una temporada en las posesiones que un amigo marqués tenía en las proximidades de esa población.

En cuanto al origen del nombre de la población, parece que proviene de la existencia de los fresnos que crecían alrededor del río Torote, junto a los cuales se constituyó el primer asentamiento. Sobre la denominación del río se apunta la posibilidad de que tenga una relación con los toros, aunque también, como se señala en algunos documentos, su cauce sirvió para dividir diversas tierras entre los diferentes señores de la zona, quedando como ley sus márgenes, y al considerar que en esas tierras hubo asentamientos judíos, se habla de que su nombre provenga del hebreo *torá*, es decir, «la ley».

Es complicado saber cuándo se produce ese primer asentamiento, aunque hay que hablar de dos núcleos urbanos próximos, Fresno de Torote y Serracines, cuyas historias están unidas a lo largo del tiempo, hasta formar un solo municipio en el siglo XIX. En las *Relaciones topográficas* de Felipe II se afirma que «la dicha villa es antigua de tiempo muy antiguo, y así

Situación curiosa la que vive Fresno de Torote, que da nombre a dos poblaciones, Fresno y Serracines, pero cuyo ayuntamiento está en la segunda, a dos kilómetros de la que da nombre al municipio.

está fundada de tiempo muy antiguo, que según han oído de más de doscientos cincuenta años, que ha oído decir que fue fundador de dicha villa el marqués de Santillana, bisabuelo del muy ilustre señor don Juan Hurtado de Mendoza, su sucesor y señor que es de la dicha villa».

En consecuencia hay que pensar que se debió de fundar en el siglo XV, aunque eso no significa que no hubiese un pequeño asentamiento anterior que estaría unas veces en manos musulmanas y otras en cristianas. Pese a que no se han encontrado restos de ello, su proximidad a Alcalá de Henares permite que se pueda tener alguna sospecha al respecto. Durante el siglo XVIII se habla del marqués de Valmediano como señor del lugar, al cual pagan los vecinos una cantidad anual como arrendamiento de las tierras que trabajan. Situación que finalizó a principios del siglo XIX con la promulgación de la Constitución de 1812.

En cuanto a Sarracines, en las *Relaciones de Lorenzana* de 1786 se apunta que existía desde 1570 como un caserío, y que estaba asentado al otro lado del río Torote. También se recogen documentos que prueban que pertenecía a la princesa de Éboli, y que al caer esta en desgracia, sus tierras pasaron a manos de la casa del Infantado. Posteriormente, en 1679 quedó prácticamente despoblado y se unió a Fresno de Torote.

Además del protagonismo de Quevedo en esta tierra, destaca también el hallazgo del féretro del confesor de Carlos V en su iglesia. Cuando se realizaban trabajos de restauración, al derrumbarse una parte de la pared, se encontró entre sus muros la sepultura que contenía los restos de Juan Hurtado de Mendoza y de Luna, descendiente del marqués de Santillana y confesor del emperador.

Las obras se realizaban en el año 2001, y en el interior del féretro se encontraron junto a los restos de Juan Hurtado dos pergaminos bien conservados que atestiguaban quién era el que estaba allí enterrado. El ataúd era pequeño, de madera, y estaba rodeado de sellos heráldicos. El féretro había sido colocado en uno de los muros de la iglesia, y según indicaban los propios pergaminos encontrados, había fallecido en 1535, y se encontraba allí «por expreso deseo suyo». Y además se recuerda que primero fue enterrado en el desaparecido convento de San Francisco de Madrid, para ser trasladado a Fresno cuando se acabaron las obras de ampliación de su iglesia.

Juan Hurtado de Mendoza, hijo del segundo marqués de Santillana y de una descendiente de Álvaro de Luna, fue profesor de Retórica de la Universidad de Salamanca, fundador del convento de los dominicos de Atocha, miembro de esta orden, y tomó parte en la toma de Granada junto a los Reyes Católicos.

Fuenlabrada

FUENLABREÑO

Donde residió el papa Adriano VI antes de ser pontífice, y la población en la que la Tía Javiera se ganó su fama por las «maravillosas» rosquillas que fabricaba para la conmemoración de San Isidro; sin que nos olvidemos de un tal Vargas que vivió durante el reinado de los Reyes Católicos y que era tan influyente que dio origen a la frase «averígüelo Vargas», en referencia a que había que acudir a él cuando se quería saber algo.

Según la tradición, su nombre parece provenir de la existencia de una fuente labrada de cal y canto de la época musulmana, Fuente Labrada, aunque también hay varias fuentes más en el término. Referencia que se da en las *Relaciones topográficas de* Felipe II y en las *Relaciones de Lorenzana* del siglo XVIII.

En cuanto al origen de la población, es bastante desconocido, aunque se sabe que la zona fue repoblada por los castellanos en el siglo XII, y se apunta a que la aldea fue fundada por vecinos de los poblados de Loranca y Fresgacedos, que se trasladaron hasta las proximidades de la fuente labrada huyendo de la peste. No obstante se ha encontrado en su término un yacimiento al sur de la sierra del Aljibe, con restos prehistóricos, lo que hace presuponer que al igual que otras zonas del sur de la Comunidad, hubo allí una población paleolítica.

En su historia destaca la ordenanza de un privilegio dado por los Reyes Católicos: «En que mandan que no se puedan aposentar en este pueblo ninguna gente de armas, ni soldados, ni los puedan llevar a ninguna guerra ni ballesteria, ni sacar del pueblo ninguna cosa contra la voluntad del pueblo, el cual se dio porque este pueblo a servido e sirve a la caballeriza de su Magestad».

Esta ordenanza fue confirmada por Felipe II, y más tarde en el siglo XVIII por Carlos III. A cambio los vecinos de Fuenlabrada aportaban a la Real Hacienda un pago anual en sacos de cebada y paja que iban destinados a la Caballeriza Real.

En el siglo XIX la guerra de la Independencia marcará a esta población, que sufrirá la presencia francesa en su término con la destrucción de una parte del pueblo y la desbandada de los vecinos. Al finalizar la contienda comenzará una nueva repoblación que ha continuado hasta convertirse en el siglo XX en una de las denominadas «ciudades dormitorio» de Madrid.

Lugar poblado de fuentes, para hacer honor a su nombre debemos señalar la existencia de las más importantes, como son la del Botón, en uno de los laterales de la iglesia parroquial de San Esteban, la de los Cuatro Caños, en pleno casco antiguo, o la Cruz de Luisa, de pilón octogonal y cuatro caños, construida en el último tercio del siglo XIX.

Las *Relaciones de Lorenzana* se refieren al paso de Adriano de Utrecht por Fuenlabrada. Apoya la teoría de que el futuro papa Adriano VI fue párroco del lugar.

> El papa Adriano VI fue papa por los años de 1527; siendo deán de Lovaina y gobernador de Castilla, fue cura de Fuenlabrada. Así se dice de padres a hijos y comprobado en una información de cinco testigos hecha el año de 1590. Sería cura por los años de 1518 y por la verdad, lo firmé en Fuenlabrada, en 17 de marzo, año de 1639.

No obstante, diversos investigadores consideran que un personaje de la talla de Adriano, que actuó como regente en la ausencia de Carlos I de España y que tuvo mucho que ver con la revuelta comunera, tuviera tiempo de dedicarse a los feligreses de la parroquia de Fuenlabrada, y se apunta que más bien se trataría de un título honorífico que conllevaría cierto tipo de compensación, posiblemente económica.

El otro personaje curioso que se relaciona con Fuenlabrada es la Tía Javiera, que hacía las rosquillas del santo (san Isidro) como nadie en el resto de los pueblos de Madrid, y que gozó de una fama sin igual a finales del siglo XIX y principios del XX. La importancia de sus rosquillas y bollos era tal que se conocían como los dulces de Fuenlabrada o de la Tía Javiera. Según muchos escritores y cronistas de la época, era tal su importancia que se ponían carteles en la pradera de San Isidro durante la romería del santo anunciándolas y dejando claro que eran originales de la Tía Javiera.

Se le dedicaron comentarios, greguerías y aleluyas, como por ejemplo una debida a Gómez de la Serna:

> Pronto no habrá ¡chachipé¡,
> en Madrid, duque ni hortera
> que con la Tía Javiera
> emparentada no esté.

Fuente el Saz de Jarama

JARAMEÑO

La cigüeña, esa ave tan característica que anida en los campanarios de las iglesias, y que hace unos años ha tomado cariño a los pueblos de la Comunidad de Madrid, tiene gran trascendencia en la historia de esta población.

El origen del nombre cuenta con dos posibles tradiciones defendidas de forma semejante por los investigadores. Por una parte se apunta hacia la existencia de un hermoso sauce, *saz*, y a una fuente junto a él, con el añadido de Jarama por ser el río que pasa en su proximidad. La otra posibilidad es la que señala que el primitivo nombre del pueblo era Fuente el Cas, ya que se refería a un pequeño canal que recogía el agua de una fuente para el pueblo, y *cas* es la denominación que se daba en muchos pueblos a un canal.

Como en gran parte de la zona de vega del Jarama, se han encontrado restos arqueológicos que se remontan a la Edad del Hierro, y ahí están los yacimientos excavados desde 1975 en la Cuesta de Almodóvar o Cerro Redondo. También destaca la existencia de un poblado celtibero anterior al paso de los romanos. No obstante fue en la Reconquista cuando se habla de un población como tal. Perteneció a las tierras de Talamanca, formando parte de su alfoz, hasta que Felipe II lo incorporó a la corona. En el siglo XVIII era villa de realengo, y en el XIX formaba parte de Guadalajara, pero en 1832 se integró en Madrid.

Las cigüeñas se unen a una leyenda para contar una de las principales devociones marianas de Fuente el Saz, y el origen de su patrona. Relata que unos pastores vieron unas cigüeñas posadas en unas tierras próximas a un juncal, y que permanecían allí día tras día. Deseando comprobar qué era lo que hacían en el lugar las aves, se acercaron y comprobaron que había en el suelo semienterrados varios objetos que brillaban. Al desenterrarlos encontraron la imagen de la Virgen, la cual cargaron en uno de sus

Vista general de Fuente el Saz de Jarama.

zurrones después limpiarla cuidadosamente. La leyenda sigue diciendo que los pastores escucharon una voz muy dulce que les decía:

> Una ermita aquí me haréis
> los hijos de Fuente el Saz
> en esta junquera hermosa
> do me vendréis a adorar.

Avisado el pueblo del descubrimiento fueron todos los vecinos al lugar a buscar la talla, para llevársela hasta la población. Una vez allí, discutieron sobre qué nombre se debía poner a la Madre de Jesús. Algunos apoyaron el de Nuestra Señora de la Saz, otros el de Nuestra Señora del Juncal, y un tercer grupo el de Nuestra Señora de las Cigüeñas. Al final se decidieron por el último, y desde ese momento se la considera patrona de la población. No obstante hubo que convencer a los vecinos de Algete, por ser en sus tierras donde se encontró la imagen, de que la Virgen quería residir en Fuente el Saz. Por tres veces porteadores de esa otra población intentaron llevársela, pero la imagen se hacía tan pesada que no podían con ella, y sin embargo resultaba liviana cuando regresaba hacia el juncal. Por ello, al final fue entregada a sus descubridores. Entonces se construyó en su honor una ermita en el mismo punto en que fue encontrada, actualmente en el cementerio, y cada 6 de septiembre, a la puesta se sol se realiza el traslado a hombros de la Virgen desde la ermita hasta la iglesia parroquial.

Fuentidueña de Tajo

FUENTIDUEÑERO

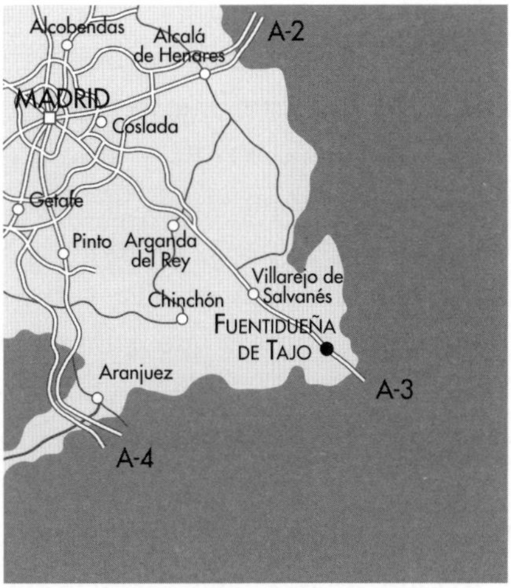

Un nombre muy curioso. ¿Sería porque las dueñas acudían a una fuente que se encontraba extramuros del castillo?, ¿o era que allí vivía una ninfa que se bañaba en un remanso de agua que se encontraba entre los ríos Jarama, Henares, Tajo y Tajuña? Aunque a lo mejor se debe a que una dueña, la Virgen, se apareció a un pastor junto al lugar donde había estado la fortaleza de Alarilla. No sabemos, pero sin embargo en documentos del siglo XVI aparece mencionada esta población como Fuentidueña de Ocaña, e incluso como Fuente Dueña.

De acuerdo con los elementos de juicio que tenemos ahora, se puede señalar que se habla de que este municipio en la cuenca del río Tajo, debe su nombre a la existencia de una fuente salobre cuyo manantial se encuentra en la parte trasera de la iglesia parroquial, a los pies del castillo, y de que esta aldea estaba bajo el dominio de doña Urraca, y de ahí su primer nombre, Fuente de la Dueña, de donde aparecería posteriormente Fuentidueña.

Pero mucho más «hermosa» es la leyenda que habla de la existencia de una bella ninfa que se bañaba en una fuente próxima, y a la que en su honor Tito Livio puso el nombre de Fuente de la Dueña.

Lo que sí parece claro es que el agua tuvo mucho que ver con el origen del topónimo, y que allí había mujeres, dueñas, sean las que cuidaban a las jóvenes nobles que vivían en el castillo, o a las que pertenecían a Alarilla, o quién sabe si a esa ninfa que retozaba en el agua.

Se han encontrado vestigios prehistóricos y romanos, aunque es en la Edad Media cuando surge un núcleo urbano entorno al castillo de Alfariella o de Alarilla, y ya con Alfonso VIII aparece en 1167 el primer documento que se refiere directamente a Fuentidueña, en el que se indica que esta aldea y la de Estremera son donadas por la corona al monasterio de San Vicente Mártir de Valencia en Toledo. En 1171 y para hacer frente a las fuerzas almorávides, la corona entrega las tierras fronterizas a la Orden de Santiago, de tal forma que en 1172 el castillo de Alarilla y la población asentada a su alrededor pasa a depender del maestre de la Orden de Santiago, Pedro Fernández. En el año 1195, las fuerzas árabes atacan, conquistan y arrasan el castillo de Alarilla, del que en la actualidad no queda ningún rastro, aunque sí tenemos la constancia de su existencia por diversos documentos de la época, e incluso se cuenta entre los vecinos una historia de alcoba, pues se dice que en alguno de sus salones y uno de sus dormitorios se encontraron más de una vez doña Urraca y uno de sus amantes, un judío por el que la señora suspiraba. También se une a la leyenda mariana que veremos más adelante.

La Orden de Santiago levantó otro castillo en Fuentidueña, pues era una zona estratégica para controlar la frontera con los musulmanes. Se supone que sería sobre el año 1230 cuando estuvo acabado. En las *Relaciones topográficas* de Felipe II se dice que «hay una fortaleza en la cual hay ciertos tiros muy viejos, y que no se han usado ni se usan que se acuerden de muchos años a esta parte, la cual dicha fortaleza es de Su Majestad, y la provisión de ella es del Comendador Mayor de Castilla… en dicha fortaleza de la dicha villa está un alcaide, el cual se pone por el dicho Comendador Mayor de Castilla, y que han oído decir que se solía dar de salario al alcaide que de ordinario estaba en la dicha fortaleza veinte y cinco mil maravedíes, porque así se le daba a Francisco de España, criado de Su Majestad que estaba en ella, y al presente está un hombre que habita en la casa, y se dice que le dan ocho ducados, y que este se nombra y dice Juan Alonso, y que no saben ni entienden que tenga aprovechamiento ninguno ni preeminencia, el cual dicho alcaide posee una tierra junto a la fortaleza y un hortezuelo de poco valor, que podrá valer todo hasta dos ducados de renta en cada año».

Hoy en día quedan algunas ruinas de ese enclave que dominan el pueblo, destacando entre ellas la torre del homenaje, conocida como torre de los Piquillos.

A principios del siglo XIV aparece mencionado como Fuentidueña de Ocaña por estar vinculado al arciprestado de esa localidad toledana. Y el año 1328 el maestre Vasco Rodríguez le da el fuero que serviría para adaptarse a una nueva estructura social dentro de la Encomienda Mayor de Castilla.

Fuentidueña permaneció unida a esta orden y a esa encomienda hasta que el deterioro de las órdenes de monjes soldados cayó en desgracia y desuso, y se convirtió en un pueblo más, mirando hacia el castillo que año tras año iba aumentando su estado ruinoso.

La leyenda relata la aparición de la patrona de Fuentidueña, la Virgen de Alarilla o Nuestra Señora de Alarilla. Primero hay que retrotraerse en el tiempo al ataque contra el castillo por parte de las fuerzas musulmanas, ya que cuando estas se encontraban próximas los vecinos del lugar decidieron esconder en una parte del muro la imagen de su Virgen. Con la destrucción de la fortaleza, la imagen se perdió y no fue hasta siglos más tarde cuando la leyenda se hizo realidad, al ser encontrada en aquellos parajes por un pastor. Mientras cuidaba de las ovejas se dedicaba a recoger esparto para hacer cuerdas y recipientes, y enredando en una de las matas, vio una muñeca de madera oscura, la cual metió en su zurrón para llevársela a su hija. La niña jugó con ella por la noche, pero al buscarla por la mañana se puso a llorar al no encontrarla donde la había dejado. Días después el pastor volvió al mismo lugar con su rebaño y se dedicó a cortar esparto, y cual no sería su sorpresa al encontrar allí de nuevo la muñeca, que llevó otra vez a su hija. Pero se repitió el mismo hecho hasta cuatro veces. Enterados los vecinos, esta vez el cura acompañó al pastor hasta el lugar, y encontrando allí la muñeca, la levantó en sus manos y proclamó que no se trataba de un juguete, sino de una imagen de la Virgen, y que allí se le debería construir una ermita, lo que se hizo.

No hay fecha de esta aparición mariana, pero sí se conoce una referencia a la existencia de la ermita en las *Relaciones topográficas* de Felipe II, por lo que tuvo que ser antes de que se redactase este documento del siglo XVI.

> … cerca de la dicha villa a cuarto de media legua en el dicho río de Tajo, junto a él y a una ermita que se dice Nuestra Señora de Alharilla…

Galapagar
GALAPAGUEÑO

Las charcas pantanosas con abundancia de galápagos que encontraron sus pobladores, hizo que esta aldea se denominase en función de ese animal, Galapagar, o Tierra de los Galápagos. Aunque si en lugar de repoblarse en el siglo XII, se hubiese hecho a finales del XX, igual su nombre habría cambiado, dado que en 1984, el 25 de julio, para ser más exactos, hubo una lluvia de piedras, no de granizo, sino de piedras, que además eligieron un único punto de la población, un taller de carpintería. Y conste que no había nadie arrojándolas con sus manos. Cuando menos curioso, muy curioso.

No hay constancia arqueológica o documental que haga pensar en la existencia de una población romana en la zona, aunque sí quedan en el municipio restos de una calzada que formaba parte de la que llegaba a Segovia a través de la Fuenfría. Lo que está documentado es que por estas tierras pasaba el antiguo camino árabe de *Humayd* o *Balat Humayd*, que atravesaba el puerto de *Valathome* o *Velatonie*, llamado desde el siglo XIV puerto de Tablada, y que dos siglos antes se denominó camino de Bartolomé. Esta vía ponía en contacto las dos mesetas castellanas recorriendo desde Toledo la margen derecha del río Guadarrama hasta alcanzar el puerto de Tablada y El Espinar.

Posiblemente el lugar se comenzó a poblar en el siglo XII sin ningún planteamiento previo, alrededor de aldeas como las de Ferrero, Fuente del Álamo, o la propia Galapagar, que se unirían hasta formar una sola en el año 1268, fecha en la que se data la repoblación llevada a cabo por Alfonso X el Sabio, y su permiso tanto a los segovianos como a los madrileños para ejercer el pastoreo en esas tierras, ya que los litigios entre estos ganaderos a este lado de la sierra eran constantes.

Así lo recogen las *Descripciones de Lorenzana* de 1784: «La población de dicha villa fue al tiempo que la de

Guadarrama, reinando don Alfonso el Sabio, y como por el año 1268. No se sabe a lo cierto quiénes fueron sus primeros pobladores, si los caballeros de Segovia o los de Madrid, porque tuvieron pleito sobre ello y por cada una de dichas partes se alegan bastantes razones, bien que la tradición inmemorial es a favor de los segovianos, siendo el motivo de su fundación lo apto y a propósito de este pueblo y demás del real, porque está en el centro de Castilla la Nueva».

Integrado en el Real de Manzanares, en 1523 Galapagar recibió el privilegio de villazgo, confirmado el 20 de abril de 1529, aunque seguía dependiendo de la casa del Infantado. A lo largo del siglo XVII se fueron desgajando de la jurisdicción de la población Torrelodones, Villanueva del Pardillo, Colmenarejo y Navalquejigo, que estaban integradas en Galapagar. A principios del siglo XIX desaparecerán los señoríos en España con la promulgación de la Constitución de 1812.

De las numerosas curiosidades que nos ofrece esta población, nos quedaremos con tres de ellas.

La construcción del puente sobre el río Guadarrama en las proximidades de la población se debe a un hecho luctuoso. Las aguas se llevaron al secretario de Felipe II, Santoya, junto con su cabalgadura cuando intentaba cruzarlas, y los dos murieron ahogados. Ante ello el rey ordenó que se construyese un puente para evitar futuros accidentes.

Unida también al agua se encuentra la intención de Carlos III de unir Madrid con Sevilla, por agua, desde el Guadarrama, para lo que encargó al ingeniero francés Carlos Lemaur el trabajo de realizar un canal que permitiese esa navegación. Para ello se construyó la presa de Gasco, que se encuentra entre Torrelodones y Galapagar. Las obras de la presa, situada a 750 m sobre el nivel del mar, se llevaron a cabo con el trabajo de 5000 personas; se iniciaron en 1787, pero en 1799 una tormenta derribó una parte del muro y se abandonaron, con lo que Madrid se quedó sin poder llegar vía fluvial hasta Sevilla.

La aparición de ovnis en la zona es otro de los hechos que queremos destacar, tal y como hicimos en el caso de Colmenarejo y del embalse de Valmayor, todo ello próximo, casi en un pañuelo.

Los avistamientos –quien quiera puede creer en ello, y quien no quiera, pues que no lo haga– tuvieron lugar en diferentes fechas, sobre todo durante la oleada que se vivió en la Comunidad de Madrid en la década de los años setenta y ochenta del siglo pasado. Por ejemplo, en la urbanización de Los Arroyos, situada cerca del embalse, se vivió en 1979 el aterrizaje de un objeto luminoso misterioso que tras desaparecer a la vista de muchas personas, dejó un rastro de 56 m de anchura con gran cantidad de jaras calcinadas, y todos los animales que se encontraban en su proximidad, muertos.

Asimismo en el puerto de Galapagar se han registrado en esos años e incluso en fechas posteriores (1993-1994) la presencia de bolas luminosas que han afectado el motor de los vehículos que en ese momento circulaban por la carretera: se detenían instantáneamente y, si era de noche, los faros se apagaban. La normalidad volvía cuando ese objeto luminoso desaparecía en el cielo.

Garganta de los Montes

GARGANTEÑO

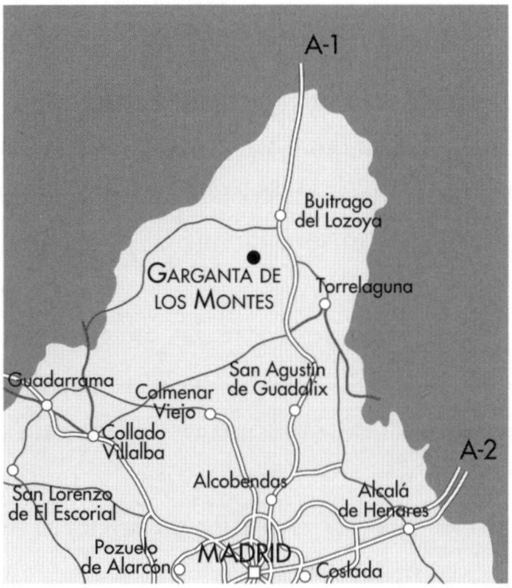

En Canencia son toreros,
y en Garganta son espadas,
los mocitos del El Cuadrón,
gastan la fajita ancha.

(Fragmento del romancero popular madrileño)

Aunque se dice que el nombre de Garganta de los Montes proviene de su ubicación relacionada con el accidente geográfico, la leyenda cuenta que la denominación se debe a algo más importante, no a estar en una estrechura de los montes. En aquel paraje se batieron valerosamente los cristianos contra los musulmanes, aprovechando el conocimiento de los cerros, y los derrotaron en cruentas batallas. Tras la desaparición árabe de la zona se decidió asentar allí una población que el estar entre esos montes que daban forma a una garganta, se debía llamar de esa forma. Prácticamente es lo mismo, como podemos apreciar, pero con una historia mucho más interesante.

No hay una fecha clara del origen del pueblo o restos que permitan más o menos aproximarse a ello. Las primeras referencias se encuentran en documentos que vinculan a una aldea fundada por pastores de ovejas merinas, llamada Garganta, al sexmo de Lozoya, dentro de la Comunidad de Villa y Tierra de Segovia, al igual que otras pequeñas poblaciones próximas, como El Cuadrón, San Silvestre y Canenzuela. La creación de la Comunidad de Buitrago hizo que todas estas poblaciones pasasen a depender a la nueva tierra, con la consolidación de este territorio como de una importancia capital para el desarrollo de la ganadería y sus derivados.

En el siglo XIII la Comunidad de Villa y Tierra de Buitrago fue donada por la corona a la casa de los Mendoza, que posteriormente serían recompensados con el título de duques del Infantado, relación que se mantuvo hasta principios del siglo XIX.

En el siglo XVI quedó despoblada la aldea de San Silvestre, pasando los vecinos a sumarse a la población de

Garganta, lo mismo que los de Pajarilla, mientras que El Cuadrón se mantuvo, aunque incorporado al término municipal de Garganta.

Cuentan las *Descripciones de Lorenzana* que en Garganta de los Montes hay «una iglesia parroquial con la advocación de san Pedro Apóstol, en la que hay una capilla donde se venera con mucha a Nuestra Señora baxo el título del Prado, cuya santa imagen es tradición haberse aparecido en un sitio distante medio cuarto de legua de esta población, donde se fabricó una capilla que hoy se halla quasi arruinada, y por lo mismo, se trasladó a esta parroquia».

En efecto, la leyenda relata que en el año 1599 hubo una gran epidemia de peste en toda España que causó muchos muertos, y que en Gargantilla finalizó antes que en otras poblaciones próximas y causó menos mortandad gracias a la intervención de la Virgen de los Prados, ya que los vecinos realizaban procesiones diarias pidiendo la intervención de la Virgen, cuya imagen se había aparecido años atrás a un pastor y le había indicado que le construyera una ermita allí donde ella había puesto sus pies.

La ermita desapareció, posiblemente, a mediados del siglo XVII o principios del XVIII, si tenemos en cuenta el comentario de Lorenzana, y la imagen se perdió durante la Guerra Civil española.

A finales del siglo XX se ha vuelto a levantar una ermita dedicada a la Virgen de los Prados en Garganta de los Montes en recuerdo de la perdida que estaba ubicada en una zona conocida como Nava de la Virgen.

Gargantilla del Lozoya y Pinilla de Buitrago

GARGANTILLANO

Gargantilla fue fundada por vecinos de la cercana Garganta que se trasladaron a este nuevo asentamiento, según la tradición, para huir de una epidemia de peste; aunque también se afirma que fue para no tener que pagar una serie de impuestos que les parecían abusivos. Sea de una forma o de otra, se fundó esta aldea que tomó el nombre de Gargantilla, por ser de tamaño más pequeño que Garganta, y por el origen de quienes la fundaron. En 1916 se completó la denominación de Gargantilla del Lozoya, término al que ya a finales del siglo XIX se había incorporado Pinilla de Buitrago.

El topónimo de esta segunda población parece derivarse de «pinillo», una planta labiada de flores amarillas que despiden un olor semejante al pino.

La población surge, pues, tras la Reconquista, como aldea integrante a la Comunidad de Villa y Tierra de Buitrago, formando parte de uno de sus cuartos, junto a San Mamés, Pinilla, Navarredonda, Villavieja del Lozoya, La Serna y Braojos.

Perteneciente a la casa de los Mendoza, más tarde ducado del Infantado, Gargantilla evolucionó siglo tras siglo a la sombra de Buitrago de Lozoya y de este señorío, hasta su desaparición a principios del siglo XIX.

En el caso de Pinilla de Buitrago, se considera que en un principio era una pedanía de otra población cercana, San Mamés, de la que se emancipó en 1573, según consta en un documento que así lo indica: «que el dicho conçejo y lugar de pinylla avia crecido en vecindad por la qual aunque estavan encorporados con el conçejo del lugar de sant mamés y rrendales y praparada tenyan iglesia y teniente de cura por si, y todos los demás limytes de tierras e rrondeos y gidos por sí que qualquiera conçejo debe tener y que a causa de aver media legua de distancia del dicho lugar de pinylla al de sant mamés donde yvan a señalar oficios y a tratar otros negocios en lo

Iglesia de la Santísima Trinidad de Pinilla de Buitrago.

quual rresçibian mucho trabajo y de ello resultavan muchas molestias e ynconvinyentes... pedían y suplicaban les diese licencia y facultad para poderse apartar e dividir del dicho lugar de st. mamés...».

Anteriormente a Gargantilla había en este término otra aldea, conocida como de Santiago, que desapareció posiblemente a finales del siglo xv o principios del xvi, de la que quedan las ruinas de una ermita.

Unida a esta población desaparecida y por tanto vinculada a Gargantilla hay una tradición, mitad leyenda, mitad realidad histórica, que merece un breve apunte.

Cuando Castilla andaba revuelta en pleno conflicto entre los nobles que apoyaban a Enrique IV, y los que deseaban que fuese su hermanastro Alfonso el nuevo rey, e incluso conspiraban en la sombra para que heredase el reino castellano Isabel (la Católica), y conseguir una boda con el heredero de Aragón, Fernando (el Católico), con el fin de unir así un territorio más amplio, en este lugar se dio el hecho de la fijación de la boda de la supuesta hija de Enrique, Juana, con el duque de Guyena, hermano del rey de Francia, Luis XI.

Juana, más conocida por la Beltraneja, aunque reconocida como hija suya por Enrique IV, parece ser que no era tal, sino que había sido concebida por la reina pero con la colaboración de su amante Beltrán de la

Cueva. Ante la presión del bando que quería destronar a Enrique, sus partidarios consideraron que un matrimonio entre su hija y el hermano del francés serviría para conseguir apoyos contra los partidarios de Alfonso e Isabel. Para ello se preparó una ceremonia en la que el rey, su esposa, y la hija asistieron con sus nobles, por parte castellana, mientras que una delegación francesa lo hacía en nombre del duque de Guyena, que no se había desplazado hasta tierras castellanas.

Las capitulaciones de la boda se llevaron a cabo en un prado que estaba más allá de Lozoya, cerca de la aldea de Santiago, el 26 de octubre de 1470.

La historia nos cuenta ya con más verosimilitud, cómo el duque de Guyena falleció un año después, cómo Enrique IV tuvo que enfrentarse a una guerra contra la otra fracción de nobles, y cómo al final de todo fue designada reina de Castilla Isabel, quien a su vez tuvo que afrontar, aunque ya con el apoyo de su marido, Fernando de Aragón, una cruenta guerra contra los leales a Juana la Beltraneja apoyada por los portugueses, pero eso es, como suele decirse, otra historia.

Pinilla está considerado como un lugar mágico, plagado de leyendas que van desde la existencia de historias relacionadas con reyes moros, hasta la aparición de fantasmas y casas embrujadas.

El famoso prado del Rey Moro guarda el contenido de un fastuoso tesoro que se dejó allí escondido un noble musulmán cuando tuvo que huir del lugar por la llegada de los cristianos. Se cuenta que el tesoro contenía varios cofres de oro y diamantes, y que este árabe lo escondió para encontrarlo cuando regresase al lugar. No volvió nunca, y ese tesoro tampoco ha sido descubierto por nadie, al menos que se sepa en la comarca.

Quizás por encontrarse en un lugar de una naturaleza exuberante, siempre se ha defendido que en esta zona han existido, existen y existirán brujas, y que algunas han sido vistas en fechas próximas a San Juan reunidas en un prado haciendo sus conjuros.

Gascones

GASCONERO

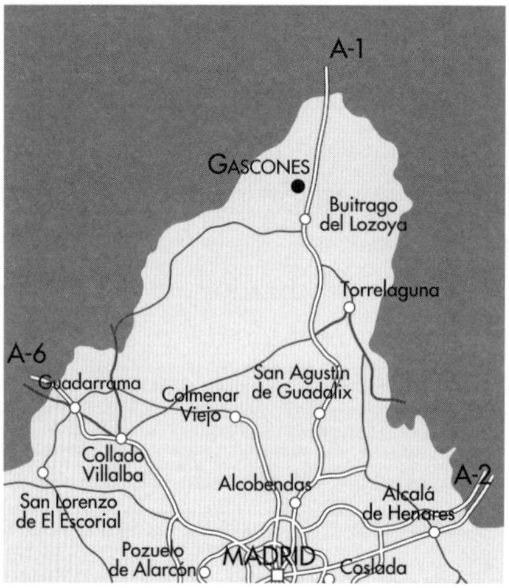

Fueron unos franceses, gascones, los que fundaron esta población cuando llegaron a Castilla para combatir contra los musulmanes. Esta afirmación rotunda mantiene una cierta controversia, porque también es cierto que pudieron ser franceses que acompañaron al Cristo de los Gascones hasta Segovia, en la leyenda que se cuenta sobre esta talla, y que luego continuaron buscando un lugar donde retirarse de la milicia y dedicarse a otras labores. Pero, y he ahí la duda, también hay pastores navarros conocidos como vascones que emigraron hacia el sur buscando nuevos pastos, e incluso un municipio en Cuenca que se llama Gascueña, y sus habitantes son denominados gascones. Sería mucho más normal que estos últimos hubiesen llegado hasta estas tierras y no los franceses, pero ya se sabe que las leyendas, leyendas son.

Faltan datos sobre la fecha más o menos exacta de la fundación de esta población situada en la Sierra Norte de la Comunidad, aunque hay que hablar, como de tantos otros pueblos existentes en la actualidad, y muchos desaparecidos con el paso de los siglos, de un primer asentamiento de cabañas ganaderas. Lo que sí está claro es que formaba parte en el siglo XVI de la Comunidad de la Villa y Tierra de Buitrago, dentro del cuarto conocido como los Aldeaños, junto a Gandullas, Cincovillas, La Cabezada y Palomar. Integrada en el señorío del Infantado, tenía dos núcleos de población anejos (La Cabezada y Palomar), pequeñas aldeas de cabañas de pastores, que en el siglo XVII se despoblaron. Los señoríos finalizaron a principios del siglo XIX con la promulgación de la Constitución de 1812.

Si alguien quiere creer que los gascones que fundaron Gascones, sirva la redundancia, son integrantes de esa leyenda que cuenta que la talla de un Cristo llegó a lomos de una mula hasta Segovia, y que luego continuaron hasta el sur cruzando la cordillera para dedicarse al pastoreo, puede leer en muy diversos sitios el desarrollo de esa historia, que por ser segoviana, nos merece un respeto y no queremos entrar en un nuevo conflicto con ellos, que ya hemos apuntado a lo largo de diversas poblaciones los odios y amores que se dieron entre segovianos y madrileños por puñados de tierra y pastos en la repoblación tras la Reconquista.

Getafe

GETAFENSE

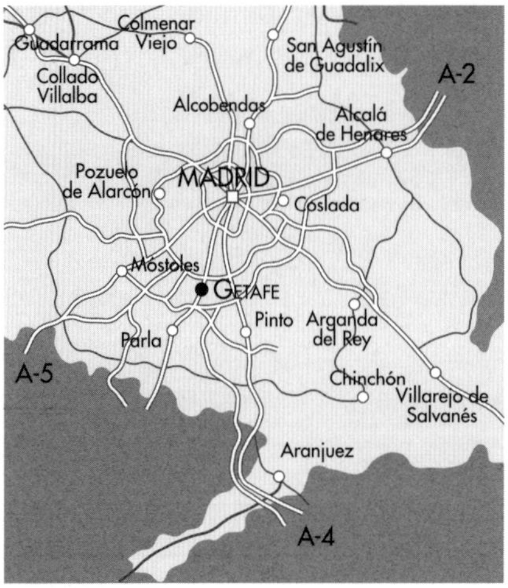

El pueblo largo, el que se desarrolla sobre una calle situada en el camino real que unía Madrid con Toledo, que cuenta con una tradición mariana muy interesante, basada, como no puede ser de otra forma, en una leyenda, más algunos fenómenos del espacio que son singulares en la historia de Getafe, nos ocuparán algunas líneas.

Su origen, al igual que el nombre, proviene de la unión de varias aldeas que existían a lo largo del camino y que en 1326 formaron una única población al unirse, y dada la longitud de esa primera calle, que no era otra cosa que el camino, se la llamó Xatafi que proviene de la palabra árabe *Jata* que puede traducirse como «algo largo» o «camino largo». De ahí se deduce que la denominación actual ha sido una evolución de «Calle Larga», pasando, de acuerdo con los documentos de cada época de Xatafi a Xetafe, Jetafe, Jetaphe y por último Getafe.

No obstante, hay historiadores de la localidad que apuntan otra teoría diferente, y que basan el nombre de Getafe en una relación con las palabras *Xenan*, *Yinam*, que puede traducirse como «huerta», y que sería un reconocimiento a la riqueza hortícola de la zona y a los productos que vendían las diferentes aldeas próximas al camino real.

Aunque ya hemos mencionado que el primer documento que alude a Getafe como población data de 1326, lo cierto es que posee una historia muy interesante que se puede dividir en tres fases claramente diferenciadas. Arrancando en la prehistoria, nos podemos remontar al Paleolítico inferior, ya que se han encontrado varios restos de esa época en la zona, así como otros objetos de la Edad de los Metales. Los romanos llegaron en el siglo II, y construyeron en el término de La Torrecilla, en la ribera del Manzanares, una villa de mansiones rurales para la explotación de las fértiles vegas. Este conjunto de villas se aprovecharía del paso por la zona de la Vía Septimaniam, que comunicaba la submeseta norte, para realizar labores de comercio de sus productos. Posteriormente fueron ocupadas por los visigodos, en el siglo VI. De ellos nos queda una necrópolis fechada en el siglo VII. Más tarde aparecieron por allí los musulmanes, y en el año 1085 las tropas cristianas de Alfonso VI conquistaron todas las aldeas de la comarca.

La aparición de Getafe como población resultante de la suma del resto de aldeas tiene lugar en el siglo XIV, y los documentos de la época apuntan a la existencia de uno de esos asentamientos próximos, Alarnes, que «era sitio húmedo y enfermo», y cuyos vecinos se trasladaron hasta otra aldea que bien podría ser la árabe Satafi, de cuya unión, a la que se sumarían las otras cabañas situadas en el mismo camino, nació el Pueblo Largo, es decir, Getafe.

Así lo relata las *Relaciones topográficas* de Felipe II, donde queda claro que Getafe es una población nueva: «El pueblo es nuevo, y que tenemos entendido según hemos oído decir a hombres antiguos que habrá como doscientos y cincuenta años que se mudó donde estaba la población adonde está ahora, que fue dicho Alarnes, que es aldea de la noble villa de Madrid y jurisdicción suya».

Entre los siglos XVI y XVII, gracias a su posición entre las dos ciudades, Toledo y Madrid, la aldea de Getafe fue creciendo en importancia, aunque según las mismas *Relaciones*, la población estaba formada por «tapias de tierra con rafas de yeso cubiertas de teja, y cimientos de piedra y barro», y además muy pocas estaban encaladas. De todas formas en estos años la población va aumentando gracias a la emigración que llega de Toledo, Andalucía y Extremadura.

Una virgen de leyenda da origen a una de las tradiciones marianas más importantes de esa zona de la Comunidad de Madrid. Relata la tradición que en un cerro del término de Getafe, el de los Ángeles, unos pastores que estaban allí con su ganado, encontraron la imagen de una virgen, que naturalmente trasladaron a la población, pero por mucho que la guardaban, al día siguiente volvían a encontrarla de nuevo en el monte. Y como en otras tantas tradiciones marianas, la traducción de este hecho fue muy sencilla. La Virgen quería quedarse en el cerro y que allí le fuera construida una ermita. Los datos históricos que se tienen indican que la ermita de la patrona de Getafe, la Virgen de los Ángeles fue construida a principios del siglo XVII, y mantiene aun hoy en día algunos rasgos de identidad pese a las reformas que se han llevado a cabo.

Destacaremos también la existencia en este cerro del monumento al Sagrado Corazón que fue inaugurado en 1919 con la presencia de los reyes, prácticamente destruido durante la Guerra Civil y reconstruido e inaugurado en 1965 por Francisco Franco.

Menos mariano y más lúdico, a la vez que curioso, es el hecho acaecido el 20 de junio de 1994, cuando en las proximidades del mismo lugar, una piedra de color negro cayó sobre un automóvil, atravesó el parabrisas del vehículo y causó diversas heridas a su conductor. La piedra, el meteorito, fue analizado por investigadores del Museo de Ciencias Naturales de Madrid, que le pusieron el nombre científico de Roca de Getafe. La composición de aquellos 13,5 cm de longitud, por 8,5 cm de altura, capaz de atravesar el coche a cerca de cuatrocientos kilómetros por hora, era singular y diferente a la de otras rocas caídas del espacio. Y aún hoy se mantienen dudas razonables sobre su estructura.

Griñón

GRIÑONENSE

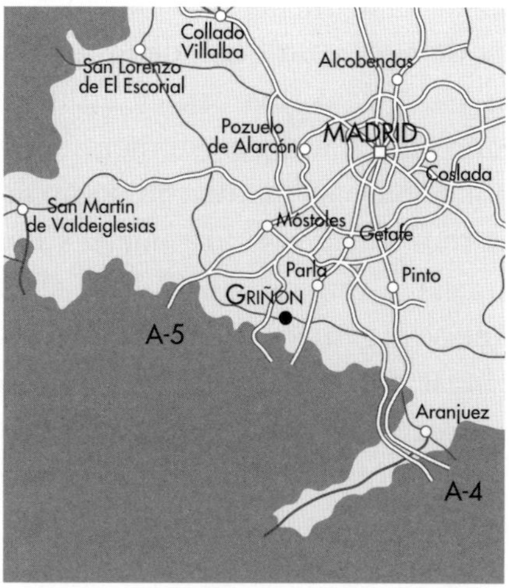

> Que en la dicha iglesia parroquial de esta villa en el altar colateral del lado del Evangelio está un crucifijo de mucha devoción tan pequeño como el largo de un dedo de una mano mediana, no se sabe de qué metal, hallole un labrador vecino de esta villa en el término de ella yendo a arar, que se llama Pedro Gómez, en el año pasado de mil quinientos sesenta y nueve años, por medio del cual Nuestro Señor ha sido servido de dar salud a muchas personas de las que han ocurrido en romería al dicho crucifijo, y en el dicho altar mandaron los de la gobernación de la ciudad de Toledo que se pusiese el dicho crucifijo donde está tras una reja dorada.

Así relatan las *Relaciones topográficas* de Felipe II parte de la leyenda y de la tradición del famoso Cristo de Griñón, del Crucifijo «el aparecido».

Sobre el nombre de Griñón hay muy variadas teorías y todas parecen válidas. Por una parte se apunta que se trata de la denominación dada a una fruta injertada del melocotón y el albaricoque que se daba en esta zona; por otra, de la toca que se ponen en la cabeza las monjas; e incluso, de las «greñas», como referencia a que sus primeros pobladores podían llevar la barba o el pelo largos. Conociendo el lugar y considerando que estamos ante un terreno fértil, nos quedamos con la primera, y dejamos suelta a la imaginación la segunda y tercera posibilidad.

El origen de la población, a juzgar por los restos encontrados en su término municipal, parece ser árabe, aunque hay también una teoría, sin mucha consistencia, que habla de asentamientos romanos. Conquistada por Alfonso VI en el siglo IX, formó parte del alfoz de Madrid, y Enrique II le otorgó el título de villa. Perteneció al sexmo de Villaverde. Su historia se encuentra muy influenciada por la población próxima de Cubas de la Sagra, junto con la que pasó a formar parte de las posesiones de Juan Ramírez de Guzmán, a quien en 1374 se las confiscó la Hacienda Real. De este suceso ya hemos dado referencia en Cubas de la Sagra, por lo que aquí no nos extenderemos más. Juan II en 1445 regaló ambas villas a Luis de la Cerda, conde de Medinaceli, de donde pasaría por varias manos, como las de Alfonso Álvarez de Toledo, Enrique Dávila y Guzmán, y Catalina de Rivera, hija del marqués de Malpica, título al que Griñón permanecería ligado hasta el siglo XIX.

Ya comentábamos al principio que en 1569 se inicia la leyenda de la aparición del Cristo de Griñón, un crucifijo del tamaño de un dedo mediano. Fue encontrado por un labrador, Pedro Gómez Rebollo. Según la tradición, el agricultor, que era hombre muy piadoso, se le suele considerar prácticamente un beato, se encontraba revisando las espigas de trigo de su sembrado, cuando comprobó que había una que sobresalía por encima de las demás. Intrigado se acercó y la tocó, cayéndose al instante al suelo, dejó a la vista un crucifijo de pequeño tamaño. No medía más de cinco dedos de alto, y un dedo de grosor. Lo llevó a su casa envuelto en un lienzo blanco que llevaba en su morral, y las habitaciones se inundaron de un aroma muy dulce, a la vez que el Cristo brillaba. Comunicado el hallazgo al cura, se organizó una procesión hasta el lugar donde lo había encontrado, y se colocó una cruz, con la idea de levantar allí una ermita. En el camino de vuelta al pueblo, el Cristo llevó a cabo su primer milagro, ya que al ser tocado por un vecino que andaba con muletas, este pudo dejarlas en el suelo y andar con toda normalidad.

Este Cristo permanece en la actualidad en la iglesia parroquial de la Encarnación.

Guadalix de la Sierra

GUADALISEÑO

En Guadalix cebolleros,
porque tienen cerca el agua
en Miraflores pleitistas,
que de eso tienen la fama.

(Fragmento del romancero
popular madrileño)

Municipio perteneciente a la cuenca del río Guadalix, que debe su nombre al paso del río por una amplia vega, y que forma un embalse anteriormente conocido como de El Vellón, hoy en día de Pedrezuela, y que guarda bajo sus aguas algún resto de la historia de la población.

No fue el diluvio universal, pero seguro que eso pensarían, si pudiesen hacerlo, los animales que vivían en las proximidades de la cuenca del río, y las piedras de la ermita de Nuestra Señora del Espinar, y el molino, cuando las aguas del Guadalix comenzaron a inundar las tierras que iban a constituir uno de los grandes embalses que posee la Comunidad de Madrid.

Decimos, pues, que el nombre del pueblo proviene del río, es decir de la forma árabe *guad*, «río», y *alix*, «aliso», por lo que sería «el río de los alisos». También se apunta que puede ser del árabe *guad* e *ilex*, «encina», con lo que tendríamos el «río de las encinas», árbol que se da en la zona. Pero incluso existe una tercera acepción con las mismas palabras buscando el significado de «alisar» o «alijar» como «río del pedregal». Y una cuarta posibilidad, «río del espinar» de donde provendría la ermita de Nuestra Señora del Espinar que quedó sumergida bajo las aguas del embalse. Pero como no hay cuatro sin cinco, se quiere mezclar la tradición árabe con la prerromana y así se encuentra *guad* mezclado con *alis*, enigmático nombre que podría llevar a «remolino». Lo único que queda claro de todo esto es que la población se denomina Guadalix de la Sierra por el río y por su ubicación.

En cuanto al origen del asentamiento humano, se han encontrado restos de yacimientos en una cueva caliza formada en la ribera del río con

Vista de la planicie sobre la que se extiende Guadalix de la Sierra a orillas del pantano de Pedrezuela, desde el alto del puerto de la Corcuera.

restos de pinturas esquemáticas de color rojizo datadas en el periodo calcolítico, es decir de unos cinco mil años de antigüedad. Su aparición histórica documentada apunta al siglo XIII y a la llegada de pastores segovianos. Y aquí encontramos de nuevo los litigios que en toda esta zona mantuvieron los madrileños con los segovianos por conseguir el provecho de pastos y montes. En 1268 el rey Alfonso X el Sabio incorpora a la corona estas tierras y forma con ellas el territorio de Manzanares el Real. Desde ese momento y hasta 1383, la aldea pasa de una mano a otra en medio del conflicto ya reseñado entre los dos bandos, que quieren usar los pastos en su beneficio. El 14 de diciembre de 1383, Juan I la dona a su mayordomo mayor, Pedro González de Mendoza, señor de Hita y Buitrago, y seis años más tarde es incluida en el Real de Manzanares, jurisdicción a la que pertenecerá hasta principios del siglo XIX.

Durante gran parte del siglo XIX esta zona fue batida constantemente por los bandoleros que habitaban, mejor sería decir que se refugiaban para huir de la Guardia Civil, en la zona de la Pedriza. Chozas de la Sierra (Soto del Real en la actualidad), Miraflores, Navalafuente, Bustarviejo, El Boalo, Guadalix... fueron las poblaciones que eligieron como lugares preferentes para llevar a cabo sus actuaciones la banda de Paco *el Sastre*, cuyo verdadero nombre era Francisco de Villena, la banda de Mariano Balseiro, con quien compartió fechorías, Pablo Santos, e incluso se habla de Luis Candelas.

De Paco *el Sastre* se apunta su habilidad para fugarse de la cárcel cuando fue detenido en enero de 1838 y encerrado en la prisión del Saladero de Madrid. Un de sus últimos hechos fue el secuestro de los dos hijos del intendente del Palacio Real, por los que pidió un suculento rescate, y con los que se escondió en una zona próxima a las tierras que nos ocupan. Ante una batida numerosa de Guardia Civil y vecinos de los pueblos, los bandoleros huyeron a la parte más alta de la Pedriza, dejando los niños libres. Pocos días después, Paco fue descubierto merodeando por el Rastro, y tras ser detenido, fue ajusticiado en el patíbulo levantado en la Puerta de Toledo, el 20 de julio de 1839.

Otro hecho curioso que se corresponde con los embalses que existen en esta zona, tales como El Atazar, Santillana, y Pedrezuela, es el protagonismo que marcaron los objetos volantes no identificados (ovnis) entre 1970 y 1989, cuando se realizaron multitud de avistamientos de luces saliendo y entrando en las aguas de estos pantanos, o deteniéndose sobre su superficie, lo que dio lugar a numerosos estudios y a gran número de contradicciones sobre su existencia real y su origen, dado que mientras los testigos de algunos de ellos afirmaban haber visto algo insólito, los escépticos no le daban ninguna validez a estos hechos. No obstante y aunque nos gustaría mantenernos neutrales, conviene que dejemos claro que durante esos años, luces extrañas «haberlas, las hubo».

Guadarrama

GUADARRAMEÑO

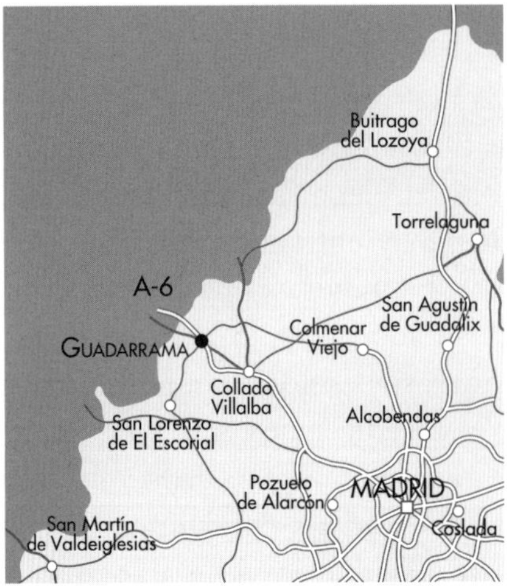

El paso del puerto de Guadarrama era fundamental para las comunicaciones entre las dos Castillas, y por eso la pavimentación del camino fue impulsada por Fernando VI, como consta en el monumento erigido en 1750 que marcaba el principio de una Castilla y el final de la otra.

> Fersinandus VI,
> Pater Patriaer,
> Viam Utrique Castellae
> Superatibus Montibus Fecit
> An.Salutis MDCCXLIX
> Regno Sui IV

O lo que es lo mismo: «Fernando VI, padre de la patria, hizo el camino para ambas Castillas por encima de las montañas, en el año de nuestra salvación de 1749, cuarto de su reinado».

Evidentemente Guadarrama debe su nombre al río que atraviesa sus tierras, es decir, al denominado en árabe, *Uad-er-ramel*, que quiere decir «río de lecho arenoso», o «río de las arenas». No obstante se ha querido buscar una raíz latina al río y a la población, y se apunta como origen *aquae dirrama*, es decir, «agua que cae separada». Este mismo nombre se daba también al río Manzanares, hasta que en el siglo XVII se utilizó uno diferente para diferenciar ambos cauces de agua.

El origen se remonta a tiempos anteriores a la romanización. De hecho se han encontrado restos que provienen del Neolítico. Tampoco hay duda del paso de la calzada romana que unía Titulcia con Segovia a través de la Fuenfría, la Vía XXIV del Itinerario de Antonino.

La población goza de cierta importancia durante la dominación musulmana por el lugar estratégico de privilegio que ocupa en la zona montañosa de la sierra que servía de frontera natural entre los árabes y los cristianos. Aquí estaba el camino llamado *Balat Huymayd* por los árabes, que permitía atravesar la sierra por el puerto de *Valathome* o *Velatonie*, que comenzaría a llamarse en el siglo XIV de Tablada.

Cerca de Tablada
la sierra pasada,
hálleme con Alda,
a la madrugada.
Encima del puerto,
pensé yo ser muerto
de nieve y de frío,
y de ese rocío
y de gran helada.
(Arcipreste de Hita)

Tras la Reconquista, estas tierras fueron repobladas por ganaderos de Segovia, y se integraron posteriormente en el Real de Manzanares, tras sufrir como ya hemos comprobado al hablar de otras poblaciones de la misma zona, enfrentamientos entre segovianos y madrileños por los pastos.

A lo largo del siglo XIII se construyeron gran cantidad de albergues junto al camino para alojar a los numerosos viajeros que atravesaban esa zona montañosa, que fueron apoyados por la corona, ya que de esta forma se favorecía el comercio entre las dos Castillas. De esta importancia da fe que el propio Felipe II ordenó que se construyera un albergue conocido como la Casa de las Cadenas, hoy desaparecido, en el cual se alojaron importantes personalidades de la corte, e incluso el mismo rey.

En el siglo XVI el marqués de Santillana le concede el título de villa, aunque Guadarrama permanecerá siempre unido a los Mendoza hasta que en el siglo XIX acaben esos privilegios.

Ya hemos mencionado la labor de Fernando VI para mejorar el camino, y también hay que referirse a

Monumento sito en el alto del León que marca el principio de una Castilla y el final de otra, erigido en 1750 en conmemoración del camino abierto por orden de Fernando VI.

Carlos III en esta serie de actuaciones. Por encima de las frases con las que empezábamos esta relación sobre Guadarrama, se encuentra un león que apoya sus patas sobre dos esferas que simbolizan el mundo antiguo y el nuevo, y que fue conocido como el Alto del León, coronación del puerto que a partir de 1940 se conocería como el Alto de los Leones de Castilla, denominación que permanecería hasta el año 2002 cuando regresaría a su primitiva nomenclatura.

Muy cerca del núcleo urbano se encuentra el embalse de la Jarosa, y en una de sus orillas quedan los restos de la ermita de San Macario, lugar que para algunos investigadores es la verdadera razón de la existencia de Guadarrama.

Esta población cuenta con diversas leyendas, que son comunes a la sierra del mismo nombre y que por ello pueden ser aplicables a los pueblos que hay en sus proximidades, e incluso a la construcción del monasterio de El Escorial, o a la Pedriza.

Mencionaremos aquí, por ejemplo, que esta sierra era en el siglo XIX tan importante para los bandidos como la famosa Sierra Morena del sur de la Península, aunque esta última ha tenido más protagonismo que Guadarrama.

Por ejemplo, el verdadero amo de la población y de su entorno en el primer tercio del siglo XIX era Pablo Santos, un bandolero que nacido en las proximidades del pueblo conocía a la perfección los refugios de la sierra, y que tan pronto se escondía en ella, como en la Pedriza. Precisamente en esta zona murió asesinado a manos de uno de sus secuaces que no estaba conforme con el reparto de un botín.

Otro caso legendario que se cuenta es el de la banda «del Isidro». Tras cometer un secuestro, y cobrar un suculento rescate, consistente no solo en dinero sino también en una escopeta y algunas de las ropas que llevaba el joven, los miembros de la banda se disputaron el botín, y uno de ellos, conocido como Isidro *el de Torrelodones* mató al jefe de un trabucazo.

La Hiruela

HIRUELANO

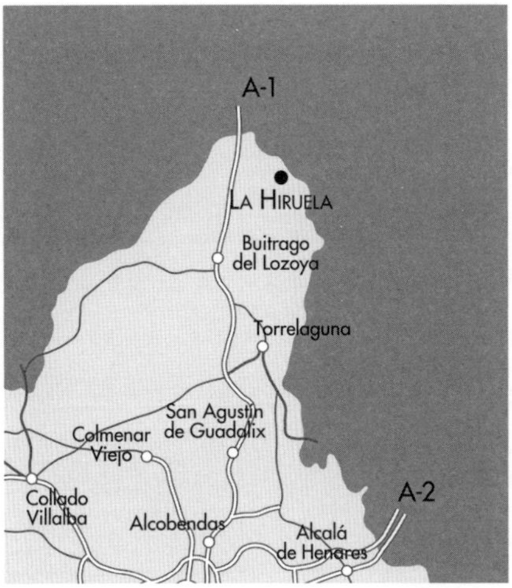

Si ves al mogaño, puedes darte por…

Este pequeño pueblo que pertenece a la denominada sierra del Rincón cuenta con una superstición muy curiosa, referida al «mogaño», que no es otra cosa que uno de los insectos más emblemáticos de los bosques de la Comunidad de Madrid. Se trata del «ciervo volante», conocido científicamente como *Lucanus cervus*. Un coleóptero de entre tres y nueve centímetros de tamaño, que posee unas amplias mandíbulas que son las que recuerdan a los cuernos de un ciervo, de donde deriva su nombre.

Pues bien, en La Hiruela se afirma que cuando se ve uno de estos insectos volando alrededor de una persona o, incluso, de una casa, anuncia que se va a producir alguna desgracia para quien lo ha visto.

El origen del nombre de la población parece provenir del castellano antiguo, *hirco* que puede traducirse como «cabrito o cabra», y que vendría dado por la abundancia de este tipo de animal existente en su territorio. No obstante hay quien también hace arrancar el topónimo en la palabra hijuela, es decir, «senda o vía pecuaria», dado que la zona era propicia para el paso del ganado.

Respecto a la fundación de la población, no hay una idea clara, aunque se supone que tuvo que ser un asentamiento de ganaderos segovianos que aprovecharon, entre otras cosas, su proximidad a Buitrago, y que debió de tener lugar entre los siglos XII y XIII. Aparece mencionado como cabeza de un cuarto de las villas de la Comunidad de la Villa y Tierra de Buitrago, junto a Puebla y El Atazar. Con estas poblaciones pasó a formar parte del señorío de Buitrago en 1368. Posteriormente, en 1490 obtuvo el privilegio real de villazgo, pasando a depender del duque del Infantado. Se mantuvo bajo este señorío hasta que a principios del siglo XIX y tras la promulgación de la Constitución de Cádiz, se abolieron.

Aparte del aspecto puramente pintoresco de este pueblo, no hay una leyenda exacta que hable de algún aspecto de su desarrollo, salvo la superstición ya comentada. No obstante vamos a señalar una tradición que habla del término de El Cardoso (Guadalajara), donde había ubicada una ermita, la de San Roque, que era visitada por los habitantes de La Hiruela para pedir protección contra la peste.

Horcajo de la Sierra

HORCAJEÑO

La situación entre dos montañas, su posición como lugar ideal desde el que vigilar el paso montañoso y cuidar del ganado, hizo que, no se sabe cuándo, un grupo de pastores construyesen algunas cabañas en la zona, a las que se fueron añadiendo otras y otras…, hasta formar una pequeña aldea, que aparece mencionada en el *Libro de la montería* de Alfonso XI, del siglo XIV.

Un poco más allá se creó otro asentamiento para aprovechar los pastos, Aoslos, que quedó unido a Horcajo como una pedanía, y que hoy en día se mantiene como tal.

Unidas ambas poblaciones a la Comunidad y Tierra de Buitrago, Horcajo da nombre a uno de los cuartos del que formaba parte junto a La Acebeda, Madarcos, La Nava, Piñuécar y Bellidas. Desde 1563 Horcajo contó con ordenanzas propias.

Perteneciente, como todos los pueblos de la zona, al señorío del Infantado hasta los inicios del siglo XIX, pasó a formar parte de la provincia de Madrid en 1833.

No está muy claro el origen de los nombres de ambas poblaciones. Se dice que Horcajo proviene de su situación entre dos montañas, en un lugar que se encuentra rodeado por los arroyos de la Hera y de los Haces, y ubicado en un macizo montañoso de Somosierra denominado Los Altillos. También por la presencia de estas dos corrientes de agua se quiere hacer arrancar la denominación de una raíz etimológica que significa «confluencia de dos arroyos y punto de unión de dos montañas o cerros».

En cuanto a Aoslos, a tres kilómetros de Horcajo, se apunta a que su nombre proviene del celta *coslo* que significa «avellano», dando lugar a *caosslos-aoslo*, es decir, «lugar de avellanos». Se fundó bastante después que Horcajo, y parece ser que fue una escisión de vecinos del anterior pueblo.

La tradición cuenta que entre los siglos XV y XVI hubo una epidemia que afectó a los niños del lugar, y que gracias a la intervención divina de san Isidro se consiguió superarla. No hemos podido conocer exactamente esta leyenda, y por eso tan solo la constatamos aquí. Aunque lo cierto es que desde siempre se celebra en Horcajo una fiesta en honor de san Isidro el 15 de mayo.

Por otra parte, se habla de una visión de luces extrañas en el año 1920 que atravesaban el cielo de Horcajo, que la superstición del lugar consideraba espíritus, ánimas del purgatorio y que hoy en día destacaríamos, posiblemente, como ovnis. De estas luces da fe en sus memorias el actor Paco Rabal, que las atribuye a fuegos fatuos.

Horcajuelo de la Sierra

HORCAJOLANO

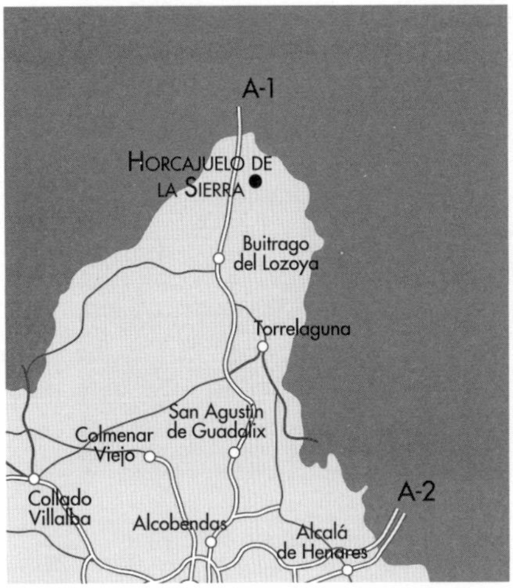

Si te pica el eslabón, directo al panteón.

Esta frase se refiere al «eslabón o aguja», conocido como eslizón. Un pequeño lagarto de patas diminutas que habita en la sierra, y del que se ha sacado la superstición de que su picadura es mortal, cuando realmente se considera totalmente inofensivo. No obstante aquí vamos a reflejar la leyenda de que «la agujas tienen el mismo co-

lor que las víboras, pero son más pequeñas y mucho más venenosas».

Estamos en un municipio de la sierra del Rincón, cuyo nombre se hace originario de un grupo de vecinos que se trasladaron desde Horcajo hasta estas tierras para aprovechar sus pastos, y le dieron esta denominación del diminutivo de la aldea ya existente.

No hay datos exactos sobre el inicio de la población, y se supone que, al igual que otras aldeas, apareció tras la Reconquista, cuando esos pastores ocasionales llegados de Horcajo decidieron construir abrigos que más tarde fueron permanentes.

Integrante de las Tierras de Buitrago, pasará a depender del duque del Infantado entre los siglos XVII y XVIII, y dependerá de Uceda hasta que a principios del siglo XIX desaparecen los señoríos, y en 1833 se integra en la provincia de Madrid.

En esta población destaca como resto importante para conocer las costumbres y vida de esa parte de la Comunidad, la existencia de la fragua, elemento fundamental para las actividades cotidianas. Era propiedad del concejo, que se encargaba de contratar por dos años al herrero; este tenía las obligaciones de satisfacer las necesidades de los vecinos, y si las orde-

La iglesia parroquial de San Nicolás de Bari se encuentra en el centro del pueblo, remarcando con su estructura el carácter serrano de la localidad.

nanzas se lo permitían, comerciar en alguna feria con sus productos.

Una de sus fiestas principales es la celebración de la Asunción de la Virgen, con una procesión por el pueblo con las calles engalanadas y en donde se recita esta ronda.

Bendiciones te pedimos
¡viva la madre de Dios!
la ronda tiene a la puerta
a la puerta del Señor.

A la reina de los cielos,
a la Madre más querida,
esta noche la rondamos
a la moza más querida.

Hoyo de Manzanares

HOYENSE

Desde una tradición cristiana, como es la leyenda de la aparición de la Virgen, hasta una cierta superchería para algunos, creencia para otros, de la posibilidad de escuchar ruidos extraños e incluso grabar una psicofonía en la tapia del cuartel donde el 27 de septiembre de 1975 fueron fusilados los miembros del FRAP, Ramón García Sanz, José Luis Sánchez Bravo y José Humberto Baena. De eso y algo más se puede hablar sobre este municipio situado en la cuenca alta del Manzanares.

Su nombre proviene de encontrarse en una profunda depresión cerca del río Manzanares, con lo que no hay que buscar, como en otras poblaciones, raíces de palabras latinas o árabes para poder explicar cuál es el origen del topónimo.

Todo hace indicar que fueron pastores segovianos en el siglo XIII quienes construyeron allí las primeras cabañas. Aunque se han encontrado restos que apuntan a la existencia de asentamientos de pueblos en épocas anteriores a la Reconquista, como la necrópolis del parque de La Cabilda, o lo que queda de la atalaya árabe del Collado de la Torrecilla, que debió de formar parte de la línea de vigilancia levantada por estos para controlar la frontera de la sierra ante el avance de los cristianos desde el norte. Como ya hemos visto en el caso de otras poblaciones con ricos pastos, las disputas entre los madrileños y los segovianos también se produjeron aquí, hasta que Hoyo de Manzanares formó parte del Real de Manzanares.

En 1383 las tierras pasaron a manos de la familia Hurtado de Mendoza, como condado, y posteriormente, desde 1475, como ducado del Infantado. En 1636 le fue concedido el título de villa y se independiza del Real de Manzanares. Tras sufrir la acción devastadora de la guerra de Sucesión en 1710, y que ha dado lugar a que en el pueblo se acuñe la frase «el año de los enemigos», Hoyo se recuperó lentamente y se incorporó a la provincia de Madrid a finales de 1799.

Es interesante destacar la atalaya del Collado de la Torrecilla, que se encuentra en los terrenos militares de la Academia del Cuerpo de Ingenieros, y de la que apenas quedan unos simples restos, pero que demuestra que aquí hubo un asentamiento árabe de cierto interés como lugar de vigilancia de caminos.

En nuestra búsqueda de leyendas, tradiciones y hechos curiosos, topamos en Hoyo de Manzanares con dos que nos parecen interesantes.

Por una parte se trata de la leyenda de la Virgen de la Encina, tradición muy antigua en este pueblo que aparece mencionada en las *Descripciones de Lorenzana* de 1786: «Bastante célebre y de mucha devoción para los pueblos circunvecinos, singularmente en el siglo pasado y hasta cerca de la mitad de este». Cuenta la tradición que cierto día un carretero detuvo su carro cerca de una encinas para cortar algunas ramas que pensaba utilizar para leña, y al acercarse a una de ellas vio una luz muy potente en la copa, y en medio de ella a una señora que le miraba con cara muy dulce. Conocida como Virgen de Hoyo o Virgen de la Encina, por el lugar de su aparición, a lo largo de los siglos se ha consolidado como patrona de la población, y desde el siglo XVIII, hay quien dice que mucho más atrás, se celebra una fiesta en su honor el 8 de septiembre, instaurada para dar las gracias a la Virgen por las cosechas. En esta fiesta se ha institucionalizado, al menos desde 1770, la famosa caldereta.

Otro hecho, esta vez lo dejaremos como curiosidad, sin entrar a valorarlo, es el que se refiere al fusilamiento de los tres miembros del FRAP. Algunos de los soldados que han servido en el cuartel de Hoyo de Manzanares afirman que la noche del 27 de septiembre se podían observar sombras y ruidos que no era naturales en el muro donde se ejecutó la sentencia, y que se atribuían a los espíritus de aquellas tres persona ajusticiadas. Leyenda cuartelera o…

Humanes de Madrid

HUMANENSE

Parece muy curioso que un pueblo con ese nombre que parece más orientado hacia lo «humano» que hacia lo espiritual, tenga tradiciones tan interesantes como las que se derivan de dos leyendas, la de un Cristo y la de una Virgen, y que además sean únicamente las mujeres de la localidad las que tomen protagonismo el 31 de mayo o el último domingo de ese mes. En Humanes pueden verse a las «mayordomas» mandando, y a los hombres callando.

El nombre de la población parece provenir de los carpetanos, y sería *Umanexos*, es decir, «tierra fría y húmeda», aunque también se apunta con muchas posibilidades el término latino *humidus*, que es «húmedo». En las *Relaciones de Lorenzana* se habla de la existencia de numerosas fuentes y de una población que está batida por todos los vientos, lo que la hace tener un clima frío.

Posee una larga historia, y parece que el primer asentamiento podría tener cinco mil años, a juzgar por un dolmen allí descubierto. Posteriormente ocuparon la zona pueblos pre iberos, hasta la dominación romana. Pero hay que esperar al año 1141, cuando el primer documento lo nombra e indica que Alfonso VII da Humanes a Pedro Brimonis. Es muy importante destacar que en 1173 fue donado a la Orden de San Juan del Hospital (caballeros hospitalarios), y que en el siglo XIII se conocía como integrante del sexmo de Villaverde dentro del alfoz de Madrid, adquiriendo entonces la categoría de villa. En sus manos permaneció hasta 1445, y poco después pasó a manos de Pero López de Ayala, entregado como un señorío por parte de Juan II. Sus descendientes fueron nombrados condes de Fuensalida. Perteneció más tarde a Toledo, hasta que en 1833 se integró en Madrid.

Las mujeres mandan en Humanes a finales de mayo. El último domingo el pueblo cambia su ritmo de vida.

Es el momento de la celebración de la Virgen del Amor Hermoso, más conocida en el pueblo como la Virgen de las Mozas, por ser únicamente mujeres las que pueden formar parte de la Hermandad del Amor Hermoso. Durante el festejo se nombra a cuatro «mayordomas» designadas por riguroso orden de turno en el seno de la hermandad, para que se encarguen de llevar las cintas que penden de la Virgen durante la procesión. Esta tradición se pierde en el tiempo, y nadie sabe a ciencia cierta explicar cuándo comenzó.

La otra leyenda-tradición tiene que ver con el Cristo de la Columna, imagen que se encuentra en una capilla debida a Ventura Rodríguez en la iglesia de Santo Domingo de Guzmán. Según las *Relaciones de Lorenzana*, esta talla «de aspecto primoroso», es normal «que mueva a devoción y admiración». La obra es de madera policromada y se fecha en el siglo XVII, debida a un escultor de nombre desconocido. Y aquí es donde entra la leyenda. Se afirma que se talló con la madera de un ciruelo de la población, y el escultor falleció antes de ver completada su obra, por lo que se le colocaron a la figura ojos de cristal. También se dice que inicialmente se lo conocía como el Cristo del Cubeto, por la columna que lo acompañaba, y que como no gustaba a los vecinos de Humanes, fue cambiada por la actual.

Leganés

PEPINERO

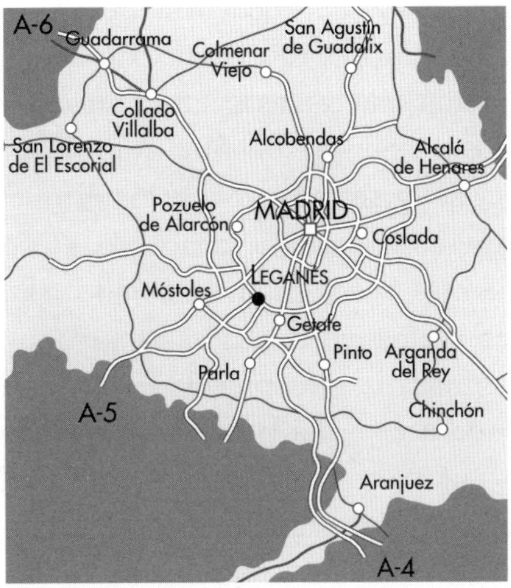

Parece ser que don Juan de Austria, Jeromín, pasó algún tiempo de su infancia en Leganés; aunque las mayores curiosidades y leyendas que aporta este pueblo son las referidas a la Virgen de Butarque y a san Fortunato y san Nicasio.

¡Ah! y que no se olvide que el gentilicio de «pepineros» se debe a la gran cantidad de fincas que había en su término dedicado al cultivo de los pepinos.

Incluido en la denominada área metropolitana de Madrid, el origen de su nombre parece provenir de una zona de lagunas que había en esas tierras, por lo que tendría su raíz en «laganar», aunque también se habla de «légamo», por estar asentado sobre ese terreno arcilloso. En las *Relaciones topográficas de Felipe II* se indica al respecto que «el cual nombre dijeron proceder según noticias por los antiguos de él por razón de que en el sitio de él al tiempo que se fundó había una laguna, do se hacía mucho légano, y entonces cuando se fundó le llamaban Leganar, y después de este vocablo Leganar se tomó el nombre de Leganés por corrupción de dicho vocablo».

Aunque se han encontrado restos del siglo II antes de Cristo, así como una necrópolis visigoda del siglo VI, Leganés debió de fundarse en el XIII, quizá sobre una aldea árabe, y durante el reinado de Alfonso X el Sabio. En esa época debieron de reunirse en un solo lugar los vecinos de varias aldeas, como Polvoranca, Butarque y Overa, que buscaban mejor agua para beber y regar los cultivos.

En este aspecto, de nuevo es las *Relaciones topográficas de Felipe II* las que nos dan fe del hecho: «Este pueblo habrá trescientos años que se fundó nuevamente por los cristianos, y que los fundadores de él fueron de vecinos que salieron de los lugares de Butarque y Overa, que son despoblados, y a media legua pequeña de este lugar».

El 15 de marzo de 1627 se le otorgó la condición de villa, y más tarde se convirtió en señorío, como marquesado, situación que perduró hasta el siglo XIX.

Ya hemos mencionado que se habla de la estancia durante un cierto tiempo de don Juan de Austria en Leganés cuando era muy niño, y ello aparece en las *Relaciones Topográficas de Felipe II*, donde se dice que «y digno de tener en memoria que un hombre extranjero de fuera de esta tierra llamado Francesquín flamenco, casado con mujer natural de este pueblo (Leganés), trajese como trajo desde el reino de Flandes al muy excelentísimo señor don Juan de Austria, que Dios Nuestro Señor tenga en su gloria, y le tuvo en este pueblo a su cargo desde que hubo edad de año y medio hasta edad de once años, sin que de él se entendiese quien ni cuyo hijo era, llamándole Jerominico, el cual secreto asimismo escondió a la mujer...».

También se suele destacar que fue en esta población donde se produjo el último duelo a pistola de España, en 1870. Fue una acción de enfrentamiento entre el duque de Montpesier, Antoine de Orleans, y su primo Enrique de Borbón; sobrevivió el primero.

La tradición mariana cuenta con una leyenda que relata que en 1117 un molinero que se encontraba próximo a las ruinas de la aldea de Butarque, descubrió la imagen de una virgen enredada en un zarzal. Era una virgen morena, que le transmitió su deseo de que en aquel lugar se le levantase una ermita. Actualmente reside en la ermita que se encuentra dentro del cementerio, porque sigue contando la leyenda que ese es el lugar que desea Nuestra Señora de Butarque porque ella quiere estar cerca de los difuntos para cuidar de su descanso eterno. Cuantas veces se ha intentado trasladar la imagen a la iglesia parroquial, la virgen ha desaparecido, volviendo a aparecer en la pequeña iglesia, por lo que se tomó la decisión de hacer caso a su intención.

> Vuelve tus ojos de cielo
> a quien su luz busca en Ti,
> siembra de flores el cieno
> de los hijos de este pueblo
> que te miramos María
> esperando tu sonrisa.
> Porque eres de gracia llena
> Ven a consolar las penas
> Madre Santa de Butarque
> A los que esperan en Ti.

También tiene una presencia legendaria san Nicasio, obispo de Reims, que murió martirizado en el año 407 cuando la ciudad cayó en manos de los vándalos. Parece ser, no se sabe a ciencia cierta por qué, que en el siglo XVII Leganés sufrió un gran temblor de tierra y una caída de lluvias torrenciales, por lo que sus vecinos se encomendaron a san Nicasio, quien aplacó el temporal, y en agradecimiento se le construyó una ermita.

Loeches

LECHUZOS

El agua con poderes curativos de La Margarita, la presencia del conde duque de Olivares, la leyenda de la aparición de san Ignacio a una hija de la familia Cárdenas, el convento de las Carmelitas Descalzas, el convento de las Dominicas Recoletas y una escultura yacente de una mujer desnuda tapada únicamente por un paño transparente, o la supuesta estancia en esta población durante dos días del denominado «oro de Moscú», sin olvidarnos de los fantasmas de la Casa de los Sanes, son algunas de las leyendas y curiosidades que nos ofrece Loeches.

Municipio de la cuenca del río Tajuña, su nombre proviene del griego *locheía* que se refiere a las piedras que enriquecen el agua, ya que esta población posee agua enriquecida sulfatosódica y cálcica fría.

Se han encontrado restos de asentamientos en la zona de épocas celtibera y visigoda, y posteriormente serviría de posición para los árabes. Fue conquista por Alfonso VI en 1085, y reconquistada por los musulmanes más tarde, hasta que en 1157 el arzobispo de Toledo la volvió a ganar para el bando cristiano. En 1327 recibió un privilegio otorgado por Alfonso XI, que permitía a sus vecinos cortar leña y llevar a pacer su ganado a los pastos del alfoz de Alcalá. En las *Relaciones Topográficas de Felipe II* se dice que «tiene un privilegio escrito en pergamino, con sello de plomo y cordón de seda amarillo y colorado, pendiente, a la una parte dos leones y dos castillos, y por la otra parte un caballero armado encima de un caballo, según parece por el sello en que estaba, que su fecha dice año de mil trescientos sesenta y cinco años, el cual parecer ser de un rey do Fernando, por el cual hacía merced a los vecinos de esta villa pudiesen pacer y cortar leña por todos sus reinos, y que no se guarda, la causa porque no lo saben, por ser como es tan antiguo».

En 1555 dejó de ser aldea de Alcalá al recibir el privilegio de villazgo, y el 1579 fue vendida por Felipe II a un genovés llamado Baltasar Castaño, quien la traspasó cuatro años más tarde a Íñigo de Cárdenas y a su esposa Isabel de Avellaneda. La familia Cárdenas la vendió a Gaspar de Guzmán, conde duque de Olivares, quien construyó allí un palacio y patrocinó la fundación del convento de las Dominicas. Según la leyenda, esto lo hizo para «vengarse» de las carmelitas que ocupaban el convento de San Ignacio, que le habían negado varias veces el permiso para visitarlo. La leyenda afirma que el conde-duque le dijo a la madre superiora que:

> Os aseguro, reverenda señora, que dentro de poco levantaré un edificio delante de éste que será vuestro asombro y envolverá este convento en la más absoluta obscuridad.

Tras tener que salir de Madrid, una vez depuesto de su cargo el 24 de enero de 1643, el conde duque se trasladó a su palacio de Loeches, y de allí a Toro. Falleció el 22 de julio de 1645, y fue trasladado al citado convento donde fue enterrado.

Se hace cargo de Loeches su sobrino, Luis de Haro, y a la muerte de este en 1661, su hijo. Desde ese momento va a ir pasando la población por diversas manos, hasta que en 1780 llega al duque de Alba.

Cuenta la tradición sacra que Francisca, hija de Íñigo de Cárdenas y de Isabel de Avellaneda, tuvo una visión de san Ignacio a la puerta del monasterio de las Carmelitas que había fundado su familia a finales del siglo XVI, y que fue lo que le hizo ingresar como monja, con el nombre de Francisca de Cristo, y poner el convento bajo la advocación del santo.

Menos religioso y mucho más parapsicológico y misterioso es el relato que habla de la Casa de los Sanes, y aunque quizás se trate más de una leyenda urbana que de otra cosa, la mencionaremos aquí por su curiosidad.

Se dice, se cuenta, se insinúa, que en esa casa hubo varias muertes de sus propietarios y habitantes, algunas de forma violenta. Por ejemplo, el caso de una sirvienta que fue decapitada y colocada su cabeza en una bandeja en la puerta de entrada del servicio; o que una de las dueñas apareció ahogada... La maldición que rodea la casa hace que en la actualidad no viva nadie en ella, pero que los vecinos afirmen que se escuchan ruidos extraños, y que algunas noches se ven luces misteriosas a través de sus ventanas. ¿Casa encantada? Pues no sé, ahí lo dejamos.

Las otras monjas existentes en Loeches, las dominicas, tienen también su «aquel». En el centro de la capilla del panteón de los duques de Alba se encuentra el mausoleo de la

Monasterio de la Inmaculada Concepción situado enfrente del monasterio de las Carmelitas Descalzas con el cual compite desde el siglo XVII.

duquesa Francisca de Sales Porcarreño. Su hermana la emperatriz Eugenia de Montijo regaló la escultura yacente que lo decora, pero, y ahí viene lo curioso, al representar la escultura una mujer desnuda tapada únicamente con un paño transparente, las monjas no permitieron que se colocara allí. Fue después de la Guerra Civil y una vez restaurado el mausoleo cuando se instaló, por fin, esa figura en el lugar para el que estaba destinada.

Como ya hemos dicho, el agua es muy importante para Loeches, tanto que su nombre proviene de ello. Pues bien, la leyenda dice que un gallego que fabricaba tejas en las afueras de la población tenía una hija que se llamaba Margarita, que padecía unas fiebres intestinales que no remitían. Un día bebió agua de un manantial cercano y las fiebres desaparecieron. Tras analizar debidamente la composición del líquido se comprobó que tenía elementos que contribuían al tratamiento de enfermedades digestivas y se construyó allí un balneario, conocido como La Margarita. Esto ocurrió en el último tercio del siglo XIX.

La competencia entre Carabaña y Loeches por las propiedades curativas de sus aguas se mantuvo durante algún tiempo, y poco antes de la Guerra Civil, Ruperto Chavarri, dueño de Aguas de Carabaña, compró La Margarita. En la década de los años cincuenta se cerraron varios de sus pozos por considerar que sus aguas no eran tan sanas como se afirmaba.

Y para acabar con Loeches, una curiosidad más morbosa. Hay una leyenda popular que afirma que el famoso oro del Banco de España desparecido durante la contienda nacional y más conocido como el «oro de Moscú», pasó dos noches en la cripta del convento de las Dominicas antes de partir hacia Valencia.

Lozoya

LOZOYANO

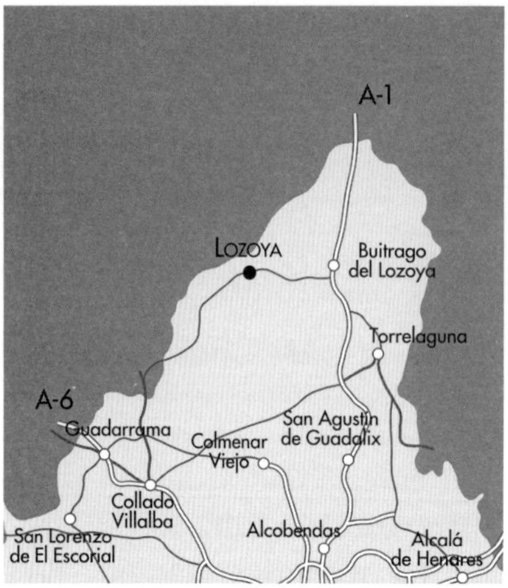

El mes era de marzo, día de San Meder,
al puerto de Lozoya fui el camino a emprender.
De nieve y de granizo no me pude esconder;
quien no ha perdido y busca, lo suyo ha de
[perder.

(Arcipreste de Hita)

La literaria historia de Fuenteovejuna tuvo una forma real en esta población en pleno siglo XVII en esta población, cuando sus vecinos se tomaron la justicia por su cuenta para matar de un arcabuzazo, no a un comendador, sino a Antonio Suárez de la Concha, marqués de Lozoya.

Corría el año 1624, y las relaciones entre los habitantes de Lozoya y Antonio Suárez, no eran muy buenas, dado que su carácter era muy agrio y que se mantenía un pleito de años atrás sobre la legitimidad de su título de hidalguía. Históricamente se apunta que el marqués de Lozoya había recibido un mosquetazo en la cabeza sirviendo en el Ejército en Milán, y que tenía sus facultades psíquicas un tanto mermadas. En las *Cartas de la Compañía de Jesús sobre los sucesos de la monarquía* referidas a los años 1634 y 1648 se puede leer: «Al señor de Lozoya, pueblo cerca de Segovia, mataron sus vasallos de un arcabuzazo. La causa, dicen, fue su aspereza de condición. Tienen presos al delincuente y a otros muchos, por haber tenido noticia de lo que intentaban hacer y de hecho hicieron, y a otros muchos por omisión en hacer diligencias para prender los delincuentes, como son los justicias y personas a cuyo cargo estaba hacer las diligencias de una muerte tan atroz».

Lozoya se encuentra en el valle del río que lleva su mismo nombre, y sobre el origen de su topónimo hay diferentes hipótesis. En principio se habla de un enclave romano mencionado por Tito Livio como Libratum; también otra teoría es la de una raíz árabe, *al-jauzat*, es decir «los caminos», mientras que hay quien lo hace provenir del latín *lautis-a* que significaría «frondoso». Sea de una forma o de otra, lo cierto es que su población fue un asentamiento segoviano, fundado en el siglo XI por Díaz Sanz y Fernán García, que organizaron una milicia para defenderse de algunos grupos musulmanes que había en la zona, y que se conoció como «Milicia de los Quiñones». Fue cabeza del sexmo de Lozoya, dependiente de la Comunidad de Ciudad y Tierra de Segovia.

En 1440 es nombrado doncel del futuro rey Enrique IV, Juan Pacheco, quien detentará posteriormente los títulos de marqués de Villena y maestre de Santiago. A comienzos del siglo XVII la villa pasa a manos de un comerciante segoviano, Sebastián Suárez de la Concha, y de él a su hijo Antonio, de quien ya hemos referido su actitud y su final como marqués de Lozoya. El orden en la población fue restituido gracias a la labor de su hija, Antonia, apodada la Primavera por su belleza. A lo largo de estos años se mantendrá bajo el marquesado, hasta que la Constitución de Cádiz de 1812 dé por finalizada la existencia de los señoríos.

Se suele relacionar esta población con algunas de las actividades que llevó a cabo el guerrillero Juan Martín, más conocido como el Empecinado, que fue una auténtica pesadilla en esa zona de la sierra para las fuerzas invasoras francesas. A tal efecto se apunta a una garganta profunda conocida como Mata de los Ladrones, donde los guerrilleros derrotaron varias veces a las tropas de Napoleón.

La patrona de Lozoya es la Virgen de la Fuensanta, cuya consideración como tal proviene de la leyenda de su aparición a un pastor. En la población se cuenta así:

Después de la reconquista, un serranito dedicado al pastoreo de unas ovejas, rezaba a la Madre de Dios. Distraído, sus ovejas se alejaron. Corriendo detrás de ellas subió un monte pedregoso y fue deslumbrado por una potente luz que salía de entre los riscos. Acudió rápidamente al pueblo para contar lo que había visto. Numerosos vecinos le acompañaron a contemplar la luz que salía entre las piedras, de una oquedad. Abriéndose paso con las manos encontraron en el agujero la imagen de una virgen, que sacaron y trasladaron al pueblo. No obstante se levantó una ermita en el punto en que había sido encontrada.

Lozoyuela, Navas y Sieteiglesias

LOZOYUELANO

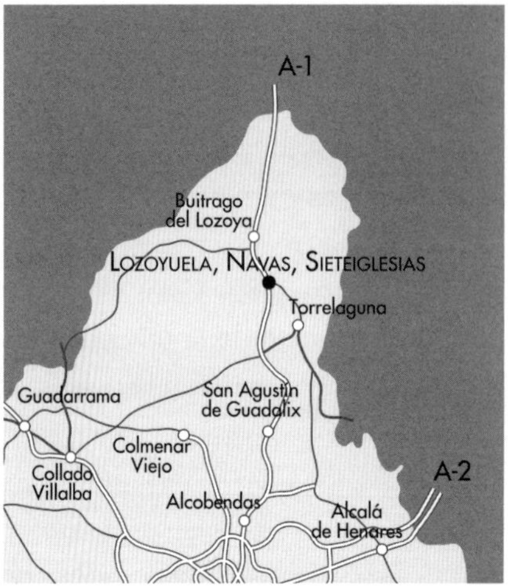

Tres pueblos que forman un municipio y una leyenda en su origen, es lo que nos ofrece Lozoyuela y sus otros dos núcleos urbanos, Sieteiglesias y Las Navas. Cuentan con las referencias que de ellos da el marqués de Santillana en sus serranillas.

Naturalmente el topónimo Lozoyuela es un diminutivo que proviene de Lozoya, y que se basa en la leyenda de su fundación. En cuanto a Sieteiglesias, se apunta a la existencia en la aldea de seis ermitas y una iglesia, construidas tras la Reconquista; mientras que Las Navas no son sino las cabañas que había junto a los prados que servían para que pastase el ganado.

La leyenda se inicia cuando dos vecinos de Lozoya se trasladan desde esta población a un lugar conocido como Fuente Blanquilla, para buscar nuevos pastos para su ganado. De la construcción aquí de las primeras cabañas surge Lozoyuela, así como más tarde Sieteiglesias y Las Navas, que serían aldeas repobladas por pastores segovianos, manteniendo las tres un carácter independiente. Formaron parte del cuarto de la Garganta de Buitrago, vinculadas a la casa del Infantado, que se mantuvo hasta 1812. En 1833 pasaron a depender de la provincia de Madrid, y en 1973 las tres poblaciones se unieron para formar un único municipio.

Sieteiglesias se sitúa sobre una ramificación de la Vía romana XXV del itinerario de Antonino; este camino unía el valle del Jarama con Sepúlveda a través de la sierra, la calzada iría de Torrelaguna a El Berrueco. En época medieval se va a convertir en una importante vía pecuaria. Durante la dominación árabe toda la zona es un área de «frontera», perteneciente a la denominada Marca Media, en cuya línea se levantaron gran número de atalayas para vigilar y defender el territorio del avance cristiano. De estas atalayas, levantadas en el siglo X, se han conservado las existentes en El Vellón, Venturada, Arrebatacapas en

Torrelaguna y El Berrueco, así como los restos de una que se encontraría en El Molar. La de El Berrueco, situada al norte de esta línea dominaría parte del territorio de Sieteiglesias.

La población aparece citada por primera vez en 1076, en el Fuero de Sepúlveda, otorgado por Alfonso VI para la repoblación de las zonas de frontera, momento en el que se debió de repoblar el territorio. En 1273 con la constitución del Honrado Consejo de la Mesta se ampliaron y mejoraron las rutas de ganado. Dos cordeles de la cañada real segoviana discurren por Sieteiglesias, uno paralelo a dicha cañada, uniendo el puente del Jóvalo en el límite de El Berrueco con Sieteiglesias, y el segundo transversal a la cañada atravesando el río Lozoya, que por Berzosa se dirige hacia Cabanillas de la Sierra cruzando el término municipal de Sieteiglesias. A partir del siglo XVI esta población experimentará un gran crecimiento que se extenderá durante todo el siglo XVII, y se unirá a la ampliación del casco urbano. Sin embargo, a medida que avance el siglo XVIII la economía del pueblo irá decayendo, y la población cada vez será menor, lo que motivará la unión ya mencionada con Lozoyuela.

Iglesia románica de Sieteiglesias, del siglo VII, construida sobre un promontorio rocoso a las afueras de la localidad.

Las Navas tiene un origen semejante, gracias a la labor de los pastores segovianos que tras la Reconquista buscaron asentarse en estas zonas de la sierra buscando pastos para su ganado.

Después que nasçí,
non vi tal serrana
como esta mañana
allá en la vegüela,
a Mata el Espino,
en ese camino
que va a Loçoyuela,
de guissa la ví,
que me fiço gana
la fructa temprana.

Relata don Íñigo López de Mendoza, marqués de Santillana, en una de sus serranillas.

Madarcos

MADARQUEÑO

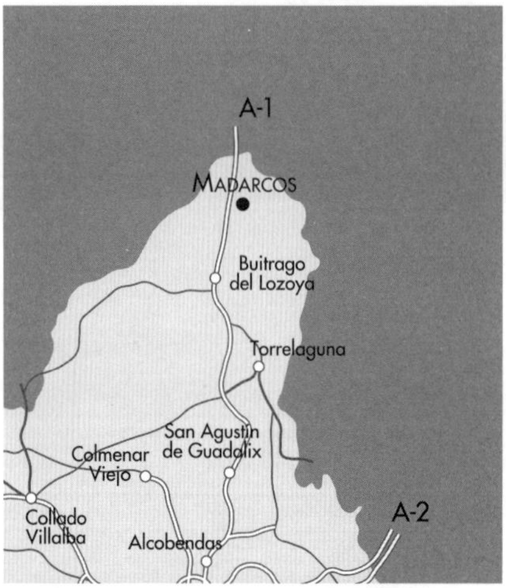

Curiosa es la leyenda que cuenta que esta población se fundó por culpa de una lagartija, o de varias, que cayeron en una marmita de sopa de los vecinos de la aldea de La Nava, que celebraban una boda, y que causó el envenenamiento de unos cuantos y la huida de los demás hacia otro lugar en el que asentarse, en el que fundaron Madarcos.

La leyenda es recogida por las *Relaciones de Lorenzana* del año 1782, donde puede leerse que: «Entre este lugar y el de Paredes, hay un despoblado, llamado La Nava, en el que hasta el siglo pasado hubo parroquia», y añade que «el motivo de su despoblación fue el haber encontrado en la comida y bebida que estaba dispuesta para celebrar unas bodas varia lagartijas venenosas, llegando, por este hecho, a tomarle tal aborrecimiento, que se acabó de despoblar a finales del siglo pasado».

Este municipio de la Sierra Norte madrileña, integrante de la denominada cuenca media del río Lozoya, se encuentra situado en las estribaciones de Somosierra, bañado por dos ríos, el Madarquillos y el de la Nava. El origen del nombre tiene varias hipótesis, que van desde la más sesuda, como es la de buscar una etimología en la palabra latina *madens-ntis*, que puede traducirse por «humedecido», «mojado»; o en el árabe *madara*, que significa «villorrio»; hasta la sencilla contracción de las palabras «majada», lugar donde se guarda el ganado, e «hircos», que son cabras salvajes, resultando, por lo tanto, que nos encontramos ante un «lugar donde se guardan las cabras».

En cuanto a su fundación, y pese a la leyenda tan curiosa que hemos relatado, no hay datos exactos, y su realidad no se encuentra documentada hasta el siglo XVII. No obstante se apunta a la Reconquista y al siglo XI como fecha del primer asentamiento en un lugar denominado Santa Cruz de la Nava por parte de pastores que construirían algunas cabañas de abri-

Vista panorámica de la población de Madarcos, desde donde comienzan a marcarse las inclinaciones de la Sierra Norte madrileña.

go. Con el paso del tiempo estas cabañas se convertirían en lugares más estables a los que acudirían acompañados por sus familias. Formó parte de la Comunidad de Villa y Tierra de Buitrago, y posteriormente del señorío de Buitrago, siendo propiedad de los duques del Infantado. Permaneció así hasta principios del siglo XIX, cuando la promulgación de la Constitución de 1812 acabó con la existencia de señoríos en España.

Majadahonda

MAJADANO

Del interés que suscitó esta población en nuestro Siglo de Oro de las letras y las artes, dan fe las referencias que aparecen sobre «Majalahonda» a través de las plumas de Cervantes y de Quevedo. Estos dos insignes escritores incorporan esta población a dos de sus obras capitales: *Don Quijote de la Mancha* y *El Buscón*.

Y ya más recientemente hay quien se sorprende de que una ballena no aparezca en el escudo majadano, dada la importancia que se dio a este animal a principios del siglo XX, como protagonista de una de las leyendas urbanas más divertidas que pueden encontrarse en la Comunidad de Madrid, y que ha pasado a ser recientemente incorporado como logo a la página web de Izquierda Unida en ese municipio.

El origen del nombre parece provenir de «majada», del latín *maculata*, que se traduce por «red», y que significa el lugar donde se guarda el ganado y albergan los pastores, y «honda», parte baja del terreno. Por lo tanto no sería otra cosa que un lugar bajo donde está el ganado. Así parece desprenderse de las explicaciones que se apuntan en las *Relaciones topográficas* de Felipe II, y que aluden a unas cabañas dispuestas por los pastores segovianos para guarecerse mientras cuidaban el ganado, que posteriormente darían base a una pequeña aldea estable en una hondonada donde combatir mejor el frío que les llegaba del Guadarrama.

Si aceptamos las explicaciones de 1576, encontraríamos una aldea que surgió en el siglo XIII, aproximadamente, que se conoció con el nombre de Majada-Honda, y que pertenecía a la Tierra de Segovia, de donde pasó a integrarse en la Tierra de Madrid, dentro del sexmo que encabezaba Aravaca.

Conocida como Majalahonda en el siglo XVII, pasó a ser definitivamente Majadahonda un siglo más tarde.

Se cuenta como hecho curioso que los vecinos de la localidad llegaron a un acuerdo con el rey Felipe V por el que la corona les indemnizó con tres mil reales por cazar en el monte de El Pardo, y a cambio los majariegos accedieron a que se cortase de la dehesa la leña suficiente para cocer los ladrillos destinados a la construcción del Palacio Real de Madrid.

> Así es –dijo el licenciado– porque no pueden hablar tan bien los que se crían en las Tenerías y en Zocodover como los que se pasean casi todo el día por el claustro de la iglesia Mayor, y todos son toledanos; el lenguaje puro, el propio, el elegante y claro está en los discretos cortesanos, aunque hayan nacido en Majalahonda; dije discretos, porque hay muchos que no lo son, y la discreción es la gramática del buen lenguaje…
>
> (M. de Cervantes: segunda parte de *El Quijote*, capítulo XIX)

> En estas razones y discursos iba, cuando topé un clérigo muy viejo en una mula, que iba camino de Madrid. Trabamos plática, y luego me preguntó que de adónde venía. Yo le dije que de Alcalá.
>
> –Maldiga Dios –dijo él– tan mala gente, pues faltaba entre tantos un hombre de discurso.
>
> Preguntele que cómo o por qué se podía decir tal del lugar donde asistían tantos doctos varones, y él, muy enojado, dijo:
>
> –¿Doctos? Yo le diré a v. m. que tan doctos, que habiendo catorce años que

izquierda unida
majadahonda

La famosa ballena acompaña al logo de IU (Izquierda Unida) en la web de esta formación política.

> hago yo en Majalahonda, donde he sido sacristán, las chanzonetas al Corpus y el Nacimiento, no me premiaron en el cartel unos cantarcitos que, por que vea vuesa merced la sinrazón…
>
> (F. Quevedo: *El Buscón*, «De lo que me sucedió hasta llegar a Madrid con un poeta»)

En cuanto a la ballena, no se ponen de acuerdo los vecinos a la hora de contar la historia, ya que unos le dan un protagonismo a unos cazadores furtivos y otros a un borracho. La verdad es que es mucho más divertida la segunda versión, pues muestra lo que puede ocurrir con una falsa interpretación de una frase mal pronunciada.

Había en Majadahonda una laguna, actualmente desecada y en cuyo terreno se encuentra el Colegio San Pío, y a una de sus orillas fue a dejarse caer un borracho para dormir la mona. Llevaba varias botellas de vino que fue vaciando poco a poco, arrojándolas al agua, hasta que debido a los vapores etílicos, tiró una de ellas llena, comenzando a gritar con desesperación: «Estaba llena, estaba llena». Como su lengua se encontraba afectada, los vecinos más próximos creyeron escuchar: «Está la ballena, está la ballena». (¿Cómo se podía pensar que iba a haber una ballena en una charca en Majadahonda?). Y hacia allí acudieron armados hasta los dientes con palas, picos y hoces, viendo un bulto inmóvil en el agua. Tras un rato de espera, los más decididos se aproximaron hasta el presunto cetáceo y comprobaron que se trataba de una albarda (aparejo que se pone a las bestias de carga), y no de tan marino animal.

Esta leyenda o cuento, ha sido siempre muy bien acogido por los vecinos de Majadahonda, hasta el punto de que el partido Izquierda Unida lo ha incorporado a su página web en la localidad.

Manzanares el Real

MANZAREÑO/MANZANAREÑO

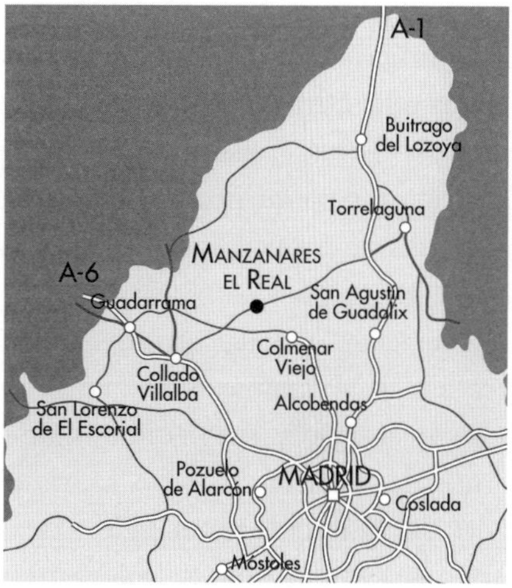

El Arcipreste de Hita habla en su *Libro de buen amor* de algunas curiosidades de Manzanares; también hay un marqués de Santillana que tiene mucho que decir y dos castillos, uno viejo y otro nuevo, y en este último se gestó el nacimiento de la Comunidad de Madrid en 1981. Los bandoleros que se refugiaban en la Pedriza, una sierra con sabor propio e infinidad de leyendas; cultos druidas en las proximidades de la ermita de Nuestra Señora de la Peña Sacra; alguna ermita más desaparecida…

Como se suele decir, eso y algo más es la población que nos ocupa y preocupa en este momento. Un municipio situado al pie de la sierra de Guadarrama y a la orilla del embalse de Santillana formado por el río Manzanares.

Se apunta como origen del nombre la existencia de una gran cantidad de manzanos en aquellas tierras, sobre todo en las proximidades de la cuenca del río, que hoy han desaparecido bajo las aguas de la presa construida en 1907. No obstante el río se conocía en un principio como Guadarrama, es decir en árabe *Uader-ramel*, o «río de arena», lo mismo que el otro río de la sierra, hasta que en el siglo XVII cambió su denominación por el pueblo que baña, tras decisión adoptada por el duque del Infantado.

La historia de la población es muy antigua y fecunda. Hay asentamientos prehistóricos en la zona y se habla de rituales druidas del año 1000 a. C., a los que se atribuye la tradición religiosa de la Virgen de Peña Sacra. Se han encontrado restos de un asentamiento romano, posteriormente visigodo y más tarde musulmán. El pueblo renace tras la Reconquista y aparece repoblado por segovianos en el año 1248. Generó graves disputas entre estos y los habitantes procedentes de Madrid, que fueron solucionadas por Alfonso X el Sabio, que lo incorporó a la corona, y que a partir de ese momento se denominó El Real de Manzanares.

Fue en el siglo XIV cuando Juan I lo cede a Pedro González de Mendoza, y entonces es el momento de mayor esplendor de la población. De esta época quedan restos de un castillo, el conocido como «castillo viejo», del que apenas se conservan ruinas de su planta. Un siglo más tarde, y por obra de Diego Hurtado de Mendoza, se inicia la construcción del castillo que se puede contemplar en la actualidad, que fue finalizada por Juan Guas siguiendo las indicaciones de Íñigo López de Mendoza.

Hay una curiosa tradición que señala que fue la primera población en la que pensó ubicar Felipe II el monasterio que quería construir por ser un paraje especialmente preparado para ello, pero finalmente el monarca cambió la decisión, para llevar su idea a El Escorial. No hay una razón que pueda demostrar por qué el rey cambió de opinión, aunque la leyenda cuenta que los místicos del momento consideraban la zona donde está ubicado el monasterio como una de las «bocas del infierno» y que la única forma de taparla era con tan magna obra.

Hay en Manzanares, pues, dos castillos, el viejo y el nuevo. Del primero, que fue habitado por la familia Mendoza, apenas quedan unos mínimos restos; el nuevo es uno de los mejor conservados del país, y muestra toda la grandeza de la historia de los duques del Infantado. Además, a partir de 1981 es un símbolo para la Comunidad de Madrid, ya que allí fue donde un 25 de junio se inició el proceso autonómico de esta antigua provincia. La leyenda afirma que entre ambos castillos había pasadizos subterráneos que los comunicaban, lo que no ha dejado de ser una leyenda, y como tal lo exponemos.

Otra cosa son las ermitas que se suceden en Manzanares, cada una con su historia propia. En primer lugar debemos destacar la de Santa María del Vado, desaparecida en el siglo XVII, algunas de cuyas ruinas se pueden contemplar al borde del pantano, y que fue cantada por el Arcipreste de Hita en su *Libro de buen amor.*

> Cerca de aquesta sierra ay un lugar onrado
> Muy santo e muy devoto: Santa María del [Vado.
> Fui a tener vegilia, como es acostumbrado,
> A onra de la Virgen ofrecile este ditado:
> A ti, noble Señora, Madre de piedad,
> Luz naciente al mundo, del cielo claridad,
> Mi alma e mi cuerpo ante tu majestad,
> Ofrezco con cantigas e con gran omildad.

Mucho más profunda es la tradición que existe sobre la ermita de la Peña Sacra, que está relacionada con cultos druidas, dado que en su proximidad se encuentra Canto Redondo, una formación rocosa alrededor de la cual se mantenía un baile tradicional que recordaba a las danzas celtas que se realizaban en honor de la dio-

Manzanares el Real se sitúa entre el embalse que lleva su mismo nombre, y que algunos denominan del Marqués de Santillana, y las fuertes estribaciones de la sierra de la Pedriza.

sa madre en el ciclo de la vida a lo largo de los equinoccios y solsticios. La leyenda mantiene que este «canto» no es sino el antecedente de Nuestra Señora de la Sacra, consagrado ancestralmente a las creencias que sobre la naturaleza tenían los primeros pobladores de la zona.

Y que vamos a decir de la Pedriza, de ese conjunto roqueño de la naturaleza que sirvió durante años de escondite a los bandoleros que asolaban la comarca, y que nunca tuvo el interés o se le dio la importancia que a Sierra Morena y a su significativo protagonismo del bandidaje de los siglos XVIII y XIX. En esta zona madrileña actuaron con total impunidad Luis Candelas, Paco *el Sastre*, Pablo Santos…

El origen de la Pedriza es también legendario. Cuenta la leyenda que hace muchos años había una gran rivalidad entre dos partes: la Pedriza posterior y la Pedriza anterior, de manera que estalló una guerra entre ambas, y así combatieron hasta que la posterior venció, y erigió como signo del triunfo la Peña de la Bota. Tiempo más tarde hubo otra guerra y esta vez venció la Pedriza anterior, y puso como símbolo del logro el Yelmo de Membrillo. Al final y para evitar nuevos conflictos, decidieron que hubiese un límite entre ambas que marcase su territorio, el Canto del Tolmo, y además se erigió un guardián que vigilase esa paz, El Centinela, que se situó en lo alto del Collado de la Dehesilla, y desde entonces vigila que nadie rompa esa paz.

Por su significación incorporaremos aquí otra de las leyendas que tiene como protagonista esta zona. Se trata de la cueva de la Mora, que se encuentra cerca del refugio Giner. Cuenta el relato que una joven musulmana se enamoró de un cristiano, y que para evitar su unión, los familiares de la mujer la secuestraron y la llevaron a vivir a esa cueva. El caballero jamás fue a verla y ella despechada continúa vagando por las proximidades de la cueva buscando noche tras noche a su amado.

> Serranas del Mançanares,
> yo me muero por Inés,
> cortesana en el aliño,
> labradora en guardar fe.
> De cuyos ojos honestosa
> se dejó el amor vencer,
> que aunque su color es pardo
> es más bello que Aranjuez.
>
> (Marqués de Santillana)

Meco

MEQUERO

No te ha de valer la bula de Meco.

Ya se sabe el poder que tenían las «Bulas de Meco», único pueblo de Madrid donde se podía dar asilo a un maleante en una iglesia en el siglo XVII, y también donde se podía comer una serie de alimentos vetados para otros municipios durante la Cuaresma, sin que por ello se rompiese el ayuno obligatorio.

Próximo a Alcalá de Henares, el origen de su nombre tiene diferentes hipótesis. Por una parte se habla del nombre romano Miccon, aunque hay autores que afirman que se trata de la verdadera Miaccum, localidad antepasada de Madrid. Los árabes la conquistaron y le pusieron por nombre Maksusk, es decir «monte pelado», porque la colina donde estaba se encontraba totalmente despoblada de árboles y vegetación. Esta circunstancia se refuerza con lo escrito en las *Relaciones de Lorenzana*, donde se especifica que se trata de un terreno «árido, pues no tiene más árboles que algunas pocas matas de olivos y unas alamedas que están a la parte de Oriente».

Se han encontrado restos arqueológicos del periodo Neolítico, así como una necrópolis romana, y se supone que la población sería inicialmente una finca agrícola romana dedicada al cultivo de trigo, para abastecer a Complutum (Alcalá). Sobre la presencia de los romanos en esta zona también hablan las *Relaciones de Lorenzana*, aportando datos muy interesantes al respecto: «Se halló una piedra sepulcral, que está en poder de un vecino de esta villa, en la que se conocen algunas dicciones, que dicen así: *agripa uxore suae...dicavit.* Y posteriormente, pues ha sido este año, se han hallado dos medallas que tengo en mi poder, la una junto a una de las fuentes que tiene esta villa, y la otra la halló componiendo su casa un caballero de esta población, que se llama Bruno Díaz Salcedo; una y otra son de bronce, del peso de una onza escasa, y en la primera está grabado el busto del emperador de Roma Claudio, y por este lado se lee la inscripción siguiente: *Ex.S.C.Ob cives servatos*; y esta fue la que se halló junto a la fuente. Y la otra tiene por un lado el busto del emperador Celio con esta inscripción: *Caelius Caesar*, y por el reverso una figura entera que parece tener un tridente en la mano, la cual figura divide una dicción que, juntas sus partes, dice así: *Panon-nia*».

Durante la época musulmana, en Meco hubo un asentamiento también agrícola donde se almacenaba el grano, que servía para dar alimento a la serie de fortalezas y atalayas que se extendían en la línea fronteriza entre árabes y cristianos.

La población fue conquistada por las tropas del arzobispo de Toledo, y permaneció bajo la jurisdicción de Alcalá, hasta que el 18 de agosto de 1430 el rey Juan II de Castilla la entregó, junto con otras aldeas y lugares, al marqués de Santillana.

En las *Relaciones topográficas* de Felipe II aparece Meco como propiedad el marqués de Mondéjar, en cuyas manos permaneció hasta la desaparición de los señoríos a principios del siglo xix.

El 16 de mayo de 1487 el papa Inocencio VIII concede a Meco una serie de indulgencias por las que con motivo de venerarse un relicario que hay en forma de cruz en la iglesia de la Asunción de Nuestra Señora, sus vecinos podían comer libre y «lícitamente», huevos y otros alimentos, e incluso carne, todos los viernes y días de ayuno de Cuaresma, sin que se quebrante el ayuno obligatorio para esos días.

> Inocencio VIII, Siervo de los Siervos de Dios, para perpetua memoria. Por la acostumbrada clemencia de la Sede apostólica, y por disposición de la Sacrosanta Iglesia, usando de benignidad mansedumbre, y templando sus rigores, se han establecido aquellas cosas que, atendiendo a la necesidad de lugares y personas, se han creído saludables y convenientes. Por lo tanto nuestro amado hijo y noble varón Íñigo López de Mendoza, conde de Tendilla, y destinado como orador de los muy ilustres y muy amados en Cristo, Fernando e Isabel, reyes de Castilla y León, cerca de Nos; acaba de hacernos presente, que, encontrándose a gran distancia del mar, y habiendo por consiguiente escasez de pescado, para que cómodamente puedan sustentarse los días de viernes y ayunos los vecinos y demás moradores de los lugares de Tendilla, de Mondéjar, de Viana, del Miralcampo, de Fuente del Viejo, de Meco, de Azañón, de Loranca y de Aranzueque, sitos en la diócesis de Toledo y de Cuenca, y sujetos a su señorío temporal, sería muy conveniente que se estableciese que los vecinos y moradores de los dichos lugares que en ellos residiesen, pudiendo en los citados días comer algunos lactinios, resultando así el provecho y utilidad de los mismos...
>
> ... atendiendo a sus humildes ruegos, al tenor del presente y en virtud de nuestra

autoridad apostólica ordenamos y mandamos: que todos y cada uno de los vecinos y moradores de los dichos lugares, sea cual fuere su sexo, tanto los que lo son ahora como los que fueren en adelante, y los que en dichos lugares tuvieren casas o accidentalmente morasen, tanto en los días viernes como en los demás de ayuno, ya sea de precepto, ya de costumbre, excepto en la Cuaresma, y aunque esos mismos vecinos y moradores en los dichos días se encontrasen casualmente fuera de los citados lugares, pero en otros distantes del mar cien millas, o sean treinta leguas, puedan en ambos casos, libre y lícitamente, comer huevos y lactinios, sin que se entienda que por esto quebrantan el ayuno e incurren en pecado alguno...

(Fragmento de la Bula de 1487)

La iglesia de la Asunción de Meco fue la única que pudo mantener el «derecho de asilo» gracias a la conocida como Bula de Meco promulgada en 1487 y que no fue derogada por el papa Clemente XIV en 1772, cuando sí lo hizo con las demás iglesias españolas.

Pero mucho más curiosa es la «bula» concedida a Meco por el papa Clemente XIV en 1772, y de donde parece arrancar el refrán «no te salva ni la bula de Meco».

El rey Carlos III pidió al papa que eliminara la regla por la que un delincuente podía pedir asilo y estar a salvo en el interior de una iglesia. Ese privilegio que provenía de la Edad Media permitía a todo aquel que fuese perseguido por la justicia refugiarse en los lugares sagrados para evitar ser apresado, y además poder así, mientras estaba en el interior de una iglesia, por ejemplo, conseguir un juicio supuestamente más justo. Este derecho de asilo dio lugar a numerosos abusos, por lo que Carlos III solicitó al papa que lo levantase, lo que este hizo con gran número de templos, menos con la iglesia de la Asunción de Meco, a la que permitió mantener este derecho dentro de la diócesis de Toledo.

Una leyenda hecha realidad es lo que sucedió en el año 2002 cuando se encontraron las famosas cuevas de las que siempre se había hablado en este pueblo y a las que se consideraba como un asentamiento subterráneo dado que la tradición apuntaba que unían toda la población entre sí. No hay una documentación exacta que date la fecha de la existencia de estas cuevas, aunque parece ser que podrían ser del final del Medioevo o de principios del siglo XVI, y que servirían como refugio para los nobles, o quién sabe si para los encuentros amorosos de más de un vecino sin que nadie se enterase de sus correrías. De todas formas aquí queda expuesta su existencia, gracias a que a una vecina del pueblo, Isabel, se le hundió una parte de su patio, y se encontró bajo el suelo una gruta con tres túneles que acaban todos en paredes selladas.

Mejorada del Campo

MEJOREÑO

Si nos preguntásemos si puede un hombre solo levantar una catedral, y la respuesta fuese la que todos pensamos, es decir, ¡no!, pues nos estaríamos equivocando, porque en la localidad de Mejorada del Campo, muy cerca de Alcalá de Henares, hay un «individuo» de nombre Justo Gallego que decidió en 1961 construir sin ayuda una iglesia, que él considera una catedral, dedicada a la Virgen del Pilar. ¿Dónde están aquellos canteros que iban de pueblo en pueblo en el siglo XIII para construir las catedrales góticas, y que fundaron los gremios de los que nació la masonería? O ¿dónde está algún abad tipo el de San Denis gracias al cual el gótico, y por ende las catedrales, son una realidad? Pues aquí no hay nadie, tan solo un hombre que ha decidido dedicar su vida entera a construir un edificio religioso que ocupa más de ocho mil metros cuadrados.

El nombre de la población no está nada claro, y por ello se apuntan varias versiones de las que rescatamos dos que parecen más reales, preferentemente la primera. Tras la conquista de la zona por parte de los cristianos, los primeros pobladores de la zona buscarían tierras «mejores» donde asentarse, y de ahí provendría por evolución el nombre de Mejorada; la segunda teoría es la de la posible existencia de un monasterio de frailes jerónimos, y por ello que al lugar se le otorgarse un privilegio de «amejoramiento», pero... ¿dónde está ese monasterio? Sobre el añadido del Campo, aparece así mencionada la aldea en el año 1673, posiblemente debido a que formaba parte de las poblaciones que se encontraban bajo un marquesado que además poseía el título de señor de la Torre y Casa solariega del Campo. No obstante, se sabe que en el siglo XII se habla del lugar como poblado por segovianos y se denomina Mejorada del Rey, ya que era un lugar de realengo.

Los primeros vestigios de población se remontan al Paleolítico y al Neolítico, y a las colonias que se es-

El esfuerzo de un solo hombre que con sus propias manos quiere construir una «catedral» en pleno siglo XXI. Esa es la labor que se ha propuesto un vecino de esta localidad, Justo Gallego.

tablecieron en los márgenes de los ríos Jarama y Henares, que confluyen en ese término. También se han encontrado restos de muchas haciendas romanas, y se apunta a que el origen de Mejorada tiene su base en una de esas *villae*. En la confluencia de los dos ríos existía el castillo musulmán de Cervera, cuyos restos han sido destruidos recientemente. En 1593 Felipe II le concede el título de villa y entrega la población a su secretario, Francisco González de Heredia y Gante, considerado el primer señor de Mejorada, que funda el mayorazgo de Mejorada. En 1672 la población fue subastada públicamente, y fue adquirida por Pedro Fernández del Campo, a quien se le concedió el título de marqués de Mejorada, y que fue el autor del cambio del nombre. Tras una serie de vicisitudes, en 1757 fue vendida de nuevo la población, y se hizo cargo de ella Joseph Antonio de Torres, y aunque a principios del siglo XIX los privilegios de los señoríos son abolidos, en 1887 la reina regente Maria Cristina concede el título de conde de Mejorada del Campo a Gonzalo de Figueroa.

Como curiosa leyenda unida a Mejorada destaca, además de lo que tiene en sí misma la fuerza humana capaz de levantar la mencionada catedral ofrecida a la Virgen del Pilar, la existencia de una misteriosa cueva de la que se habla en el siglo XVI apuntando que se trataba de un lugar donde se refugiaban los vecinos o donde escondían sus pertenencias durante las escaramuzas entre cristianos y musulmanes. Se trata de la cueva de Sopeña, de la que se desconoce su existencia, porque aunque se apunta que está a dieciocho kilómetros del pueblo, nadie la ha encontrado, o al menos nadie ha anunciado tal hecho.

No podemos finalizar estas palabras sobre Mejorada, sin recordar un hecho luctuoso, la tragedia que sobrevino el 27 de noviembre de 1983 cuando un Boeing B747 de la compañía colombiana Avianca cayó a tierra en las proximidades del casco urbano y causó la muerte a 181 personas.

Miraflores de la Sierra

MACUREÑO

En el centro del pueblo
quedaba el árbol grande.
Era una plaza mínima,
Pero el árbol viejísimo
La desbordaba entera.

[...]

Todo dormía, y vigilante alzaba
su grandeza el gran álamo.
Diez hombres no rodearían su tronco.
¡Con cuanto amor lo abrazarían midiéndolo!

[...]

Abuelo siempre vivo del pueblo,
augusto por edad y presencia.

[...]

El pueblo está en la escarpada de una sierra.
Arriba la Najarra.
Abajo la llanura, con una sed enorme de
[perderse.

[...]

El árbol:
un álamo negro, un negrillo, como allí se
[nombra.
El álamo «vamos al álamo». «Estamos en el
[álamo».
Todo es álamo.

Y no hay ya más que álamo, que es el
[único cielo de estos hombres.

(Vicente Aleixandre al álamo de Miraflores)

En contra de lo que mucha gente puede pensar al llegar ahora a Miraflores de la Sierra, existe una amplia relación de leyendas que se inician precisamente en su propio nombre, y que continúan con los calificativos que se dan a sus vecinos en el romancero popular madrileño: «pleitistas, que de eso tienen la fama», y «tramposos, porque deben y no pagan».Y decimos en contra al ver el desarrollo que ha tenido este municipio integrado en la cuenca alta del río Manzanares, situado a 1105 m de altura, y que no hace muchos años era más lugar de vacaciones que de residencia habitual.

Hasta el primer tercio del siglo XVII se conocía como Porquerizas, y su cambio se debió a algo más que a una simple historia; continuando por el anuncio de la existencia de brujas en 1644, con lo que el vecindario quedó sobrecogido; o las actuaciones del Tío Francachela contra los lobos; y qué decir del macabro suceso protagonizado por la Tía Boyona...

Comencemos por el principio y destaquemos el porqué del cambio del nombre antes de adentrarnos en la historia de esta población, para

Vista de Miraflores.

continuar luego con algunas de las leyendas o hechos curiosos ya apuntados.

Pues bien, parece ser que corría el año 1627, cuando Isabel de Borbón, esposa de Felipe IV, se alojó en una aldea llamada Porquerizas, camino del monasterio de El Paular, al amanecer se asomó a una ventana y vio desde la casa un valle lleno de flores. Le pareció tan bonito que exclamó a una de sus damas de compañía: «¡Mira, flores en la sierra!». La verdad es que esa sería la traducción del francés, porque Isabel y su dama no sabían tanto del español como para ello. De todas formas nos quedaremos en un «*regardez il-y-a des fleurs*» y en una traducción más o menos acertada. Al preguntar cómo se llamaba el lugar, le indicaron que Porquerizas, nombre que evidentemente no gustó a la reina, quien pidió a su esposo que lo cambiase. Pese a la hermosa leyenda, hay quien apunta que podría tratarse de un cambio político, porque ¿cómo iba a dormir la reina en un lugar que tiene por nombre donde se guardan las piaras de cerdos?

En cuanto a la denominación de Porquerizas, parece provenir según algunos autores, de las piaras de cerdos que cuidaban allí los segovianos que la poblaron en el siglo XIII; mientras que para otros, más finos, el nombre se encuentra en la abundancia de jabalíes que había en la zona.

Se desconoce exactamente la fecha de su fundación, aunque se supone que fue durante el reinado de Alfonso X el Sabio. En 1363 Juan I cedió el territorio a Pedro González de Mendoza, antecesor del marquesado de Santillana, a través del cual

Vicente Alexandre cantó al centenario álamo de Miraflores, que ocupa la zona central de su plaza mayor, que por sí sólo merece una visita a esta población del noroeste de la Comunidad.

pasó a formar parte del Real de Manzanares y de Íñigo López de Mendoza en 1446. Carlos I le otorgó el rango de villa en 1523, y dejó de depender de Manzanares. Durante la guerra de la Independencia sirvió de lugar de avituallamiento a las partidas comandadas por el guerrillero Abril en su lucha contra el invasor francés.

Pero no sólo el álamo o las acciones de las partidas de los guerrilleros aportan datos curiosos a Miraflores, sino que también hay que considerar uno de los casos más interesantes de las prácticas de magia negra que se recuerdan en la Comunidad. Corría el año de 1644 cuando un rumor atemorizó al vecindario, y a algunas aldeas próximas. En Miraflores o Porquerizas, había brujas que acechaban en la oscuridad, por lo que nadie se atrevía a salir por la noche de su casa. Pronto se buscó a un chivo expiatorio, y este fue una curandera del lugar que usaba las plantas para curar los males de los vecinos, una mujer de más de sesenta años, llamada María Manzanares.

La acusación de brujería se basó, inicialmente, en haberla visto por la sierra pasear desnuda, y comprobar que recogía hierbas en el campo que luego utilizaba para ungüentos. La mujer se defendió diciendo que si la habían visto pasear desnuda era porque había lavado su ropa y esperaba que se secase, y que las hierbas las cogía para curar diversos males. Por ello se consideraba inocente de la acusación que se le hacía. Entonces intervino una amiga (¿) de María, Ana Nieva, de setenta y cuatro años de edad, que declaró que ella era bruja y que había participado junto a María en diversos actos de brujería. De hecho afirmó haber llevado a cabo un pacto con el demonio; que habían bailado, ambas, una danza diabólica junto a más brujas cabalgando sobre machos cabríos, y que tras ello se fueron volando hasta Torrelaguna. También dijo que gracias a una pomada fabricada por María se habían untado los muslos y habían sido trasladadas a otro lugar donde participaron en una orgía.

No se ha encontrado una sentencia del tribunal, aunque sí se conoce que no fue ajusticiada ninguna persona vecina de Miraflores en aquella época, por lo que se supone que sería condenada a prisión o al destierro.

Mencionábamos también al famoso Tío Francachela, personaje muy conocido en el Miraflores del siglo XIX, y que cuenta con su nombre en la fuente que se encuentra en la carretera de Rascafría.

Este pastor se dedicó a cuidar su ganado matando los lobos que le acechaban en un principio, y posteriormente se convirtió en un verdadero cazador de estos animales. De hecho hay datos en el Archivo Municipal de la población que indican que llegó a matar 219 animales, y que por ello recibió una pensión vitalicia de ochenta céntimos diarios.

Y por último debemos referirnos a un hecho escabroso, mitad realidad, mitad leyenda. Se trata de la acción protagonizada por la Tía Boyona, que fue asesinada en su casa en 1886, sin que se encontrase nunca al responsable o responsables del hecho. Esta mujer era una de las personas más ricas del pueblo, de ello que se haya creado la leyenda de que quien la asesinó fue alguno de sus herederos. Poseía cuadros, muebles, ganado y fincas, y en metálico tres mil pesetas y ocho mil en créditos, y sin embargo no le robaron nada, o al menos eso pareció a los agentes de policía que la encontraron asfixiada con el colchón de su cama.

¡Ah! y que no se nos olvide aquello de:

¡Requesón de Miraflores!

El Molar

MOLAREÑO

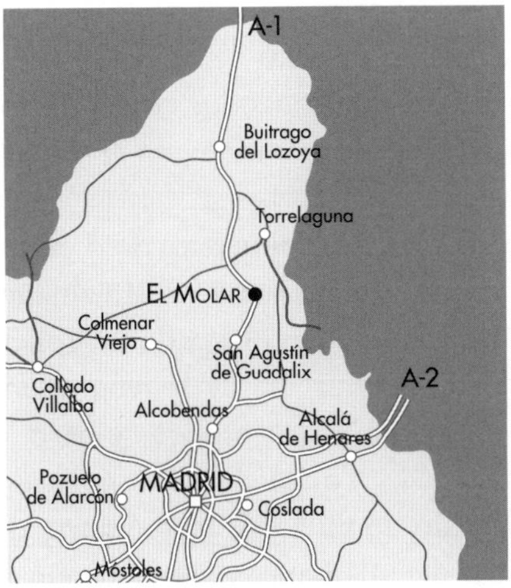

En el Molar: Cuevagacha
Donde beben el buen vino
Y retozan las muchachas.

(Coplilla local)

Las cuevas que existen en esta población y que hoy en día se dedican, en su mayor parte, a la hostelería, fueron excavadas posiblemente por los árabes, y utilizadas más tarde por los cristianos para guardar el vino que se hacía en la zona. Pero esa no es la tradición más importante de El Molar, sino una mariana protagonizada por la Virgen del Remolino, que nace de una leyenda que incluso aparece mencionada en las *Relaciones de Lorenzana* del siglo XVIII.

La leyenda sitúa a unos pastores molareños descansando junto a la ribera del río Jarama, cuando de repente se produjo un gran vendaval que recorrió el campo y movió el agua formando remolinos. Asustados se arrojaron al suelo viendo volar a su alrededor plantas, ramas, piedras... Una vez acabado el viento, de la misma forma sorpresiva que se había levantado, vieron entre unas matas un objeto brillante. Se trataba de la imagen de la Virgen. Por la naturaleza de su aparición se le puso el nombre de Nuestra Señora del Remolino y se edificó una ermita en ese mismo lugar. Y aquí se intensifica la leyenda, ya que comienza la discusión entre los vecinos de El Molar y los de Valdetorres del Jarama, dado que los terrenos en los que se construyó la ermita en honor de la Virgen no estaban delimitados entre los dos pueblos. Al final y tras diversas denuncias y pleitos quedó claro que el edificio que alojaba la imagen estaba en la margen del río correspondiente a El Molar.

Morena la Virgen de Arcos,
Morena la del Pilar;
Para morena y graciosa,
Remolino en El Molar.

Pero no paró ahí la polémica, dado que Ramona de Goicoechea, dueña de un balneario construido cerca de El Molar, y que también tiene su historia curiosa, como veremos, quiso trasladar la imagen a otra ermita edificada en las proximidades de ese centro, en la colina de la Corneja. Los vecinos se amotinaron y tuvo que intervenir la Guardia Civil para conseguir que en 1896 la imagen se trasladase.

La Virgen del Remolino,
la han subido a la Corneja
rodeada de civiles,
como si fuera una presa.

Este municipio que pertenece a la zona de la sierra de La Cabrera y a la cuenca del río Guadalix, se encuentra entre cuatro cerros en la falda de la sierra, y por ello su nombre puede provenir de la palabra latina *mola*, es decir, «meseta circular y parcialmente rocosa»; no obstante, también podría ser por la existencia de algún molino en la zona dedicado a moler grano, por la «piedra de amolar o molar». En cuanto al origen de la población, se han encontrado algunos restos de origen celtibero, y la atalaya que se conoce en su zona, aunque hoy haya desaparecido, hacen que se hable de un asentamiento árabe que posiblemente formaría parte de la denominada «Marca Media del Tajo», y que sabemos que estaba aún en pie en el siglo XVIII pues así aparece reflejado en las *Relaciones de Lorenzana*: «No tiene edificios antiguos ni castillos, solo hay en término una que llaman atalaya, de cal y canto, bastante elevada, colocada sobre un cerro muy alto, y dista del pueblo medio cuarto de legua, y desde dicha atalaya se van viendo otra y otras de la misma forma que van continuando, como de mediodía al norte puestas en cerros elevados…».

Tras la Reconquista pasó a formar parte de las tierras de Talamanca, propiedad del arzobispado de Toledo, quien se encargará de la repoblación del lugar. Desde entonces y hasta el año 1564, en que Felipe II le concedió el título de villazgo, formó parte del alfoz de Talamanca. La separación de la jurisdicción de esta población no desvinculó a ambas localidades, que siguieron unidas por el acuerdo del uso de los pastos hasta 1834.

Acabaremos este repaso a las historias y leyendas de El Molar, mencionando el famoso balneario que causó el problema de finales del XIX a la Virgen del Remolino, y que también se fundamenta en una leyenda, la de la fuente del Toro.

Un pastor buscaba a uno de sus toros que se había separado de la manada para encontrar agua, y que se encontraba afectado por un tumor. La res llegó hasta un paraje donde había una fuente y sació allí su sed, cuando lo encontró, el pastor vio, con sorpresa, que el tumor había desaparecido y que el animal estaba sano. Hay una primera referencia a las propiedades medicinales de la llamada fuente del Toro en 1697, aunque se data en años anteriores la construcción de un balneario que tuvo su importancia en el desarrollo de la población y en la presencia de la Virgen del Remolino. Esta importancia suele ser destacada por los diversos gobernantes del pueblo con la inclusión de un toro y una fuente en el escudo aprobado en 1975.

Los Molinos

MOLINERO

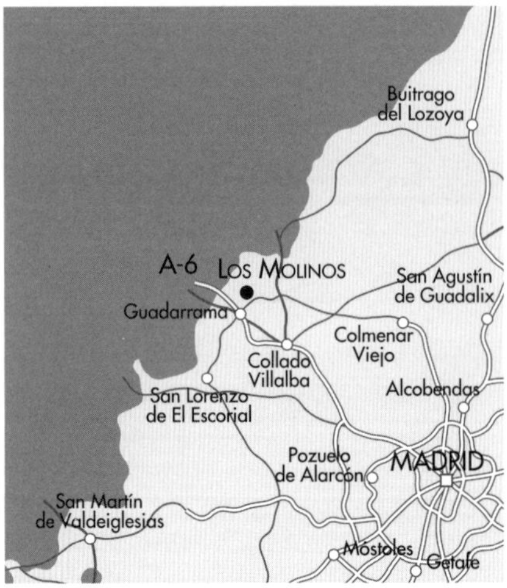

Aunque no se sabe a ciencia cierta, podemos afirmar sin temor a equivocarnos mucho, que por estas tierras debió de pasar alguna parte de la calzada romana que atraviesa más arriba de Cercedilla el valle de la Fuenfría, dada la proximidad entre ambas poblaciones.

El origen del nombre de este municipio de la sierra de Guadarrama es muy sencillo, ya que se debe a la cantidad de molinos que allí había, y entorno a los cuales se constituyó la población, para moler el grano con el que alimentar a los trabajadores del monasterio de El Escorial. Por lo que podemos unir muchas de las leyendas y tradiciones que contamos sobre la construcción de esta obra religiosa a Los Molinos, así también como las de Guadarrama.

Lo apuntan las *Descripciones de Lorenzana* de finales del siglo XVIII: «Y tomase el nombre que tiene con motivo de haber tenido en su término nueve o diez molinos harineros, aunque en el día tiene solamente cuatro próximos».

Su fundación proviene de la Reconquista, aunque no se debe olvidar que también por allí estuvieron los árabes, si bien no hay restos de un asentamiento de estos en la zona.

Volviendo de nuevo a las *Descripciones de Lorenzana*, encontramos que «de la fundación de esta villa y su antigüedad no he podido averiguar cosa cierta, y solo sí puedo decir que el libro más antiguo de bautismo que existe en el archivo de su iglesia regía por el año 1502, y se hace creíble que se fundase muchos años después que esta de Guadarrama, porque los autores históricos que de esta tratan (y yo he visto) no hacen mención de la otra y porque, hasta hacerse villa, fue aldea sujeta a Guadarrama».

Con todo, parece ser que se podría situar su fundación en el último cuarto del siglo XIII, coincidiendo con el asentamiento de los pastores segovianos en la zona del Guadarrama, en las llamadas «pueblas».

Los Molinos aparece como aldea vinculada al Real de Manzanares desde tiempos de Alfonso X el Sabio, y por su término pasaba la cañada real de Merinas que conectaba con las cañadas reales soriana occidental y segoviana del concejo de la mesta castellana. Estuvo vinculado a Guadarrama hasta que en el año 1666 la regente de España, Mariana de Austria, le otorgó la calificación de villa. Ya en 1799 se incorporó a la provincia de Madrid.

Una curiosidad que hay que tener en cuenta es la Hermandad de San Sebastián, que se creó en el primer cuarto del siglo XIX, y que celebra la fiesta de este santo el 20 de enero, día en el que los cofrades entonan la antigua ronda conocida como *El Caracol*.

Caracol
como pica el sol.
Los pájaros pían,
levántate Juan Marcos
que ya es de día.

Y tras ello se canta al cura del lugar aquello de:

A cantar al señor cura
venimos los Sebastianes
con afecto y alegría
y sin perjuicio de nadie.
En el pueblo Los Molinos
hay un sacerdote bueno,
porque socorre a los pobres
y visita a los enfermos.
La casa del señor cura
es de piedra cal y arena;

La sierra de Guadarrama próxima a Los Molinos muestra su fuerza en invierno con las clácicas tormentas de agua y nieve.

Dios le dé mucha salud,
al padre que habita en ella.
La despedida le doy
como todos los hermanos;
Dios nos dé mucha salud,
señor cura hasta otro año.

Una leyenda justifica la devoción que hay en Los Molinos a san Benito de Rabiño, venerado en un santuario cercano a Cortegada (Orense), ya que se cuenta que una vecina de la población madrileña tenía una dolencia en la boca que solo podía curarse con una operación. Otra vecina, de origen gallego, le propuso que moldeasen una figura de cera y que se la ofreciesen a san Benito. Tras hacerlo así, pasaron un pañuelo por la imagen y después se la aplicaron en la boca a la enferma, que sanó de su mal milagrosamente.

Montejo de la Sierra

MONTEJANO

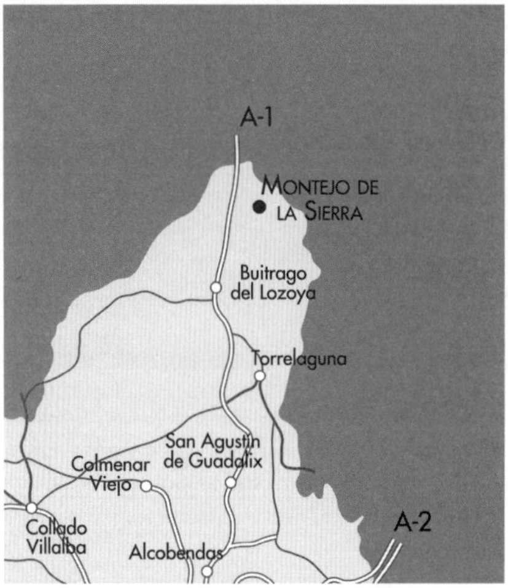

Un bosque mágico donde habitan los duendes, las hadas, los elfos, los gnomos, y toda una serie de seres fabulosos que han buscado en este rincón de la Comunidad de Madrid un inmejorable lugar de refugio ante el avance de la civilización que aniquila, asusta y hace esconderse a estos curiosos seres de la naturaleza que son visibles únicamente para algunos, pero que están ahí agazapados. El Hayedo de Montejo es un lugar que guarda en sí mismo la leyenda de todos y cada uno de ellos, desde el elfo que vive junto al haya cuidándola para que no sufra ningún peligro, hasta el hada que se esconde precipitadamente tras una hoja para no ser vista; o el duende, capaz de desorientar al visitante si no le cae bien, o si comete algún abuso contra la naturaleza que se le ofrece. Si el caminante escucha con atención, puede oír el canto de alguno de estos seres que le piden que sea dulce con los árboles y amable con la naturaleza.

Montejo está situado en la sierra del Rincón. El origen de su nombre se encuentra en la palabra latina *monticulus*, que se puede traducir como «montecillo», y de ahí vendría por deformación Montejo, que por cierto no se llamó inicialmente de la Sierra, sino del Rincón. Y como tal aparece mencionado en el *Libro de la montería* de Alfonso XI, donde se habla de un lugar poblado por puercos y osos.

Sobre el primer asentamiento, se suele datar en la Reconquista, y en la repoblación llevada a cabo en la zona por los ganaderos segovianos, aunque las primeras noticias documentadas se producen en el siglo XIV como parte integrante del señorío de Buitrago. De tal forma que todo su devenir histórico ha estado unido a este señorío, destacando su calificativo de cabeza de cuarto, que estaría conformado por Prádena, Horcajuelo, la Hiruela y naturalmente Montejo.

Hay una leyenda que curiosamente se da también en otras poblaciones de la Comunidad, como Madarcos, Man-

Montejo de la Sierra es famoso en todo el mundo por su hayedo y por la vegetación de su término municipal, uno de los más importantes de Europa.

jirón y Robledillo, que habla del efecto de una lagartija o salamandra que cayó en una marmita de sopa en una boda y que causó el envenenamiento de varias personas, que abandonaron la aldea para trasladarse a otra zona próxima donde constituir un nuevo asentamiento.

En el caso de Montejo se relaciona con una población llamada Naciril, Nazareth o Ventosilla, que fue abandonada precisamente por ese envenenamiento, de la cual no queda ningún resto, aunque se vincula a la aldea desaparecida la ermita de Nazareth o de Nacid, levantada a dos kilómetros de la población; allí, y según el *Libro de la montería*, se veneraba una imagen de la Virgen de Nazareth, una talla románica de la Virgen y el Niño, que hoy puede apreciarse en la iglesia de San Pedro de la localidad.

Esta zona también está integrada en la de los avistamientos de ovnis en los años noventa y en los casos documentados y desclasificados por la Junta de Jefes del Estado Mayor. En Montejo se registró el avistamiento de un objeto volador de una luz muy brillante que sobrevoló el hayedo el 14 de octubre de 1995. Fe de ello damos aquí, pero como ya hemos dicho en otras ocasiones, cada cual puede creer lo que crea oportuno.

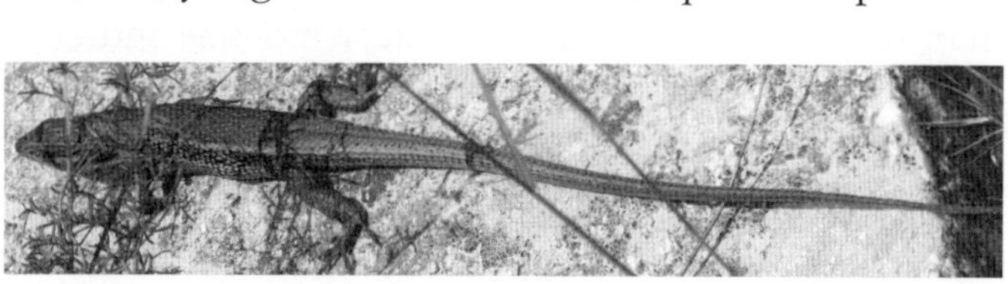

Una lagartija cayó en una marmita de sopa, y eso hizo que algunas personas se envenenasen y cambiasen de residencia, así es como nació Montejo.

Moraleja de Enmedio

MORALEJEÑO/MORALEJANO

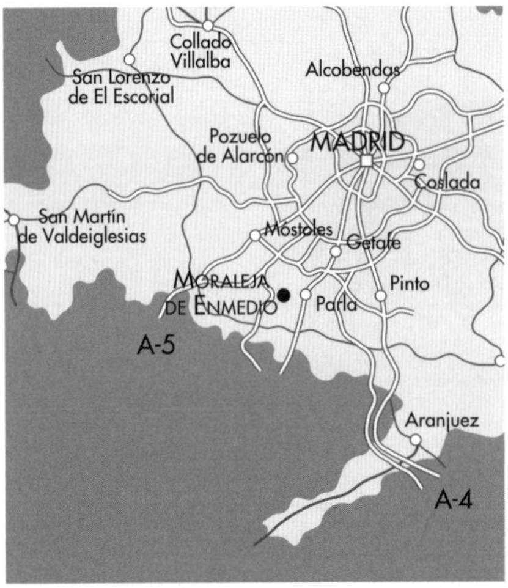

No se trata de buscar una enseñanza que se quiera transmitir con este nombre, como si se tratase de la conclusión de una obra didáctica que sirve para finaliza con el consejo de «la moraleja es que...». Tampoco el nombre de esta población tiene ese origen o ese fin, aunque curiosamente existe por la fusión o desaparición y llegada de sus vecinos, de otras dos aldeas del mismo nombre inicial, Moraleja de los Buyeros y Moraleja la Mayor.

Para esclarecer el significado del nombre, diremos que se trata del *Latine morius*, un arbusto muy común en la zona conocido como moral, de donde se podría hablar de Moraleda, y de ahí aparecería la denominación de Moraleja.

En cuanto a la existencia de este municipio que pertenece a la comarca de la Meseta del sur de la Comunidad de Madrid, proviene de dos poblaciones anteriores, Moraleja la Mayor y Moraleja de los Buyeros, hoy en día desaparecidas, y se considera que fueron vecinos de ambas aldeas los que decidieron fundar un nuevo asentamiento a mitad de camino entre ambas, poniéndole por eso el calificativo de Enmedio. En cuanto a la denominación de Moraleja la Mayor, se supone que era por su tamaño, y la de de Buyeros por los pastores que cuidaban los bueyes.

En las *Relaciones de Lorenzana*, se habla de Moraleja la Mayor, lo que demuestra que no despareció del todo con la creación de la de Enmedio. «De tiempo inmemorial tiene esta villa el nombre de la Mayor, aunque en esta tierra la llaman la chica, y con el diminutivo de Moralejita, concordando esto bien con su corto vecindario, pues solo tiene seis vecinos». De Moraleja de los Buyeros no hay ningún documento que indique cuál fue su existencia real, tan solo se sabe que ocupaba un prado donde los pastores se dedicaban a sus labores.

Se supone que el abandono de esas dos poblaciones y la creación de una nueva se debe a la insalubridad de la zona que causaba fiebres en sus pobladores por la excesiva humedad.

Moraleja de Enmedio existía en el siglo XVI, ya que se menciona en un documento sobre los pleitos territoriales con Segovia y Toledo. Perteneció a la Comunidad de Ciudad y Tierra de Segovia, incluida en el sexmo de Casarrubios. Formó parte del señorío del conde de Chinchón, y en 1757 pasó a depender de Madrid.

Moralzarzal

MORALZARZALEÑO

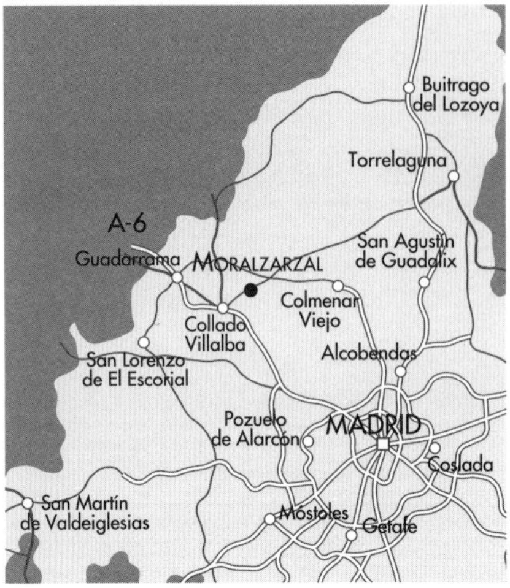

Un recuerdo para uno de los mejores toreros de la historia de la tauromaquia posee esta población, se trata del reloj que corona el edificio del Ayuntamiento, que fue donado el 5 de octubre de 1886 por Frascuelo, quien recibió a cambio y en agradecimiento de Moralzarzal, un estoque de plata.

Situado al pie de la sierra de Guadarrama, el origen de su nombre tiene diversas hipótesis. Por un lado se habla de que en el principio se conocía a la aldea como Fuente del Moral, y que en el siglo XIV hubo un asentamiento de pastores próximo cuyo nombre era Zarzal, por haber elegido un lugar donde abundaban las zarzas, y junto al que brotaba una fuente. Así lo refrendan las *Descripciones de Lorenzana*, cuando señalan que «a distancia de medio cuarto de legua del pueblo, siguiendo al norte, en el remate del cerro explicado que nace a poniente, brota una escasa fuente de agua mineral titulada del Zarzal, sus efectos son apreciables mayormente para las obstrucciones...». Otra idea que se esboza es mucho más directa, habla de las zarzas y de su fruto, las moras, y se olvida de si existieron dos poblaciones que se fusionaron en una. Curiosamente en el escudo de la población se suman las dos ideas, ya que en el cuartel superior está reflejada la zarzamora y en el inferior las fuentes.

Ambas aldeas, o al menos la mencionada como Fuente del Moral, podrían haber tenido su inicio en un asentamiento árabe con motivo de buscar un cierto acomodo en esta zona de la sierra en los diferentes combates que se mantuvieron durante años con los cristianos del norte. No obstante, como en tantas otras poblaciones, hay que apuntar a la Reconquista y a la llegada posterior de ganaderos segovianos, que como hemos visto en otras ocasiones entraron en pleitos con los madrileños por el dominio de los pastos. Recordemos aquí que fue Alfonso X el Sabio el que puso fin a estos litigios incorporando todos los territorios problemáticos a la corona en 1268, creando el Real de Manzanares, y permitiendo pastorear tanto a segovianos como a madrileños. Ya en 1287 en el *Libro de la montería* de Alfonso XI aparece Moralzarzal como tal y desaparece, pues, Fuente del Moral. En 1389 Juan I donó estos territorios a su mayordomo, Pedro González de Mendoza. Y a la muerte de este y de su hijo, Diego Hurtado de Mendoza, las poblaciones del Real de Manzanares entraron en litigio entre los descendientes de ambos, hasta que en 1436 Juan II lo cedió como señorío a Íñigo López de Mendoza, marqués de Santillana, y posteriormente duque del Infantado.

En 1672 le fue otorgado a Moralzarzal el privilegio de villazgo por parte de Felipe IV, aunque se mantenía dentro del señorío del duque del Infantado, situación que finalizó cuando en 1812 la Constitución de Cádiz abolió todos estos títulos.

Morata de Tajuña

MORATEÑO

En su vega he labrado
y en Morata he nacido
y a la Virgen de la Antigua
jamás yo nunca olvido.

(Jota popular)

San Sebastián y la Virgen mantuvieron una cierta disputa para ganar importancia en la devoción de los morateños, según la leyenda, que cuenta que fue la madre de Jesucristo quien al final inclinó la balanza a su favor.

En lo que respecta a su nombre, parece provenir del latín *maurus*, que significa «moro», aunque en castellano «morato» es un lugar oscuro, y por eso se dice que la denominación puede ser, o bien, «lugar oscuro a orillas del Tajuña», o «poblado de moros a orillas del Tajuña».

En las *Relaciones topográficas* de Felipe II se indica que «la dicha villa de Morata se llama así de tiempo inmemorial a esta parte, sin que haya habido memoria alguna de cuándo empezó llamarse así, pero que se presume llamarse Morata o porque había en su término muchas moreras y morales, por ser tierra dispuesta para ello de tener mucho riego, y así hay al presente morales muy antiguos, y se dice haber habido antes más, y también podría haberse llamado así según se presume y se tiene por más cierto después que los moros entraron en España porque de este nombre Morata se llamaron algunos moros, y así consta en la historia que se escribió de la guerra de Malta, que un moro principal de la armada del turco se llamaba Morata, y así se presume, que cuando los moros ganaron a España algún moro que fuese señor de Morata, del cual tomase el nombre».

Al tratarse de una zona fértil, fue habitada desde la prehistoria, con asentamientos de los carpetanos y de los romanos, que la denominaron Licinia; tras ellos llegaron los visigodos y los musulmanes, que fueron expulsados por las tropas cristianas. Su repoblación fue otorgada al arzobispado de Toledo, que ejerció el señorío

Vista panorámica de Morata de Tajuña, una población que ha sufrido el urbanismo moderno del «mal de piedra» que ha atacado a numerosos pueblos de la Comunidad.

hasta 1333, cuando Alfonso XI vendió el territorio a uno de sus camareros, Juan Puerto Carreño. Más tarde Morata fue ofrecida e incluida en la Comunidad de Ciudad y Tierras de Segovia. En 1522 obtuvo el título de villa, y en las *Relaciones de Lorenzana* de 1786 se habla de su pertenencia al marqués de Astorga y conde de Altamira.

Precisamente uno de los descendientes de ese conde, que ostentaba el título, es el protagonista de la leyenda que habla de cómo la Virgen «derrotó» a san Sebastián en el fervor popular de Morata.

Cierto día, de un año del siglo XIX sin especificar, hubo una enorme tormenta en la zona que asoló campos y casas, causando la caída de algunos tejados. El conde de Altamira salió con su nieto a comprobar la situación en que se encontraba una ermita que se había levantado en el pueblo en advocación de san Sebastián, para comprobar los posibles daños que había sufrido. Mientras comprobaba el estado de las paredes y de la techumbre, que habían aguantado perfectamente, el empuje del viento y de la lluvia, el niño llamó a su abuelo para enseñarle una figura que había encontrado en el barro junto a unos matorrales. Se trataba de una virgen que fue colocada en un altar en la ermita. Poco a poco los habitantes de Morata fueron mostrándole más devoción que a san Sebastián, hasta el punto de que se ha convertido en la patrona de la población. Se trata de Nuestra Señora de la Antigua.

Pero esa no es la única tradición o leyenda religiosa que posee Morata, pues también está la del Santísimo Cristo de la Sala.

El relato habla de la existencia de una antigua yesería en las afueras de la población donde se refugiaban muchos viajeros para pasar la noche. Un día llegó allí un vagabundo que antes de acomodarse dibujó la figura de Cristo en una de las paredes y se arrodilló a rezar. Al día siguiente continuó su camino, y cuando llegaron los trabajadores quisieron borrar el dibujo, lo que lograron, pero a la mañana siguiente cuando iban a comenzar su tarea descubrieron que el Cristo volvía a aparecer en la pared, hecho que se repitió varios días, hasta el punto de que se levanto la ermita que lleva el nombre de Cristo de la Sala que actualmente se encuentra integrada en el núcleo urbano de la población.

Móstoles

MOSTOLEÑO

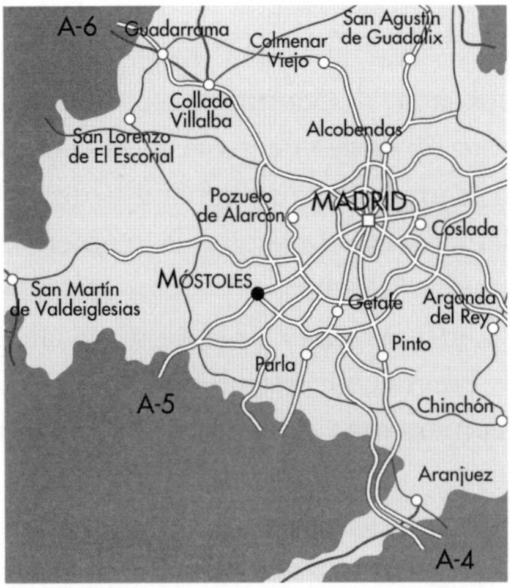

Conocido por el famoso bando llamando al levantamiento contra los franceses el 2 de mayo de 1808, este municipio del área metropolitana de Madrid cuenta con más curiosidades que esa parcela de la historia con la que todos la identifican. Curiosidades que iremos desvelando poco a poco.

En la actualidad ha sido prácticamente absorbido por la modernidad y la necesidad de encontrar un lugar donde vivir por los numerosos emigrantes que a lo largo del siglo XX han ido acercándose a la capital, y que la han convertido en una ciudad dormitorio con una población superior a la de muchas de las capitales de provincia que componen el Estado español.

En principio, fijémonos en el origen de su nombre que parece provenir de *mons*, que sería «monte», y la segunda parte, *toles* no está muy clara, ya que ambas palabras unidas tienen un sinfín de significados que no parecen poder atribuirse a esta población, entre ellos el de *mont-oleum* o «monte del aceite o monte de los olivos». Según indica Javier Dotú en su obra *Origen y significado de los nombres de los pueblos de la Comunidad de Madrid*, si consideramos la transcripción que se hace en 1144 cuando Alfonso VIII dona la aldea de Freguecedos al obispo de Segovia, «lo que el escribano escribe es Turrem (latín) de (román paladino) Monstoles (latino-hispano), y en realidad lo que hubiera debido escribir es Turreum Mons Toleti, es decir La Torre del Monte de Toledo».

Aquí hallamos la primera curiosidad, y es que una leyenda antigua afirma que desde la elevación del Cerro Prieto se podía ver Toledo en los días claros, ciudad a la que durante varios siglos estuvo unida Móstoles, y con la que tuvo numerosos litigios. Estos problemas surgían de la necesidad que tenían los vecinos de la población de desplazarse hasta esa ciudad para solucionar cualquier tipo de pleito, disputa o gestión de cierta importancia en la que tuviera que intervenir la justicia. Tal y como relata Lorenzana, «desde dicho lugar de Móstoles a la dicha ciudad de Toledo hay nueve leguas y más de muy malo y áspero camino, e que en tiempo de invierno se pasa mucho lodo y trampales e los vecinos de dicho lugar de Móstoles hacen muchas costas y gastos en ir a juicio a la dicha ciudad de Toledo, e algunas veces los pobres e viudas e otras personas dexan de pedir y seguir su justicia y se defender de los que algo les piden y demandan por no poder ir a la dicha ciudad, o seguir los pleitos y causas que suceden, porque si van han de dejar de labrar sus heredades, e así pierden lo que se les debe e no se defienden de lo que les es pedido maliciosamente, y que por no poder los alcaldes ordinarios del dicho lugar conocer las causas criminales, muchas veces quedan los delitos que acaecen en el dicho lugar de Móstoles sin punición ni castigo, y las partes quedan damnificadas». Situación que se solucionaría en 1565.

Pero recapitulemos. Según los estudios y los hallazgos romanos encontrados en la zona se podría tratar de la latina población de Metecorsa, y se añade como una prueba más el hallazgo de una lápida en el arroyo de El Soto, que habría sido encargada por una tal Fortunata en honor a su marido Flavianus. El historiador mostoleño Juan Ocaña afirma que la población estaba ubicaba entre el Cerro Prieto y los Tejareños, y defiende su origen romano.

Considerada una importante encrucijada de caminos, se sabe que tanto en época de los visigodos como en la musulmana, había allí una población. No obstante la primera referencia documental data de 1144, cuando Alfonso VIII dona la aldea de Freguecedos al obispo de Segovia y la menciona como Turrem de Monstoles.

> ... existem inter Turrem de Monstoles e illam carreram qua itur de Magerito ad Ulmos.

La historia de Móstoles está unida a las diferentes poblaciones de la zona, y a su dependencia jurisdiccional de Toledo, hasta que en 1565 obtiene el título de villa, tras haber comprado tres años antes a Felipe II el impuesto de alcabala. A partir de ese momento la población cuenta con jurisdicción propia, es decir, con «horca, cuchillo, cárcel y cepo».

Una demostración del carácter reivindicativo que siempre han tenido los mostoleños se produce en el hecho de la elección de los puestos municipales, dado que las familias nobles con intereses en la zona, como los Rojas o los condes de Puñoenrostro, mantenían el privilegio de poder designar libremente a quienes quisieran.

Los vecinos plantearon un duro conflicto y se llegó al acuerdo de probar diferentes fórmulas para solucionarlo. Por ejemplo, los nobles podrían designar, y ocupar, el cargo de alcalde mayor y los demás puestos políticos en los años impares, y a los vecinos sin esta alcurnia les correspondían los pares. Esta solución no satisfizo a ninguna parte, y aunque se mantuvo con ciertas modificaciones algunos años, en 1765 se estableció un nuevo sistema, el de tener dos alcaldes, uno de cada estamento, haciendo desaparecer el de alcalde mayor.

De esta decisión nace otra curiosidad de Móstoles, como es el famoso bando de mayo de 1808 llamando a la lucha contra el invasor francés, y al protagonismo dado a uno de los dos alcaldes, Andrés Torrejón, y al cierto olvido del otro, Simón Hernández.

La historia relata que el 2 de mayo de 1808 acudió a la localidad de Móstoles, Esteban Fernández de León, miembro del Consejo Superior de Regencia, para entrevistarse con su amigo Juan Pérez Villamil, secretario del Almirantazgo, que tenía unas tierras en la población donde pasaba largas temporadas. En el encuentro ambos hablaron de la situación que se estaba viviendo en Madrid, del traslado de los restos de la familia real hacia Francia, del levantamiento popular en las calles madrileñas y de la represión francesa, y este último, ni corto ni perezoso, redactó la famosa proclama que recorrería media España y que se conocería históricamente como la proclamación de guerra contra el invasor francés.

> Es notorio que los franceses apostados en las cercanías de Madrid y dentro de la Corte, han tomado la defensa sobre este pueblo capital y las tropas españolas; de manera que en Madrid está corriendo a esta hora mucha sangre; como españoles es necesario que muramos por el Rey y por la Patria, armándonos contra unos pérfidos que so color de amistad y alianza nos quieren imponer un pesado yugo, después de haberse apoderado de la augusta persona del Rey; procedamos pues, a tomar las activas providencias para escarmentar tanta perfidia, acudiendo al socorro de Madrid y demás pueblos y alentándonos, pues no hay fuerzas que prevalezcan contra quien es leal y valiente, como los españoles lo son. Dios guarde a usted muchos años. Móstoles 2 de mayo de 1808.

Este texto les fue presentado a los dos alcaldes puesto que tenían que ser ellos quienes lo firmasen como representantes de la población, lo que hicieron, entregándolo a un mensajero para que recorriese diferentes lugares con el llamamiento.

No hay constancia de que el mensaje llevase además ese famoso texto que durante muchos años es el que ha dado fuerza a la figura de Andrés Torrejón por delante de Simón Hernández:

La patria está en peligro. Madrid perece víctima de la perfidia francesa. Españoles, acudid a salvarla, Mayo 2 de 1808. El Alcalde de Móstoles.

Aunque la lógica nos hace pensar que este texto sería mucho más comprendido por los vecinos de las diferentes poblaciones a las que se hizo el llamamiento, que no el preparado por Pérez Villamil.

Y de la guerra a la paz, a las creencias religiosas, ya que la ermita de Nuestra Señora de los Santos, declarada Monumento Histórico Artístico por la Comunidad en 1994, tiene su leyenda. El relato indica que en septiembre del año 1514 cuando jugaban unos niños al frontón, se les escapó la pelota y fue a caer en un agujero. Al intentar sacarla comprobaron que más abajo había una especie de cueva, accedieron a ella y encontraron allí la imagen de la Virgen. En el lugar donde los críos habían jugado al frontón se levantó una modesta capilla que fue reformada en 1602 iniciándose la construcción de la actual ermita.

No podemos acabar este texto dedicado a Móstoles sin hacer una referencia a algo menos conocido, a la importancia que se dio a los llamados «órganos de Móstoles» en el sentido contrario a lo que se espera de este tipo de aparatos empleados para hacer música. Se trata de una frase acuñada en el siglo XVI como aquello que está «descolocado, sin orden».

Sobre el origen de esta frase hay diferentes teorías, de las que nos quedamos con una, la que afirma que al carecer el concejo mostoleño de instrumentos musicales para hacer un buen recibimiento a Felipe II que pasaba por la villa, a un vecino se le ocurrió meter en la caja de un organillo a diversos animales, de forma que provocasen con sus chillidos un ruido de algarabía, sin considerar que los animales eran tan antagónicos como perros y gatos, gallos y gallinas, lo que causó un efecto desolador.

Los órganos de Móstoles sirvieron a numerosos escritores para ser empleados como metáfora a la hora de hablar de situaciones confusas, desordenadas y de difícil comprensión.

Por los órganos de Móstoles
Que es juramente inviolable
Para un organero nobles.

(Quiñones de Benavente: del entremés *El alcalde de Alcorcón*)

Navacerrada

SERRANO

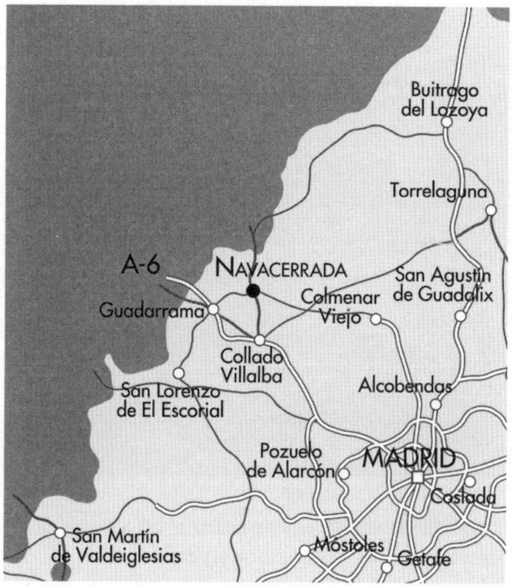

Objetos volantes no identificados han sido vistos en numerosas ocasiones sobre la cumbre del puerto del mismo nombre, que se encuentra unos kilómetros más arriba de esta población, situada en la entrada del denominado valle de la Barranca en plena sierra de Guadarrama, que además comparte con las tierras limítrofes segovianas gran número de leyendas y tradiciones.

El origen del nombre podría estar en «nava» quiere decir «tierra llana» usada como pastizal, y el añadido de «cerrada» nos indica que se trataba de un lugar de cultivo que estaba vallado. Según la Real Academia de la Lengua, «nava» sería una llanura generalmente cultivable, a veces pantanosa, situada entre las montañas. No obstante el investigador Andrés Marín dice que llamaron a esta población La Nava Cerrada porque las primeras chozas se edificaron en una pradera que fue cercada a modo de protección con el ramaje de los árboles y con una tosca pared para que el ganado no pudiese escaparse.

Su existencia se remonta a los tiempos de Alfonso VII, y se habla de una población existente allí en 1152, formada, naturalmente, por pastores segovianos que cruzaron la sierra en busca de pastos. Su condición de zona fronteriza causó numerosos enfrentamientos entre sus primeros pobladores y los madrileños, lo que se resolvió, como en otros lugares de la sierra, con la actuación decidida de Alfonso X el Sabio y la creación del Real de Manzanares.

Se han encontrado algunas referencias a la existencia de un albergue existente en el puerto en 1273, conocido entonces con el nombre de Manzanares. Será ya en 1389 cuando Juan I done el territorio a su mayordomo Pedro González de Mendoza, y como ocurrió en otras poblaciones unidas a esta familia, hubo pleitos entre sus descendientes hasta que en 1435 se le otorgó al marqués de Santi-

Decir Navacerrada es hablar de la sierra más conocida de la Comunidad y de su estación de montaña y pistas de esquí. Pero, sobre todo, es mencionar la Bola del Mundo, el repetidor de comunicaciones que corona una de las partes más altas.

llana, y que más tarde pasó a su hijo, nombrado duque del Infantado.

El primer hecho que queremos destacar de Navacerrada es la importancia que alcanzó en el último cuarto del siglo XVIII cuando se construyó el camino que atravesaba la sierra de Guadarrama a 1900 m de altura, bajo la dirección de Juan de Villanueva, con lo que comenzó el abandono del hasta entonces obligado uso del paso de la Fuenfría.

Navacerrada, y sobre todo su puerto, han estado siempre unidos a los avistamientos de ovnis en todas las oleadas que se han registrado en la Comunidad de Madrid. De estas experiencias relatamos la de una joven que se encontraba en un albergue juvenil de la localidad. Era un día de junio de 1967, por la mañana, y Consuelo O. vio un objeto posado en el suelo de tamaño semejante al de un coche, de forma cilíndrica, redondeada en su extremo superior, donde además tenía luces, apoyado en dos gruesas patas con luces rojas y verdes, y que daba la sensación de que unas eran independientes de otras. A los diez minutos el objeto despegó a gran velocidad dejando tras de sí una estela de fuego. Este objeto parece ser que solo fue visto por la joven, por lo que al no haber más testigos habrá que creer en lo que ella dice que observó, aunque siempre puede haber algún escéptico que diga que se lo imaginó. Como siempre, y no me cansaré de repetirlo, que cada uno saque su propia conclusión.

Aunque se puede aplicar también a la zona segoviana de Guadarrama y sobre todo a la zona de Valsaín, no me resisto a contar aquí una leyenda que está unida a Navacerrada, a la Fuenfría y a Peñalara. Tiene como protagonistas el convento de Casarás y a un caballero templario.

La leyenda apunta que esta construcción de la que queda alguna ruina junto a la calzada romana del puerto de la Fuenfría en su vertiente segoviana, fue habitada por un caballero templario, Hugo de Marignac, que se enamoró perdidamente de una dama de la reina de Castilla que residía temporalmente en Valsaín. El caballero no fue correspondido por su amada, y por ello fue en busca de un hechicero nigromante que habitaba en la zona de Peñalara. Ambos acordaron que uno revelaría al otro dónde se encontraba un fastuoso templario escondido por los caballeros en esa zona, y que el otro le facilitaría el amor de la dama. Para ello el nigromante preparó un ritual en el que el caballero debía atravesar con su espada una imaginaria figura de su dama, tras de lo cual el mago le pidió que cumpliera su parte del trato, pero Hugo se negó, ante lo que el brujo estalló en carcajadas para comunicarle que lo que había atravesado era en realidad el cuerpo de la mujer y no una imagen como pensaba. El templario no se lo pensó dos veces y acabó con la vida de este de un mandoble. Desde entonces se dice que el fantasma del templario se mantiene expectante cuidando de que nadie se aproxime al lugar donde se esconde el tesoro, penando así su pecado.

Navalafuente

NAVALAFUENTEÑO

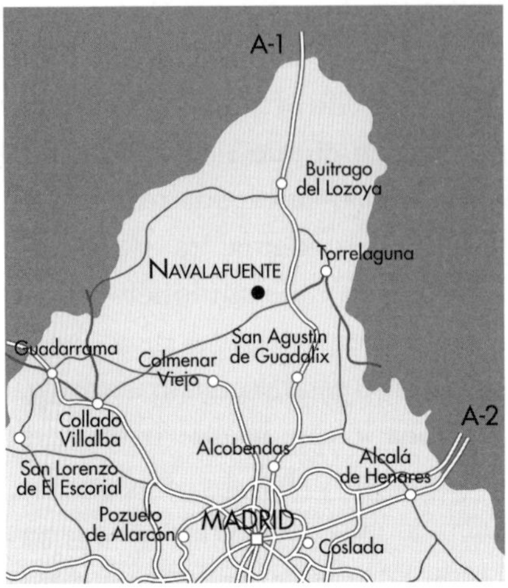

Navalafuente tramposos,
porque deben y no pagan,
en Bustarviejo habladores,
que tiene la lengua larga.

(Fragmento del romancero popular madrileño)

De nuevo encontramos aquí una población de una zona próxima a la sierra y con buenos pastos que recibe su nombre precisamente por ello, es decir, por tener un terreno llano «nava», que en este caso se encontraba próximo a diferentes dehesas aprovechables para el ganado, y con una fuente en ella.

La primera población debió de nacer sobre el siglo XII y tuvo su origen en el asentamiento de pastores que apacentaban allí sus ganados, aunque esta vez parece ser que no eran segovianos, sino que provenían de la aldea próxima de Bustarviejo.

Los Reyes Católicos firmaron en 1482 el documento por el que se reconocía la posesión de este terreno a Bustarviejo, para separarlo de otras zonas que estaban bajo la jurisdicción de Porquerizas (Miraflores). A mediados del siglo XVI Navalafuente intentó independizarse, sin suerte, hasta que a mediados del siglo XVIII adquirió el título de villa, y en 1775 consiguió desgajarse de Bustarviejo.

Una de sus tradiciones más curiosas, y que aún se mantiene, es la fiesta que se celebra en honor de san Blas, el 3 de febrero, Cuenta con el concurso «viste tu vaquilla», en el que participan los vecinos presentando una «vaquilla», con estructura de madera con cuernos que se viste con una toalla y se adorna con pañuelos y lazos.

Navalagamella

PINGOCHO

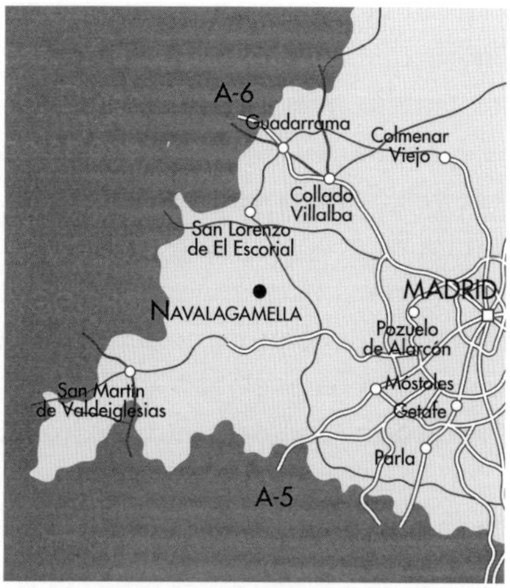

Por todos estos pinares
nin en Navalagamella
non vi serrana más bella
que Menga de Manzanares.

(Marqués de Santillana)

Y san Miguel se apareció a un pastorcillo llamado Miguel Sánchez, en una zona conocida como Los Degollados, y que parece tener ese nombre por ser un lugar donde había un supuesto monasterio de los caballeros templarios que fueron asesinados cortándoles la cabeza, y que dieron origen a una aldea junto a las ruinas de ese edificio, hoy en día inexistente, que tomó ese nombre en recuerdo de esos caballeros.

También es sacra la leyenda que afirma que en el lugar donde actualmente se encuentra ubicada la iglesia de Nuestra Señora de la Estrella, vivía mucho tiempo antes de que existiera el asentamiento un eremita al que los pastores de la comarca iban a pedir consejo.

El origen de su nombre parece provenir de la existencia en la zona de una «gamella», es decir, de un lagar, al que acudían los agricultores a pisar la uva. En latín existe la palabra *camella*, de la que deriva «gamella» y que significa «artesa grande de madera para dar de comer y beber a los animales, utilizada también para la recolección de uvas». En cuanto a «nava», ya hemos explicado en diferentes poblaciones de dónde procede esta palabra.

En las *Relaciones topográficas* de Felipe II, se indica que los ancianos del lugar dicen que se llama Navalagamella «por haberse edificado en una pradera en esa forma».

A juzgar por los restos encontrados, parece ser que hubo allí un pequeño asentamiento en época prehistórica, de escasa importancia. También se apunta a la existencia de una atalaya árabe en el cerro de La Torrecilla mencionado en el *Libro de la montería* de Alfonso XI, hoy desaparecida, lo que no sería de extrañar por la posición que ocupa este lugar en la línea defensiva marcada por los musulmanes contra las incursiones de los cristianos del norte. No obstante, la primera aldea de la que se tiene conocimiento veraz está relacionada con la repoblación llevada a cabo en la zona por los pastores segovianos en el siglo XII. En 1302 quedó incluida en el sexmo de Casarrubios dentro de la Comunidad de Ciudad y Tierra de Segovia.

Su posición de cruce de caminos y la construcción del monasterio de El Escorial, dio una cierta importancia a Navalagamella como lugar de alojamiento a muchos de sus trabajadores, así como ocupación a sus vecinos. También fue incluida en el denominado Camino Real por pasar por allí Felipe II cuando iba a visitar las obras del edificio religioso.

En 1626, durante el reinado de Felipe IV, los vecinos de Navalagamella compraron su jurisdicción a cambio de dar a la corona quince mil maravedíes por cabeza. En las *Descripciones de Lorenzana* se confirma esta compra: «Esta villa lo es de realengo, con jurisdicción civil y criminal, alta y baja, mero, mixto imperio, por compra que de ella hicieron sus vecinos al señor rey don Felipe Cuarto, que está en gloria, como consta en la carta de venta, posesión que se la dio y privilegios que le fueron concedidos, fecha en Madrid a diez y nueve de mayo de mil seiscientos veinte y seis, por la cantidad de cuatro cuentos [millones] cuatrocientos cincuenta y tres mil trescientos y sesenta maravedíes de vellón».

Antes de entrar en la leyenda más famosa que aporta Navalagamella a este estudio, nos vamos a detener en señalar una curiosidad muy interesante relacionada con esta población. Se trata de recordar que a finales del siglo XVIII había en la zona hasta siete ermitas: la del Santísimo Cristo de la Sangre, San Miguel, San José, San Sebastián, San Gregorio, San Pedro y la de Nuestra Señora de la Encarnación, que quedaron reducidas a tres en el siglo XIX: las de San Miguel, el Cristo de la Sangre y San José.

La fundación de la ermita de San Miguel se basa en la leyenda de la aparición del arcángel a un pastor en el año 1463, indicándole que allí debía construir una iglesia en su honor. Aprovechamos el texto que relata con precisión las *Descripciones de Lorenzana.*

Dentro de esta población no hay ermita santuario alguno pero, distante de ella, a la parte del poniente, hay una ermita donde se venera el glorioso arcángel san Miguel, patrón de ella, que fue aparecido en aquel sitio sobre una encina a un pastor que se hallaba custodiando sus ovejas, natural de dicha aldea de Los Degollados, cuya aparición sucedió de esta forma:

> Por los años de mil cuatrocientos sesenta y tres moraba en la misma aldea

Pedro García de Ayuso, su exercicio, labrador. Tenía por criado para custodiar el criado lanar a Miguel Sánchez, humilde y de buenas costumbres. Hallándose este en el sitio donde hoy se halla edificada la ermita, se el apareció en visión angélica el santo arcángel sobre una pomposa encina, cercado de celestiales resplandores, y le dijo que era voluntad divina que en aquel sitio se erigiese un templo dedicado a él, y así, que viniese a esta villa (que entonces era lugar) y diese cuenta a sus moradores para que luego tuviese efecto; a que replicó el mencionado pastor que no le darían crédito y el arcángel le respondió que dijese, que en vista de lo que sobrevendría, le creerían. Él, haciendo poca aprensión del suceso, se acogió en casa de su amo, quien, despertándole a la mañana siguiente para que fuese al cuidado de su ganado, le respondió que no se podía levantar, que le había tullido el arcángel san Miguel por no haber ejecutado su mandato según le había comunicada la tarde antes. Con esta singular noticia el dicho Ayuso, amo del pastor, pasó a esta villa a participarlo y, conmovidos los corazones de tan extraño acontecimiento, fueron procesionalmente a la referida aldea y casa del susodicho, donde hallaron al enunciado Miguel Sánchez tullido en un modo extraordinario: pegadas la pantorrillas a los muslos y los calcañares, las asentaderas o nalgas y, tomándole en esta postura lo trajeron al sitio donde se le apareció el santo arcángel y les mostró una encina muy poblada donde dijo se la había aparecido, la cual tenía las hojas muy blancas y con grandísima diferencia de las demás, en la cual dejó el santo una mano estampada (motivo para que se conmoviese toda esta tierra y llevasen la encina por reliquia sin haber dejado memoria rama, tronco ni hoja). Hecho todo esto, prosiguieron procesionalmente con el tullido a esta iglesia parroquial y, poniéndole en el suelo de ella para que oyese una misa que dijo había mandado el santo arcángel se celebrase, luego que el sacerdote dijo «ite, misa est», se levantó sano y bueno de todos sus miembros y empezó a pasear, dejando a los circunstantes pasmados y atónitos de semejante suceso y, a poco tiempo después de lo sucedido, se erigió la ermita en aquel sitio que dijo el santo arcángel, fundándose asimismo una hermandad como al presente subsiste, con grande aumento y cordial devoción y en ella asistió toda su vida el dicho Miguel Sánchez en el cuidado ya adorno del santo arcángel en hacimiento de gracias de tan singular beneficio, y todos estos hechos fueron representados con la competente justificación al señor ordinario de Toledo, vicario general e inquisidor, el licenciado Francisco de Melgosa quien los aprobó y mandó pintar un cuadro de dicha aparición en la referida ermita, el que hoy subsiste. Y después muy santo padre Paulo Quinto, de feliz recordación, concedió indulgencia plenaria a los que entrasen en dicha cofradía, confesando y comulgando en el día de su entrada con otras muchas que constan de dichas tierras apostólicas.

Por último, un breve recuerdo para la estación espacial de Fresnedillas situada en el término municipal de esta población, desde donde se siguen los vuelos espaciales, destacando el apoyo realizado desde estas instalaciones a la misión del *Apolo XI*, que en 1969 llegó a la Luna, y cuando el ser humano consiguió posar sus pies en este satélite.

Navalcarnero

NAVALCARNEREÑO

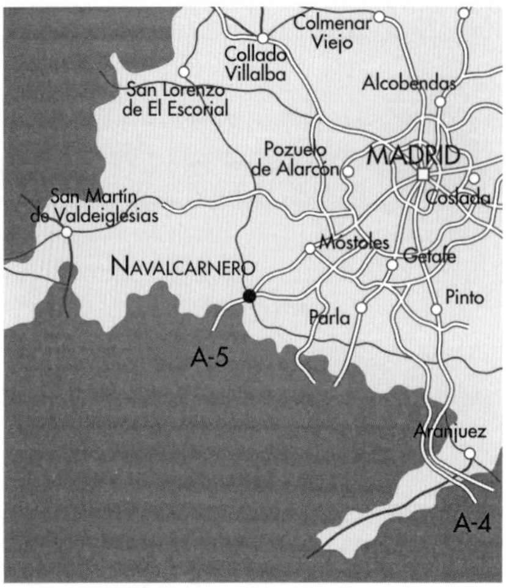

Cuentan que había en el siglo XIV un vecino de esta población que hablaba todas las noches con el demonio, pero no con un representante del mal cualquiera, sino con el mismísimo Lucifer. También se dice que Navalcarnero es el pueblo de la doble villa, porque cuando ya era villa, le concedió Felipe IV el título de villa real, en agradecimiento al comportamiento de sus vecinos durante las velaciones que hizo allí antes de casarse con su sobrina Mariana de Austria. Y además, hasta su primer asentamiento es original y recurre a una tradición mitad historia, mitad leyenda.

El nombre de este municipio de la cuenca media del río Guadarrama, proviene de la «nava» donde se criaban los «carneros». Nos situaremos en el siglo XIV, cuando un día un pastor perdió un carnero, y tras buscarlo por diferentes lugares lo encontró paciendo tranquilamente en una nava, y al gustarle el lugar decidió llevar su ganado todos los días a esa zona. Poco a poco se le fueron uniendo otros pastores. En un principio fueron tres los «cañariegos», pastores que llevaban sus rebaños por las cañadas desde Segovia para alcanzar los pastos, que construyeron algunas cabañas en la proximidad de los pastizales, en un lugar que se conocía entre ellos como La Nava del Carnero.

No obstante el origen de la población parece ser menos lúdica, y mucho más política. Ante un conflicto por el control de diversos pueblos y aldeas entre los marqueses de Moya y el comendador Gonzalo Chacón, señor de Casarrubios, Arroyomolinos, El Álamo, Villamanta y Villamojado, que chocaban, a su vez, con los intereses de Segovia de mantener los pastos para su ganado, los representantes de esta ciudad al comprobar que sus reclamaciones ante los Reyes Católicos no servían de nada, decidieron pasar a la acción. Un representante del concejo segoviano, Hernán Pérez, tras haber conseguido una provisión real de la corona, se trasladó hasta la Nava del Carnero, y reunió allí a cinco vecinos de Perales que labraban la tierra en las proximidades de los pastizales, y en un sencillo acto, el 10 de octubre de 1499, se creó una nueva aldea, Navalcarnero, y se designó a dos alcaldes, Juan de Fuenlabrada y Bartolomé Sánchez Ventero.

Las *Relaciones topográficas* de Felipe II así lo ponen de manifiesto: «Este pueblo era nuevo, y se fundó en el año de mil quinientos, y comenzó a poblar Juan de Fuenlabrada y Bartolomé Sánchez Ventero».

No obstante, esta situación no satisfizo al señor de Casarrubios, que consideraba la zona de su propiedad, y mantuvo con los segovianos un pleito que duró más de cien años, llegando a derribar las casas que se construían en el lugar; tampoco se mostraron conformes los marqueses de Moya, quienes reclamaron parte de la dehesa y el ejido de Navalcarnero. Todo ello se mantuvo en litigio hasta que en 1617 se soluciona otorgando a la población el título de villazgo. De todas formas el pueblo mantiene en su escudo un recuerdo a la ciudad de Segovia.

Entre medias conviene destacar que los vecinos de Navalcarnero tomaron parte en la guerra de las Comunidades contra Carlos I, y que encabezados por Alonso de Arreo, regidor del concejo del municipio, se unieron a las tropas de Juan Bravo, Francisco Maldonado y Juan de Padilla en Segovia. También haremos referencia a la Compañía de Jesús, que fundó en la población una parroquia en 1566, de la que fueron expulsados por Carlos III en 1767.

No obstante, el hecho histórico más importante para esta villa en tiempos más modernos, y del que se guarda mejor recuerdo en la población, es las velaciones del 7 de octubre de 1649 realizadas por Felipe IV y su sobrina doña Mariana de Austria, antes del matrimonio que tuvo lugar en la capilla de la Inmaculada Concepción, ceremonia oficiada por el cardenal de Toledo, Baltasar de Moscoso y Sandoval.

En agradecimiento al comportamiento del pueblo, el rey le otorgó el título de villa real, «para que haya memoria dello», el 4 de junio de 1651. La cédula real de la concesión decía así:

> Por quanto teniendo consideración a la ocasión de haver celebrado mi Real Casamiento con la serenísima Reyna Doña Mariana de Austria mi muy cara y muy amada muger en la Villa de Naval Carnero, y por haver ella rezivido el honor y por que aya memoria dello he tenido por vien de hazer la merced como por esta se la hago de que de aqui adelante perpetuamente, para siempre xamas la dicha Villa de Naval Carnero, se pueda llamar e yntitule y la hago, eyntitulo, La Villa de la Villa Real de Navalcarnero. Y con esta conformidad mando que sea tratada

> por escripto y de palabra y a los del mi Consejo, Presidente y oidores de las mis audiencias y chancillerias y otros qualesquier mis juezes y justicias y personas de todas las ciudades, Villas y lugares desto mis Reynos y señorios que guarden y cumplan y hagan guardar y cumpliresta mi Cedula y lo en ella contenido. Fecha en Madrid a 4 de Junio de 1651. Confirmada de S. M. Refrendada y señalada de los dichos.

Por ello, se dice que Navalcarnero que ya era villa, se convirtió en «doble villa», por ser la villa villa real de Navalcarnero.

Durante la guerra de Secesión ayudó a las tropas del pretendiente Borbón a la corona por orden del Consejo de Castilla, aprovisionando al ejército de quien posteriormente sería reconocido como Felipe V, rey de España, iniciador de la dinastía de los Borbones en nuestro país.

Hablaremos ahora de un hecho menos histórico y mucho más curioso. Se trata de una leyenda del siglo XIV protagonizada por un vecino de la zona de La Nava del Carnero. El campesino Martín Perdomes llevaba al mercado de Madrid sus verduras y hortalizas una vez por semana, y contaba a todos cuantos querían escucharle que todas las noches hablaba con Lucifer, quien le dada consejos. Aunque le consideraban un loco, él seguía manteniendo que tenía esas conversaciones. De hecho y como prueba de ello afirmó que el demonio le había comunicado que en menos de cuatro días iba a llover sobre la ciudad, que se encontraba bajo una pertinaz sequía. Y así ocurrió, cayó tanta agua que llegó a inundar algunas zonas de Madrid. A partir de ese momento la gente creyó que tenía contacto con el diablo y le comenzó a pedir consejo a cambio de dádivas. Afortunadamente para el campesino, adivino, amigo de Lucifer, la Inquisición no existía todavía.

Navarredonda y San Mamés

NAVERO/NAVARRÉS

Dos poblaciones juntas que dan origen a un municipio. Una de ellas fundada, al parecer, por los árabes; la otra, formada alrededor de la ermita de un santo, quizás por inmigrantes francos.

Este lugar perteneciente al valle del Lozoya, cuenta con dos núcleos de población bien definidos, cada uno de ellos con su historia propia, aunque en el devenir del tiempo hayan tenido que unirse para forman un único municipio.

El origen del nombre de Navarredonda se debe a su ubicación en una «nava» que cuenta con amplios rebollares y muchos manantiales y fuentes, rodeada por un terreno bastante árido y de monte alto, por lo que se trata de una «nava cercada» por el entorno, una «nava encerrada», una «nava redonda». No obstante, hay que considerar que antiguamente se hablaba de «redonda» en referencia a un terreno que no es común a la población, y que al constituirse el asentamiento sí pasaría a la comunidad de vecinos.

En cuanto a San Mamés, su nombre proviene de una ermita dedicada a este santo alrededor de la cual se edificaron varias cabañas. Hay una tradición que apunta que por tratarse de un lugar de paso para aquellos peregrinos que iban desde el sur hacia Santiago, estas primeras cabañas podrían ser refugios para ellos, y que con el paso del tiempo se acabaría formando allí un asentamiento fijo.

La población de Navarredonda tiene un origen árabe, posiblemente del siglo XI, fundada como un grupo de cabañas de pastores que también explotaban los bosques para hacer carbón. Aparece mencionada en el *Libro de la montería* de Alfonso XI (siglo XIV) como Nava Redonda. Unida a la Comunidad de Villa y Tierra de Buitrago, junto con San Mamés y otras treinta y una aldeas más, formará parte del cuarto de Braojos. De su existencia en los siglos posteriores hay poca documentación; como integrante de

Ermita dedicada a San Mamés de Cesárea, en torno a la cual se formó la aldea de San Mamés.

las tierras de la casa de Mendoza se mantuvo sin cambios hasta principios del siglo XIX, cuando las Cortes de Cádiz deciden abolir los privilegios señoriales. En 1833 ambas poblaciones pasan a depender de la provincia de Madrid, y poco tiempo después se forma un solo municipio con las dos poblaciones.

Respecto a San Mamés, no hay un origen claro, y se barajan, por ello, diversas hipótesis, aunque sí se asegura que la aldea se formó alrededor de la ermita dedicada a este santo. San Mamés de Cesárea, santo oriental cuyas reliquias llegaron a una iglesia de la localidad francesa de Poitiers en el siglo VI, y que en España aparece reflejado en los calendarios mozárabes del siglo IX. Por ello se considera como un posible origen a un grupo de mozárabes que procedentes de tierras toledanas huyeron de la dominación musulmana. Otra teoría es la de que la población fue fundada por pastores procedentes de Burgos; y una tercera idea es la de viajeros de origen francés por ser ese país donde se estableció inicialmente el culto al santo en Europa.

De su historia poco más que añadir que lo mencionado al hablar de Navarredonda.

Como curiosidad se puede destacar los apuntes que sobre San Mamés hay en el catastro realizado por el marqués de la Ensenada en el siglo XVI, donde se indica que posee un molino con una sola rueda que muele solamente seis meses al año; y cuenta con un maestro alarife. Mientras que sobre Navarredonda se afirma que posee fragua y potro.

Aunque actualmente el Ayuntamiento está ubicado en Navarredonda, es importante señalar que San Mamés tuvo en sus inicios más importancia y que posee tradiciones hoy ya perdidas que lo demuestran.

Por ejemplo, antiguamente se celebraba una fiesta en honor de san Ildefonso (23 de enero) que comenzaba la noche anterior con una ronda ruidosa que recorría el pueblo tocando cencerros y golpeando cualquier objeto metálico, mientras se recitaba:

Día de San Aifonso
día de muchos placeres
que salen a divertirse
hombres, niños y mujeres.

El día de la fiesta algunos hombres se vestían con el disfraz de vaquilla e iban corneando a todo aquel que encontraban por la calle, hasta que por la tarde eran abatidas en la plaza del lugar.

Navas del Rey

CASEROS

Pudo ser un lugar de caza, o quién sabe si un apoyo a la repoblación de la comarca, e incluso una protección, pero allí está el resto de un torreón construido entre los siglos XII y XIII, de planta rectangular de 8 por 11 m con tres esquinas redondeadas, y torre cilíndrica de base maciza. El lugar aparece reflejado en el *Libro de la montería* de Alfonso XI, como zona para las cacerías reales, que cuenta con un refugio. Posiblemente por ello se conocía la aldea como Dehesa del Rey y más tarde como Dehesa de las Navas del Rey, porque además allí había varias cabañas donde se alojaban los pastores que debían guardar el ganado real.

En 1306 el territorio fue donado por Sancho Manuel, infante de Castilla, al monasterio cisterciense de Valdeiglesias, en la persona del abad Martín. Tras poblarse de cabañas ganaderas entró en conflicto con la población de San Martín de Valdeiglesias, que en ese tiempo se conocía con el nombre de Las Casas. El año 1434, don Álvaro de Luna, condestable de Castilla, compró el término al convento, y tras pasar por diferentes manos llegó a ser propiedad de Isabel la Católica y de la corona de Castilla. Al contar con pocos vecinos, tuvo que esperar hasta 1770 para conseguir tener parroquia y cementerio propio. Tras una serie de litigios con las autoridades monásticas de la zona, el rey Fernando VII le otorgó el título de villa el 22 de abril de 1825, con lo que pasó a denominarse a partir de ese instante Navas del Rey, en agradecimiento al monarca.

Nuevo Baztán

NEOBAZTANES/BAZTANEROS

Un iluminado, un soñador, un empresario modelo..., Juan de Goyeneche, puede recibir esos y muchos calificativos más al poner en marcha en el siglo XVIII la idea de fundar una industria junto con un pueblo en una zona donde ya había existido otra población, Valmores, desaparecida en el siglo XVI.

Nuevo Baztán es uno de los pueblos que más recientemente se ha fundado en la Comunidad de Madrid, y del que quizás se tiene más claro su origen. Corría el año de 1709 cuando el tesorero real Juan de Goyeneche, de origen navarro, (Arizcun, 1656) decide comprar unas tierras situadas cerca de la población de la Olmeda de las Cebollas, e instalar allí un diseño industrial donde no hay más que un paraje yermo.

El nombre de la nueva población, debido al origen de la familia Goyeneche, que proviene del valle de Baztán, es el de Nuevo Baztán, y hasta allí acuden a trabajar navarros, portugueses, flamencos y castellanos.

Muy pronto la nueva población se segrega del municipio de Olmeda de las Cebollas (conocida hoy como Olmeda de las Fuentes), y Goyeneche pone en marcha sus ideas de desarrollar una actividad comercial e industrial. Allí se instalaron fábricas para la realización artesanal del terciopelo, de la seda, así como de cerámica y vidrio. En 1715 existía en Nuevo Baztán la Fábrica de sombreros de munición, un año después la Fábrica de aguardientes comunes, y una instalación dedicada a taller de zapatería; en 1718 se creó la Fábrica de tejidos de seda, pañuelos y cintas; y en 1720, la Fábrica de vidrios finos, que tuvo casi el monopolio de la fabricación de estos productos gracias al apoyo que le dio Felipe V.

Dentro de su concepto de pueblo, Goyeneche quiso dar a Nuevo Baztán un mayor contenido social que el meramente fabril, y para ello construyó un palacio entre 1709 y 1713, obra de

José de Churriguera; y en 1722 una iglesia que está destinada a san Francisco Javier.

El proyecto murió con el fallecimiento de Goyeneche el 12 de abril de 1735, ya que aunque se mantuvieron algunas de sus fábricas en funcionamiento, la situación económica del país, y la supresión de los privilegios reales, dieron al traste con esa idea, y se inició un declive económico que redundó en la búsqueda de la actividad agrícola como medio de subsistencia para los vecinos que allí quedaron, aunque algunos de los más afamados diseñadores del vidrio acabaron trabajando en San Ildefonso.

Debemos destacar el conjunto urbanístico de la población por tratarse de un planteamiento urbano de carácter barroco predeterminado por Goyeneche, donde tanto las calles, como las casas o las instalaciones están dispuestas de una manera ordenada para obtener el mejor rendimiento de su actividad.

Iglesia que se encuentra adosada al palacio que se construyó por iniciativa de Juan de Goyeneche, en su intento por crear una población industrial en 1709.

La tradición manda que, desde marzo de 1978, los navarros que viven en Madrid y en las provincias limítrofes celebren la Javierada en la capilla de San Francisco Javier de Nuevo Baztán.

Detalle de la misma iglesia donde destaca la figura de san Francisco Javier encima de su portada.

Olmeda de las Fuentes

OLMEDEÑO

Confieso que me alegré de ver lo que tanto desearon ver el rey Ciro, el gran Alejandro y Julio César.

Puede que muchas personas sepan del cambio de nombre de Olmeda de las Cebollas por el de Olmeda de las Fuentes, y que incluso se recreen en el conocimiento de que es una de las poblaciones de la Comunidad de Madrid que más pintores por metro cuadrado tiene, dado que numerosos artistas tienen allí su residencia. Pero casi seguro que desconocen que esa frase que hemos situado al inicio corresponde a Pedro Páez Jaramillo, el primer europeo que llegó a las fuentes del Nilo Azul en 1618, unos ciento cincuenta años antes que el famoso escocés James Bruce, y que este jesuita y explorador español era natural de Olmeda. Como puede que tampoco sepan que el origen del pueblo proviene del abandono por parte de sus vecinos de la aldea de Valmores, huyendo de la maldad de una mujer.

El origen del nombre queda claro, dada la abundancia de olmos que había en su término, y de los que hoy en día quedan pocos, y del cultivo de la cebolla, al que se dedicaba la agricultura de la zona en su mayoría. Y no será hasta 1951 cuando se sustituya Cebollas por Fuentes, quedando pues, hace un poco más de cincuenta años rebautizada la población como Olmeda de las Fuentes, en virtud de la gran cantidad de ellas que existen en su término municipal.

Ricardo Gonzalo Sáez, alcalde en ese momento del pueblo, es quien lleva a cabo la petición formal para el cambio de nombre: «Que es la aspiración unánime y sentida de todo el vecindario de esta villa y del Ayuntamiento que tengo el honor de presidir, el cambio de nombre de esta localidad sustituyéndolo por el de Olmeda de las Fuentes, nombre más eufónico y que responde a una realidad, dada la gran cantidad de fuentes existentes en el pueblo y en su término».

Vista panorámica de Olmeda de las Fuentes, donde nació la primera persona europea que descubrió las fuentes del río Nilo, Pedro Páez Jaramillo, en 1618.

En cuanto a la primera existencia de Olmeda, y dejando de momento la leyenda aparcada, se puede decir que se han encontrado indicios de asentamientos de la Edad del Bronce, aunque posiblemente el primero importante fuese un asentamiento árabe del siglo X, en función del lugar que ocupa en las proximidades de Alcalá de Henares, con una función defensiva. Naturalmente se habla de la repoblación de la zona, al igual que en el resto de los pueblos de esta parte de la Comunidad, por campesinos que llegaron tras la Reconquista. Se reconoce la existencia de una aldea llamada Olmeda en el Fuero Viejo que apunta su pertenencia al término de Alcalá en 1135. En la etapa de conquistas y reconquistas entre cristianos y musulmanes, pasó a manos segovianas, y más tarde al arzobispado de Toledo.

El origen legendario es otro, y relata que existía a unos tres kilómetros de la actual población, una aldea que se llamaba Valmores. Del lugar se hizo cargo una dama misteriosa que se rodeó de un verdadero ejército disponiendo de los vecinos a su antojo para que trabajasen a su servicio. Así, las mujeres debían ocuparse de las labores de la casona de la dueña y los hombres entregar parte de sus cosechas. Todo aquel que no quisiera obedecer sería expulsado. Los vecinos aceptaron a regañadientes las órdenes de la nueva ama, menos uno que se llamaba Rogelio, que antes que entregar su grano, lo quemó. Fue detenido por los hombres de la dama y llevado a su presencia, quien se enamoró del joven labriego, intentando hacerse con él ofreciéndole lo que quisiera. El agricultor fingió acceder a los deseos de la mujer poniéndole como condición que

En Olmeda de las Fuentes se ha dispuesto un taller donde se muestran las costumbres de la comarca conocida como la Alcarria Madrileña.

dejase ir a las vecinas que trabajaban en la casa. Tras conseguirlo, se escapó de la hacienda y al ser perseguido por los sicarios de la señora se refugió en la iglesia de Valmores, pensando que allí estaría a salvo. Pero la mujer dio la orden de que le matasen estuviese donde estuviese, y así se hizo. Uno de los criados entró en el templo y lo atravesó con una espada. Más tarde el cuerpo fue expuesto en la plaza del pueblo para que todos pudiesen ver lo que ocurría a aquel que no la obedecía. Pocos días después la dama apareció muerta en el interior de su casa, y los vecinos hicieron correr la voz de que aquel lugar estaba maldito. Todos los mercenarios de la hacienda la abandonaron dejando el cadáver sin tocar en la habitación donde había sido encontrado, y los vecinos huyeron del lugar para fundar una nueva aldea unos kilómetros más allá.

Esta leyenda, relatada de una forma más o menos semejante, puede leerse en las *Relaciones topográficas* de Felipe II: «La causa por donde se despobló se dice que viviendo en el una mujer principal hubo cierto enojo con una guarda del campo, y mando a un esclavo suyo le diese una cuchillada a la guarda, y el esclavo fue tras él, y se entró la guarda en una iglesia del dicho pueblo, que se llama Nuestra Señora de Valmores, cuyo edificio al presente hay, y se arrojó a una imagen de Nuestra Señora, y el esclavo le dio una cuchillada e la mató, y que de esto fue causa por do dicen que se despobló».

Los primeros datos históricos que hay corresponden al 22 de agosto de 1564, cuando Felipe II concede a Olmeda el rango de villa y la posibilidad de convertirse en una población separada de la jurisdicción de Alcalá de Henares. En 1576 se transforma en un señorío al ser comprada por Baltasar Lomelín, y tras pasar por varias manos más, en 1714 se hace cargo de la población Juan de Goyeneche, que suma Olmeda a su idea industrial de la construcción de la población de Nuevo Baztán. Tras la muerte del caballero e industrial navarro, sus descendientes no pueden mantener las industrias en marcha, y así Olmeda regresa a sus tradicionales labores agrícolas.

Y ahora, un recuerdo y homenaje a Pedro Páez Jamarillo (Xaramillo), nacido en Olmeda en 1564. Jesuita desde los dieciocho años, quien en 1588 inició sus viajes misioneros y de exploración por Asia y África. Primero visitó la India, luego llegó al golfo de Ormuz. Cuando iba hacia Etiopía fue capturado por los árabes y vendido como esclavo a los turcos, y fue uno de los primeros europeos, en compañía de otro jesuita, Antonio de Monserrat, en cruzar el sur del Yemen y el desierto de Rub'al Khali. Liberados del cautiverio lograron llegar a Goa, donde falleció su compañero y él tuvo que permanecer ocho meses hospitalizado. En 1603, disfrazado de armenio cruzó el mar Rojo y llegó a Etiopía. Allí se hizo amigo del emperador Susinios a quien acompañó en varios viajes, y en uno de ellos llegó hasta las fuentes del Nilo Azul en el lago Tana. Falleció el 25 de mayo de 1622 en la localidad etíope de Gorgora.

Y por último una breve referencia a una leyenda urbana, que afirma que todos los 29 de febrero aparece en los montes próximos a Olmeda un lobo que ataca los rebaños de ovejas del pueblo. Si esa noche se acude a unas ruinas que hay en el monte se puede escuchar el aullido de ese depredador anunciando su presencia.

Orusco de Tajuña

ORUSQUEÑO

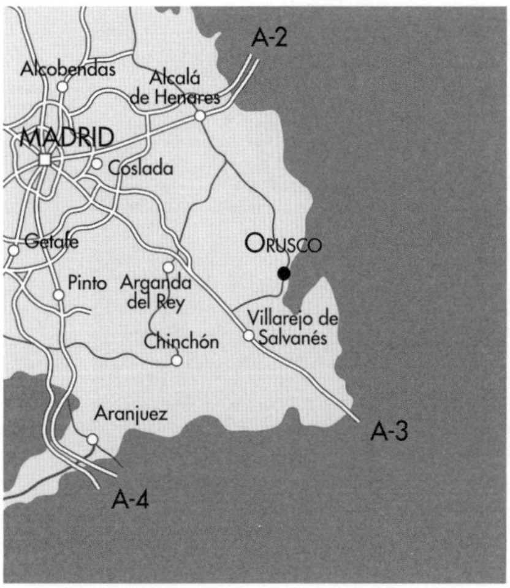

Es uno de los pueblos más antiguos de la Comunidad, que cuenta, además, con una de las leyendas marianas más bonitas de Madrid, la de la Virgen de la Bellaescusa.

La antigüedad ha marcado también las diferentes hipótesis que hay sobre el porqué de este nombre que destaca por encima de los que poseen las otras poblaciones que componen esta región. Por una parte se habla de la forma *oruque* que en castellano antiguo se refería al «olivo»; también a la palabra igualmente castellana *oruera*, es decir, «orilla o ribera»; y al árabe, *oroc çuç*, que se traduce como «raíz de regaliz» o «planta de raíz dulce». No obstante, la más curiosa es la que señala que allí podría haber un asentamiento de origen ligur que se llamase Usco, y que de ese nombre derivase el actual Orusco. Como podemos apreciar hay para todos los gustos.

El hecho es que en la zona del valle del Tajuña, donde se encuentra Orusco, hay gran cantidad de restos arqueológicos de la prehistoria, y en este municipio en particular se han encontrado tres yacimientos de la Edad del Bronce: la cueva de Bellaescusa, el Buitrero y otro situado junto al núcleo urbano al otro lado del río. Aunque no hay muchos restos romanos, se mantiene la idea de la existencia de algunas villas rurales dedicadas al cultivo de los productos agrícolas con los que abastecer a las poblaciones cercanas. Como ocurre en todos estos pueblos, poco hay del paso de los árabes y de sus combates contra los cristianos, si bien hay que suponer que fue una zona de continuos escarceos. Cuando en 1118 los cristianos recuperan Alcalá de Henares y se hacen con todas las aldeas que bajo su jurisdicción estaban, es cuando comienza la repoblación definitiva de Orusco y su consolidación, pasando a formar parte del arzobispado de Toledo. En 1554 obtiene el privilegio de villazgo y queda eximida de Alcalá de Henares. Ese mismo año el rey

La iglesia de Orusco muestra una sencillez de formas que dota de un carácter peculiar a uno de los pueblos más antiguos de la Comunidad.

Felipe II decide vender el señorío formado por Orusco, Valdilecha y Carabaña a Esteban Lomelín, de donde pasaría a manos del escribano mayor de rentas del reino, Sebastián Cordero, dos años después. En 1625 fue la familia Cordero quien se deshizo del señorío a favor de la familia Vega, quien lo mantuvo hasta que a principios del siglo XIX las Cortes de Cádiz acabaron con este tipo de feudos.

La Virgen de la Bellaescusa,
la que más altares tiene,
no habrá ningún orusqueño,
que en su pecho no la lleve.

La leyenda habla de que cierto día había dos cazadores en un puesto, que ambos dispararon a una misma pieza y que se disputaron la autoría de la captura. El alto grado de tozudez llegó a tal extremo que se inició una pelea que finalizó con una escopeta en manos del más joven apuntando a su antagonista dispuesto a disparar. En ese momento se apareció la Virgen sobre una higuera próxima, lo que provocó que ambos contendientes se separasen, depusiesen las armas, y exclamasen al unísono: «Bella excusa para no discutir, y menos de esta manera». Hicieron las paces y se comprometieron a construir allí una ermita de advocación a la Virgen, que sería conocida como Nuestra Señora de la Bellaexcusa o Bellaescusa.

Esta narración, depende de quien la cuente, se fecha entre los siglos XIII y XIV, y se habla de que se trataba de dos caballeros de la Orden de Santiago quieres fueron los protagonistas del hecho, e incluso de que no fueron las escopetas lo que salieron a relucir, sino las espadas. No obstante, a finales del siglo XVII, el capellán de la ermita escribe sobre la leyenda del origen de la tradición de la profunda veneración que hay en Orusco a la Virgen de la Bellaescusa.

> En un sitio inculto y montuoso, poco distante del río Taxuña, entre dos villas de su ribera llamadas Ambite y Orusco, en el término municipal de esta, andaban cazando dos caballeros de la Orden de Santiago, y aunque salieron unidos de sus casas para divertirse, de alguna materia de que conversaron divirtió esta unión; y pasando la diversidad de dictámenes a oposición de afectos, se encendieron en cólera, y lo que empezó en ligeras palabras, pudo acabar en sangrientas ejecuciones. Riñendo estaban, o para reñir, al pie de una higuera, deseando cada uno quitar la vida a su competidor, cuando ¡oh raro prodigio!, oyendo una voz, alzó uno de ellos la vista y vio... esta imagen soberana de María, que templando su enojo troncó lo sangriento de su ira en quieta y pacífica mansedumbre.

Y por cierto, en el lugar donde se construyó la ermita, junto a uno de sus muros, creció un extraño árbol que posee hojas de morera, de parra y de higuera, que da frutos semejantes a los higos que no maduran jamás, pero que poseen la propiedad, al menos eso se dice, de eliminar los dolores de cabeza a quien los lleva en el bolsillo. Este híbrido existe en la actualidad junto a la ermita.

Paracuellos del Jarama

PARACUELLENSE

En un pequeño cerro camino de la pedanía de Belvis del Jarama, perteneciente a Paracuellos, quedan algunos restos, más bien escasos, de lo que fue en su día un castillo que dominaba la zona como medida de vigilancia y protección, a cuyo alrededor pudo crecer esta población tras la Reconquista, y cuyo nombre dio origen al inicial de Paracuellos. Hablamos del castillo del Malsobaco o del Mal Sobaco.

Se dice que este curioso nombre puede provenir de su ubicación, en un lugar alto, mal abrigado y a merced del viento. La verdad es que no deja de ser muy curiosa tal denominación.

El origen del nombre de la población se basa en el prefijo «para», palabra proveniente del griego que puede traducirse por «apariencia o semejanza», y del latín *collum-i*, que se emplea como referencia a los lugares estrechos, desfiladeros... No obstante también hay quien apunta que «cuellos» proviene de la palabra latina *collis-is*, que sería «collado». Con todo ello podríamos hablar de «una tierra levantada» o «una tierra hacia las colinas o en las colinas o collados»; otra idea que subyace es la de collera, por el artilugio que sujeta el yugo en los animales empleados en la agricultura.

Sobre el inicio de la población, aunque hay algunas teorías que hablan de haberse encontrado restos de la Edad del Bronce y del Hierro, y del paso de los romanos y de los visigodos, generalmente se considera que fueron los musulmanes quienes con la construcción de una atalaya de vigilancia, por encontrarse en una situación privilegiada de mirador por encima de la meseta, dieron origen a una aldea que posteriormente y tras la conquista cristiana se convirtió en un castillo, el del Mal Sobaco, y que en su entorno se creo un asentamiento que fue sumando cabañas, hasta convertirse en una población que aparece mencionada como Paracollos en un documento de donación a Fernando

Martínez de Hita, fechado el 23 de julio de 1175, firmado por Alfonso VIII de Castilla.

> Paracollos, cum castello et villa, cum collciis, uienis, pratis, pascuis, riáis, molendinis, piscariis, defesis, cum cultis et inclutis, cum ingressibus et egressibus, et cum ómnibus terminiis et pertinentiis et directurius suis.

En el año 1190 fue cedido por sus dueños a la Orden de Santiago, quienes aprovecharon su estancia allí para reforzar el castillo. Permaneció en su poder hasta que Felipe II lo vendió en 1541 a Arias Pedro de Saavedra, de donde pasó a manos de la casa de Medinaceli. Permaneció unido a este ducado hasta la abolición de los señoríos a principios del siglo XIX.

El castillo del Mal Sobaco, del que como hemos dicho apenas quedan unos restos, se sitúa en la cima de un pequeño cerro entre Belvis y La Quintana, y ya presentaba un lamentable estado en el siglo XVI, tal y como ponen de manifiesto las *Relaciones topográficas* de Felipe II:

> Hay un castillo muy antiguo, que se llama Mal Sobaco, el cual está muy maltratado y se cae, todos los materiales de él son de piedra y ladrillo, y cal de que está fundado, y alrededor están tapias de tierra, y se caen por algunas partes, y no se puede habitar en él de muy maltratado que está.

También se ocupa del castillo las *Relaciones de Lorenzana*, que dicen que en Paracuellos «no se hallan edificios ni castillos hoy día; solo un castillo demolido y destruido que mira al mediodía, distante de esta población como unos doscientos pasos, poco más o menos».

Tan solo, para finalizar, un simple recordatorio a que en esta población tuvo lugar uno de los hechos luctuosos de la Guerra Civil, con los conocidos «fusilamientos», y que queda patente con las cruces blancas que marcan el cementerio conocido con el nombre de los Mártires.

Parla

PARLEÑO

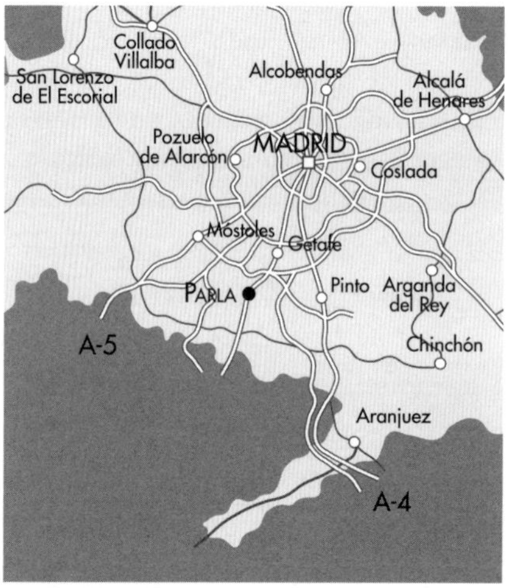

Para algunos hay una forma legendaria del origen del nombre de la población; para otros se trata del porqué de la fervorosa tradición mariana que hay en el lugar hacia la Virgen de la Soledad. El caso es que las dos tradiciones emanan del mismo y curioso hecho: «beber agua milagrosa de un pozo».

El origen de la denominación de Parla, parece provenir de la palabra latina *padule* que significa «laguna o pantano», ya que había en la zona dos lagunas. Una situada al norte y otra al oeste. También se considera la posibilidad, y dado que hay quien defiende que fue una población fundada por los romanos, que se tratase del nombre del dueño de una finca, Parilus, que aportaría el nombre de Villa Parila.

Pero la forma más curiosa de tratar el nombre de Parla proviene de la leyenda que, como ya hemos señalado, comparte origen con una tradición mariana.

Sería sobre el siglo XIV, cuando una mujer, muda, que trabajaba en el campo se acercó a una fuente a refrescarse. Tras beber agua empezó a hablar ante la sorpresa de las personas que la acompañaban, quienes comenzaron a exclamar «¡Parla, parla!», y de ahí viene el nombre que se dio al lugar, que considerado milagroso pronto comenzó a verse rodeado de cabañas hasta formar una aldea que se conoció como Parla.

En cuanto a la población, se puede decir que se han encontrado restos arqueológicos de sílex del Paleolítico, que permiten señalar que durante el segundo milenio antes de Cristo hubo asentamientos en la zona del arroyo Humanejos. Posteriormente llegaron al lugar algunas tribus celtas que llevaron con ellos el uso del hierro. Los romanos aprovecharon el terreno para organizar allí una aldea de uso agrícola, empleada después por los visigodos. Con la llegada de los musulmanes, la zona quedó bajo el dominio del emirato de Córdoba, y tras la Reconquista aparece como una alquería que fue entregada por Alfonso XI al cardenal Pedro Barroso, en 1338.

Así consta en los documentos de Lorenzana que apunta a que Parla «tiene la armas del Excelentísimo señor marqués de Malpica, con el motivo que el rey don Alfonso Undécimo, por su privilegio rodado, se data en Trujillo, en seis de enero del año mil trescientos treinta y ocho, hizo gracias y merced al señor don Pedro Barroso, cardenal de España, en atención a sus servicios».

Parla permanecerá como territorio de jurisdicción señorial durante más de cuatro siglos, hasta que se abolieron los señoríos por las Cortes de Cádiz en 1812.

La devoción de Nuestra Señora de la Soledad que los parleños remontan al principio de su historia, cuenta con la misma leyenda que hemos visto a la hora de hablar del origen del nombre de la población. Aunque en este caso el personaje protagonista del hecho sea una monja, el milagro es el mismo, pero el agradecimiento no es usar unas palabras para poner una denominación a un lugar, sino hacia la Virgen por su labor milagrosa.

Siglos atrás, una monja que era sordomuda se acercó a calmar su sed a una fuente situada en una zona conocida como El Calderillo; tras beber, recuperó el habla y el oído, y agradeció el milagro a la Virgen. Los vecinos de la zona decidieron levantar en las proximidades del manantial una ermita dedicada a la Virgen de la Soledad, en virtud de la situación en la que había vivido la monja gran parte de su vida, bendiciendo el lugar en 1591. No obstante se sabe que la ermita fue construida, según consta en algunos documentos, por Bartolomé Hurtado, e inaugurada en 1693. Por cierto, que junto a la ermita se mantiene un pozo donde puede beberse esa agua milagrosa, ya que se mantiene que fue en él donde bebió la monja.

Quien pase por la ermita puede ver un verso con la petición de la Virgen de ser saludada.

Por muy deprisa que vayas
salúdame con el ángel
diciendo Ave María
y rezando Dios te salve.

Junto al milagro de la Virgen de la Soledad, se relata otra leyenda referida a los litigios que mantuvieron durante años los habitantes de Parla con los de Pinto por diferentes temas, destacando, a modo de hecho curioso, la disputa por una ermita que se encontraba en los límites de las tierras de ambas poblaciones. En este templo se encontraban dos imágenes, una de un Cristo y otra de una Virgen. Como no se ponían de acuerdo sobre cuál de las dos aldeas tenía jurisdicción sobre esta ermita, los vecinos de Parla decidieron una noche robar la imagen de la Virgen, y fueron contestados por los de Pinto, que hicieron lo propio la noche siguiente con el Cristo.

Patones

PATÓN

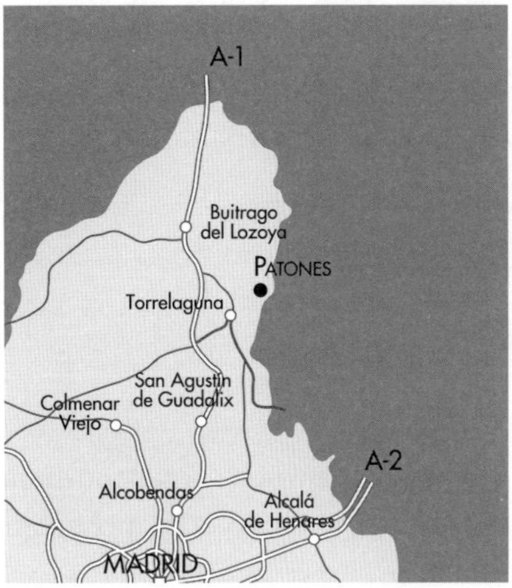

La historia, la tradición y la leyenda se mezclan a la hora de hablar de este pueblo transformado ahora en dos, Patones de Arriba y Patones de Abajo, y deja en el aire una pregunta, ¿de verdad hubo un rey en este lugar y se mantuvo durante siglos un reino independiente?

La leyenda envuelve el lugar, tanto por su nombre, como por su origen y desarrollo, así como por el enclave en el que se ubica, en la zona más alta de una pequeña montaña a 834 m de altura.

Sobre el nombre de Patones hay varias opiniones, como no podía ser de otra forma por su especial idiosincrasia. En primer lugar se habla de la palabra latina *patronus* que significa «pilar con una inscripción» o «mojón de límites», y que tendría su razón en la marca de los límites de la población en el monte para señalar su zona de pastos al ser sus vecinos eminentemente ganaderos. La segunda teoría es la que dice que se trata del aumentativo de Pradales, ya que el primer núcleo urbano se formó cerca del arroyo de San Román y se conocía esa zona como de Los Pradales. De ahí pudo llegar a ser Pradones y por último Patones.

Y en una tercera posibilidad es la que hace recaer el origen del topónimo en el nombre, apellido o «mote» por el que se conocía a los primeros pobladores que se instalaron allí con sus ganados, patones, ya que en el siglo XVI se comenzó a denominar la «Hoz de los Patones», y posteriormente quedó en Patones.

Zona de asentamientos humanos muy antigua, se han encontrado restos que demuestran que ya en la Edad del Hierro y del Bronce hubo pobladores en la cueva del Reguerillo y en la cueva del Aire. También excavaciones llevadas a cabo en 1974 sacaron a la luz la existencia de un castro celtibero del siglo II antes de Cristo. En la Edad Media es cuando parece que se forma el primer conjunto de cabañas

La situación de Patones ha permitido que se mantenga su idiosincrasia de pueblo de casas de piedra y teja, que le dan un pintoresco sentido en pleno siglo XXI.

que van a dar lugar a la aldea, y que se ubica en los Padrales, protagonizada por pastores. No está muy claro si en esa primera etapa hubo encuentros con los musulmanes en la zona o no, aunque hay investigadores que afirman que esos primeros pobladores eligieron esa zona para esconderse de los árabes.

En 1555 aparece Patones como alquería dependiente de la villa de Uceda, y en 1653 en un documento que relata la vida del cardenal Moscoso, se habla del valle de los Patones, e incluso se menciona la existencia de un anciano que gobierna esa tierra y al que llaman rey.

A mediados del siglo XVIII los vecinos del lugar pidieron a Carlos III su ayuda ante las afrentas que sufrían por parte de la jurisdicción de Uceda, y que les concediese la separación de ese municipio. La queja fue admitida, y en 1769 se aprueba un documento por el que se le otorgan los privilegios solicitados.

> Declaramos al barrio de Patones por lugar separado en los mismos términos y circunstancias que lo ha sido la aldea de Torremocha, convecina de él, con la facultad de nombrar regidor y alguacil, y que el alcalde lo nombren como antes lo ejecutaban. Y les concedemos también para pastos privativos para sus ganados el sitio de la Caleriza Grande, que aunque se compondrá de seiscientas aranzadas, solo la tercera parte de ella son útiles y no se cause perjuicio alguno a la villa de Uceda y lugares de su común…

Ya en el siglo XIX, y aunque se sigue hablando de la independencia de patones durante la guerra de la Independencia, y de que los franceses pasaron de largo de ese lugar por estar tan aislado, no deja de ser una parte más de la leyenda de esta población, pues hay documentos que atestiguan la entrega de víveres a las tropas invasoras.

Fue en la pasada década de los años sesenta cuando nace Patones de Abajo, al trasladarse muchos vecinos a la llanura próxima al río Jarama al pie de la montaña. La población de arriba quedó en un estado bastante ruinoso, y poco a poco ha sido reconstruida y es considerada en la actualidad como uno de los enclaves rurales turísticos más importantes de la Comunidad de Madrid.

Aunque ya sabemos que las leyendas exageran generalmente la historia que cuentan, en el caso de Patones y de sus reyes, hay comentarios para todos los gustos, auque la existencia de un supuesto libro con toda su historia que había en los Archivos de Uceda que fueron quemados en la Guerra Civil, nos ha dejado sin poder constatar esas teorías expuestas por diversos investigadores.

En un principio diremos que parece constatado que desde la fundación de Patones, y cuando comenzó a tomar un carácter de aldea más numerosa, se buscaba a un vecino que gobernase el pueblo al que se conocía como «rey», y que esa tradición se mantuvo hasta 1750, cuando comenzó a hablarse de alcalde en su lugar. Como este hecho ha dado origen a la denominada leyenda de los reyes de Patones, nada mejor que un texto del siglo XVIII para ilustrarnos sobre ello.

Antonio Ponz en su obra *Viage de España* en el que se da noticia de las cosas apreciables y dignas de saberse que hay en ellas, de 1781 se apunta sobre Patones que:

> Como a mitad de camino entre Torrelaguna y Uceda se ve a mano izquierda una gran abertura en la cordillera, que cierra un pequeño valle, llamado Lugar de Patones sobre el cual sería delito no contar una célebre antigualla, que es la siguiente: En aquella desgraciada edad en que los sarracenos se hicieron dueños de España, ya se sabe que muchos de sus moradores huyeron a las montañas ya los parajes más escondidos y retirados. Algunos buenos cristianos de la tierra llana decidieron, pues, introducirse por la expresada abertura, buscando en lo interior de la sierra cuevas donde esconderse, y fue de tal suerte, que no cuidando los enemigos de territorio tan áspero y quebrado, pudieron aquellos godos fugitivos vivir en él todo el tiempo del poderío musulmán, manteniendo sus costumbres, creencias y sustentándose de la caza, pesca, colmenas, ganado cabrío y del cultivo de algunos centenos, como lo hacen también ahora. Estos hombres, que se llamaron los Patones, eligieron entre ellos a la persona de más probidad para que les gobernase y decidiese sus disputas, de cuya familia era el sucesor, y así se fueron manteniendo de siglo en siglo con un gobierno hereditario, llamando a su cabeza «Rey de los Patones». No es esto lo más gracioso, sino que después de haber recobrado España su primitiva libertad, y sacudido totalmente el yugo de los sarracenos, se ha conservado en-

La piedra encastrada sin argamasa se mantiene firme en Patones pese al paso del tiempo, y recuerda cómo se construyeron las primeras casas que los pastores tenían para preservarse del frío en las zonas serranas de Madrid.

tre los Patones este género de Gobierno (bien que subordinado a los Reyes de España y a su Consejo) hasta nuestros días, en que el último rey de Patones solía ir a vender algunas carguillas de leña a Torrelaguna, en donde le han conocido varios sujetos, que le trataron y me han hablado de él.

Este hombre, que era pacífico y enemigo de chismes, se dejó de cuentos, y comprobando que sus súbditos se situaban ya en el boquete, a vistas a la llanura, hubo de barruntar alguna inundación de las fórmulas legales de su reino (donde los juicios eran verbales, sin autos, pedimentos, ni traslados), o acaso la ocupación del Gobierno le impidiese atender debidamente a su propia subsistencia, por lo que abandonó su trono; de modo que los Patones, viéndose sin pastor, se sujetaron espontáneamente a la jurisdicción y al corregimiento de Uceda, de la cual hoy es aldea el Reino Patónico.

Al someterse, los independientes súbditos perdieron mil apreciables y antiguas prerrogativas, y no es poco cuando el Consejo Real de la España comunicaba órdenes y decretos a los capitanes generales, gobernadores y justicias, escribía separadamente para su observancia al que regía este antiquísimo pueblo, en esta forma: «Al Rey de Patones». No hay que reírse que esto bien puede probarse en Madrid, a pocas diligencias que se hagan; y aun tengo entendido que Su Majestad, el señor don Fernando VI, quiso informarse de las circunstancias del reino de los Patones… ¡Cuántas reflexiones morales y políticas me viene a la imaginación! Un reino hereditario de mil años por lo menos, gobernados en profunda paz, sin otras reglas que la razón natural; un pueblo conservado en medio de España, en el cual no pudo hacer brecha el Corán, ni tantos errores como después fueron viniendo; un reino contento con la angostura de sus límites, sin dar entrada a otras costumbres, ni trajes, ni más idea que la de cultivar bien su estrecho territorio, ni más cuidado que los de sus colmenas y su ganado; los hijos de las familias sujetos a los padres, y todos ellos obedientes a su rey.

Queden, por lo tanto, los lectores instruidos de esta singular Monarquía Patónica, de su principio, duración y fin; y aunque alguien diga (que bien se dirá) ¿cómo es posible que existiese eso a doce leguas de Madrid, sin saberlo yo, ni haber oído hablar a alma viviente?, no me causará maravilla, pues yo me hallaba en el mismo caso. Sabido es cuál suele ser nuestra curiosidad por indagar lo que sucede a dos o tres mil leguas de aquí, ignorando lo que hay en nuestra propia casa.

Pedrezuela

PEDREZOLANO

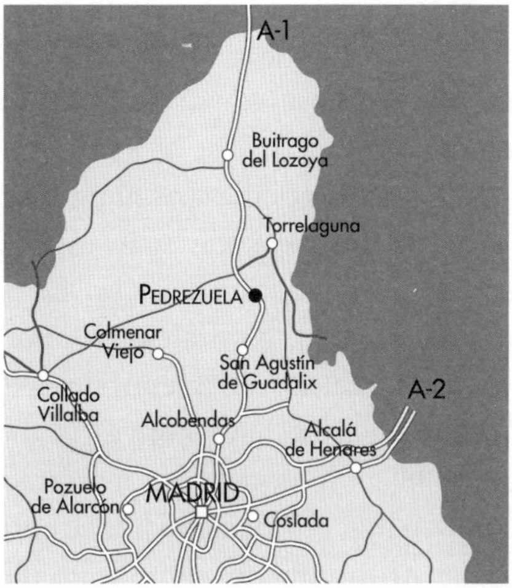

Nada mejor para ahuyentar a los malos espíritus de un lugar que recorrerlo con cencerros atados a la espalda haciéndolos sonar constantemente a lo largo de una jornada festiva que permite, año tras año, que la población permanezca protegida contra la acción del mal.

El nombre de Pedrezuela parece provenir de su propio paisaje, por tratarse de un terreno bastante pedregoso donde los pastores segovianos que lo repoblaron en el siglo XIV llevaban su ganado y levantaron las primeras cabañas.

Se han encontrado evidencias de fósiles correspondientes a un asentamiento nómada del periodo Neolítico y la Edad del Bronce. También restos romanos y visigodos, pero será en época de la reconquista cuando comience la repoblación de la zona, entorno al año 1247, aunque más tarde volvió a despoblarse tras los enfrentamientos entre Alfonso XI y el infante Juan Manuel. El 3 de diciembre de 1331, el concejo de Segovia concede a un grupo de pastores una serie de privilegios para que se asiente en la zona y la vuelvan a repoblar. Al otorgar la denominada Carta Puebla, son eximidos del pago de rentas por espacio de diez años. Asimismo la Comunidad de Villa y Tierra de Segovia se compromete a defender a Pedrezuela con su ejército si fuera menester.

Las *Relaciones topográficas* de Felipe II se refiere a ello, «dicen que han oído decir que ha más de trescientos años que esta dicha villa siendo aldea de la ciudad de Segovia se había despoblado, y que la dicha villa ciudad dio licencia para que se poblase adonde ahora está poblada, y han oído decir que los que allí viniesen a vivir no pechasen nada diez años, y esto lo saben porque lo han visto en un privilegio viejo y roto, y lo ha oído decir a otros más antiguos que ellos».

En 1366 pasa a manos de la familia Mendoza, de donde será separada Pedrezuela junto a San Agustín del

Vista del embalse de Pedrezuela.

Guadalix en 1458 por un privilegio de Enrique IV, de forma que llegará a integrarse en las posesiones de Diego Arias Dávila, antecesor de los condes de Puñonrostro. Posteriormente, en el siglo XVIII aparece bajo el mandato del marqués de la Estepa.

La tradición cuenta que cuando se declara el levantamiento de Castilla contra Carlos I en 1520, los comuneros sostienen un fuerte combate en las proximidades de Pedrezuela. Como homenaje y recuerdo a este enfrentamiento se levantó una cruz, y aunque no hay constancia real de este hecho, sí existe una cruz en un paraje algo retirado del pueblo que se conoce como «la boca del valle».

Lo que sí es real son los más de cien «casitos» que hay distribuidos por el término municipal. Son construcciones circulares de piedra con techo de adobe y paja, muy semejantes a los castros celtas. Están construidas sin el empleo de ningún tipo de mortero ni argamasa.

De Pedrezuela también se pude destacar el vía crucis que fue construido con cruces de piedra en los diferentes caminos que daban acceso a la población, entre 1679 y 1680, del que hoy se conserva parte de algunas de ellas.

Los pueblos dedicados al pastoreo mantiene una relación muy especial con el mundo espiritual, con las supersticiones de la naturaleza, y aunque nos encontremos en pleno siglo XXI y Pedrezuela se haya convertido en una población moderna, considerado como un lugar de turismo por su conocida gastronomía del cabrito, no deja de ser cierto que cuenta con la tradición de San Sebastián. Esta festividad que hoy en día es más lúdica, tiene su origen precisamente en ese deseo de que todo el mal que hay acechando al individuo desaparezca del pueblo y que permita a este prosperar.

El 20 de enero se lleva a cabo en esta población la «fiesta de la vaquilla o de los curramaches o curramachos». Un individuo se disfraza de vaquilla y recorre todo el pueblo acompañado por dos vaqueros y por un grupo de curramaches, es decir, personas que llevan a su espalda grandes cencerros, que hacen sonar ruidosamente hasta que en la plaza, y tras arremeter el «animal» contra varios de los asistentes, se da por terminado el recorrido con la muerte de la vaquilla.

Pelayos de la Presa

PELAYERO

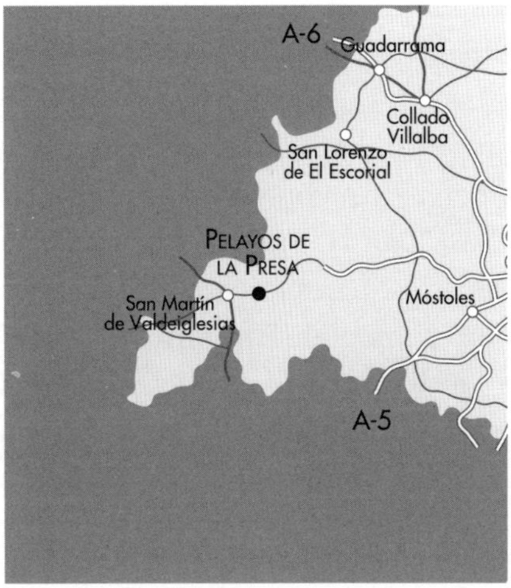

Nacido a la sombra de un monasterio, San Martín de Valdeiglesias, destrozado por la famosa desamortización de Mendizábal del siglo XIX, en un valle poblado de ermitas, pequeñas iglesias y de ermitaños, en una tierra próxima al río Alberche, y a la zona que hoy en día ocupa el embalse de San Juan, se encuentra una población conocida en un principio simplemente como Pelayos, que ya en el siglo XX recibió su añadido de «de la Presa» en virtud de la construcción hidráulica allí existente.

De su origen, pues, prácticamente monacal, trata una leyenda que cuenta cómo un príncipe godo de nombre Teodomiro tuvo una revelación divina, y por ello dejó de llevar la vida que hasta entonces había tenido, muy alejada de las enseñanzas cristianas, y se retiró a una zona próxima al río Alberche, en un valle, donde edificó un monasterio, que atrajo a numerosas personas que comenzaron a poblar la zona de pequeños eremitorios e iglesias, dedicándose los monjes a la oración y al cuidado de los campos. La leyenda apunta también a que una vez a la semana todos los monjes se reunían en la iglesia del monasterio, que era la principal, para rezar juntos. Esto ocurría en el siglo VIII.

Sea verdad o no esta historia, el hecho es que a lo largo del siglo XII se levantaron en el valle próximo al Alberche gran cantidad de pequeñas iglesias, y fue entonces cuando el rey Alfonso VII que recorría el lugar junto a su hijo Sancho, en el año 1150, quedó impresionado por lo que vio, y donó el valle al abad Guillermo para que fundase un monasterio benedictino, apareciendo así Santa María la Real de Valdeiglesias. ¿Había allí una pequeña construcción visigoda que sirvió para el desarrollo del nuevo monasterio? No lo sabemos, así que dejaremos la leyenda como leyenda, y la historia como historia, que se relata de la forma siguiente:

> Vino a este valle personalmente y con él su hijo mayor el señor don Sancho el Deseado, admirado del sitio y de su aspereza y de la santidad de los que vivían en él, movido por del celo al servicio de Dios, hizo donación de este valle a D. Guillermo y a todos los monjes, ordenando su congregación en este sitio, que era el eremitorio de la Santa Cruz, por más capaz que el sitio de Santa María la Mayor y que el de San Juan, como consta en su privilegio…

Asimismo se guarda el documento de la donación ya que, si bien se perdió el original en 1258 en un incendio, se encontró una copia en Ávila en 1571.

> Yo, Alfonso, Emperador de las Españas, juntamente con mi hijo D. Sancho, doy por la salud de mi alma y la de mis padres, y concedo libre y perpetuamente el valle de las iglesias a Dios y a Santa María y a Santa Cruz y a San Juan y a todos los santos y a ti Guillermo Abad, y a todos tus sucesores que militen bajo la Regla de San Benito. Y que sean sus términos desde la fuente mas alta de dicho valle conforme va corriendo el arroyo a verter sus aguas en el río Alberche, y cien pasos más de la otra orilla. El dicho término está formado en cuadro con montes y valles de Oriente a Occidente y de Septentrión a Mediodía y todo lo que dentro de él hay incluido, labrado y sin labrar, lo doy a Dios y a los sobredichos santos por juro perpetuo, y lo concedo libre a Guillermo Abad y a todos sus sucesores que militen bajo la Regla de San Benito.

El territorio fue creciendo en importancia gracias a diferentes donaciones que se fueron haciendo al monasterio y que favorecieron el desarrollo de todas las aldeas que se iban creando en el valle, entre ellas, naturalmente, Pelayos.

En el siglo XV, Álvaro de Luna compró al monasterio el señorío de Valdeiglesias con el consentimiento del rey Juan II. Tras ser ejecutado don Álvaro, la posesión pasó a su esposa, Juana Pimentel. En 1461 el señorío de Valdeiglesias pasó a depender de la casa del Infantado. Ya en 1522, Carlos I dictó que desde ese ducado se pagasen veinte mil maravedíes al año al monasterio por tener los derechos sobre Pelayos, y unos años después el mismo rey ordenó la separación del monasterio del pueblo para vendérselo al marqués de las Navas, bajo cuya jurisdicción permaneció hasta la abolición de los señoríos a principios del siglo XIX.

Respecto al monasterio, tan solo destacar que tras las desamortizaciones de Mendizábal de 1835 quedó en un estado bastante ruinoso al tener que ser abandonado por los monjes. El deterioro fue cada vez mayor, hasta que en 1974 el arquitecto Mariano García Benito consiguió comprarlo. Aunque la zona estaba considerada como terreno edificable, lo que ponía aún más en peligro lo que quedaba de la construcción benedictina, y tras la petición del nuevo dueño de esas ruinas, se declaró Monumento Histórico Artístico de carácter nacional en 1983 al monasterio de Santa María la Real de Valdeiglesias. En 1988 comenzaron algunas obras de restauración. En el año 2004 fue donado por su propietario al pueblo de Pelayos de la Presa, y se constituyó una fundación para preservar este edificio.

En cuanto al origen del nombre de la población, esta vez lo hemos dejado para el final de la referencia ya que existen diferentes teorías. En un principio se relaciona con los pobladores de un pequeño caserío que serían los criados de los monjes benedictinos del monasterio, los «pelaires». En las *Relaciones de Lorenzana* se afirma que «luego de que el monasterio se halló sin el dominio y denominación de señor de la villa, ideó llamar villa de Pelayos unas casas cortijos que el convento tenía para los mozos de labor, carretas y ganados en el sitio y la distancia que va referido, y pasó el abad a nombrar alcalde».

Pero también está la hipótesis de que la población fuese fundada en una zona próxima a una ermita que estaba bajo la advocación de san Pelayo, por lo que Alfonso VIII le dio el nombre de Pelayos.

Perales de Tajuña

PERALEÑO

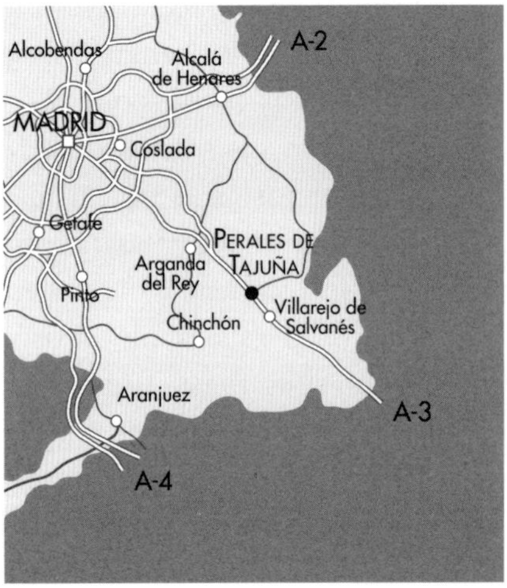

Plutarco en sus *Vidas Paralelas*, cuando enfrenta a Sertorio con Eumenes, habla de una de las victorias de este general romano que tuvo lugar frente a un pueblo celtibero, los caracitanos, que vivían a orillas del río Tagonius (Tajuña), en el interior de unas cuevas excavadas en la ladera de una montaña.

Realidad o leyenda, lo cierto es que en el Risco de las Cuevas que hay en esta localidad madrileña, se pueden encontrar más de cincuenta de estas excavaciones en cuyo interior se han hallado restos de, prácticamente, todos los tiempos.

Incluso se ha apuntado que se podría tratar de la legendaria Caraca, o de algún otro pueblo caracitano como Thermeda, cuya ubicación podría estar entre Perales, Carabaña y Tielmes, ya que estas tres poblaciones se han disputado tradicionalmente la existencia de esos dos asentamientos en sus zonas, dada la proximidad que existe entre ellas. Sin ir más lejos, el llamado Risco de las Rocas se encuentra en la carretera que une Perales con Tielmes.

Pero dejemos las reivindicaciones para quien deba hacerlas, o para quien quiera llevarlas a cabo, y dediquémonos a lo que nos ocupa.

La verdad es que la descripción que hace Plutarco de la actuación de Quinto Sertorio contra los celtiberos y del lugar en que se produjo, en el año 77 antes de Cristo, nos cuadra perfectamente con esta pared agujereada existente en Perales, de marga yesífera. Aunque hay que señalar que en ese texto se habla de una orientación hacia el Norte, y se encuentra hacia el Este.

> Este es un pueblo situado más allá del río Tajo, que no se compone de casas, como las ciudades o aldeas, sino que en un monte de bastante extensión y altura hay muchas cuevas y cavidades de rocas que miran al Norte. El país que la circunda produce un barro arcilloso y una tierra muy deleznable por su firmeza, incapaz de sostener a los que andan por

Desde estas cuevas, sus habitantes plantearon una fuerte defensa a las tropas romanas, haciendo de ellas una fortaleza inaccesible, hasta que Quinto Sertorio consiguió la victoria.

ella, y que con tocarla ligeramente se deshace como la cal o la ceniza.

La defensa del lugar era fácil para sus habitantes ya que subían y bajaban por escalas de cuerda que recogían haciendo inaccesible el acceso. De nuevo nos cuenta Plutarco cómo se las ingenió Quinto Sertorio para poder conquistar aquel asentamiento y dominar a sus habitantes.

Por la mañana siguiente empezó desde luego a soplar un aura suave, que levantó lo más delgado de aquella tierra amontonada, esparciéndola a modo de humo, y después, arreciándose el cecias (viento del nordeste) con el sol, y poniéndose ya en movimiento los montones, los soldados que se hallaban presentes los revolvían desde el suelo y ayudaban a que se levantase la tierra. Algunos corrían en los caballos arriba y abajo y contribuían también a que la tierra se removiese en el aire. Estos, como la cuevas no tenían otros respiraderos que aquel sobre el que se precipitaba el viento, quedaron muy luego ciegos y además empezaron a ahogarse, respirando un aire incómodo y cargado de polvo; por lo cual apenas pudieron aguantar dos días y al tercero se entregaron.

Es una población muy antigua, ya que se han encontrado restos arqueológicos en la zona que hablan de asentamientos en los periodos Paleolítico, Neolítico, celtibero, carpetano, romano, visigodo, musulmán, y por último, cristiano. Son muy importantes los yacimientos de la Edad de los Metales, sobre todo los encontrados en el Risco de las Cuevas y en la Cuesta del Viejo.

De la época de la dominación romana existe en todo el valle del Tajuña una vía de comunicación muy importante ya que por allí pasaba la denominada «ruta del esparto» que iba desde Cartagena hasta casi Valladolid. Así mismo también se edificaron diferentes villas y granjas destinadas a la agricultura. En el periodo de la Reconquista, se inició la repoblación de toda esa vega, y Alfonso VI la donó en 1099 a la catedral de Toledo para que se hiciera cargo de buscar personas que allí construyesen aldeas.

Perales de Tajuña pasará por diversas manos, desde Toledo a Alcalá, de nuevo en manos musulmanas con las incursiones almorávides; posteriormente será zona de incursiones de los miembros de la Orden de Calatrava, habrá intentos de posesión del concejo de Segovia, y de nuevo pasará a Alcalá de Henares. A finales del siglo XVI los vecinos pidieron que se les otorgase el privilegio de villa, lo que consiguieron el 20 de febrero de 1576, aunque con ello no se desligaron del todo de Alcalá, llegando a formar parte de la denominada Mancomunidad de las Veinticinco Villas de Alcalá, que se mantendrá hasta el siglo XIX.

El origen de su nombre es uno de los más sencillos que pueden encontrarse en la Comunidad madrileña, ya que se debe, única y exclusivamente, a los árboles frutales existentes en la zona, a los perales.

Pezuela de Torres

PEZUELERO

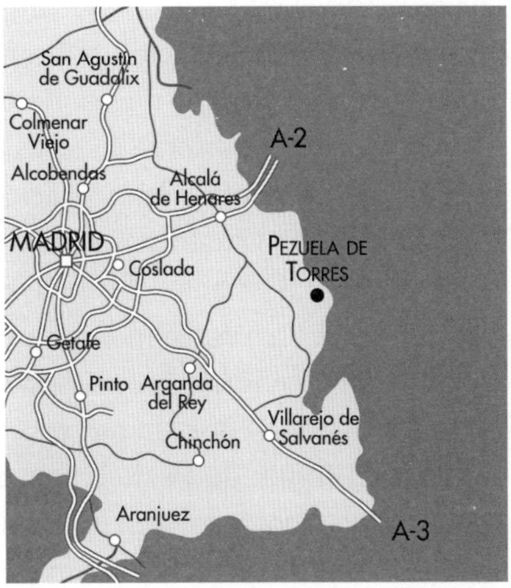

Dicen que la fundaron los musulmanes y que se llamó inicialmente Pozuelo por la falta de agua que había en sus alrededores y la necesidad que tuvo la primera aldea en excavar pozos profundos cerca de las cabañas para abastecerse. También dicen que fue considerado un lugar estratégico como punto de comunicación entre Alcalá y otras poblaciones de Guadalajara, ya que es el pueblo que se encuentra más al este de la provincia. Y que precisamente por ocupar esa zona se construyeron en sus aledaños diferentes atalayas, ya no queda ninguna, para vigilar los caminos.

No obstante se habla de que su nombre puede provenir de estar en un terreno pedregoso, derivando el topónimo de «piedra», lo cual supone, a nuestro juicio una excesiva evolución de la denominación. Aunque se refleja en diversos documentos que pasó de ser Pozuelo a Pizola, Pesola, Pozuela, Peçuela y Pezuela, no encontramos el paso de piedra en ninguno de ellos. Otra cosa es la teoría que apunta a un origen en la definición de «pezuela» como «un fundamento de paño», y que se basa en la confirmación de que en el siglo XVIII había en el municipio varios tejedores e hilanderas.

Y por último nos referiremos directamente al que nos parece más lógico como raíz del nombre, que no es otro que *pezola*, que puede traducirse como «surtidor o manantial», es decir, «pozo», como demuestra que su primer nombre fuera el de Pezola.

En cuanto al añadido «de las Torres», y aunque se apunta en algún texto que lo tomó tras la reconquista por la cantidad de «torres» que había a su alrededor, a ciencia cierta no hay constancia de ello, y sí que en el siglo XVII fue el conde de Pezuela quien se lo puso.

Al terminar la reconquista pasó, como otras aldeas, al arzobispado de Toledo en 1125, aunque en 1190 el rey Alfonso VIII la desligó de la ciudad del Tajo para dársela al concejo de

Segovia, cambiándosela al arzobispo por Talamanca. En 1212 Pezuela regresó a formar parte de los territorios dominados por Toledo e integrados en la comunidad de la Villa y Tierra de Alcalá, jurisdicción a la que estuvo sujeta hasta 1554, cuando sus vecinos pidieron a Carlos I que les concediese el privilegio de villazgo. Este hecho está relatado en las *Relaciones topográficas* de Felipe II.

> La dicha villa de Pezuela fue primero aldea de la villa de Alcalá de Henares, y habrá veinte y dos años que a suplicación de ilustrísimo señor don Juan Martínez Siliceo, arzobispo de Toledo y señor de la dicha villa, Su Majestad del Emperador don Carlos la eximió de la jurisdicción de la villa de Alcalá, y les dio privilegio de jurisdicción firmando de la serenísima princesa doña Juana, gobernadora de estos reinos por ausencia del Emperador, su padre, que todos están en gloria, y por esta razón y título es villa.

En 1579 pasó a depender de la corona directamente acabando su relación con Toledo, y Felipe II la vendió a Alonso Enríquez, pero el recurso de tanteo presentado por los vecinos evitó que este pudiese hacerse con la población. Años después, Felipe IV vendió las alcabalas de Pezuela a Bartolomé Spínola, quien se haría además en 1641 con el título de su vasallaje y jurisdicción. Un año después recibió el título de conde de Pezuela. A principios del siglo XVIII la familia Spínola vendió la población al caballero de la Orden de Santiago, Joseph Muñoz Estrada. Y en 1782 las *Relaciones de Lorenzana* indican que Pezuela es «de señorío, y el señor es el Excelentísimo señor duque de Alburquerque, conde de Pezuela, cuyas armas se hallan colocadas en la capilla mayor de la iglesia, como patrón que es de dicha capilla».

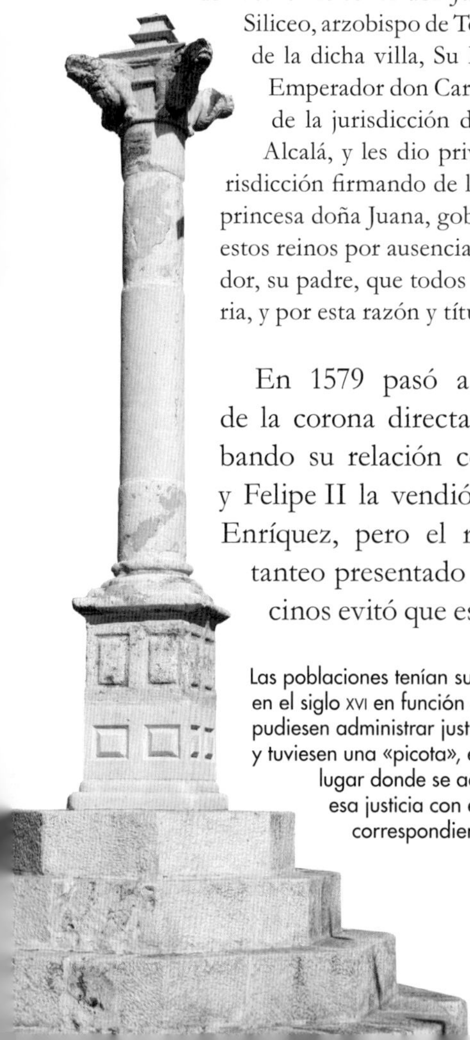

Las poblaciones tenían su importancia en el siglo XVI en función de que pudiesen administrar justicia o no, y tuviesen una «picota», es decir un lugar donde se administraba esa justicia con el castigo correspondiente.

A principios del siglo XIX con la abolición de los señoríos finaliza el poder jurisdiccional del conde sobre la villa.

De entre sus tradiciones vamos a destacar una religiosa, debida al Cristo del Socorro. Hace siglos, no hay una fecha exacta, aunque las *Relaciones de Lorenzana* del siglo XVIII también afirman que es de varios siglos atrás, unos campesinos que se encontraban arando la tierra vieron aparecer entre los terrones la talla de un Cristo. Los vecinos decidieron construir en aquel mismo lugar una sencilla ermita donde colocarla. Pero los habitantes de la población próxima de Loranca entendieron que la imagen les pertenecía pues se había encontrado en unas tierras que estaban en el límite entre ambos pueblos, y la trasladaron a su iglesia. Pero a los pocos días la talla volvió a la ermita construida en las afueras de Pezuela, sin que nadie la hubiese llevado hasta allí. La operación de repitió varias veces, entendiendo todos que era en aquel lugar donde quería estar, y se convirtió en el Cristo del Socorro, y en el patrón del municipio.

Así mismo se refiere la historia de una parada de santa Teresa de Jesús y de san Juan de la Cruz para pasar la noche en la posada que en el pueblo había, cuando ambos iban camino de Pastrana. Al haber una única habitación libre se les dio la misma a ambos, y durante la noche la posadera y una de sus criadas espiaron por el ojo de la cerradura a los dos religiosos para ver qué hacían. Cuál no sería su sorpresa al comprobar que ambos estaban de rodillas rezando y que en un momento dado levitaron. Por la mañana, arrepentidas de lo que había hecho se lo dijeron, y los dos santos las perdonaron y les regalaron una estampa con su efigie.

Aunque también se lleva a cabo en Navidad, al igual que en otros pueblos de la Comunidad, un Belén viviente, en el que participan los vecinos, nos parece mucho más interesante destacar un hecho que es muy poco conocido. Nos referimos a la creación en

Monolito erigido en honor del Regimiento de Dragones de la Muerte, hoy en día Caballería Lusitana n.º 8.

1709, con la autorización de Felipe V, del Regimiento de Pezuela n.º 20 de Dragones, que combatió duramente en tierras italianas, y al que por su comportamiento en la batalla de Melazzo (Sicilia) ocurrida en el año 1718, se les dio el título de «Dragones de la Muerte» y se les concedió el privilegio de poder usar sobre las grupas de sus cabalgaduras y sobre sus guiones una escarapela amarilla como signo de distinción, así como la frase «*lusitania tessera omni armatura fortier*» (Lusitania con su estandarte puede más que con todas las armaduras). Este regimiento es hoy en día el denominado Caballería Ligera Lusitania número 8.

Pinilla del Valle

PINILLEJO

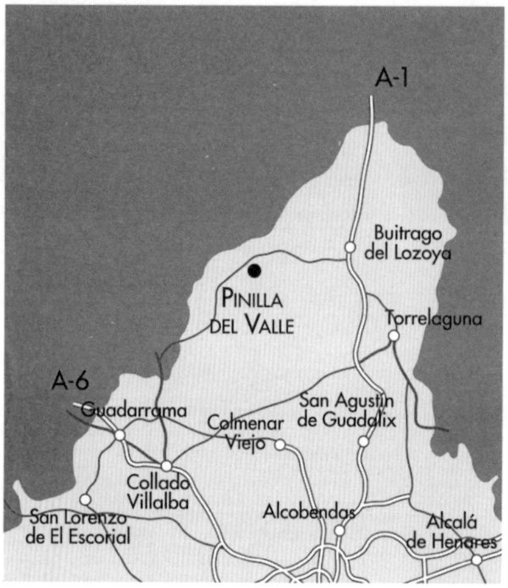

No es cierto que el nombre de la población provenga de la existencia de muchos pinos en el lugar donde se fundó la primera aldea, ya que en esa zona no era común este tipo de árbol. Se apuntan dos posibles orígenes. Por una parte derivada la denominación de «pinillo», de ese tipo de planta viscosa que pertenece a la familia de las labiadas, que sí abunda por el lugar, y que desprende un olorcillo a pino. Y por otro lado se dice que los primeros habitantes levantaron sus cabañas junto a unas peñas, penillas, y de donde derivaría hacia Pinilla. Quizás un tanto rebuscada esta segunda posibilidad. En cuanto al añadido «del Valle», es debido al lugar que ocupa en la zona alta del valle del Lozoya.

Aunque su origen hay que buscarlo en la época de la Reconquista, cuando grupos se segovianos se asentaron en esas tierras, hay que destacar que se han encontrado vestigios arqueológicos del Paleolítico y de la Edad del Bronce. Unida al sexmo de Lozoya, uno de los diez que dependían de Segovia, no fue hasta 1833 cuando pasó a formar parte de la provincia de Madrid.

En 1965 se construyó el embalse que lleva su mismo nombre y que se encuentra ubicado entre Pinilla y Lozoya, aprovechando el cauce de ese río. Bajo sus aguas han quedado los cementerios de ambas poblaciones y la ermita de Las Vegas.

Aunque es una historia que se puede adjudicar tanto a Rascafría como a Oteruelo, o a Alameda, nosotros haremos aquí una breve referencia por formar parte también Pinilla del derecho a juzgar y decidir pena de los delitos que en la zona se llevasen a cabo. Así aparece la denominada Casa de la Horca, que se puede ver en la actualidad en un paraje próximo al monasterio de El Paular, por lo que se suele incluir en las tradiciones de la propia Rascafría.

Todos los delitos que se cometían en cualquiera de estas cuatro poblaciones se juzgaban en el acto, una vez

El puente del Perdón marcaba cuál iba a ser el destino de cualquier reo. Si se le consideraba inocente, lo podía cruzar libre; de ser culpable, recorría unos metros más hacia el bosque donde le era aplicada la justicia por el verdugo.

detenido el causante. Se cogía al bandido y se constituía un tribunal formado por cuatro miembros, uno por población. Se le escuchaba, y si era declarado inocente atravesaba el denominado puente del Perdón, que también se encuentra frente a El Paular, y quedaba en libertad. Pero si por el contrario se le encontraba culpable, acababa en la Casa de la Horca donde el verdugo realizaba su trabajo.

Hay una leyenda religiosa en la zona referida a santa Ana, y en la que participaron Alameda del Valle y Oteruelo, y aunque algunos vecinos de Pinilla también quieren que se los incluya en ella, debemos reconocer que no tienen razón, pues la santa se apareció sobre una piedra en el río de su nombre que hace límite entre las dos poblaciones mencionadas en primer lugar.

Pinto

PINTEÑO

Al conocido «entre Pinto y Valdemoro», refrán que tiene su origen en una serie de historias todas ellas orientadas en una misma dirección, y en varias protagonizadas por algún representante regio, se debe unir en esta población el periodo de presidio que sufrió en el torreón la princesa de Éboli, así como más tarde sui cómplice Antonio Pérez, en la conspiración que ambos urdieron contra Felipe II. Y también hay que destacar su ubicación geográfica, ya que ocupa el centro de la Península, como ya constataron los árabes durante su dominación, dando lugar a la leyenda del arca.

El nombre de la población mantiene una raíz en el tiempo de la dominación romana, al ser un lugar en el que confluían cuatro calzadas correspondientes a las cuatro direcciones. Así se denominó *punctum*, es decir «punto de paso». Y ello daría con el paso del tiempo la palabra Pinto.

El asentamiento romano ha dejado algunos restos en la zona próxima al arroyo Culebro, que sería posteriormente empleado por los visigodos, ya que se ha localizado en sus proximidades un cementerio del siglo VI. De la época musulmana no queda nada, aunque desde algún punto se quiere defender que el torreón era un vestigio árabe, lo que no es cierto, pues se trata de una edificación posterior. Sí es cierto que de esta etapa data la leyenda del arca a la que posteriormente nos referiremos.

De la población hay datos del siglo XII, ya que se incluye a la aldea de Pinto en las disputas entre segovianos y madrileños por las jurisdicciones de esas tierras. En 1184 el rey Alfonso VIII ordena que pase Pinto a depender de Madrid, y Valdemoro de Segovia. Sentencia que es confirmada por Fernando III en el 1239. Cuenta una tradición que el propio rey fue hasta el linde de ambos asentamientos para comprobar en persona que se colocaban cuarenta y dos mojones que señalaban claramente los límites.

En 1359 la aldea pasa a depender de Íñigo López de Orozco, y ya es considerada villa. El señorío pasará de unas manos a otras, y en 1624 Felipe IV crea el condado de Pinto, título que recae en Luis de Carrillo de Toledo. Volverá a cambiar de manos en el siglo XVIII, bajo la tutela del duque de Uceda. Y de ahí ya sin cambios hasta la desaparición de los señoríos al inicio del siglo XIX.

La historia de España nos cuenta de la conspiración que llevaron cabo la princesa de Éboli, Ana de Mendoza, y el secretario de Felipe II, Antonio Pérez, que entre otras intrigas contra don Juan de Austria, incluyeron el asesinato del secretario personal del hermanastro del rey, Juan de Escobedo. Tras un juicio sumarísimo, la princesa fue encarcelada por espacio de seis meses en el torreón de Pinto que era utilizado como prisión por la corona, y que desde entonces se conoce como torreón de Éboli, hasta que fue trasladada al castillo de Santorcaz y más tarde a su palacio de Pastrana. El otro instigador del asesinato, Antonio Pérez, fue encarcelado allí por espacio e dos meses, hasta que consiguió evadirse y huir a Aragón y de allí a Francia.

El torreón se mantiene en pie, y sus formas hacen pensar que se debió de edificar sobre el siglo XV. Tiene una planta rectangular y una altura de treinta metros, y recuerda más a una torre del homenaje que a un torreón propiamente dicho.

La discusión entre los vecinos de Getafe y de Pinto por ver dónde se encuentra realmente el centro de la Península se mantiene históricamente, aunque el Instituto Geográfico Nacional emitió hace años un dictamen por el que dada la forma que tiene la Península no se puede detectar su centro. Y por ello ni el cerro de los Ángeles, defendido por Getafe, ni la confluencia de las calles del Hospital y Maestra María el Rosario, de Pinto, pueden recibir se título honorífico. No obstante, los vecinos de Pinto han recurrido a una leyenda que se conoce como la leyenda del arca para mantener su reivindicación.

Durante la dominación musulmana se llevó a cabo una medición que dio como resultado que se considerase Pinto como el centro de la Península. Los árabes guardaron los instrumentos con los que realizaron su medición, así como los resultados de esta, en un arca que enterraron debajo de piedra en un lugar de la denominada, hasta 1935, calle del Arca.

Aunque se han realizado excavaciones en ese punto no se ha encontrado ningún arca, lo que no ha importado al vecindario que ha colocado una placa allí donde se indica que se está en el centro de la Península.

La famosa frase «entre Pinto y Valdemoro» que se emplea para señalar que se está entre dos cosas diferentes, tiene un origen legendario bastante lúdico y muy relacionado con la realeza y con sus diversiones, aunque también hay una vía que apunta a una clase de menos relumbrón.

La leyenda o la tradición, que en este caso pueden ser consideradas iguales, señala hasta tres posibles hechos que derivaron hacia el uso de esta expresión.

Comenzaremos por la más sencilla, y que alude a cierto borracho que trasegaba el vino de las tabernas de Pinto y de Valdemoro, y que un día, con los vapores etílicos más elevados, recorrió el camino de las dos poblaciones y se detuvo junto a un arroyo que dividía los límites de las tierras pertenecientes a estos pueblos. Entonces comenzó a saltar de un lado a otro gritando: «¡Ahora estoy en Pinto, ahora en Valdemoro!», en uno de esos saltos se escurrió y se cayó en medio del agua, y al ponerse en pie sobre el arroyo todo mojado, exclamó: «¡Ahora estoy entre Pinto y Valdemoro!».

La realeza entra ahora en juego, aunque no vamos a decir qué soberano fue el protagonista de nuestra historia. Parece ser que nos encontramos ante un rey al que le gustaba mucho el alterne, hasta el punto de que siempre que iba desde Madrid a Aranjuez hacía una parada en un burdel situado entre Pinto y Valdemoro. De ahí que cuando alguien preguntaba ¿dónde está el rey? Sus cortesanos para tapar la «aventurilla» real, afirmaban que se encontraba «entre Pinto y Valdemoro».

Por último hay una versión que da protagonismo a Alfonso XIII y a uno de sus ministros. Cuentan que estando el rey de caza en una finca que se encontraba entre Pinto y Valdemoro, al acabar la jornada, los alcaldes de las dos poblaciones le quisieron invitar a comer. Para no desairar a ninguno, su majestad ordenó que pusieran la mesa al aire libre en un lugar que estuviese entre los dos pueblos. Pero el rey bebió más vino del debido, y pronto notó los síntomas de una soberana borrachera, ante lo que uno de sus consejeros le invitó a que se retirase de la mesa para evitar que le viesen en tal estado. Alfonso XIII, que estaba disfrutando de la jornada, no quería dejar la comida ni la bebida, y le preguntó a su consejero que por qué decía que debía retirarse, a lo que le contestó que «parece que su majestad se está poniendo entre Pinto y Valdemoro».

Otra versión de esta última historia la finaliza con la colocación de la mesa entre los dos municipios para que ninguno de los alcaldes, ni los vecinos de ambas poblaciones se molestasen, de forma que al ser preguntado un ministro de Alfonso XIII por el lugar en el que había estado cazando y que dónde había comido, respondió que «entre Pinto y Valdemoro».

Piñuécar y Gandullas

PIÑUECANO/GANDULLANO

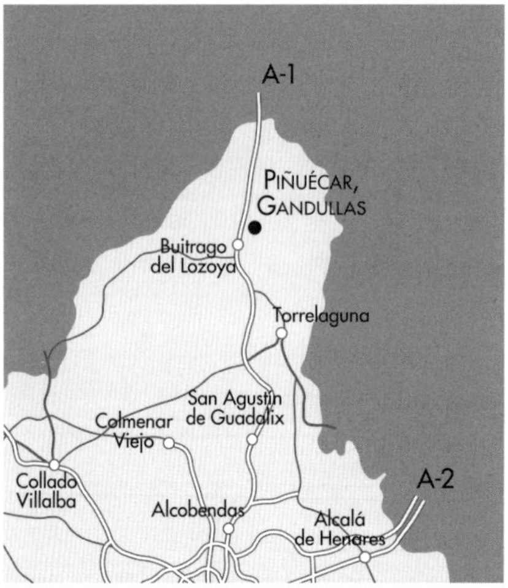

Aunque los vecinos del lugar defendían a capa y espada en el siglo XVIII, según consta en las *Relaciones de Lorenzana*, que su agua era abundante y muy buena, en la ermita de Santo Domingo, situada al noroeste de Piñuécar y de la que tan solo queda en la actualidad una espadaña, estaba constituido el denominado Tribunal de las Aguas, que se encargaba de llevar a cabo la distribución de este líquido entre los agricultores y ganaderos, para evitar los abusos; así como de juzgar las faltas cometidas contra las ordenanzas de las regueras. Allí se reunían los vecinos de las cuatro aldeas que formaban la población: Piñuécar, Gandullas, Bellidas y Ventosillo, y se ponían de acuerdo sobre sus necesidades de riego y dirimían los problemas surgidos.

El municipio actual, situado en la comarca del valle del Lozoya, cuenta tan solo con Piñuécar y con un pequeño núcleo, Gandullas, ya que Ventosilla desapareció sobre el siglo XVIII, y Bellidas en el primer tercio del XX. Su historia es la de muchas poblaciones de esa zona, con un inicio en las repoblaciones llevadas a cabo por pastores y agricultores, generalmente segovianos, aunque en algunos documentos se habla de que fueron ganaderos de Buitrago quienes construyeron allí unas cabañas para resguardarse cuando iban a apacentar su ganado. Ha estado unida siempre a la Comunidad de Villa y Tierra de Buitrago, integrando una de sus unidades administrativas, el cuarto de Horcajo, donde estaban también La Nava, Madarcos, La Acebeda, Horcajo y Bellidas: mientras que Gandullas estaba en el cuarto de los Aledaños, con Gascones, Palomar, La Cabezada y Cincovillas.

En las *Relaciones de Lorenzana*, ya se habla de Bellidas como de una aldea unida a Piñuécar, y hay una referencia a la ermita de Santo Domingo de Guzmán, donde «D. Miguel Fernández Durán, ministro de Hacienda del

Iglesia de San Simón en Piñuécar, una construcción clásica de esta zona de la llamada Sierra Pobre de Madrid.

señor D. Felipe Quinto se bautizó en dicha iglesia despoblada de Santo Domingo de Guzmán».

En cuanto a Ventosilla, apenas hay datos que indiquen su evolución, tan solo se sabe que era un caserío despoblado en el siglo XVIII.

El origen del nombre de Piñuécar parece estar relacionado con la vegetación de la zona, donde predomina el pino en toda sus variedades, especialmente la especie de *Pinus sanvatis*, por lo que el topónimo derivaría entonces de pinar, de piña y piñón. En cuanto a Gandullas, se trata de una palabra castellana, «chandulla» o «chanduya», que significa «lugar donde abundan las cerezas o guindas».

La reguera por donde corría el agua para regar la tierra que era controlada por el Tribunal del Agua, encargado de decidir en qué momento y de qué manera se facilitaba el agua a los campos de cultivo.

Típico potro de la sierra, empleado para herrar y marcar el ganado.

Pozuelo de Alarcón

POZUELERO

Esta población, hoy en día una de las que concita numerosas zonas de alto poder adquisitivo en su municipio, aparece reflejada por primera vez en 1208, en un documento en que se apunta que pertenece a Madrid, y que su nombre es Pozuelo de Aravaca, y donde también se refleja la existencia de otra aldea próxima denominada Húmera. Ambas agrupaciones de cabañas formaban parte del sexmo de Aravaca, al que también pertenecían Las Rozas, Majadahonda, Boadilla, Alcorcón, Leganés y Carabanchel. En diciembre de 1631 Gabriel de Ocaña y Alarcón compra la aldea y esta pasa a convertirse en señorío. Posteriormente quedará integrada en un mayorazgo, que detentarán sus descendientes que añaden el título de condes de Cazalla del Río, y a partir de ese momento comenzará a ser conocida como Pozuelo de Alarcón, abandonando el «de Aravaca». Durante el siglo XIX Húmera se une a Pozuelo.

Hasta aquí la historia, y ahora empieza la leyenda...

Tras la derrota del rey francés Francisco I en la batalla de Pavía ante las tropas de Carlos V, fue hecho prisionero y trasladado a Madrid, donde permaneció prisionero en la torre de los Lujanes, encargándose al caballero Rodrigo de Alarcón su custodia. Pues bien, un día que se encontraban de cacería por las tierras próximas a Pozuelo de Aravaca, el caballero español se separó de la comitiva para buscar un lugar donde saciar su sed. Así encontró un caserío en un prado junto a una rústica ermita, y a su lado un pozo. Cuando se aproximó a él vio a una niña que, sin esperar a que descabalgara, le ofreció un cuenco de agua fresca. En agradecimiento le quiso pagar con unas monedas, pero la joven las rechazó diciéndole que de ese pozo que era propiedad de su abuelo podía beber cualquiera. El caballero se reintegró a la partida de caza con la mente puesta en el lugar, en el agua y en su proximidad a la aldea de Pozuelo. Unos días más tarde decidió comprarle al abuelo de la niña el caserío. Algunos años después y tras la compra por parte de sus descendientes de más tierras, llegó la adquisición de la aldea, a la que se puso el «de Alarcón» en virtud del apellido de sus compradores.

Como vemos viene a ser la misma explicación que la histórica, pero quizás esta sea un poco más hermosa.

Pozuelo del Rey

POZUELERO

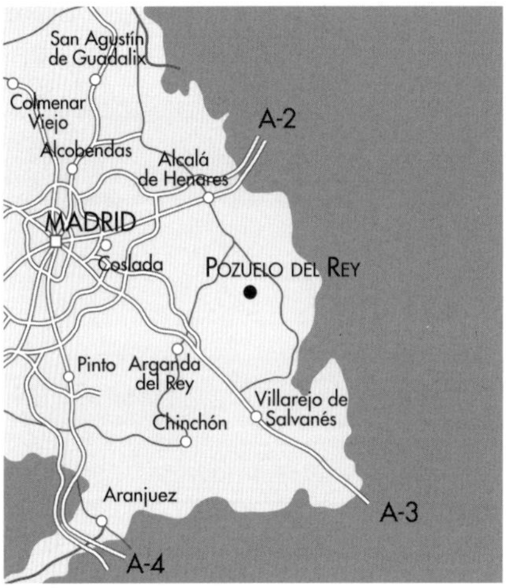

Por la zona que ocupa dentro de la llamada la Alcarria de Alcalá, y por su vinculación histórica con la ciudad Complutense, se supone que fue fundada por los musulmanes dentro de la serie de aldeas que con motivo de sus atalayas de vigilancia se iban edificando a lo largo de esta línea divisoria con los cristianos del norte. Precisamente en virtud de ello, y por la escasez de agua que obligaba a excavar profundos pozos, se denominó inicialmente Pozuelo de las Torres.

Repoblado por los cristianos que construyeron sus cabañas entorno a los pozos, aparece reflejado en el siglo XVI el cambio de nombre de Pozuelo de las Torres a Pozuelo del Rey, este último añadido se supone que está destinado a agradecer a algún rey ciertas prebendas, pero no queda claro a qué monarca se debe. Bien es cierto que en las *Relaciones de Lorenzana* del siglo XVIII se dice que «es villa perteneciente a la vicaría general de Alcalá de Henares. Es mixto de realengo y señorío. Pone en ella justicia y lleva parte de sus alcabalas el señor conde de Oñate. Los demás tributos son reales. Sus tercias son propias del señor conde de Alba Real».

En el siglo XVIII tuvo un momento de apogeo gracias a la labor desarrollada por Juan de Goyeneche al fundar Nuevo Baztán, quien creó diversas industrias que favorecieron a sus vecinos, al igual que a los de Olmeda de las Fuentes.

Hay una leyenda unida a la ermita de la Virgen de la Cabeza, que relata que este edificio se levantó a principios del siglo XVIII por los propios vecinos de Pozuelo, por la aparición de la Virgen a un pastor en una zona alta del camino denominado de las Tres Cruces, que se encuentra situado en la carretera de Valdilecha. Es muy curioso ver en su interior la gran cantidad de exvotos de cera de partes del cuerpo humano ofrecidos a la Virgen en agradecimiento por las curaciones milagrosas que ha llevado a cabo.

Ermita de la Virgen de la Cabeza, y detalle de la imagen de piedra.

No podemos abandonar Pozuelo del Rey sin contar un hecho insólito que repite a otro relatado en Majadahonda, y referido a una supuesta ballena.

En un pilón se encontró una albarda de una caballería boca abajo, y los vecinos creyendo que se trataba de una ballena quisieron darle caza, acercándose furtivamente al supuesto animal, hasta que uno de ellos, más decidido que los demás, tocó la pieza de caballería y todos se dieron cuenta de que no existía tal ballena. No obstante, en recuerdo de aquel hecho, se conoce a los habitantes de Pozuelo del Rey con el mote de «ballenos».

Prádena del Rincón

PRAILESANO/PRADENIENSE

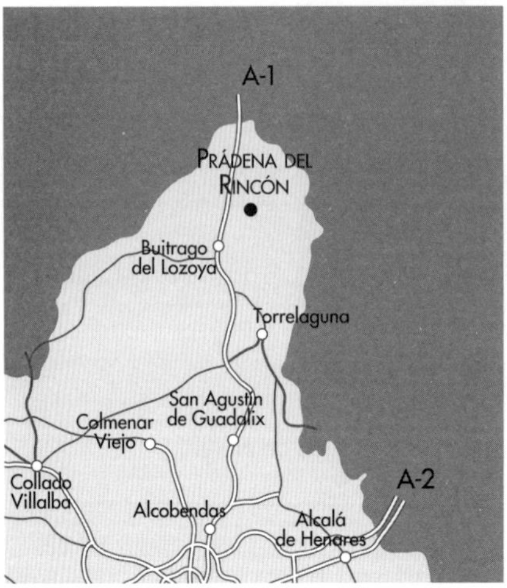

Sus tierras cruzadas por numerosos arroyos, la reguera de Paredes, tan importante para el desarrollo de la economía de esta población, las sendas que atraviesan bosques de robles, acebos, serbales, enebros, olmos..., permiten hacer volar la imaginación y buscar en el interior de una zona donde el hombre apenas ha intervenido, a esos pequeños seres que habitan en la naturaleza y que, con los deseos de niño, quizás se puedan ver pulular por allí. Sin duda es uno de los mejores lugares, junto con Montejo de la Sierra, para buscar hadas, elfos y duendes que por allí corren a sus anchas.

Situado entre las estribaciones de la sierra de Somosierra y del macizo de Ayllón, Prádena del Rincón hace honor a su nombre, que proviene del lugar en el que se edificaron las primeras cabañas, en un «amplio prado, pradal o pradeña»; y en cuanto al añadido de «el Rincón», por su ubicación en un extremo de la unión de ambas zonas montañosas, que se conoce como sierra del Rincón.

No existe una fecha exacta de su fundación, aunque se han encontrado restos de la Edad del Bronce y también relacionados con la red de comunicaciones romanas que atravesaba la sierra. No obstante se señala que en el Fuero de Sepúlveda de 1076 ya se mencionaba este territorio. En 1096 el rey Alfonso VI concede un privilegio de repoblación a Buitrago y su comarca, villa de la que dependía Prádena. Más tarde pasará a manos de los Mendoza aunque siempre conservará los beneficios de ser una comunidad de pastos. Encuadrada en el cuarto encabezado por Montejo de la Sierra, del que también formaba parte Horcajuelo, Prádena dependerá de Buitrago hasta el aumento de su población en el siglo XIX.

Es curioso destacar que pese a la cantidad de agua que hay en la comarca, en toda esta zona dependiente de Buitrago funcionaba el Consejo de

Regantes, que intentaba aprovechar al máximo los recursos líquidos para la agricultura. De ahí que nos encontremos en esta población con la historia de la existencia allí de un reloj encargado de controlar el riego de las tierras. Se conocía como reloj de la vez o reloj del agua, y funcionaba como si se tratase de un reloj de sol. Era un palo colocado verticalmente a una piedra, que en función del sol dividía los periodos destinados al riego. El alcalde de la población era el encargado de hacer cumplir las ordenanzas de la reguera, que se encontraban sustentadas en la comunidad de regantes, que bien podía estar formada por los vecinos de un único pueblo, o los de varios, en función de la zona a regar y del origen del agua. Relojes de este tipo no hay en Prádena, pero sí pueden verse en Horcajuelo y Gandullas.

Recordaremos aquí algunas de las ordenanzas de la Reguera de Prádena como complemento a lo apuntado anteriormente.

> ... yten ordenaron y mandaron que después de sacados y hechos los dos Brazos de la Reguera de los dos Barios el primer lunes de marzo, se bayan haziendo todas las demás Regueras particulares de los prados y linares y para hacerlas se guarde la orden siguiente, que el hermano que quisiere muñir o hazer alguna Reguera tenga obligación un Domingo o día de fiesta a el salir de misa mayor de dezir a la puerta de la yglesia para tal día determinado mune la Reguera de tal parte. Y después el día para quando se munió por la mañana toque la campana y en voz alta diga a la Reguera de tal parte pena de un real...
>
> ... yten que todos los que tuvieren que Regar por la tal Reguera que se muna sea poco o mucho y quaiquiera que tenga guerto, Prado o heredad que tenga Brocal aunque no esté senbrada ni se aya de senbrar tenga obligación a ir o enviar persona sufiziente a la dha Reguera pena un real aplicado para que los demás gasten, y esto lo hejecute y pueda executar el que munió la Reguera aunque sea el alcalde el que aya faltado y si se yziere alguno Rebelde el Alcalde y Jurado se den favor y ayuda y sea todo a costa del tal Revelde.

En la zona de Prádena del Rincón existen restos de la Guerra Civil, como el nido de ametralladoras de la foto.

Puebla de la Sierra

PUEBLERO

La famosa Puebla de la Mujer Muerta, por encontrarse al pie de una forma montañosa que por su perfil tiene la forma de una mujer yacente, y que basa esta denominación en una leyenda en la que parece intervenir nada más y nada menos que Hércules, quien con su fuerza perfiló las montañas con las formas de una joven que murió por querer seguir a un compañero suyo, posiblemente a un semidios, o quién sabe si a una divinidad, que para algunos historiadores de la denominada sierra Pobre de Madrid era el propio Apolo.

¡Ah! y cuidado en Carnaval con el Botarga, que puede darnos un buen golpe con su cachiporra.

El nombre viene de la propia historia del conjunto de cabañas que formaban una aldea en aquel lugar apartado de un valle encajonado por las montañas. Para unos se trata de la zona rústica de las toscas casas, conocidas como «puebla»; para otros por haber recibido en el año 1301 el estatuto jurídico de Carta Puebla con el fin de conseguir su repoblación. No obstante debemos hacer constar que en el *Libro de la montería* de Alfonso XI, documento posterior a esa fecha, se habla de la aldea de la Mujer Muerta.

El cambio de añadido a Puebla y la desaparición de «de la Mujer Muerta», por el de «de la Sierra», es obra del gobernador civil, Carlos Ruiz, quien en 1940 decidió que ese fuese el nuevo nombre en virtud de estar en una zona de sierras.

Algunos investigadores defienden que la aldea primitiva fue conocida por los árabes, aunque su influencia fue muy escasa. En el siglo XIII la localidad aparece ya integrada en la Tierra de Buitrago. En 1490 se le otorga el privilegio de villazgo, título que como en el caso de La Hiruela o de El Atazar se debe fundamentalmente a su difícil acceso. Hasta el siglo XVIII formó parte del señorío de la casa de Mendoza, y en el siglo XIX quedó integrada en la provincia de Madrid.

Comentábamos al principio una cierta leyenda que habla de la «mujer muerta» y que eufemísticamente reúne a una joven, a su padre, un reyezuelo de la zona, y a dos figuras de la mitología clásica, Hércules y Apolo.

El relato dice que en tiempos muy remotos vivían en aquella zona formada por el valle rodeado de montañas una tribu que contaba con un rey que adoraba a su hija, que había costado la vida de su madre en el momento de nacer. El rey no encontraba bueno a ninguno de los pretendientes que desde otras tribus iban a visitarle para pedirle la mano de la joven, que era de gran belleza. Un día que esta se encontraba bañándose en un riachuelo, fue observada por dos viajeros, extranjeros, que se encontraban por aquellos parajes. Uno de ellos era muy fuerte, el otro más joven y muy hermoso. Al ver a la joven se fueron acercando a ella, y el más joven la tomó para sí, pidiéndole a la muchacha que le acompañase. Ella asintió, pero le pidió que fuese a ver a su padre para pedirle permiso para irse del valle. El padre se sorprendió mucho y aceptó con la condición de que se reuniesen en el lugar donde se había visto la primera vez. Llevando a su hija hasta ese sitio, la abrazó tan fuertemente, que con intención o sin ella, la mató, dejando su cuerpo tirado junto a la fuente. Al llegar los dos extranjeros y verla allí, el más joven pidió al otro que labrase en las montañas próximas el perfil de la chica.

Una tradición más próxima en el tiempo, aunque también antigua, es la celebración del Carnaval en Puebla, donde aparece la figura de la Botarga. Se trata de un personaje que antiguamente se cubría con una piel de cabra y que se colgaba gran cantidad de cencerros en los hombros, espalda y cintura. Hoy en día lleva en su mano una cachiporra con la que amenaza a todos los presentes.

Sierra de la Puebla, en cuya ladera nordeste se encuentra la población del mismo nombre.

Puentes Viejas

MANJIRONERO

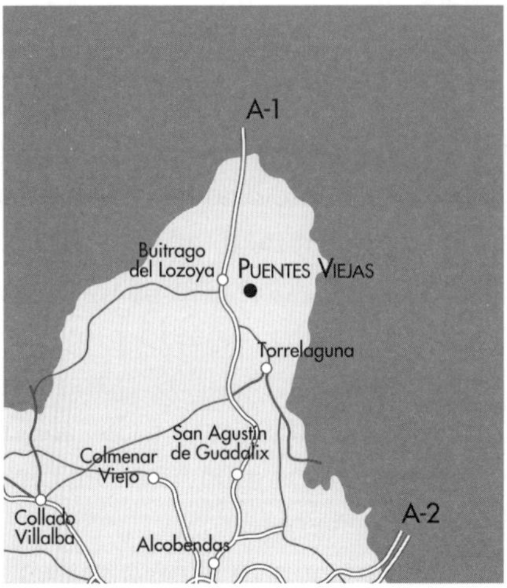

Es muy curioso que un conjunto de poblaciones reciban un único nombre que las agrupe, y que precisamente este sea el de la de menos importancia, y que todo ello venga derivado de la denominación de un poblado edificado para la construcción de un pantano. Así el embalse de Puentes Viejas da nombre a cuatro núcleos urbanos, Manjirón, Cincovillas, Paredes de Buitrago y Serrada de la Fuente, así como a dos poblados, Puentes Viejas y El Villar (este último también creado para construir el embalse del mismo nombre), y es más, que el ayuntamiento esté en Manjirón y no se denomine así a la agrupación. Este hecho se llevó a cabo en 1975.

El nombre de cada una de las poblaciones es quizás lo más sencillo de explicar. Así, Manjirón se levanta sobre un peñasco de 1012 m de altura; Serrada de la Fuente, por haber sido levantadas sus primeras cabañas en una zona rodeada de sierra, en una garganta por donde fluye el agua, que tuvo el único nombre de Serrada hasta 1916 cuando se le añadió el «de la Fuente».

En cuanto a Cincovillas, se dice que el origen de la aldea fueron cinco casas de labor; y Paredes, por ser un lugar en que se guardaba el ganado en verano para que aprovechase sus pastos, y más tarde comenzaron a hacerse algunos asentamientos estables, cabañas. Sobre Puentes Viejas y la presa del Villar, son los campamentos dispuestos para alojar a los trabajadores destinados a la construcción de las presas. En el primer caso se habla de la existencia de dos antiguos puentes o portones que se empleaban para cruzar el río Lozoya, y en el otro no hace falta más comentario, que su propio nombre indica cuál es su origen.

La historia de estas poblaciones es muy complicada, aunque se puede señalar que debieron de ser fundadas tras la Reconquista por la actuación de Alfonso VI y su idea de repoblar la zona conocida como Marca Media, que separaba a cristianos de musulmanes. Tradicionalmente han estado vinculadas a Buitrago, a su Comunidad de Villa y Tierra, e incorporadas a la casa de los Mendoza, hasta la disolución de los señoríos a principios del siglo XIX.

Además de la curiosidad propia de tantas poblaciones unidas bajo la última constituida, y sin lugar a dudas la menos importante, y a que en su término municipal se encuentran tres pantanos, los ya mencionados de Puentes Viejas, El Villar y El Atazar, debemos hacernos eco de la existencia de una antigua aldea conocida como Santillana que existió hasta el año 1350, y que parece ser que se despobló por una epidemia de peste, pasando sus vecinos a las otras aldeas. De todas formas en este caso hay que señalar una leyenda recogida por las *Descripciones de Lorenzana* del siglo XVIII donde se hace hincapié en una tradición muy común a esta zona y que ha sido empleada para apoyar la huida de los habitantes de determinadas zonas.

> El despoblado de Santillana está lleno de monte de chaparro y quejigo, y corresponde al señorío del señor conde de Montemar. Se dice murieron los habitantes de este lugar de Santillana y se despobló a causa de haberse infectado en un día de boda el agua de la fuente con una salamanquesa.

La torre de Mirabel está considerada como uno de los ejemplos de las atalayas construidas por los árabes en la Comunidad, dentro de la llamada Marca Media.

Esta aldea se encontraría donde hoy en día se levanta el caserío llamado de Santillana, una casa de labor construida a finales del siglo XIX.

Dentro del término municipal, muy cerca de Manjirón, junto al arroyo Jóbalo se encuentra la torre de Mirabel, de la que se dice que si bien fue construida en el siglo XVI, su origen pudo ser una de las atalayas árabes que poblaron la zona de la Marca Media.

Esta torre cilíndrica, de poco menos de ocho metros de altura y cinco de diámetro, está colocada marcando los límites de la época entre el ducado de Uceda y el marquesado de Santillana. Su misión parece ser que nunca fue militar, sino más bien que estaba destinada a vigilar las dehesas y los pastos.

Como colofón, recordar que hace unos años Manjirón ha vuelto a recuperar una tradición muy antigua, la denominada fiesta de la Calavera. Con motivo del día de Todos los Santos, por la noche los niños recorren las calles con calabazas iluminadas imitando calaveras, pidiendo por las casas, mientras cantan la canción:

> Es la noche de los muertos
> y también las calabazas
> así que danos dinero
> o te robamos
> la casa.

Como podemos apreciar en el valle del Lozoya tenemos nuestro propio Halloween, sin necesidad de haberlo importado del mundo anglosajón.

Quijorna

QUIJORNERO

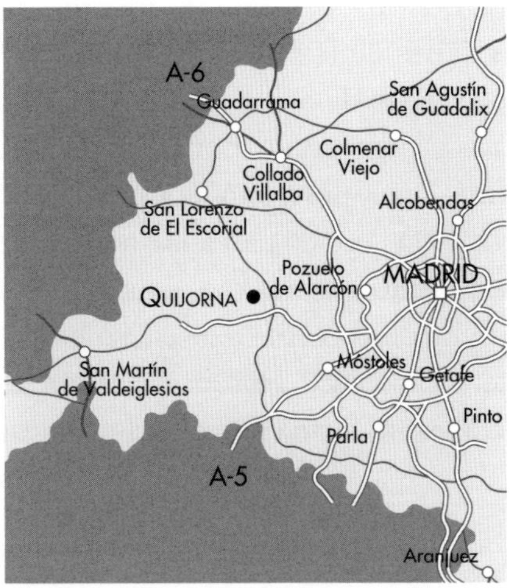

Población que debió de recordar al ave fénix, ya que tuvo que resurgir de sus cenizas tras haber sido destruida por el fuego de los combates entre las fuerzas franquistas y las republicanas durante la Guerra Civil. Su proximidad a Brunete y la batalla desarrollada entre los días 6 y 25 de julio de 1937 tan solo dejó en pie las paredes de la iglesia, por lo que los quijorneros tuvieron que abandonar sus casas y regresar después de la guerra para proceder a la reconstrucción del pueblo.

Aunque hay diversas ideas sobre el origen del nombre de esta población, algunas bastante disparatadas, parece ser que Quijorna proviene de la unión de las palabras «quejigo», árbol de la familia de las fagáceas, de copa recogida y que da bellotas semejantes a las del roble, y de «horno». Sobre esto último se habla de la existencia de hornos de cal, uno de los cuales se puede contemplar actualmente en la población, mostrando sus respiraderos en forma de herradura apuntada árabe sobre una base de muro ciclópeo ibero. Respecto a los hornos se añade que podría derivar el nombre únicamente de ellos, de la gran cantidad que había en el término donde se instaló la aldea, o que esta lo hizo alrededor de ellos. De esta forma se trataría de la sílaba «qui», primera de quinientos, y de *jorna*, es decir, «hornos». Quijorna sería igual a quinientos hornos.

Pero como queremos ser ecuánimes, mencionaremos también, aunque volvamos a repetir que nos parecen un tanto absurdas, otras dos teorías. La primera asocia el nombre a una planta silvestre de flor blanca, quijón, muy abundante en la zona; mientras que la segunda defiende la unión del topónimo a guijarro por ser un paraje muy pedregoso. Dicho queda.

No hay muchos datos sobre su historia, parece que fue fundado a principios del siglo XIV y que perteneció hasta 1480 a la Comunidad de Ciudad y Tierras de Segovia, dentro de la cual estaba incorporada al sexmo de Casarrubios. En las *Relaciones topográficas* de Felipe II, fechadas en 1579 se dice de Quijorna que «conforme a lo que oyeron a sus pasados debe de haber hasta ciento cincuenta años».

Más tarde pasó a pertenecer al señorío de Moya y luego al condado de Chinchón, siéndole reconocido el título de villa por Felipe II. Permaneció bajo estos condes hasta la desaparición de este tipo de señoríos a principios del siglo XIX.

Aparte de su autorrepoblación y autorreconstrucción, queremos mencionar una antigua tradición que también se puede contemplar en la historia de otros pueblos de la Comunidad. Hablamos del «encierro de la vaquilla».

Bajo una estructura de madera con cuernos de toro, un vecino recorría las calles de la población con motivo de la fiesta de San Sebastián, el 20 de enero, perseguido por los cabestros, niños que portaban sonoros cencerros y que conducían a la vaquilla hasta el punto de encierro. Esta actividad duraba desde el día 6 de enero hasta el mencionado 20. Entonces era toreada y tras su muerte aparecían luminarias y diversos vecinos acompañaban su cadáver disfrazados con máscaras y ataviados como si de brujos y brujas se tratasen.

Rascafría

RASCAFRIENSE

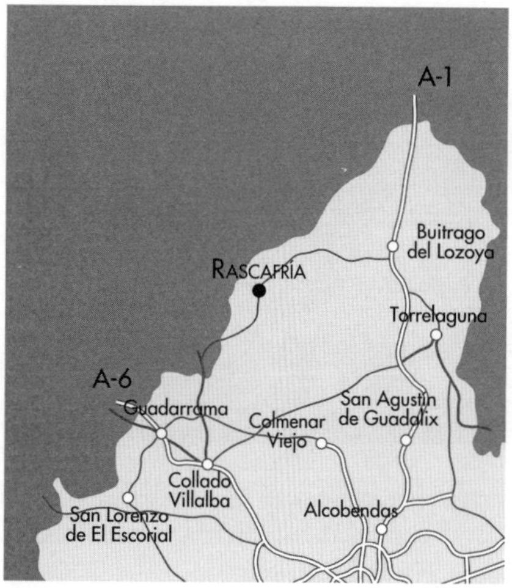

Rascafría no es solamente El Paular, ni El Paular es únicamente Rascafría, pero podemos decir que al igual que el monasterio de El Escorial es prácticamente San Lorenzo, con el monasterio de El Paular ocurre algo similar. Además está el valle del Lozoya, un lugar enigmático protagonista de más de cien leyendas e historias: el puente del Perdón, la Casa de la Horca, el Carro del Diablo, la peña de la Mora, la cueva del Monje…

El origen del nombre es muy sencillo y no hay que pensar mucho. Su lugar, junto al puerto de La Morcuera donde las temperaturas son muy bajas y donde hay muchas zonas rocosas, permite que se pueda hablar de «rocas frías», y de ahí vendría la derivación Rascafría. Aunque hay también quien de una forma más jocosa recuerda ese refrán que dice que «hace un frío que rasca».

Su primer asentamiento interesante parece que es árabe, y remonta la fundación al siglo XII, aunque se defiende la teoría de que es posterior, y que aparece mencionado en un documento del año 1390 como lugar donde se ha vendido un molino. Ligado a la repoblación que hicieron los segovianos del valle del Lozoya tras la Reconquista, pasará a formar parte de la Comunidad de Villa y Tierra de Segovia.

En el siglo XIV se funda la cartuja de El Paular al pie del macizo de Peñalara, y a partir de ese momento la historia de Rascafría aparece vinculada a la construcción religiosa. Por allí pasaron diversos reyes y reinas que dieron su protección a los cartujos. Hay una leyenda que cuenta que estando Carlos I en medio de un temporal frente a las costas de Argel, se acordó de los cartujos y supuso que estarían rezando por él en aquel momento. Al instante las aguas se calmaron. Con Felipe II, el monasterio perdió gran parte de su importancia, dado que este rey dedicó todos sus esfuerzos al monasterio de El Escorial.

El monasterio de El Paular, referencia de la cercana población de Rascafría.

Actualmente hay dos partes claramente diferenciadas, una donde habitan los monjes, y otra la que se ha convertido en una hospedería que explota tanto el monasterio como el entorno. En el interior de la construcción se pueden contemplar claustros de estilo gótico florido, galerías góticas, mezclados con un estilo propio del renacimiento, una sala capitular renacentista... La realidad es que bien merece una visita.

Rascafría formará parte de Segovia hasta que en 1833 la reestructuración provincial hizo que pasara a integrarse en la provincia de Madrid.

La olma de Rascafría es una de las primeras leyendas con la que nos topamos al llegar a esta población. Habla de la existencia de un árbol cuyo tronco sirvió de escondite a más de un bandolero. Se menciona al famoso Pernales y al Tuerto Pirón, como principales protagonistas de este asunto, ya que tras cometer sus fechorías y cuando la Guardia Civil los perseguía empleaban este remedio para escapar de la justicia. Y hablando de justicia nos tenemos que referir al llamado puente del Perdón y a la Casa de la Horca. Aunque los hemos mencionado cuando comentábamos hechos en Pinilla del Valle, podemos volver a ellos para indicar que este puente, construido por los monjes encima de uno de madera, servía para dictar justicia. Si el reo llegaba al puente y en él era considerado inocente, podía irse libremente, si lo atravesaba y se mantenía su culpabilidad, sabía que

Vista de la sierra próxima a Rascafría y a El Paular.

unos metros más arriba le esperaba el verdugo en la Casa de la Horca.

Se vincula con estas tierras la leyenda de la construcción del acueducto de Segovia, y la labor que en él desarrolló el demonio, al considerar que este quedó petrificado conformando una gran roca que se encuentra en las proximidades del camino de las Eras.

Cuenta la leyenda que el acueducto no es de origen romano, sino producto del demonio, que fue invocado por una criada que servía en una casa de Segovia y que debía acarrear agua todos los días desde el río, lo cual la fatigaba mucho, por la distancia que había y por las cuestas que debía subir. Un día desesperada ofreció al demonio su alma si era capaz de conseguir que el agua llegase directamente hasta la casa del señor. Rápidamente el maligno se le apareció y firmaron un pacto, él se comprometía a construir un acueducto en una sola noche y ella le entregaba su alma a cambio. Firmado el acuerdo, la joven se fue a su casa. Una fuerte tormenta asoló la ciudad, y asomada a la ventana comprobó que no había un solo demonio, sino que una multitud de ellos estaban construyendo el acueducto. Arrepentida de lo que había hecho comenzó a rezar, pero la obra continuó hasta que solo quedaba una piedra. De repente se escuchó el canto de un gallo, y el diablo que se había quedado solo para trasladar desde la sierra esa última piedra y llevarse el alma de la joven, paró en seco comprendiendo que había perdido la partida, quedando petrificado por las primeras luces. Lo que fue entendido por el confesor de la criada como la realización de un milagro.

Esta misma leyenda se aplica a Juan Guas, arquitecto de los Reyes Católicos, encargado de la las obras de la catedral de Segovia. Al haber fijado una fecha de finalización y ver que no podía cumplirla, llegó a firmar un pacto con el diablo para que le ayudase. Cuando faltaba tan solo un carro de piedras, que venían desde Rascafría a través de la Granja a Segovia, para acabar su obra, se echó atrás en el pacto realizado, y el demonio para castigarlo petrificó el envío de piedra y el carro en el camino, con lo que la obra inacabada.

Y por último nos vamos a referir a un clásico de la sierra madrileña, no en el nombre, que aquí se llama la cueva de la Mora, sino al hecho que relata la leyenda. Una joven musulmana conoció a un caballero cristiano y ambos se enamoraron perdidamente. La mujer fue raptada por sus propios familiares, que la llevaron a una cueva de la sierra donde la tenían vigilada, y aunque el cristiano logró llegar hasta ella alguna vez y declararle su amor, lo cierto es que tan férrea era la vigilancia que ella no consiguió escaparse. El caballero desapareció y la mora jamás volvió a verlo. Ahora se dice que el alma de la desdichada muchacha recorre algunas noches los parajes próximos al refugio Giner, buscando a su amor perdido.

Redueña

REDUEÑENSE

Posiblemente el hecho más curioso que se puede contar de Redueña, es el origen de su propio nombre, ya que aunque existe una cierta lógica en su denominación, también es cierto que se suele contar una curiosa historia al respecto.

La idea contrastada es que las primeras cabañas se instalarían junto a un río que era propiedad de señora, una dueña, y que el lugar se conocía por ello como el «río de la dueña», y de ahí a Redueña solo hay un paso. La tradición es mucho más curiosa aunque prácticamente va en el mismo sentido. Las primeras casas se instalaron en un terreno que era propiedad de una mujer, quien litigó para que le fuesen reconocidos sus derechos de propiedad por los nuevos vecinos. Al conseguir demostrar que tenía razón, se cuenta que exclamó: «¡Si antes era dueña, ahora soy redueña!». Una curiosidad más de nuestra Comunidad.

Los primeros indicios de asentamientos en esa zona datan del Paleolítico inferior. También se han encontrado restos romanos en el casco del pueblo, algunos indicios celtas en la zona del río y de la dehesa, y vestigios visigodos en la iglesia, pero la realidad de su origen no se conoce con exactitud. Se habla de que pudo establecerse como una aldea en los años de repoblación posterior a la Reconquista.

Es a partir del siglo XVI cuando se conoce algo de la evolución de Redueña, que compila las *Relaciones de Lorenzana* de 1787, a las que nos ceñiremos para comentar algunos detalles de la historia de este pueblo.

> No se ha podido saber quién fundó este pueblo ni de dónde le viene la denominación. Solo que antes del año 1575 fue lugar de la dignidad arzobispal de Toledo, y que en el citado año de 1575 se desmembró de dicha dignidad por el rey Felipe Segundo, en virtud de bula de la santidad de Gregorio Decimotercero y se incorporó en la Corona de Castilla, tomándose posesión en el dicho año de señorío y vasallaje, jurisdicción civil y criminal, con las rentas jurisdiccionales, penas de cámara, escribanías públicas y

Vista panorámica de Redueña.

demás regalías y derechos. En el año de 1579 vendió Su Majestad esta villa con su señorío y vasallaje y demás derechos al licenciado don Melchor de Durango, oidor de la Real Chancillería de Valladolid. Después de tomada la posesión por el referido Durango, recurrió esta villa al rey en el término d cuatro meses que tenía para poderse rescatar, a fin de que se declarase por nula la enajenación que se había hecho de ella y que la incorporase en la Corona, haciendo asimismo la villa escritura de asiento a favor de Su Majestad, obligándose a pagar la misma cantidad que había dado el referido licenciado don Melchor de Durango, con las condiciones de que la había de dar Su Majestad la jurisdicción civil, criminal, alta y baxa, mero y mixto imperio de ella y sus términos, según los tenía amojonados y deslindado con los pueblos comarcanos, dándole la jurisdicción por sí y sobre sí... Se le admitieron todas las condiciones referidas en el mencionado asiento...

Pero tras esta operación los vecinos tuvieron que vender la villa en 1627 a Baltasar Gilimán de la Mota, y unos años más tarde, finales del siglo XVII, principios del XVIII, los habitantes de Redueña volvieron a presentar una reclamación por la venta, logrando que esta se declarase nula.

El pueblo combatió contra la dominación francesa en la guerra de la Independencia, y aún se mantiene en la memoria de sus vecinos que fueron fundidas las campanas de la iglesia para forjar cañones para el combate.

Es muy curiosa una tradición que se mantuvo hasta mediados del siglo XIX y que vinculaba la buena cosecha de uva a una ermita dedicada a Nuestra Señora de las Viña, mencionada en algunos textos del siglo XVIII y XIX, y hoy ya desaparecida. Se apunta a que cuando se elaboraba vino en la comarca había un ferviente culto a la Virgen en esa ermita para que preservara a los viñedos que había a su alrededor.

También se suele destacar que de sus canteras salió gran parte de la piedra con la que se construyeron diferentes fuentes de la capital, en especial la fuente de Cibeles, y la de Apolo o las Cuatro Estaciones.

Ribatejada

RIBATEJAREÑO

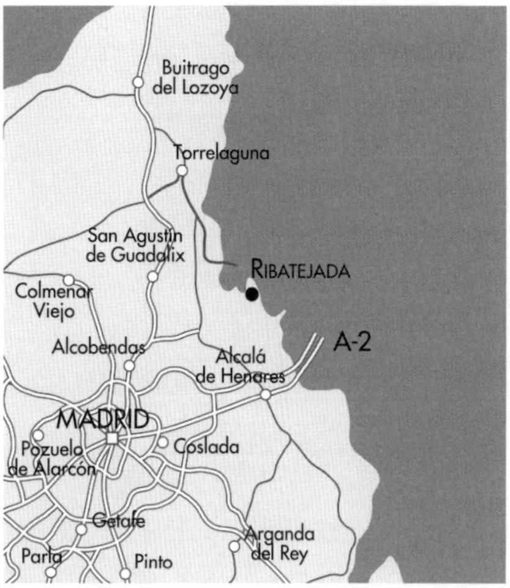

De origen árabe, su nombre parece provenir de los chamizos que construían a la orilla del río Torote para resguardarse personas y ganado. Por eso encontraríamos «riba» de ribera, y «tejada» de techumbre.

Población de tránsito de ganados, fue hasta el siglo XVI una aldea perteneciente a Alcolea del Torote, bajo el arzobispado de Toledo, y en 1580 pasó a formar parte del señorío de Francisco de Ávalos. De su historia nos da una cierta visión las *Relaciones de Lorenzana.*

> Esta villa fue muchos siglos aldea de Alcolea del Torote y ambas, del señorío de la dignidad arzobispal de Toledo, hasta que, por real cédula del señor Felipe Segundo, su fecha en Madrid a diez y seis de junio de mil quinientos sesenta y seis, la eximió de aquella jurisdicción, concediéndole privilegio de villazgo...

En 1593 los vecinos de Ribatejada ejercieron el derecho de tanteo y compraron su jurisdicción, y desde entonces se mantuvo como villa de realengo.

La curiosidad que emana de este lugar es el paso por sus tierras de la cañada Galiana, vía fundamental para el recorrido del ganado de la Meseta, en su trashumante itinerario. Esta es, posiblemente la más importante de las cuatro cañadas que atraviesan la Comunidad. También se la conoce como riojana o de las merinas, dado que procedente de la sierra Cebollera, en la zona más del sur de La Rioja, atraviesa parte de Soria, Guadalajara, Madrid, Toledo y Ciudad Real, aunque al llegar justo a los límites de la Comunidad madrileña se divide en dos ramales, uno que atraviesa las tierras de las poblaciones de Ribatejada, Fresno del Torote, Daganzo y Ajalvir; y otro que pasa por Meco, Camarma, Alcalá de Henares, Torrejón de Ardoz y Ajalvir, donde se vuelven a unir en una sola. Esta división se llevó a cabo para aprovechar mejor los pastos para el ganado y no esquilmar ninguno de ellos con la cantidad de animales que se trasladaban de un punto a otro.

La vegetación acompaña a la cañada Galiana a su paso por Ribatejada.

Desde Ajalvir, y una vez unificada la cañada, comienza su peregrinaje por el resto de las tierras madrileñas a través de Paracuellos del Jarama, Coslada, San Fernando, Vicálvaro, Getafe, Pinto y Torrejón de Velasco, para entrar en tierras de Castilla La Mancha.

Las otras tres cañadas que discurren por tierras de Madrid, son la leonesa oriental, que pasa por Cercedilla, Los Molinos y Rozas del Puerto Real; la segoviana, cuyo itinerario es Bustarviejo, Soto del Real, El Escorial y Valdemorillo; y la soriana oriental, que va por Estremera y Fuentidueña del Tajo.

Y si alguno se sorprende por ver en algún texto, o bien escuchar, que se llama a los habitantes de Ribatejada, «cigüeños», que sepa que este mote es debido a que una cigüeña perdió una culebra que llevaba en el pico que cayó justo encima del párroco cuando estaba oficiando la misa.

Rivas-Vaciamadrid

RIPENSE

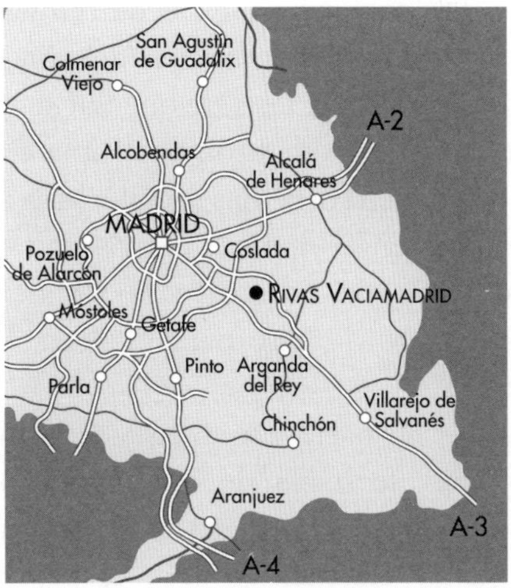

Situado junto a las confluencias de los ríos Jarama y Manzanares, es un municipio de grandes contrastes, dado que es una de las poblaciones que por su proximidad a Madrid ha crecido demasiado en poco tiempo y se ha convertido, prácticamente, en una de las ciudades dormitorios del área metropolitana de la capital. Pero no por ello se ha olvidado de algunas de sus tradiciones, como es el estar unida a la leyenda de la Virgen de Atocha, o el saberse formado por la integración de Rivas con Vaciamadrid, en 1845. Su destrucción durante la Guerra Civil y la aparición de nuevo de un único ayuntamiento en 1964, conformando Rivas-Vaciamadrid.

Estamos ante una de las zonas más antiguamente pobladas de la Comunidad de Madrid, como demuestra la cantidad de restos que se han encontrado del Paleolítico, de la Edad del Hierro, un yacimiento celtibero en el cerro El Pronunciado, o incluso restos romanos. Algunos investigadores consideran que en la zona que ocupa actualmente Rivas estaba la ciudad romana de Ripia Carpetana, que estaba bajo la influencia de Complutum (Alcalá). No obstante, el conocimiento de su existencia como tal hay que fecharlo en la época de la dominación árabe, cuando esa zona se convirtió en una especia de frontera de lucha entre cristianos y musulmanes. De ahí que tanto en Rivas como en Vaciamadrid se levantasen castillos y fortalezas tanto de un bando como del otro. Desgraciadamente no ha llegado ningún resto importante hasta nuestros días, y tan solo queda en un cerro próximo a la ermita del Cristo de Rivas, un recuerdo de una fortificación árabe.

El rey Alfonso VI ordenó a un capitán segoviano, Guillermo Rivas, que crease un enclave cristiano en las proximidades de Magerit. Años más tarde, el rey Alfonso VII donará esa fortaleza y el territorio al arzobispado de Toledo. Aunque según consta en las *Relaciones topográficas* de Felipe II, tras la reconquista, la zona perdió su poder estratégico para convertirse en una serie de fincas con cabañas dispersas, tanto en el caso de Rivas como de Vaciamadrid, esta segunda población comenzó a tener una cierta importancia a lo largo del siglo XV. Se proximidad a Madrid obligó a un vecino de Vaciamadrid a construir un albergue que servía de punto de referencia a los viajeros que llegaban a la capital por esa ruta. Con Felipe IV se construye un palacio que le sirve de descanso en sus jornadas de cacería. Asimismo este monarca impulsa a Rivas del Jarama al vincularlo como señorío a la dinastía de los Saavedra, herederos del título de Rivas, quienes a partir de finales del siglo XVIII detentarán el título de duques. Uno de ellos es el autor de la obra romántica *Don Álvaro o la Fuerza del Sino*, Ángel Saavedra, a quien se recuerda más en la historia de la literatura española como duque de Rivas.

La Guerra Civil destruyó totalmente las dos poblaciones, que fueron reconstruidas al finalizar la contienda de acuerdo con la planificación llevada a cabo por la Dirección General de Regiones Devastadas.

Sobre el origen de los nombres de Rivas y de Vaciamadrid, hay diferentes teorías. Unas son muy académicas, mientras que otras van más directamente a un criterio popular. Se dice que la denominación «ribas», proviene del latín *Ripa* que puede traducirse como «orilla o margen del río», y que apoyaría la tesis de que allí se encontraba la ciudad romana Ripia Carpetana; pero otra más sencilla basa su análisis en el nombre del capitán segoviano que construyó la fortaleza que sirvió de base para la aldea, Rivas.

Por su parte, en el caso de Vaciamadrid se habla de una evolución de palabras con origen árabe. Según Agustín Sánchez Millán, el primer nombre de la aldea era el de *Manzil Mayrit* que se puede traducir como «el lugar de la parada de Mayrit (Madrid)». Posteriormente ambas palabras se fundieron en una sola, *Masalmadrit*, que es como se llamaba en el siglo XV. Y mas tarde, dada la situación y el trasiego de viajeros que pasaban por el lugar, se comenzó a hablar más de la posada o albergue que había y del camino que «va hacia Madrid», y de ahí ya tenemos Vaciamadrid.

La población de Rivas-Vaciamadrid está unida estrechamente a la leyenda de la Virgen de Atocha, ya que fue el caballero Gracián Ramírez que vivía con su familia en el castillo de Rivas quien encontró la imagen y construyó la primitiva ermita en la que se alojó en el siglo XI.

Cuenta la leyenda que la imagen se encontraba en una ermita en las proximidades de la muralla de Magerit, y que a aquel lugar iba a menudo a rezar el caballero Gracián Ramírez con su familia, mujer y dos hijas. Un día encontró que la Virgen había desaparecido y que el ermitaño que se encargaba el cuidado del lugar yacía en el suelo decapitado. Buscando la imagen por los alrededores la encontró en un campo de «atochas», planta semejante al esparto, y considerando que el lugar donde estaba depositada no era seguro, decidió levantar una nueva capilla. Los árabes que observaron desde las murallas de la ciudad la labor de los cristianos, y sospechando que se trataba de alguna fortificación nueva para lanzar un ataque, esperaron hasta que estuviese prácticamente acabada la capilla para salir en descubierta y combatir a los cristianos. Las tropas de Gracián se batieron con firmeza, pero comprobando el caballero que llevaban las de perder pues eran menos numerosos, entró en la ermita donde estaba la imagen y junto a ella rezando su mujer y sus hijas, y temeroso de que los musulmanes las hiciesen esclavas, las decapitó. Pero la suerte del combate cambió, ya que cuando peor se estaba poniendo para el bando cristiano una luz cegadora invadió la zona deslumbrando a los musulmanes, que tuvieron que abandonar el campo. Para dar gracias a la Virgen, al entender los soldados cristianos que habían sido ayudados por ella, se dirigieron a la ermita, y el último en entrar fue Gracián, profundamente abatido por haber dado muerte a su familia. Pero su sorpresa fue mayúscula al encontrar a su mujer ya sus hijas vivas rezando a la talla. Desde ese momento se conoce a esa Virgen como la Virgen de Atocha.

Pero no es esta la única leyenda sacra que tiene Rivas-Vaciamadrid. También debemos hacernos eco de la que aparece entorno al santuario del Cristo de los Afligidos, que estaba bajo la advocación de santa Cecilia. El relato, recogido en las *Relaciones topográficas* de Felipe II, dice que «en tiempo antiguo se cuenta que un caballero iba con un caballo tras un toro por junto a la dicha ermita, que está en una peña muy alta que cae al río Jarama y que cayó el caballero con su caballo la peña abajo y el toro, y se encomendó a la bienaventurada Santa Cecilia, y cayó en el río, y no se hizo cosa alguna».

Robledillo de la Jara

ROBLEDILLENSE

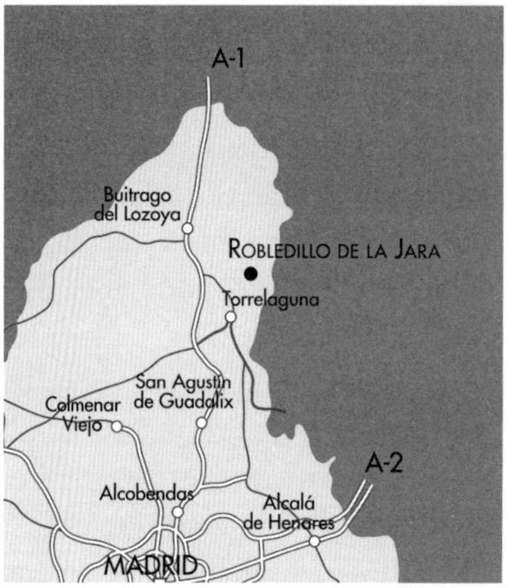

En la Sierra Norte de Madrid, al pie de los cerros de la Mujer Muerta, se encuentra la población de Robledillo de la Jara, cuyo nombre no entraña ninguna dificultad, pues es claramente comprensible cuando se llega hasta él y se contempla un paisaje poblado de robles y de jaras.

Aunque se suele hablar de alguna influencia romana en la zona, gracias a su proximidad con la localidad de Libratum (Buitrago), la fundación de la población se remonta a los siglos XII y XIII, por un asentamiento de pastores segovianos que levantaron allí chozas y pajares. Con la formación de la Tierra de Buitrago, Robledillo pasó a formar parte de esta, integrando el cuarto de la Jara, junto a Cervera, Berzosa, Paredes y Serrada. A partir del siglo XVI aparece unido a esta aldea un conjunto de cabañas ya despobladas denominado El Villar, del que se dice que era un asentamiento mucho más antiguo. Interesante este último paraje por las obras que se llevaron a cabo en esa zona para construir la presa que lleva su nombre, y que junto a El Atazar ha contribuido a aislar Robledillo algo más de lo que ya estaba.

Para explicar la desaparición de El Villar, se recurre a una leyenda que ya hemos visto en otros pueblos de esta zona, que es común a todos ellos. Se trata de la boda de la hija del hombre más rico de la aldea y del envenenamiento de algunos de los asistentes por haber caído en la marmita de sopa una salamandra, lagartija, o varias. Los demás, como marca la tradición, abandonaron el lugar para integrarse en un pueblo próximo. En este caso en Robledillo de la Jara.

Hay una interesante tradición ya abandonada conocida como el «rito de la iniciación» que se llevaba a cabo para que los niños de quince o dieciséis años pasaran al grupo de mozos. Este rito se realizaba en los días próximos a la Navidad, y se reunía a los nuevos mozos en una casa de la

Vista de Robledillo de la Jara con las estribaciones de la llamada Sierra Pobre de Madrid al fondo.

población, cada año en una distinta. Allí, debían bailar alrededor de una caldera situada en el centro de la cocina lo más próximo a ella que pudiesen, y de uno en uno, después de esto, ya eran integrados en el grupo de los mozos del pueblo. Si alguno tiraba la caldera, tenía que pagar la cena de todos, si no la tiraba nadie, la comida la debían pagar todos en conjunto.

Robledo de Chavela

ROBLEDANO

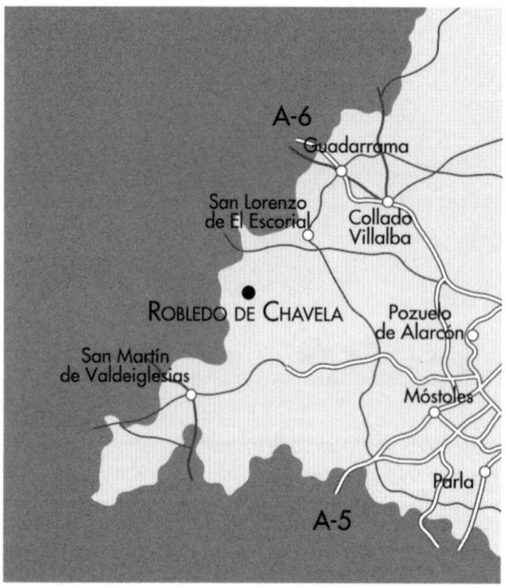

Integrante de la llamada Ruta Imperial, por ser una de las poblaciones que se encontraban en el camino que realizaba Felipe II cuando iba de visita a las obras del monasterio de El Escorial desde Madrid, este municipio del denominado valle del río Cofio, cuenta con una larga tradición y con un sin fin de historias y leyendas que emergen, muchas de ellas, de los parajes que ocupa, a medio camino entre la sierra de Guadarrama y la sierra de Gredos.

Y para comenzar, el origen de su propio nombre que ha generado una amplitud de teorías y controversias, sobre todo por el «apellido» Chavela, porque el de Robledo parece estar mucho más claro.

Robledo proviene del latín *roburetum*, nombre que le pusieron los romanos a la zona por la cantidad de robles que había y que hoy han sido sustituidos por pinos. Recordemos que los romanos construyeron una calzada por esa zona de la que aún se pueden encontrar restos entre esta población y la de Zarzalejo. Y pusieron por nombre a su asentamiento Roburetum.

Pero la cosa se complica cuando hablamos de Chavela, pues hay hasta cinco teorías diferentes. Por una parte se defiende que se trata de un hipocorístico de Isabela y se le pondría en honor a la reina Isabel la Católica; otra idea es que deriva de «ocho en vela», alusión al número de soldados que vigilaban en la Edad Media la fortaleza situada donde ahora se encuentra la iglesia de la Asunción de Nuestra Señora. Estos ocho soldados estarían representados por los ocho capiteles que rematan la torre del campanario; una tercera posibilidad es la que apunta Jiménez de Gregorio, y dice que se trata del nombre de un repoblador del siglo XI, ya que *cha* significaba «padre» en la Edad Media y «vela» es una abreviatura de *velasco*, es decir, «cuervo» en ibero, con lo que sería «el robledal del padre cuervo».

La cuarta idea es la que señala que «chavela» tiene origen en la palabra árabe *Djeben*, pronunciada «chebél» que significa «montaña»; y por ultimo se habla de que *chaz* proviene del latín, con el significado de «casa», por lo que sería un lugar en poder de una familia de apellido Vela.

En cuanto a su historia, los primeros vestigios que encontramos, como ya hemos dicho son romanos; durante la época visigoda y árabe la zona estuvo despoblada y es a partir de la Reconquista, en el siglo XI, cuando se recuperó el territorio como asentamiento pastoril. La repoblación del siglo XIII promovida por Alfonso VIII de Castilla es un punto de salida a la población, y un documento fechado en 1302 habla de los «quiñoneros» segovianos como repobladores del lugar. En la obra el *Libro de la montería* de Alfonso XI, del siglo XIV, hay referencias a Robledo como un lugar habitual de caza. Un siglo más tarde hay constancia de que tiene ya el título de villa, y en el XVI con la construcción del monasterio de El Escorial, el empleo de la mano de obra y de la piedra de su entorno, hace que Robledo cobre cierta importancia. Tras la finalización de la obra, la población decae, y en 1640 es comprada por la familia italiana Strata, junto a otras aldeas próximas, entre ellas Santa María de la Alameda, Las Herrerías y Navalespino. En 1649 se convirtió en marquesado y en 1756 lo compró Eugenio de Mena Benavides; en 1760 salió a concurso, y pasó a poder real en 1769.

La primera leyenda con que nos enfrentamos es de origen mariano y corresponde al periodo en que Robledo pertenecía a la Tierra de Segovia. Se trata de la protagonizada por la Virgen de Navahonda. En ese valle, donde se encuentra la ermita del mismo nombre, fue encontrada por varios vecinos de Robledo una talla de la Virgen que había sido ocultada allí por los segovianos para protegerla de la invasión musulmana. La discusión sobre el lugar donde debería estar no se hizo esperar entre unos y otros, pero fue la propia Virgen la que decidió el lugar de su residencia. Colocada en un carro la imagen, camino de Segovia, a mitad de camino las caballerías se negaron a seguir avanzando, y pese al intento que hicieron los segovianos, nada pudieron hacer, dándose cuenta de que la imagen se quería quedar en Robledo.

Una curiosidad religiosa que merece la pena comentar es la existencia del vía crucis, que cuenta con catorce cruces de piedra dispuestas a lo largo de 140 m en la carretera que va hacia Navas del Rey. Estas cruces son de granito y miden 2,15 m.

Y ahora nos debemos detener en unos fenómenos que se han producido en esa zona y que entran dentro de lo misterioso. En primer lugar hablaremos del conocido fantasma de la iglesia parroquial. Por la noche en las calles próximas se podía escuchar una profunda respiración que se afirmaba tenía su origen en un fantasma que habitaba en el cementerio próximo. Algunos vecinos siguen creyendo que se trata de un ánima en pena; otros, por el contrario, aceptaron una explicación dada por algún investigador sobre que la paternidad de aquellos ruidos era obra de un animal, posiblemente de una lechuza que había anidado en el campanario de la iglesia. El hecho es que pasados unos meses el espíritu o el ave se cansó de manifestarse y desapareció tan misteriosamente como había aparecido. Para seguir en el marco de los espíritus, se afirma que hay una zona, el pinar, que es especialmente sensible a la captación de psicofonías. Debo confesar que aunque lo he intentado, no he conseguido escuchar esas voces malévolas de mujeres, quizás brujas, que algunos dicen haber logrado grabar. Y lo mismo ha ocurrido en el Risco de los Monaguillos, donde entre la trincheras y casamatas de la Guerra Civil se dice que se pueden escuchar lamentos y gritos de los allí fallecidos.

La situación de la Base de Seguimientos Espaciales INTA-NASA en el término municipal de Robledo ha dado origen a que se registren en el municipio diversos fenómenos de ovnis, o al menos los estudiosos de la ufología así lo han querido vincular. No obstante hay un caso que no se puede achacar a esa posibilidad, y se trata del relatado por el cronista Jerónimo de Barrionuevo, que en su obra *Avisos de Madrid de los Austria*, habla de que el 12 de julio de 1656 pudo observarse como un globo de fuego que volaba por encima de San Lorenzo de El Escorial y que seguía hacia Robledo de Chavela. ¿Un ovni? ¿Un meteorito…?

Robregordo

ROBREGORDERO

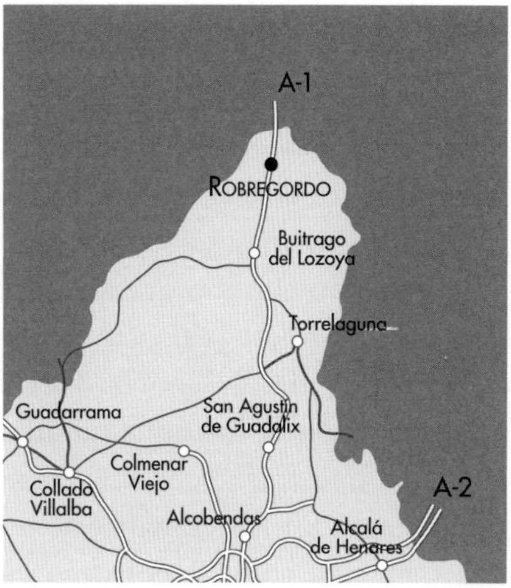

Junto con Somosierra es, posiblemente, una de las dos poblaciones más importantes para el tránsito del ganado entre las mesetas, ya que por allí discurre la caña real segoviana. Y no solo para los animales, sino para el tránsito de los viajeros por servir de unión a las dos Castillas.

El topónimo está formado por los robles junto a los que se comenzaron a edificar las primeras cabañas de pastores, aunque hay quien afirma que no era cerca de un agrupamiento de robles, sino a la sombra de un roble muy hermoso, y que de «roble hermoso o gordo» se alcanzó lo de Robregordo. Como hay gustos para todo así lo dejamos.

En cuanto al origen, es complicado saber cuándo y cómo. Las *Relaciones de Lorenzana* señalan que «se ignora cuándo y por quién se fundó, pero es tradición que aquí solo había una venta y después se fue poco a poco aumentando su población».

Es muy posible que para ayudar y atender a los viajeros que cruzaban la sierra se construyese allí una venta, a la que con el paso del tiempo se añadiría alguna más; así como diversas cabañas de pastores, lo que en conjunto inició un asentamiento del que hay noticias en el siglo XIV, cuando aparece mencionado junto a Somosierra como una aldea perteneciente al concejo de Sepúlveda. A finales del siglo XV pasó a ser villa con plenos derechos de jurisdicción civil y criminal, y mantuvo una relación muy estrecha con Somosierra. Permaneció ligada a Guadalajara hasta que en 1833 al delimitarse la provincia de Madrid pasó a esta.

Destaca en su historia el privilegio regio que les eximía del pago de impuestos, en función del agradecimiento que daba la corona a los vecinos de Robregordo por mantener abierto el paso de la Meseta en invierno, y ayudar y apoyar a todos los viajeros, dándoles, no solo alojamiento en las ventas que allí se construyeron, sino auxilio cuando lo necesitaban.

Las Rozas

ROCEÑO

Aunque generalmente se habla tan solo de Las Rozas, su nombre completo es Las Rozas de Madrid, para diferenciar esta población de otras con el mismo nombre. Precisamente su topónimo se basa en las faenas realizadas con la limpieza de tierras para establecer una zona de cultivos. La palabra «roza» designa en castellano a aquellas zonas que se preparan por primera vez para la agricultura, o que se desbrozan con algún sentido. Esta explicación está expuesta en las *Relaciones topográficas* de Felipe II: «Han oído decir a sus más viejos y ancianos que se llamó Las Rozas por razón de que era todo monte, al tiempo que se quiso edificar el dicho pueblo sobre dicho monte, y lo derrompían para el dicho pueblo y para edificar casas, e por esta razón dijeron que se llama Las Rozas».

Respecto al origen de la población, algunos historiadores la consideran la Miacum romana, y datan su fecha fundacional en el III, lo que se refuerza por el paso de la calzada que iba desde Titulcia hasta Segovia. Pero la primera referencia histórica que tenemos es la que está fechada a principios del siglo XIV y que habla de una aldea conocida como Las Rozas que se encuentra enmarcada en la Tierra de Madrid, dentro del sexmo de Aravaca. Durante la construcción del monasterio de El Escorial tuvo cierta importancia, ya que comenzaba en esta población el denominado camino de El Escorial, lo que supuso para sus vecinos poder comerciar con los obreros constructores y sus familias. Carlos III mandó construir en 1767 un nuevo camino empedrado que pasaba por Las Rozas y el puerto de Galapagar para llegar a San Lorenzo, que fue denominado Camino Real. Asimismo se construye otro camino que partiendo del lugar que nos ocupa se dirige hacia Segovia a través de Torrelodones, pasando por un paraje denominado Matas Altas donde se construyó un campamento para los encargados de llevar a cabo las obras, que supuso el germen de la aldea de Las Matas.

Como curiosidad se cuenta que cuando la esposa de Carlos III, Amalia de Sajonia, falleció en 1760, y sus restos fueron llevados al panteón real de El Escorial, su cuerpo permaneció unas horas depositado en la iglesia parroquial de Las Rozas.

Pero la historia más extraordinaria que se puede relacionar con esta población es la de la famosa Dama de la Curva o Dama de Blanco. Resulta que a finales de los años setenta un matrimonio que iba con su hija en el coche por la carretera entre Las Rozas y El Escorial, fue detenido por unos jóvenes en la cuneta, y tras amenazarlos con pistolas para robarles, acabaron por matar a los padres y violar y dejar mal herida a la joven, que murió en la carretera, y cuyo cuerpo fue encontrado por un camionero. Pocos días después un grupo de jóvenes que iban a las fiestas de Las Rozas vieron andando por mitad de la carretera a una joven, cuando pararon a preguntarle si quería ayuda, comprobaron que su tez era muy blanca, que tenía los labios amoratados y que no decía nada, y tras una mirada de terror seguía caminando. Pero el hecho más curioso es que cuando se miraba hacia atrás desde el coche, no se veía a nadie. ¿Leyenda urbana?

También se vincula a Luis Candelas con un hecho seudolegendario protagonizado por estas tierras. Se cuenta que en un asalto a una diligencia que venía de Valladolid, perpetrado entre Torrelodones y Las Rozas, este famoso bandido se hizo con unos papeles de cierta importancia para Francia. Comprendiendo su valor entró en contacto con el embajador de ese país en Madrid, y haciendo las veces de intermediario entre este y los ladrones, le entregó los documentos a cambio de una fuerte suma de dinero.

En la década de los años sesenta, exactamente en julio de 1964, hay constatado un caso de avistamiento de un ovni en las cercanía de Las Rozas. Se trataba de un objeto plateado de forma troncocónica que reflejaba con intensidad los rayos del sol. Observado por un conductor que iba en dirección a Madrid, este afirmó que el objeto tenía una altura aproximada de nueve metros y una base de seis metros. Unos kilómetros más adelante, el conductor se encontró con una pareja de la Guardia Civil de Tráfico, a quienes relató el suceso, y con los que se dirigió al punto de la observación. Naturalmente el objeto ya no se encontraba allí, pero sí pudieron observar vegetación aplastada en un círculo de unos nueve metros de diámetro. Dejamos constancia del hecho sin más comentario.

Recordar que, además de roceños, a los vecinos de Las Rozas también se los conoce como «cucos». Durante la Guerra Civil y ante la fuerza del combate que se estaba dando entre las dos fuerzas enfrentadas en esa zona, muchos de sus habitantes huyeron hacia Hoyo de Manzanares y se refugiaron en sus cuevas, y de ahí el mote dado en función de su habilidad para saber esconderse.

Las Rozas de Puerto Real

ROCEÑOS

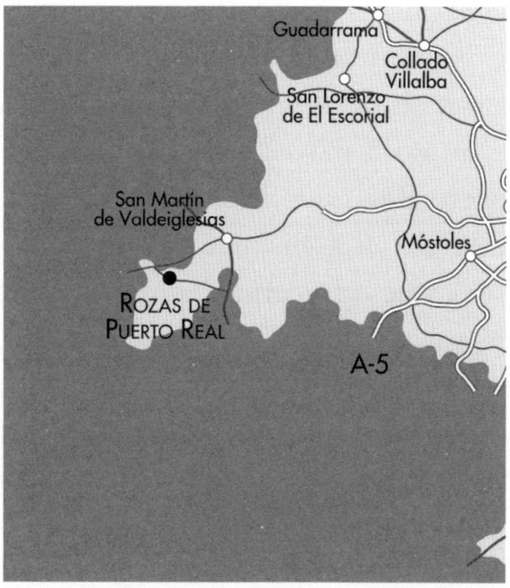

Es la población más occidental de la Comunidad, atravesada por la cañada real leonesa oriental, situada en un collado que comunica los valles del Alberche y del Tiétar. Un lugar muy importante por el paso del ganado desde la cañada de Ávila hacia el sur de Toledo, y donde la Mesta cuidaba del contado de la cantidad de animales que pasaban de un lado a otro.

Su origen podía ser árabe, en la aldea de Alamín, que desaparecería tras la Reconquista, y donde en su lugar se construiría la Venta del Cojo, denominación lógica por la persona que gobernaba tal construcción. Como los primeros edificios que se unieron a esta venta no eran otros que cabañas de los pastores que pasaban por allí, la aldea comenzó a llamarse Chozas. Pero al gozar del privilegio de ser el punto de cobro por parte de la corona del impuesto por utilización del paso a los ganaderos trashumantes, es decir, de ser puerto real, y para diferenciar el pueblo de otro con nombre semejante, Chozas de la Sierra (actualmente Soto del Real), se le añadió Chozas de Puerto Real. Como además se inició el desbroce de las tierras, es decir, la acción de «rozar», acabaron por unificarse ambos términos, dando definitivamente con el nombre de Rozas de Puerto Real.

Esta denominación está ampliamente documentada en las *Relaciones de Lorenzana*, donde se dice que al contrario de lo que ocurría con otras poblaciones, en el caso de Las Rozas de Puerto Real sí se conocía su origen.

> Las Rozas, porque comenzó por desmontes, y de Puerto Real, porque en la Venta del Cojo, distante de él medio cuarto de legua, a la salida de esta jurisdicción y entrada a el valle del Tiétar, se hacía el reconocimiento de lanas.

Se supone que tras la Reconquista llegaron los primeros asentamientos estables a la zona, aunque volviendo a las *Relaciones de Lorenzana* comprobamos que «no se encuentra instrumento ni monumento alguno positivo de cuándo ni por quién se comenzó el pueblo. Lo más probable parece que hacia el año 1490 una señora que de Ávila se retiró al Tiemblo (algunos dicen que se llamaba Antonia de Rivas), envió a estos parajes unos rozadores de montes que principiaron a fundarle».

El municipio perteneció durante varios siglos a Escalona, y pasó al señorío de don Álvaro de Luna. En 1693, Carlos II le concede el título de villa, consentido este privilegio por el marqués de Villena, duque de Escalona. Permaneció así hasta la promulgación de la Constitución de Cádiz de 1812 que puso fin a los señoríos en España.

Una leyenda que se contaba en Las Rozas años atrás, y que si su relato fuese actual hablaríamos más de un cuento urbano, se refiere a la existencia de cebras en la comarca, entre los montes, defendiendo así la teoría de que el nombre de la población cercana de Cebreros proviene de ese tipo de animal.

A lo largo de nuestra investigación hemos encontrado una referencia a los famosos Toros de Guisando, que pese a no estar dentro de los límites de la Comunidad de Madrid, merecieron en su momento un comentario de un cura párroco de Las Rozas de Puerto Real, que fue recogida por las *Relaciones de Lorenzana* del siglo XVIII, y del que ofrecemos algunos párrafos, ya que defiende que no son toros, sino elefantes.

> Los famosos, comúnmente dichos, Toros de Guisando… hay cuatro, tres muy grandes, el otro más pequeño, y este tumbado o caído. He extrañado no poco como ha cundido entre ignorantes y sabios la fe de que son toros. No ha tal: son elefantes. Y es tan innegable, que si yo no lo dijera, ellos lo gritarían con y por sus patas, corvas, corvejones, bragadura, costillas, cabeza y todas las demás partes de su cuerpo. ¿Quién ha visto toros sin astas? ¿Quién sin uñas?… todas las demás facciones que he visto en elefantes, verdaderos y pintados, corresponden cabalmente con la estructura de estos. Pero ¿no tienen trompa? Es verdad, si se habla extendida. Mas el morro superior se advierte una hendidura circular con la cual el autor quiso significarla…

San Agustín de Guadalix

SANAGUSTINEÑO

Nos encontramos ante un pueblo muy antiguo y muy curioso, que desgraciadamente ha sido contaminado por la cantidad de urbanizaciones que en su municipio se han instalado, como pago al lugar que ocupa a orillas de la carretera nacional que va hacia Burgos y Francia, y cruzado por el río Guadalix, que le da apellido a su nombre. Deberemos detenernos para hablar, no solamente del origen de la población y del porqué de esa denominación, sino de la importancia que adquirió en plena guerra de la Independencia, en la lucha de los españoles contra los invasores franceses.

Los primeros asentamientos de pobladores hay que buscarlos en los iberos que ocuparon la zona próxima al actual camino Ancho. También se han encontrado restos del periodo romano, tales como columnas y un sarcófago de piedra, e igualmente está documentado el paso de los visigodos. No obstante, la historia de la aldea es más conocida a partir de la Reconquista, ya que los habitantes de la comarca son reclutados en el año 877 por el emir de Córdoba, Mohamed I, para luchar contra los cristianos. En el 932 las tropas castellanas de Ramiro II de León atraviesan Somosierra y Guadarrama, expulsan a los árabes y toda la zona queda prácticamente despoblada. En 1084 y con el avance de Alfonso VI de León y Castilla se repuebla. En un texto del siglo XVIII se habla de que la fundación de San Agustín se debe a unos vecinos de Buitrago conocidos como «los agustinos»; mientras que la tesis más aceptada es la de que fueron unos pastores segovianos que se asentaron por los buenos pastos que había en el lugar.

En 1382 Juan I de Castilla cede la villa a Pedro González de Mendoza, en cuyo poder se mantendrá hasta que en 1461 se produce un intercambio de posesiones con Diego Arias Dávila. Su hijo Juan será denominado conde de Puñonrostro, y más tarde Juana la

Loca otorga a San Agustín el título de villa con la autorización expresa del uso de horca, pica, cepo, cadena, azote y otras insignias y prerrogativas de jurisdicción y justicia. A lo largo del siglo XVII la zona se declaró dehesa boyal para el pasto de ganado mayor y menor.

La guerra de la Independencia fue un periodo muy importante por el trasiego de tropas francesas y el alojamiento dado a sus generales, e incluso a Napoleón, en sus casas. La llegada del general Murat a Madrid al frente de sus cuatro regimientos –unos diez mil soldados– tuvo como parada para acampar las tierras de San Agustín. En la huida del rey José I, esta población también sirvió para su pernoctación una noche, y lo mismo ocurrió cuando Napoleón decidió intervenir directamente en España, y tras tomar Somosierra, organizó su campamento en la población, que se encontraba prácticamente abandonada, dado que en el repliegue anterior de las tropas francesas tras la derrota de Bailén, los soldados se habían dedicado a quemar y destruir todo cuanto estuvo a su alcance, incendiando diversas casas.

Respecto al nombre, siguiendo las *Relaciones topográficas* de Felipe II encontramos que «esta dicha villa de San Agustín se llama la villa de San Agustín, porque siempre oyeron llamar así a sus antepasados, y no saben ni han oído que se haya llamado de otro nombre la dicha villa antes de ahora».

Además de la idea ya expresada antes de los vecinos de Buitrago llamados «los agustinos», también se suele aludir a la existencia de una ermita dedicada a san Agustín, levantada junto al río, y en cuya cercanía comenzaron a edificarse cabañas que más adelante dieron forma y consistencia a una aldea.

En cuanto al resto del nombre y al paso de San Agustín a San Agustín del Guadalix (en algunos textos se habla de San Agustín de Guadalix), hay que mirar la *Gaceta de Madrid* del 2 de julio de 1916, donde se incluye el decreto por el cual se adopta este nombre. La explicación se encuentra en el real decreto de 27 de junio de 1916 por el que se ordena que 573 Ayuntamientos de España cambien su nombre con el fin de que desaparezca la confusión que se crea al existir más de mil denominaciones idénticas. De hecho en ese momento había en el país hasta siete pueblos llamados San Agustín.

También aquí hay una leyenda mariana relacionada con Nuestra Señora de Navalazarza, que cuenta con una ermita construida en la dehesa de Moncalvillo. La tradición cuenta que un pastor se encontró la imagen de la Virgen sobre una zarza en la proximidad de un grupo de álamos, y si bien en un principio se conoció como Nuestra Señora de los Álamos, pronto cambió su nombre por el de Nuestra Señora de Navalazarza.

Patrona de la localidad, había una celebración, hoy ya mezclada con diversos actos lúdicos y un tanto olvidada, que consistía en llevar a la Virgen en procesión hasta un lugar a mitad de camino entre ermita y pueblo, conocido como «la piedra», y colocarla allí unos minutos antes de trasladarla definitivamente a la iglesia parroquial. Durante la procesión se entonaba antiguamente el siguiente himno:

En el monte de Moncalvillo
apareciste gloriosa
en una zarza frondosa;
ampáranos con tu auxilio.
Aunque no seamos dignos
haznos merced de tu gracia
sednos siempre protectora,
Virgen de Navalazarza.

San Fernando de Henares

SANFERNANDINO

Nos encontramos, posiblemente, ante uno de los pueblos de la Comunidad de Madrid más jóvenes en el tiempo, junto a Nuevo Baztán y a Tres Cantos. Por eso posee una historia muy corta, aunque se hable de que en la zona hubo asentamientos ya en la Edad del Bronce, de los romanos, y de la época musulmana, dada su proximidad con Alcalá de Henares. La población fue creada a partir de 1746 cuando Felipe V compra unos terrenos para crear una Real Fábrica de Paños, proyecto que se va a llevar a cabo durante el reinado de Fernando VI. Alrededor de la fábrica se construyeron diversas viviendas para los trabajadores de esta, lo que dio origen al actual pueblo.

El origen del nombre proviene pues, del rey Fernando y del paso del río Henares por el lugar, aunque hasta 1916 se conoció como San Fernando de Jarama, y fue a partir de ese año cuando se cambió por San Fernando de Henares.

Según las *Relaciones de Lorenzana* el origen de la población se encuentra en:

Por mandato de Su majestad el Rey Nuestro Señor Don Fernando VI (cuya Santa Gloria haya), por los años 1746 o 1747, se comisionó para establecer cerca de la Corte, varias fábricas de paños y demás manufacturas de lana, a D. Pedro Díaz de Mendoza, marqués de Fontanar, en aquellas fechas Ministro del Consejo de Hacienda, y que en el Real nombre de S. M. comprase la villa de Torrejón de la Rivera, con todo su término.

Una vez realizada la compra, S. M. resolvió que en la parte más elevada y occidental del término (para evitar las humedades y proximidad de los vapores del río Jarama), a cuya orilla se hallaba situada la villa de Torrejón, se fundase la ciudad de San Fernando, Fernando es nombre germánico que significa inteligente y atrevido, con iglesia colegiata, dedicada al Santo Rey, un edificio grande y capaz de contener dentro todos los operarios y maniobras de la citada fábrica de géneros finos de lana a la que también tuvo a bien S. M. darla el nombre de Fábrica Real de San Fernando, con todos los demás edificios y requisitos necesa-

El castillo de Aldovea, situado a las afueras de San Fernando, que tiene su origen en época de la Reconquista y que, tras quedar en ruinas, fue reconstruido como palacio a finales del siglo XVI.

rios, tanto para las fábricas como para una ciudad, en la que se habrían de celebrar varias ferias y mercados en el discurso de cada año, para facilitar los posibles beneficios a sus amados vasallos y los mayores progresos y adelantamientos a la Fábrica de San Fernando y al comercio de sus Reynos.

El plan urbanístico está centrado en un gran construcción que es la fábrica, distribuida en dos pisos, con la parte baja dedicada a la fabricación, y la superior a uso residencial, ahí vivía el administrador, el primero de los cuales fue Ventura Argumosa, caballero de Santiago. Teniendo ese edificio como centro, se desarrolló en su entorno un conjunto de calles y viviendas donde se alojaron los trabajadores. No obstante, muy pronto se cambió la fábrica de ubicación, trasladándose a Vicálvaro, con lo que zona se convirtió en una explotación agrícola, que fue aumentando paulatinamente su población. En 1830 renace la fábrica con el establecimiento de los útiles necesarios para fabricar tejidos de algodón y estampados. Aprobada por Fernando VII y considerada como Real Fábrica de San Fernando, se la dotó de la maquinaria más moderna, y permaneció como propiedad real hasta 1865.

San Lorenzo de El Escorial

SANLORENTINO/ESCURIALENSE

Municipio situado al noroeste de la región, en la vertiente suroriental de la sierra de Guadarrama, al pie del monte Abantos y Las Machotas. Se lo suele denominar «popularmente», El Escorial de Arriba, por tener su origen en los trabajadores que llegaron hasta allí para la construcción del monasterio, y para diferenciarlo de la localidad vecina.

El pueblo como tal fue fundado en tiempos de Carlos III y constituido en municipio en el XIX, aunque su origen está vinculado a la construcción del monasterio ordenada por Felipe II.

La real cédula del 3 de mayo de 1767 dicta las normas que debe cumplir las casas que se quieran construir en el Real Sitio de San Lorenzo. De las catorce establecidas destacaremos las siguientes:

> I.- Qualquiera que desee construir una casa, pedirá antes el Real permiso y el consentimiento del Rmo. P. Prior de este Monasterio, con especificación del terreno que va a ocupar.
>
> II.- Deberán ser casas de buen material y con solidez.
>
> [...]
>
> VI.- Se fabricarán las casas en línea y terreno que señala el rey en el plano que se está formando.
>
> [...]
>
> XIV.- Quando las casas queden desocupadas por no hallarse allí la Corte, no podrá el Monasterio disponer de ellas a su arbitrio, ni poner gentes que las ocupen, a menos que lo haga con noticia, y beneplácito de sus respectivos dueños.

La referencia histórica de la idea de llevar a cabo esta construcción data del año 1558, cuando el rey designa una comisión para que busque un lugar idóneo para su emplazamiento. Tres años más tarde se acuerda que la pequeña aldea de El Escorial reunía las condiciones adecuadas para ello, ya que además de la abundancia de canteras, bosques, zona de caza y calidad de sus aguas, se encontraba prácticamente en el centro de la Península. Más adelante hablaremos del carácter mágico que también se atribuye al lugar, y se apunta que la decisión del místico rey se debió a que se decía que allí se encontraba una de las puertas al infierno.

La primera piedra del monasterio se colocó el 23 de abril de 1563, y las obras duraron veintiún años. En 1563 la aldea se convirtió en villa, siendo desvinculada del arzobispado de Toledo. Su estructura se mantuvo hasta que Carlos III decidió, en medio de una disputa, la construcción de un caserío en torno al monasterio, que consiguió su carácter de municipio independiente el 26 de septiembre de 1836.

El conjunto de San Lorenzo de El Escorial, que tomó su nombre por el monasterio erigido en honor de san Lorenzo y de su martirio, fue asado vivo en una parrilla, fue designado Patrimonio de la Humanidad por la UNESCO el 2 de noviembre de 1984.

Como no es cuestión de describir aquí las maravillas que se pueden contemplar tanto fuera como dentro del monasterio, ni las diferentes actuaciones que llevaron a cabo los diferentes reyes en el lugar, mencionaremos simplemente algunos de los monumentos que en su entorno se encuentran. Así, destacamos, entre otros, las Casitas del Príncipe y del Infante; la Silla de Felipe II, la Herrería, el Castañar, la Casa de Oficios, el Real Coliseo de Carlos III… También hay que recordar que durante el periodo de la Guerra Civil, la población mantuvo el nombre de El Escorial de la Sierra.

Un lugar tan «mágico» como este no puede menos que contar con numerosas leyendas, de las que ofreceremos aquellas que nos parecen más interesantes.

Se cree que en una sima próxima al monasterio existe escondido un tesoro. Un tal Rafael Corraliza, empleado de la pagaduría de las obras, decidió darse a la fuga con una buena suma de doblones en los bolsillos, y tomó una ruta por el monte hacia Robledondo, con tan mala fortuna que al llegar la noche se despeñó en una sima que se conoce como de los Pastores. Este agujero fue tapado con el paso del tiempo con ramas y piedras, y nadie que se haya asomado a ella ha encontrado, que se sepa, en estos más de cuatrocientos años los famosos doblones de Corraliza.

Otra menos trágica pero quizá más «fuerte» por su significado y la idea mística que tenía Felipe II de que en aquella zona había una de las dos bocas del infierno existentes en el mundo, la otra estaba en Turín, es la leyenda del Perro Negro. El relato cuenta que durante la construcción del monasterio había un misterioso perro negro que aterrorizaba a los obreros por las noches. Fue considerado, supersticiosamente, como una representación del demonio o un enviado suyo para evitar que se tapase aquella boca infernal. Perseguido por los soldados, fue encontrado en el monte y ahorcado a la vista de todos. Olvidado con el paso del tiempo, de nuevo resurgió cuando el rey llegó al lugar para morir en él, y se dice que desde su lecho de muerte se podían escuchar noche tras noche los aullidos del perro, que acompañaron a Felipe II en su agonía, y que desaparecieron una vez que el monarca falleció.

También sobre el cercano puerto de la Cruz Verde se apuntan algunas historias más modernas, unidas a fantasmas y a objetos volantes. Durante las décadas de los años setenta y ochenta del pasado siglo hay gran cantidad de testimonios recogidos sobre avistamientos de ovnis en ese lugar. Se habla de luces que persiguieron automóviles, de bolas de fuego inmóviles que de repente desaparecían a gran velocidad… Como en otros casos no hay comentarios.

También aquí se habla de la famosa leyenda urbana de la «chica de la curva», tema del que ya hemos hablado en Las Rozas, y que entra dentro de las conocidas «Damas Blancas», apariciones fantasmagóricas que están en multitud de relatos de diversos países. Aquí se da un caso semejante al ya tratado, aunque con el matiz de que la joven murió en accidente de tráfico, y espera en la curva de la carretera para avisar al conductor y que este tenga cuidado en su circulación.

San Martín de la Vega

SANMARTINERO

Una plaga de langostas que asoló los cultivos de esta población motivó que sus vecinos pidiesen la intervención de san Marcos para que les ayudase, y en agradecimiento construyeron una ermita. Desde entonces se le considera el patrón de San Martín de la Vega y se celebra entre los días 24 y 30 de abril su festividad.

Mencionada esta tradición en las *Descripciones de Lorenzana* del siglo XVIII, se apunta también una carta remitida por el concejo de la villa al rey para mostrarle el interés que tenían de hacer esa fiesta una vez al año, y solicitar su aprobación.

> Que a causa de la plaga de langosta que había experimentado esta villa en sus términos, se había hecho voto en el año 1483 al glorioso San Marcos Evangelista, de hacerle fiesta en su día cada año y de comer de vigilia el mismo día y hacer una procesión alrededor de los muros de esta villa, llevando todos sus vecinos velas encendidas, dándose después caridad de pan y queso a cuantos quisiesen tomar, para cuyo gasto tenían destinado un tercio del producto de la barca que pertenecía a dicha villa en el río Jarama para paso de los trajineros. Cuya festividad se ejecutaría inviolablemente todos los años y para que fuese más plausible al Santo, se formaba por esta villa una soldadesca compuesta por once de sus vecinos que para ello nombraba, a quienes se les daba la ayuda de costa que era estilo, para la pólvora que gastaban.

El origen del nombre parece provenir de «vega», que no es otra cosa que un terreno regable y a veces inundado, y de la supuesta consideración de san Martín como protector. No obstante hay una tradición mucho menos religiosa, que se refiere a que el primer asentamiento serio fue obra de un vecino de Alcalá de Henares llamado Martín, que levantó una choza junto al río Jarama, dada su dedicación a la pesca, en un lugar conocido como cerrillo de Martín el Pescador. Parece ser que hubo una crecida del río, y las cabañas que había en el cerrillo fueron arrastradas en la riada, por lo que la nueva aldea se ubicó donde se encuentra hora la población.

Aunque como en toda esta comarca se han encontrado pruebas de que estuvo poblado en épocas remotas, y que por allí pasaron los romanos, los visigodos y los árabes, debemos remitirnos al año 1239 cuando aparece mencionado en algún documento la aldea de San Martín como terreno incorporado a la jurisdicción del concejo de Segovia, dentro del sexmo de Valdemoro. En el siglo XV, los Reyes Católicos separaron San Martín, Titulcia (Bayona) y Ciempozuelos de Segovia, para entregárselas a los marqueses de Moya. Tras un largo litigio entre estos y Segovia, en el 1592 Diego de Cabrera Fernández de Bobadilla y de la Cerda, conde de Chinchón y marqués de San Martín, ya conocido desde unos años antes como San Martín de la Vega del Jarama, recibió la definitiva escritura de posesión a cambio de ceder a los segovianos otros territorios. Tras la muerte a finales del siglo XVII del quinto conde de Chinchón, la población pasó por diferentes manos, hasta que fue cedida a María Teresa de Borbón y Vallabriga, casada con Manuel Godoy.

Históricamente se ha unido al Jarama en general, y se suele hablar de San Martín de la Vega en particular, la labor de los quiñoneros, es decir, de un grupo de soldados que fueron reclutados por dos nobles segovianos, Fernán García de la Torre

Cuatro de los principales personajes de dibujos animados de la Warner.

y Díaz Sanz, que vivieron en la época de Ramiro II. Se dedicaban a vigilar la zona de las lindes de las tierras cristianas con las musulmanas para evitar que los árabes diesen alguna sorpresa. Recorrían las riberas del Jarama formando cuatro cuadrillas: San Esteban, San Martín, San Millán y la Santísima Trinidad. Cada una de ellas estaba integrada por cien lanceros a caballo. Con el paso del tiempo y la disminución del peligro árabe, estos quiñoneros se dedicaron a comprar tierras que más tarde revendieron a diferentes señores, y desaparecieron paulatinamente.

Los vecinos del lugar vieron con buenos ojos cómo en el año 1999 la multinacional estadounidense Warner decidió adquirir en su término municipal una superficie de cerca de quinientas hectáreas para la construcción de su parque temático en España.

San Martín de Valdeiglesias

PINCHE

El castillo de la Coracera, nadie sabe por qué se llama así, es posiblemente el símbolo más importante e interesante de San Martín de Valdeiglesias, porque además de recordar el pasado de la población, se ha unido modernamente a ciertas prácticas parapsicológicas y a algunos encuentros poco afortunados de sus moradores.

Situado en la zona oeste de la población, se apunta a que su nombre es tal por haber sido construido para servir de «coraza» defensiva. Levantado por orden de don Álvaro de Luna en el siglo XV, pasó a su viuda Juana Pimentel tras su ejecución en 1453, y de ahí al ducado del Infantado. En el siglo XVIII quedó prácticamente abandonado y sufrió diversos daños durante la guerra de la Independencia. Restaurado en diversas etapas de su existencia, con mayor detenimiento hacia finales del siglo XIX, y sobre todo en la primera mitad del siglo XX por parte del barón de Sacro Lirio. En 1970 se hizo cargo de la fortaleza el empresario Juan Fernández Ganza, quien ha dado origen a una leyenda negra sobre la Coracera, tras aparecer muerto, con un tiro en la cabeza; asesinato o suicidio, nunca se ha probado nada de ello. Su hija vendió gran parte del patrimonio que había en el castillo, y sus últimos dueños lo han cedido al Ayuntamiento de la localidad que lo ha convertido en un Centro Cultural que ha comenzado actualmente la segunda fase de su restauración con una inversión de cerca de 1,4 millones de euros. En la primera fase se consolidó la estructura y la fachada de la torre del homenaje, y se mejoraron los accesos al torreón central.

La leyenda negra el castillo viene dada por las actividades relacionadas con la parapsicología del empresario Fernández Ganza, de quien se decía que además de vivir con un tigre y una leona, era muy aficionado a la práctica de la güija, el espiritismo y las psicofonías. A esta leyenda contribuyó su forma de morir, y el hecho de que el lugar fuese escenario de numerosas películas de terror protagonizadas por el actor Jacinto Molina, más conocido por su nombre artístico, Paul Naschy.

El nombre de San Martín de Valdeiglesias deriva, como ya mencionamos al referirnos a Pelayos de la Presa, de la fundación del monasterio de Santa María de Valdeiglesias, de la devoción de los monjes cistercienses que habitaban en la zona hacia san Martín, y a su ubicación en un valle donde proliferaban las ermitas y las iglesias. Aunque se apunta que en un principio pudo ser denominado Valle de las Siete Iglesias, por ser ese el número que había. Parece mucho más razonable que simplemente se llamase Valle de las Iglesias, y que de ahí apareciese el nombre definitivo.

Aunque se han encontrado restos de pueblos nómadas que pasaron por esta zona del río Alberche, cazadores y recolectores, así como del tránsito por el valle de los romanos, visigodos y árabes, es preciso avanzar hasta el año 1148 cuando el rey Alfonso VII otorga la posesión del lugar a un monje llamado Guillermo, quien propició la creación de iglesias por toda la zona. Sancho III dotó y acrecentó el poder de la aldea de San Martín que se encontraba bajo la jurisdicción de los monjes de Valdeiglesias, y en 1205, Alfonso VIII le concedió el fuero de villa, que fue confirmado por Fernando III en 1218. Fue comprado por Álvaro de Luna, y a su muerte en el patíbulo quedó en manos de su viuda, Juana Pimentel. Más tarde encontramos este pueblo integrado en las posesiones del mayordomo de los Reyes Católicos, Gonzalo Chacón, y a su muerte pasó al ducado del Infantado. Este nuevo señorío creó varios conflictos, y uno por encima de otros es el que relata Pedro Mudarra en 1607.

> A la muerte de Juan II, el rey Enrique IV donó la villa a Perucho de Mundarranz, alcaide del alcázar de Madrid, ciertas desavenencias con su benefactor le llevaron a venderla a Gonzalo Ruiz de León. Haciendo valer sus derechos Diego Hurtado de Mendoza, duque del Infantado, a quien los Reyes Católicos le había confirmado los derechos sobre la villa, llegó a San Martín con las armas dispuesto a ocuparla. El pueblo de San Martín, al no quererse ver sometido al duque, salió con su alcalde, Diego Martín Cuesta, para enfrentarse a este ejército. Dicho enfrentamiento se produjo junto a la ermita de la Sangre, de ahí su nombre. Las tropas del duque del Infantado superiores en número, consiguieron reducir al pueblo, haciendo su entrada triunfal y tomando posesión con gran solemnidad en la puerta de la iglesia.

Aunque se registró un cambio de titularidad bajo el reinado de Felipe III, fue por muy breve tiempo, y quedó después de nuevo bajo el Infantado.

Como toda población de cierta importancia y antigüedad, San Martín de Valdeiglesias cuenta con una leyenda mariana. Se trata de la aparición de la Virgen en forma de zarza ardiendo junto a un enorme aliso, a unos pastores. En conmemoración de este hecho se construyó una ermita en su honor conocida como de La Virgen de la Nueva. Esta construcción del siglo XVI, que fue visitada por diversas personalidades de la corte, incluido el propio rey Felipe II, quedó anegada por las aguas del pantano de San Juan en 1955.

San Sebastián de los Reyes

SANSEBASTIANENSE

(En homenaje a Doro)

Su propia fundación es ya una historia para ser relatada, pues raya en lo legendario.

Corría el año 1488 cuando un grupo de vecinos de la localidad próxima de Alcobendas (se habla de treinta y dos) abandonaron ese lugar ante la presión a la que les tenía sometidos el señor feudal Juan Arias de Ávila, y construyeron unas cabañas alrededor de una ermita consagrada a san Sebastián que se encontraba dentro de los terrenos propiedad del concejo de Madrid. Para poder crear ese asentamiento y evitar problemas, solicitaron de los Reyes Católicos el permiso oportuno para tener derecho a establecerse en ese lugar, lo que les fue concedido y queda reflejado como tal en una real cédula expedida en Medina del Campo el 2 de mayo de 1492.

> El Rey y la Reina: Concejo é Regidor é los Alguaciles é Regidores, vasallos, escuderos é infantes é homes buenos de la noble villa de Madrid.
>
> E ya sebéis como el lugar de San Sebastián de los Reyes, tierra é jurisdicción desa villa, se puebla é agora nuevamente, y al por qué como se ve esperan que serán favorecidos é ayudados por que se pueble de más vecinos por ende. Nós os mandamos que los ayudéis é favorezcáis é mireis mucho por ellos é no consistáis ni deis lugar á que sean maltratados. Dada en la villa de Medina á dos días del mes de mayo del año del nacimiento de Nuestro Señor Jesucristo de mil é cuatrocientos é noventa y dosaños.
>
> Yo el Rey.– Yo la Reina.– Por mandado de mis señores el Rey é la Reina: Juan Zapata, Secretario.

La población adoptó por ello el nombre de San Sebastián, por el lugar que ocupaba y el de los reyes en agradecimiento a Isabel y Fernando por haberles concedido el permiso oportuno.

Ante los nuevos acosos del señor feudal, se nombró a dos regidores, y al alcalde mayor, para que pusieran fin al litigio y señalasen el lugar donde podían instalarse los nuevos pobladores, lo que se hizo mediante un acuerdo.

> En San Sebastián de los Reyes, lugar en término y jurisdicción de la noble y leal villa de Madrid, miércoles nueve días de enero del año del nacimiento de Nuestro Señor Jesucristo de 1493. Los Señores Juan de Linares, Alcalde y Justicia mayor de la dicha villa, por sus Altezas Diego de Vargas y Lorenzo Méndez, Regidores, en virtud de comisión que les fue dada por dicha villa, por ante mí el Escribano de Ayuntamiento de ella, le fue fecha para ver los términos que por los vecinos de San Sebastián de los Reyes fueron pedidos. Luego se señalaron los que debía tener el lugar, poniendo los mojones.

En 1494 los vecinos volvieron a pedir ayuda a los Reyes Católicos ante las amenazas de Juan Arias, y el 20 de mayo les fue otorgada una nueva cédula real por la que se instaba al concejo, a la justicia y a los regidores de Madrid, a defender a los vecinos de San Sebastián de los Reyes y a poner multas y encarcelar a aquellos que los maltratasen. Pero ello no evitó que el señor feudal atacase la aldea y quemase alguna de las cabañas, por lo que en 1516, Juan la Loca y su hijo Carlos I decretaron que en el caso de que Juan Arias o de que algún allegado a él hiciera daño a los habitantes de esa población se les impondrían penas de destierro.

De la fundación se da constancia en las *Relaciones topográficas* de Felipe II, que fueron redactadas entre los años 1576 y 1579.

> Se llama este dicho lugar San Sebastián de los Reyes, y que puede haber que se fundó ochenta y cuatro años poco más o menos, y que el principio y fundación de este pueblo fue que sobre cierta diferencia que hubo en la villa de Alcobendas, que puede estar de este dicho lugar a tiro de ballesta, poco más o menos, entre los vecinos de dicha villa y Juan Arias de Ávila, señor de la dicha villa de Alcobendas, que en aquel tiempo no era condado, sino mayorazgo, vinieron muchos vecinos de la dicha villa de Alcobendas, y por agravios que el señor les hacía, dieron vecindad en la villa de Madrid, y comenzaron a hacer cabañas de retama y leña, adonde ahora está fundado el dicho lugar para principio y fundación de él, porque la iglesia del dicho lugar era en aquel tiempo ermita, y se llamaba San Sebastián, y el señor de la dicha villa de Alcobendas, cuando vio que sus vasallos fundaban este lugar, y habían dado vecindad en Madrid, vino una noche con gente, y les quemó las cabañas y ocho casas que tenían hechas, y prendió a algunos de ellos, y los demás huyeron, y los vecinos que huyeron y no prendió, sabiendo que el Católico rey don Fernando de gloriosa memoria, nuestro rey y señor, que está en la gloria, venía desde la villa de Alcalá de Henares para la villa de Madrid, le fueron a hablar al camino a la pasada por la puente que llaman de Viveros en el río Jarama, y le dieron a entender todo lo que pasaba y cómo ellos y los demás que el señor de la villa de Alcobendas, que tenía presos, fundaban este pueblo dentro de la jurisdicción de la villa de Madrid junto a la dicha ermita de San Sebastián, y siendo entendido por nuestro Rey Ca-

tólico, mandó soltar los presos, y mandó se fundase en dicho lugar, y se llamase San Sebastián de los Reyes, y así se fundó e hizo y esto es la verdad porque sus padres y abuelos de estos que declaran fueron los fundadores.

La población ha permanecido siempre unida a la ciudad de Madrid, y curiosamente en una perpetua disputa con Alcobendas, de la que en la actualidad tan solo la separa una calle, la avenida de España.

En 1868, tras la revolución «la Gloriosa», el pueblo se denominó San Sebastián de la Soberanía, por espacio de dos meses, y durante la Guerra Civil, San Sebastián de Madrid.

En los textos de las *Relaciones topográficas* de Felipe II (siglo XVI) y en las *Descripciones de Lorenzana* (siglo XVIII), se habla de la existencia de una serie de aldeas existentes en la zona antes de que se fundase San Sebastián de los Reyes y que poco a poco se fueron despoblando. Así encontramos Dos Casas, a la orilla del Jarama, Mesones, a media legua del nuevo pueblo, y Fuentidueña. Los vecinos de todas ellas parece ser que las abandonaron al producirse un brote de peste.

Lo más conocido de esta población madrileña, conocida popularmente como «Pamplona la Chica», son sus tradicionales encierros que tiene lugar durante las fiestas del Cristo de los Remedios, patrono de la localidad, a finales de agosto.

No se sabe con exactitud cuándo comenzó esta celebración, ni el porqué de ello, pero sí que en 1525 ya estaba llevándose a cabo, como consta en un documento de provisión real en el que Carlos I exculpa a los habitantes de San Sebastián de los Reyes por gastar el dinero de sus bolsas en procesiones, colaciones y correr toros. Según Laureano Montero García, autor de una crónica sobre esta población en 1890, el día 29 de agosto en las primeras horas de la mañana «y como por vía de prueba se corren dos toros llamados del aguardiente, sin duda porque tiene lugar precisamente a la hora en que los jornaleros y gente de campo, suelen tomar aguardiente».

Santa María de la Alameda

SERRANOS

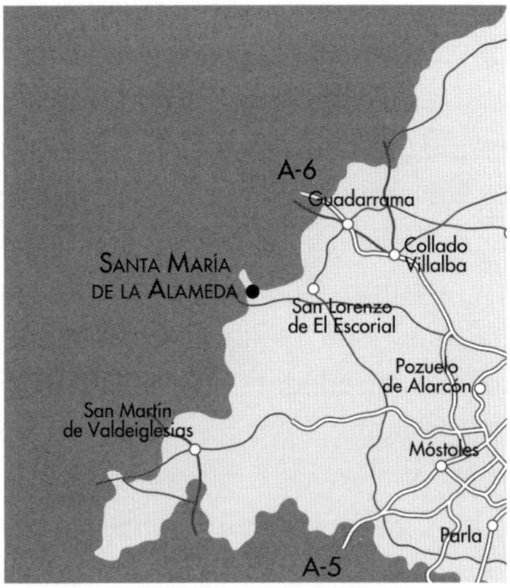

Un conjunto de núcleos de población desperdigados: La Paradilla, Las Herreras, La Haya, Robledondo, Navalespino, Santa María de la Alameda, Santa María de la Alameda-Estación, que aparece en 1863 con la llegada del tren; tres despoblados, La Cereda, Alaminejo, de donde se dice que proviene el nombre del conjunto, y La Lastra, este último con fama de prácticas de brujería; y la «isla» de la Dehesa de Cepeda, conforman este municipio, que situado en la zona noroeste de la Comunidad, a los pies de la sierra de Guadarrama, tuvo parte y arte en la construcción del monasterio del Escorial, y por ello está incorporado al Territorio Histórico de El Escorial, Monasterio, Sitio y Entorno Natural y Cultural.

La existencia de aldeas tan dispersas en su origen, tuvo que ver, con casi toda seguridad, con los asentamientos de pastores segovianos en la zona a la búsqueda de buenos pastos y el aprovechamiento del agua del río Cofio que pasa por el lugar. A esta idea se suma además el nombre de esos diferentes asentamientos, que están relacionados o bien con el entorno natural, o con actividades propias de la ganadería.

Por ejemplo, Robledondo y los robles; Navalespino, como nava y una zona de espinos; Las Herreras y el forraje del ganado (herrenes); La Paradilla, lugar de descanso para los pastores; Alaminejo, propio de la existencia de álamos; o la propia Santa María de la Alameda, que proviene de esos álamos y de la construcción de una ermita, más tarde iglesia, dedicada a la Virgen.

Situándonos en un proceso de repoblación segoviana, posiblemente en una desviación de la ruta de la cañada real leonesa, estaríamos hablando de unos primeros asentamientos entorno a los siglos XIII y XIV, dependientes de la villa de Robledo de Chavela, formando parte del sexmo de Casarrubios e integrante de la tierra del concejo de Segovia. A mediados del siglo xvii aparece bajo el señorío de José Strata y Spínola, que en 1649 obtiene el título de marqués de Robledo. El 1769 se desvincula del marquesado al conseguir ser declarada tierra de realengo.

Durante la Guerra Civil gran parte de la edificaciones de sus núcleos urbanos quedan destruidos, por lo que al finalizar la contienda el municipio es incluido dentro de los planes de reconstrucción de la Dirección General de Regiones Devastadas.

Una de la curiosidades que presenta San María de la Alameda, es la de tener en su municipio la denominada «isla» de la Dehesa de Cepeda, un terreno de 1.340 hectáreas que está completamente rodeada por la comunidad de Castilla y León, para ser más exactos por las provincias de Ávila y Segovia. Su origen se remonta al siglo xiii, y parece ser que en un principio fue un terreno explotado agrícolamente para el clero. Ya en pleno siglo xix y tras la expropiación de las tierras comunales decretada por el ministro Pascual Madoz, y su venta en pública subasta, pasó a depender de la familia Sainz de Baranda, que las compró, para venderla después a diferentes particulares que desde entonces han utilizado la dehesa como explotación agrícola.

En las proximidades de Santa María de la Alameda existe una aldea totalmente abandonada y en ruinas, La Lastra, de la que se afirma que era un núcleo de prácticas de brujería, que tuvo su apogeo en este sentido en los siglos xviii y xix. Allí se producían fenómenos extraños, como era la caída de objetos sin explicación, ruidos, voces… Ello motivó que muchos vecinos huyesen del lugar y se trasladasen a otra de las aldeas próximas. Incluso hay documentos que hablan de la intervención de habitantes de los pueblos de alrededor que participaron en la búsqueda y caza de las posibles brujas que vivían o que se refugiaban en La Lastra. Hoy en día hay muchos aficionados que llegan a estos parajes con la intención de obtener alguna psicofonía. Que tengan suerte.

Por el lugar que ocupa, cerca el monasterio de El Escorial, y un poco más allá del puerto de la Cruz Verde, que es preciso atravesar para llegar hasta este conjunto de poblaciones, Santa María de la Alameda se encuentra muy unida a todos los fenómenos mágicos que emanan de la zona, y así no es de extrañar que esté incluida en los avistamientos de objetos voladores no identificados (ovnis).

Allí, incluso en la abandonada La Lastra, se han encontrado círculos trazados en el suelo de origen desconocido. Objetos luminosos volando sobre las montañas próximas, que se detienen en el cielo para volver a continuar su camino a gran velocidad…

Santorcaz

TORCATO

Considerada una de las poblaciones más antiguas de la Comunidad de Madrid por la cantidad de restos arqueológicos que se han encontrado en su terreno. Cargada además con una historia muy interesante que va desde la legendaria estancia de los caballeros templarios, hasta la ocupación, a modo de prisión, de su castillo por personalidades de la importancia del cardenal Cisneros, de Francisco I de Francia o de la princesa de Éboli.

Curiosamente es uno de los municipios que poseen una historia más documentada, y a la que se refirieron en diferentes aspectos, tanto las *Relaciones topográficas* de Felipe II, como en las *Relaciones de Lorenzana*, o en algunos escritos del licenciado Juan Caso de Arco, que por su proximidad en el desarrollo del pueblo, ya que estamos antes escritos fechados entre los siglos XVI y XVIII, arrojan una visión muy próxima de su historia.

El origen de su nombre se hace provenir de san Torcuato, primer obispo de Guadix, y que al parecer nació y extendió el cristianismo por esta comarca situada al norte del río Tajuña en el límite de Madrid con Guadalajara. En las *Relaciones topográficas* de Felipe II se dice que «esta villa se llama Santorcaz, y la razón porque se llama así no se sabe, mas de que comúnmente se dice que santo Torcaz con sus compañeros vinieron de Roma en España predicando en este pueblo, y al tiempo de la conversión de los gentiles se puso nombre de aquel santo, y no se tiene noticia cómo se llamó primero».

Respecto a la fundación del pueblo, se apunta la posibilidad de que se tratase de la Metercosa ibera, mencionada por los romanos como Mentercosa, aunque, y pese a los restos hallados en la zona, no se puede afirmar a ciencia cierta que se tratase de esa población. En un documento escrito por el licenciado Juan Caso de Arco se afirma que el pueblo se fundó

Iglesia mudéjar de San Torcuato construida pegada al castillo de Torremocha.

Yacimiento celtibero.

entre los años 1252 y 1260 antes de Cristo, y que fueron los celtas o sus descendientes.

Pusiéronle el nombre de Orcada y tuvo tamaña importancia durante la dominación de los pueblos centrales. Posteriormente hubo de perderla al ser conquistada y dominada por los pueblos sucesores, y después de haber sufrido los mayores vejámenes en las dominaciones griega, cartaginesa, romana y visigoda, volvió a recuperarla en el renacimiento del cristianismo, y más especialmente con la protección que le dispensó el hijo más esclarecido del este pueblo, san Torcuato, primer obispo de Guadix y uno de los más distinguidos propagandistas del cristianismo que siguieron siempre de cerca de Santiago el Mayor durante su propaganda por España.

En las *Relaciones de Lorenzana* se añade, tras hablar de los restos que hay en el llamado llano de la Orca, que «de aquí, nace otra tradición que tienen los naturales, de que esta era población que gozaba el título de ciudad, y sus habitadores, el de ciudadanos romanos, con el nombre de Orchia-Briga; que de ella eran naturales Plubio Nonio, cónsul que fue en el año de 38 de Jesucristo y su mujer Adria, y que estos fueron los padres de san Torcuato, y aun Adria murió mártir».

Tras la ocupación árabe fue reconquistada por los cristianos en el siglo XII, ya que durante parte de la Edad Media debió de ser un asentamiento berebere a juzgar por los restos encontrados junto a la destruida torre de la Cuesta, una atalaya de vigilancia musulmana.

La posibilidad de la presencia templaria en la zona, que para algunos

Uno de los escasos lienzos de la muralla del castillo de Torremocha que quedan levantados en Santorcaz.

no es más que una leyenda, aunque se trata de una tesis defendida por diversos investigadores sobre esta orden, tales como Isabel Montejano o Juan G. Atienza, está reafirmada en las *Relaciones topográficas* de Felipe II, donde queda clara esa estancia en un castillo construido en una época anterior.

> En cuanto si fue enajenado a la Corona Real declaran que no lo saben, ni lo han oído decir, antes la pública voz y forma y opinión ha sido que la Sede Apostólica hizo suya a la dignidad arzobispal, cuando fueron destruidos los templarios, y sus bienes confiscados, porque se ha oído decir a los antiguos que esta villa fue de los templarios, y que la casa y fortaleza que al presente hay da prodigios y señales manifiestas haber sido casa de religión y monasterio por las cosas particulares que en ellas se ven, y estar incorporada e inclusa la iglesia parroquial con la dicha casa y fortaleza y de una puerta adentro todo.

Destaca en la población el castillo de Torremocha, edificado en el siglo XIV por el arzobispo Pedro Tenorio, al parecer sobre los restos de otro anterior, erigido como un lugar de descanso. Pero a finales del siglo XV se convirtió en una cárcel para clérigos, como demuestra que allí estuvo preso el futuro cardenal Cisneros tras su polémica con el arzobispo de Toledo, Carrillo. Años más tarde pasaría a ser empleado por la corona como prisión de personalidades políticas como Francisco I, rey de Francia, antes de ser trasladado a Madrid a la torre de los Lujanes; o doña Ana de Mendoza, princesa de Éboli, tras su fallido intento de golpe de Estado contra Felipe II.

En la actualidad apenas quedan algunos restos que están integrados en un pequeño parque, junto a una casa particular y la iglesia de la población.

Los Santos de la Humosa

SANTEÑO

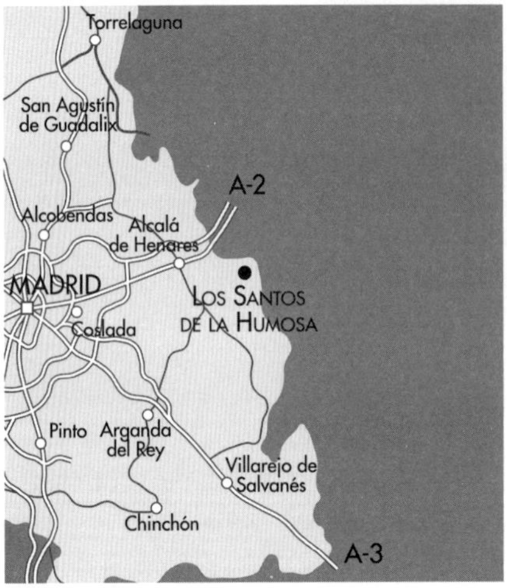

Venid y mirad
la Virgen Humosa
y en trova amorosa
su gloria cantad.
Seis siglos pasaron
que estuvo ignorada
su imagen, librada
del moro invasor.
Y allá junto al río
que baña la flores
miró sus fulgores
un tierno pastor...

El origen de la población está envuelta en un sinfín de historias, e incluso de leyendas, que une su fundación al propio topónimo, recordando siempre que todo ello se gestó en la ribera del río Henares.

A los restos del Paleolítico y del Neolítico encontrados en la ribera del río Henares, se añade la posibilidad de que el primer asentamiento serio se debiera a los romanos, que establecerían algunas villas (granjas) en la comarca para explotar agrícolamente los terrenos. Estas fincas darían lugar a una población de nombre Fumoso, denominada así por estar en un lugar húmedo y con muchas nieblas. Se supone que de ahí vino posteriormente la denominación de «la Humosa». La insalubridad del lugar hizo que sus moradores decidieran trasladarse a los montes próximos, donde se fundaría una nueva aldea que sería conocida como los Altos de la Humosa. Lo que pudo ocurrir entre los siglos X y XI.

No obstante, hay alguna disparidad de criterio, al apuntarse la teoría de que fue aquí donde nacieron los «santos niños» Justo y Pastor, patronos de Alcalá de Henares, que fueron martirizados.

También tenemos en esta localidad la aparición de la Virgen a unos pastores, que llamó su atención con una humareda.

En las *Relaciones de Lorenzana* se afirma que «la razón por la que se llamó y llama así declaran no se sabe de cierto mas de haber oído decir a los antiguos que la razón y causa que hubo para que la dicha villa se llamase la villa de los Santos de la Humosa fue que, antiguamente muy muchos años ha, esta villa no estaba fundada donde está ahora presente, sino en la ribera del Henares junto al dicho río de esta parte de él hacia el oriente y se llamaba el pueblo La Humosa, y que el sitio donde estaba este pueblo era suelo de Alcalá, y que de este pueblo había en Alcalá dos niños puestos a aprender en la escuela de las primeras letras, y pasando por allí un daciano, adelantado dentil por confesión de la Santa Fe Católica, los hizo padecer martirio, los nombres de los cuales niños eran Justo y Pastor, cuyas santas reliquias hoy goza y posee Alcalá, y por estar en ribera y junto al río, dicho pueblo de La Humosa, después de mucho tiempo pasado por no ser sano y haber muchas enfermedades, se había despoblado y pasándose y fundándose donde al presente está, y por la dicha razón de haber sido naturales los dichos santos mártires Justo y Pastor del pueblo de La Humosa, esta villa cuando se fundó había tomado y tomó ocasión de llamarse el nombre de sus patrones».

Pero, como señalábamos, también hay una tradición mariana que se usa en este caso para explicar el origen del nombre de la población. Aunque no hay una fecha más o menos aproximada que date esta aparición, en las *Relaciones de Lorenzana* se habla de que la aparición de la imagen es «antiquísima», la leyenda habla de que la talla puede ser del siglo VI, y la ermita donde se colocó se suele fechar en 1384. La historia cuenta que estando unos pastores custodiando de noche su ganado, vieron salir una columna de humo en uno de los márgenes del río Henares. Sorprendidos, se acercaron a ver qué era lo que producía aquello, y se encontraron ante una imagen de la Virgen. Convocados los vecinos para darles cuenta del hallazgo, se decidió edificar allí una ermita en honor de la que a partir de entonces se conocería como la Virgen de la Humosa, o Nuestra Señora de la Humosa. Durante su fiesta, el 8 de septiembre, y en la procesión que la lleva desde la ermita hasta el pueblo, que se hace de noche, se va alumbrando a la Virgen marcando junto a ella un camino de fuego y humo, en recuerdo de cómo fue su aparición en la afueras de la población.

Perteneciente a la jurisdicción de Alcalá de Henares, en 1752 aparece mencionada como villa de realengo, y en 1786 aparece como una población eximida y no sujeta a otro pueblo.

La Serna del Monte

SERRANOS

En la vertiente sur de la sierra de Guadarrama, con buenos pastos, un grupo de colonos decidió construir sus cabañas y dedicarse a la explotación de lo que a priori les parecieron fecundas tierras de labranza. Quizás de ahí provenga no solo su nombre, sino también su posterior desarrollo, a lo que se uniría que por su territorio pasan cuatro importantes rutas pecuarias, como son la cañada real segoviana, la cañada de merinas, el Cordel de las Pozas y la Vereda del Cementerio.

La palabra «serna» significa porción de tierra fértil; aunque también se defiende la idea de que era el nombre de una de las familias que exploraron el lugar, junto con los Vargas, Fernández y Pozo. Pero hasta 1916 se conoció por el solo nombre de La Serna, ya que fue por el real decreto del 2 de julio de ese año cuando pasó a llamarse La Serna del Monte.

Unida pues al desarrollo de Buitrago, la primera aldea es de origen medieval, y dependía de los servicios e iglesia de Braojos, de quienes dependieron hasta el siglo XVII, cuando los vecinos de la nueva población, ya más numerosos que los colonos iniciales que fundaron la aldea, decidieron levantar una ermita a san Andrés, y solicitaron la independencia eclesiástica, primer paso para lograr la civil. En 1766 aparece como una población con la misma identidad que Braojos, integrada en la Tierra de Buitrago, y en el señorío de los duques del Infantado. Situación que desapareció con la abolición de este tipo de dominios en 1812.

Del desarrollo agrícola de esta zona y de los pastos para el ganado trashumante, queda en La Serna un curioso recuerdo, se trata del Reloj de Sol, también conocido como el Reloj de las Veces, con el que se medía el turno de riego de cada vecino, y el aprovechamiento de la reguera que se compartía con La Acebeda.

Como curiosidad propia de esta

Vista panorámica de La Serna del Monte.

población destacaremos una tradición ya perdida, que se desarrollaba durante las fiestas de San Agustín, su patrono. Se trataba de «los somarranos», trozos de carne que daban los vecinos a los mozos, quienes los pinchaban en palos y los guisaban para todos.

Serranillos del Valle

SERRANILLENSE/SERRANO

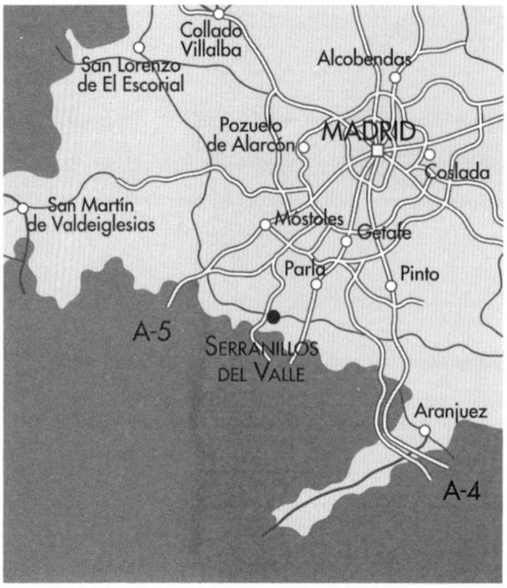

Tanto su fundación como el origen de su nombre parecen no tener ningún misterio, dado que nos encontramos ante una población sencilla que tuvo una evolución histórica unida al señorío de Chinchón a partir de 1480. La aldea fue iniciada por las gentes serranas que llegaron desde Segovia y que repoblaron toda esta zona para aprovechar las buenas tierras agrícolas, en su mayor medida, y ganadera en la menor. De ahí que sean precisamente «los serranos», aquellos que cruzan la sierra, los que se asienten en el lugar, aunque hay quien defiende la idea de que es posible que en la comarca existiese una villa hispanorromana que sirvió como inicio de la población. Desde luego por su posición en un valle de suaves ondulaciones es un sitio adecuado para que en aquellos siglos de romanización se instalase allí una granja.

No obstante, se apunta como fecha más exacta, principios del siglo XIII, cuando las gentes provenientes de Segovia llegaron hasta el lugar; es más, también se suele decir que como existe un pueblo de igual nombre en la provincia de Ávila, en la montaña, pudieron ser vecinos de este los que llegasen hasta el nuevo lugar.

En 1916, y como ya hemos relatado en otros casos, se añadió al nombre original el apéndice de «del Valle» para diferenciarlo de otros pueblos del mismo nombre.

El desarrollo de su historia no está marcado por hechos determinantes, ni de gran interés. Tan solo podemos señalar que estuvo bajo el señorío de Chinchón hasta el siglo XVIII, y que a continuación pasó por diversas manos hasta llegar a depender de María Teresa de Borbón y Vallabriga, esposa de Manuel Godoy.

No hay ninguna tradición antigua, ni hemos encontrado leyenda alguna, pero sí una nueva actividad que merece un comentario. Desde hace pocos años se celebra, al igual que en otros muchos municipios de la Comunidad de Madrid, un belén viviente en el que participan los vecinos del pueblo.

El día 5 de enero las calles de Serranillos retroceden dos mil y pico años para ofrecer una visión de la población de Belén, recreando el nacimiento de Jesucristo y la llegada de los Reyes Magos a adorarle. Más de cien vecinos adoptan sus papeles propios de la Navidad y recrean lo que ocurrió en Palestina en el inicio de una nueva era.

El casco histórico cambia su aspecto, hábilmente decorado, y en él se pueden seguir las evoluciones de un mercado, de las lavanderas, de un establo, una granja, artesanos trabajando, todo ello rematado por el castillo del rey Herodes, y, naturalmente, por el portal donde nació Jesús. Los vecinos, vestidos con los trajes de la época: campesinos, soldados, alfareros, pastores..., y claro, los Reyes Magos, a los que se unen una treintena de animales, ponen su granito de arena para que este pueblo recree una tradición que tiene futuro, y que dentro de algunos años más entrará en competencia, seguro, con los otros belenes vivientes existentes en la geografía española.

Sevilla la Nueva

SEVILLANOVENSE

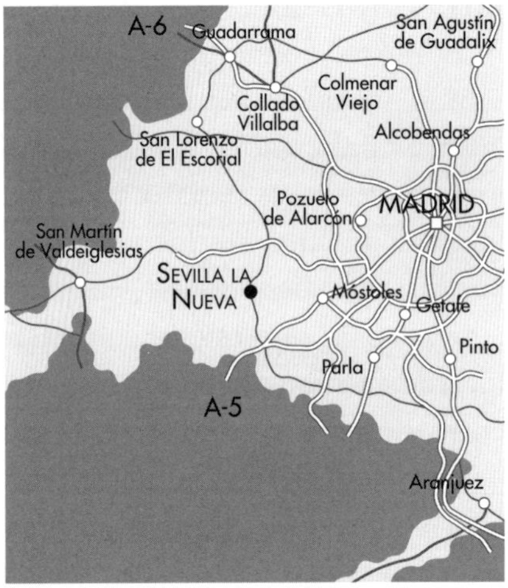

No hay muchos pueblos en la Comunidad de Madrid que tengan tan clara su fecha de origen, el motivo y el porqué del nombre, como Sevilla la Nueva, población conocida también como Sevilleja en un principio. Como en otros casos, la decisión de un grupo de agricultores de trasladarse de un punto a otro, se debió a las disputas que por las tierras mantenían dos señores feudales, el que detentaba el señorío de Casarrubios y el conde de Chinchón, y cuyos litigios afectaban al normal desarrollo de la vida en la zona. Por ello, un agricultor procedente de Sevilla, llamado Antón Sevillano (o el Sevillano), que había mantenido alguna disputa con los guardias del señor de Casarrubios, decidió trasladarse hasta un paraje llamado de las Retuertas donde instaló su alquería. Con la idea de poder hacer frente a los representantes del señorío de Casarrubios, y de Brunete, población dependiente del condado de Chinchón, convenció a otros agricultores para que levantasen sus cabañas junto a la suya y así formar una aldea. El 23 de diciembre de 1544 ya habitaban en el lugar unos trece vecinos, es la fecha en que se decide formar el primer concejo, con dos alcaldes al frente, el propio Sevillano y Pedro Serrano. También se decide adoptar el nombre de Sevilla la Nueva, y se pide licencia y apoyo a la ciudad de Segovia, bajo cuya jurisdicción estaba el término.

En las *Descripciones de Lorenzana* se recoge todo este proceso de fundación de la nueva población: «Fue fundada en el año de 1554 por diferentes vecinos que habitaban en una alquería o casas de labor, como tres cuartos de legua de ella al sudoeste, llamado Retamosa, sitio muy húmedo y enfermo, y se retiraron al que ocupa hoy esta villa, que goza de un cielo alegre y un suelo sano, en lo alto de una cordillera que viene de Brunete y pasa por Navalcarnero. Al tiempo que se fundaba, la molestaron con invasiones los vecinos de Brunete y criados del conde de

Chinchón en términos que algunos de aquellos primeros vecinos se ausentaron y abandonaron sus haberes. La ciudad de Segovia la amparó por su aldea y, por provisión de la Chancillería de Valladolid, se condenó al referido conde en costas y se le previno con multa, y a los vecinos de Brunete, para que en adelante no los inquietasen».

Pero los pleitos con el condado de Chinchón continuaron durante años, e incluso hubo un ataque perpetrado por parte de soldados enviados desde Brunete que hicieron prisioneros a algunos vecinos de Sevilla la Nueva. Ante la petición de Segovia al rey de que pusiera orden, Carlos I otorgó en 1554 la posibilidad de que se eligiese concejo y que se donasen las tierras a sus pobladores. Pero ahí no acabo la contienda, y fue preciso que Felipe II interviniese en 1592 para que terminasen los pleitos, pasando parte del sexmo de Valdemoro a manos del conde de Chinchón, y Navalcarnero y Sevilla la Nueva a Segovia.

En 1630 el pueblo fue comprado por el secretario de Felipe IV, Francisco Beltrán de Echavarri, y a finales del siglo XVII, su hijo sería nombrado conde de Sevilla la Nueva. En 1690 se le otorgó el privilegio de villazgo, y ya en pleno siglo XIX se desvinculó de Segovia, pasando a la provincia de Madrid.

Además de la propia historia de la población, hay un relato que nos parece muy curioso y que deseamos destacar. Se trata de una petición elevada a Felipe II por parte del cura de Villamantilla, parroquia de la que era aneja Sevilla la Nueva, para que le diese los medios suficientes para poder acabar la construcción de la iglesia de Santiago Apóstol. Las dificultades económicas de los vecinos no habían permitido que se levantase hasta 1584 nada más que las paredes. Faltaba por lo tanto la cubierta.

La idea de este párroco, brillante, fue escribir una carta al rey explicándole la situación y pidiéndole, no una dotación económica, sino aquella madera que sobrase en la construcción del monasterio de El Escorial.

> ... es un pueblo que no lo hay más nuevo en el arzobispado de Toledo y tiene hasta treinta vecinos no más, y tiene comenzada una iglesia, y de limosnas están hechas las paredes, y es tanta la pobreza de la Iglesia, por ser el pueblo tan pequeño, que no tiene renta para se poder cubrir, y está en ella el Santísimo Sacramento muy indecente, y el convento de San Lorenzo del Escorial lleva deste pueblo cada un año ochenta o noventa fanegas de pan de renta de los diezmos de este pueblo; y atento a esto le suplica a Su Real Majestad, como a tan cristiano Rey y Señor, nos haga la merced de mandar dar a esta Iglesia de la madera que sobre en aquel convento para ayuda a cubrirla.

El rey accedió a tal petición, y las obras de la iglesia pudieron finalizar felizmente.

Somosierra

SOMOSERRANO

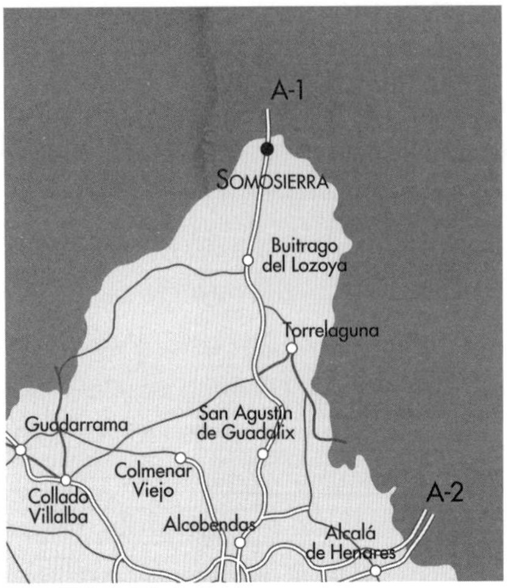

El municipio más alto de la Comunidad de Madrid, que corona el puerto del mismo nombre que da paso de una Castilla a otra. Precisamente por ocupar ese lugar su historia ha estado vinculada a un sin fin de hechos protagonizados desde el tiempo de la Edad del Bronce, cuando pueblos nómadas atravesaban la sierra buscando alimento. Una especial importancia tiene Somosierra en la guerra de la Independencia, cuando protagonizó una especie de «Desfiladero de las Termópilas» a la española por unas horas, en el combate contra las tropas napoleónicas con el propio emperador a la cabeza.

Algunos de los recuerdos históricos que puede ofrecer esta población son la ermita de Nuestra Señora de la Soledad, situada en la cota más alta del puerto, una imagen de una virgen polaca, colocada allí por soldados de esa nacionalidad; y una placa conmemorativa que recuerda la lucha que se registró el 30 de noviembre de 1808 entre los españoles y las fuerzas invasoras de Napoleón en aquel lugar, con una carga histórica de los jinetes polacos al servicio del emperador francés.

Su nombre proviene de «somo», que significa por encima, lo cual tiene su lógica si consideramos que está situado por encima de la sierra.

Se desconoce el momento de su fundación, aunque se sabe que hubo un asentamiento primitivo en la ladera de la montaña, e incluso un poblado en época de la dominación árabe, y dada su posición estratégica fue un lugar importante durante la Reconquista, tanto que el rey Alfonso VI concedió a las personas que allí viviesen una serie de privilegios, con lo que fomentó su repoblación, allá por el año 1083. En 1305 formaba parte del concejo de Sepúlveda, y en 1375 pasó, junto con Robregordo, a pertenecer al señorío de Buitrago. A finales del siglo XV obtuvo el título de villa, en 1697 se separó de Robregordo y cada uno mantuvo su independencia.

Placa conmemorativa de la batalla de Somosierra, en honor del general Benito San Juan que se enfrentó en este lugar a las tropas de Napoleón.

Curiosamente, la importancia de su situación estratégica ocupando los dos lados del camino real, le dieron un protagonismo singular durante la guerra contra los franceses a principios del siglo XIX. Hasta el punto de que la batalla de Somosierra ha sido considerada como una gesta militar, y uno de los mayores éxitos de la caballería polaca en toda su historia.

Tras la derrota en Bailén de las tropa francesas a manos de las españolas mandadas por el general Castaños, que supuso la primera derrota en campo abierto de la Grand Armée. El propio Napoleón decidió intervenir en España y con un ejército de más de cuarenta mil hombres se dispuso a ir recuperando el terreno perdido, y para ello atravesó media España, derrotó a las tropas españolas en Burgos y se dispuso a llegar hasta Madrid, sin contar con que un grupo inferior de fuerzas al mando del general San Juan, iban a ponérselo difícil en el paso de Somosierra, el único lugar seguro por donde se podía atravesar el Sistema Central.

Con nueve mil hombres, mal armados y poro pertrechados, San Juan dispuso la defensa del camino ascendente, unos ocho kilómetros cuesta arriba, que deberían atravesar los soldados franceses. En la parte más alta, dominado el valle, el grupo de españoles en el que se encontraba reunida gente de todo tipo, se colocaron cuatro baterías con cuatro cañones cada una, con los que impedir el avance enemigo.

El 30 de noviembre de 1808 comenzó la batalla, y aunque la fuerzas francesas eran superiores en número, fueron detenidas durante varias horas, hasta que Napoleón ordenó a la caballería polaca que lo escoltaba que cargase contra las defensas españolas. El empuje de los polacos, ciento veinte jinetes, a cuyo frente iba Jan Kozietulski, desmoronó las posiciones españolas, que se retiraron del frente dejando el paso franco a la fuerzas invasoras. Los polacos perdieron en la carga cuesta arriba dos tercios de sus fuerzas, pero consiguieron con arrojo

Placa de homenaje a los soldados polacos integrantes de la guardia personal de Napoleón que atacaron a las fuerzas españolas en el alto de Somosierra.

y valor conquistar la posición, por lo que el propio emperador impuso en el campo de batalla la Orden de la Legión de Honor al oficial polaco.

En torno a ello hay una cierta disparidad de criterio, ya que hay quien apunta que la resistencia española fue mínima a la carga polaca, pues el contingente de tropas formado por algunos soldados, campesinos y gentes del pueblo, estaba muy mal preparado para el combate. Contra esta idea cabe decir que de los ciento veinte jinetes polacos que se lanzaron a la carga, ochenta fueron bajas.

Benito Pérez Galdós, en *Napoleón en Chamartín*, obra integrante de los *Episodios Nacionales*, incluye una serie de comentarios sobre Somosierra.

–Yo, señores, soy oficial del ejército de D. Benito San Juan, y he asistido al desastre más funesto de esta campaña. Perdí en la acción de Somosierra a mi padre y a dos hermanos, y vengo huyendo de las guerrillas francesas que persiguen a los dispersos. Tuve que disfrazarme en Robregordo para evitar que me cogieran, y a pie he llegado hasta aquí. Pero si quieren que les diga más, denme algo que me sustente, pues con dos días de no probar bocado, estoy cayéndome muerto por instantes.

Un compañero nuestro le dio a beber un trago de aguardiente, con lo cual tomó fuerzas y pudo seguirnos, reanimado también moralmente por verse en nuestra compañía. El Gran Capitán, corrido y confuso, marchaba silenciosamente a su lado, pero no las tenía todas consigo, y todo se volvía mirarle y remirarle, sospechando que si no el mismo Emperador, podía ser algún generalazo o cualquier archipámpano de la corte imperial.

–Con ser tantas mis personales desdichas –dijo el desconocido–, pues en el campo de batalla quedaron mis dos hermanos y mi buen padre (que somos de un antiguo solar de tierra de Sepúlveda), todavía abruma mi ánimo más que nada la catástrofe nacional de que he sido testigo. Nosotros acudimos a tomar las armas en defensa de la patria. Felices mil veces los que murieron por tan santo objeto, y mal hayan los que quedamos para contar tan gran desventura. ¿Se sabe ya en Madrid la derrota de San Juan? ¿Cómo se cuenta? ¿Qué se dice? Se nos tachará de medrosos o cobardes. ¡Oh, señores! Yo no creo que sea posible llevar más adelante el heroísmo. Nuestros soldados se han conducido con bravura portentosa, y si no vencieron, fue porque la superioridad de los enemigos y su mucho número lo han hecho imposible.

–Eso será lo que tase un sastre –dijo el Gran Capitán–. ¿Por dónde anda ahora San Juan? Porque yo entiendo que fingió retirarse para atacar después en mejor posición.

–¡Qué ha de fingir, hombre, qué ha de fingir! –repuso el oficial–. San Juan, si es que vive, andará fugitivo como yo, y sin un solo soldado.

–Eso no puede ser, caballero. ¿Cómo se entiende? Si eso fuera cierto, señor mío, significaría ni más ni menos una especie de derrota.

–Pues ya lo creo. Pero les contaré punto por punto. San Juan tomó buenas posiciones en el paso de Somosierra y puso una vanguardia en Sepúlveda. Atacaron esta los franceses anteayer de madrugada; mas no pudieron romper su línea y tuvieron que retirarse.

–¿Los franceses?, bien –dijo el Gran Capitán–. Pues si se retiraron, ¿cómo se entiende nuestra derrota?

–Paciencia, señor mío, paciencia. Sepa usted que sin aparente motivo, aunque es fácil comprender que ha habido algo de traición, la vanguardia de Sepúlveda, a pesar de quedar victoriosa, se retiró a Segovia. Avanzaron los franceses, y nos atacaron en nuestras posiciones de Somosierra. Nosotros no teníamos fuerzas bastantes para defender el paso, y mucho menos después de la defección, o no sé cómo llamarlo, de la vanguardia. Sin embargo, nos resistimos toda la mañana de ayer, aglomerando nuestra gente en el camino, y sin disponer de fuerzas ligeras que flanquearan las alturas. Los franceses que traen muchos soldados y cuerpos de todas clases, dispusieron guerrillas de cazadores que en un instante tomaron las alturas, y con un cuerpo de caballería polaca nos cargaron en la carretera de un modo espantoso. No puede formarse idea de aquel ataque sino viéndolo. Escuadrones enteros se estrellaban contra nuestra batería y centenares de jinetes caían despeñados a los abismos que costean el camino; pero sus recursos son inmensos; tras un escuadrón inútilmente sacrificado, lanzaban otro y otro, sin que se les importara ver morir oficiales a centenares y generales por docenas. Con este ataque incesante combinaban el fuego de las tropas ligeras, desparramadas por los altos, y al fin sucumbimos al número, que no al valor. Los franceses se abrieron paso a costa de inmensas pérdidas, y luego persiguieron a los restos de nuestras tropas con tanto encarnizamiento, que dudo que hayan podido sobrevivir muchos. La mayor parte, pereciendo en aquellas fragosidades, han cumplido con su deber, que era defenderlas mientras tuvieran cuerpo vivo en que recibir una bala. No fue posible más, porque más habría sido hacer milagros, y estos solo Dios los hace.

Por su posición en el paso de la sierra, hubo allí establecidas hasta seis ventas. De todas ellas la más con conocida y «cara» era la Venta Juanilla, cuya categoría era motivo de una coplilla.

En la Venta Juanilla
nunca te pares
que por un par de huevos
piden dos reales.

Soto del Real

SOTOREALEÑO

Su fundación y su denominación son dos hechos que conviene que tengamos en cuenta al enfrentarnos a relatar curiosidades y referencias de esta población situada en la cuenca alta del río Manzanares.

Sus orígenes se remontan a la época romana, ya que por su situación se considera la posibilidad de que aquí existiese una villa agrícola. Ya en la etapa visigoda hubo un poblado que fue ocupado por los musulmanes, quienes lo cedieron a los cristianos tras la Reconquista. Como en tantas otras poblaciones de este lado de la sierra, la primera aldea estable la fundaron un grupo de pastores segovianos que construyeron allí sus cabañas, sus chozas, donde resguardarse mientras su ganado pastaba.

Al igual que hemos visto en otros pueblos de la Comunidad, los litigios entre Segovia y Madrid por estas aldeas próximas a Colmenar y Manzanares, no se hicieron esperar, y ya en el siglo XII se produce lo que históricamente se ha venido llamando por los habitantes de Chozas de la Sierra, la leyenda de Casas Quemadas.

Al considerar ambos concejos que las tierras eran suyas, los vecinos de Colmenar y Manzanares decidieron quemar las cabañas de la aldea donde vivían los segovianos, pero estos en lugar de abandonar la zona, las volvieron a levantar, y de nuevo fueron quemadas. Solicitada la intervención del rey por parte de Segovia para que solucionase el conflicto, este decidió que se dejase de poblar, que pasara la aldea ya establecida bajo su protección, y que ambos concejos pudiesen explotar libremente la comarca.

En el siglo XIII, Fernando IV cedió las tierras a Alfonso Fernández, hijo del infante Fernando de la Cerda; en 1389, Juan II lo cede a Pedro Gómez de Mendoza, y en 1436 pasó a formar parte del señorío del marqués de Santillana. El 31 de diciembre de 1568, Felipe II concede a Chozas de

Vista de Soto del Real con la Sierra al fondo.

la Sierra la exención del Real de Manzanares y su confirmación como municipio independiente.

El porqué del nombre está claro, ya que proviene de la construcción de las cabañas, chozas, donde se refugiaban los pastores, y el añadido «Sierra» por el lugar que ocupaba. Pero he aquí que en 1958, uno de sus vecinos ilustres, el arzobispo Morcillo, plantea un referéndum para cambiar el nombre, dado que no le parece apropiado el de Chozas. Por ello plantea a los vecinos la posibilidad de que se elija entre tres posibilidades, Soto del Real, en referencia a una zona de pastos, con el añadido «Real» por haber estado bajo la protección real en el siglo XIII; Alameda de la Sierra, por los árboles y la situación, o dejarlo como está, Chozas de la Sierra, lo que realmente no era de su gusto. Y la verdad es que en aquel momento era difícil que alguien se opusiera a los deseos del arzobispo que además era procurador a Cortes. Total, que por decisión, supuestamente colegiada, salió el primer nombre, y ya en 1959, marzo, aparece Soto del Real como denominación de este municipio. No obstante en su escudo hay un recuerdo a Chozas de la Sierra.

Puente de Soto del Real, considerado uno de los más antiguos de la Comunidad de Madrid.

Talamanca de Jarama

TALAMANQUÉS

La leyenda domina su origen y su nombre, aunque haya respecto al topónimo diversas versiones. La que parece más acertada es la que defiende que Talamanca proviene del árabe *Talc* y *Al-Manqab*, que se puede traducir por «la vertiente costera del camino»; otros hablan de Armántica, palabra formada por las voces hebreas *«ar»*, que es «monte o altura» y *«mantica»*, análogo de Mantua, posible asentamiento romano en la zona. Una tercera teoría es la de que su raíz es «tala», que se traduce por «tierra pedregosa».

Sin embargo la leyenda se refiere no solo al nombre, sino también a la fundación. Cuenta que había allí un poblado carpetano que era gobernado por una mujer de nombre Tala, que era manca, y que en su honor y por su defecto se conocía como la aldea de Tala la Manca. Respecto a esta idea se manifiesta las *Relaciones topográficas* de Felipe II, cuando señala que «la razón por la que se llamó Talamanca es porque una reina que era manca la edificó, y que han oído decir que en tiempo antiguos se llamó Armántica, y que había sido lugar principal y de mucha cuenta en la vecindad y edificios y que esta noticia se tiene de este capítulo por oídas y no por otra razón».

Estamos, pues, ante uno de los pueblos más antiguos de la Comunidad, que por su situación estratégica ha servido de paso y asentamiento a cuantos pueblos han habitado la península Ibérica. Las cabañas carpetanas y sus tradiciones fueron borradas por los romanos, quienes constituyeron allí un enclave importante, dándole el nombre de Armántica, una villa de las más importantes en la zona central de la provincia cartaginense. De esa época se mantiene el puente que merece una historia aparte, ya que tenía una función defensiva muy interesante.

La historia de la población señala que continuó existiendo como tal en el periodo de los visigodos dependiendo de Alcalá de Henares y de Toledo. Los musulmanes la ocuparon en el año 860, y fue el emir de Córdoba, Mohamed I, quien la convirtió en una importante ciudad fortaleza, con muralla y torreones. En el año 1086 pasó a manos cristinas y en 1127 es cabeza de jurisdicción eclesiástica y civil de la comarca bajo el arzobispado de Toledo. No obstante en 1197 fue atacada la fortaleza y destruida por las tropas almohades. Tras varios cambios de pertenencia, fue favorecida por las prerrogativas de los prelados y tenía jurisdicción sobre gran número de aldeas de la zona, entre ellas, Algete, Valdetorres, Fuente el Saz...

En 1473 fue residencia de los Reyes Católicos, y tras diversas vicisitudes, en 1577 Felipe II vende la población y sus tierras a Melchor de Herrera, marqués de Añón, quien lo revenderá en 1585, para pasar posteriormente a la duquesa de Béjar, Teresa Sarmiento de la Cerda y Mendoza. Poco a poco pierde importancia estratégica y política a favor de Torrelaguna. Con la abolición por parte de las Cortes de Cádiz, en 1813 de los señoríos de todas las villas, Talamanca se convierte en un municipio libre.

La falta de esa importancia se nota en el deterioro que va sufriendo paulatinamente su recinto amurallado, del que hoy en día queda algún lienzo

Escultura dedicada a Tala, la Manca, situada en la zona más alta de la muralla de Talamanca.

repartido aleatoriamente por la población, la puerta de la Tostonera, la puerta del Este, que cuenta con un torreón de esquina, y otro torreón más que sirven de muestra de lo que debió de ser Talamanca como fortaleza en la Edad Media.

Decíamos que el puente romano merecía un comentario aparte, y ello es debido a la importancia que tuvo su función defensiva durante los siglos XI y X, integrándose en la estructura de la línea que separaba la zona cristiana de la musulmana. Su primitiva estructura romana fue reconstruida y reformada por los árabes para incorporarla a la ruta militar que unía las diferentes fortificaciones existentes entre el río Saranba (Jarama) y el valle del Tiétar. Con la conquista cristiana, el puente perdió su función militar y se convirtió en zona de paso en la ruta hacia Toledo.

Consta de cinco arcos rebajados que se distribuyen irregularmente. De forma que el situado en la parte meridional es el más grande con 17,9 m de luz y 6 m de flecha, mientras que los cuatro restantes oscilan entre los 7,9 y 8,6 m, con una flecha de entre 2,45 y 3,25 m. A lo largo de la Edad Media y del siglo XVI sufrió diversas reconstrucciones, y actualmente queda poco del primero, considerándose ya más medieval que romano.

Puente de Talamanca de Jarama que forma parte de los puentes singulares de la Comunidad de Madrid.

Una construcción menos conocida, pero que también tiene su historia es la Casa de labor de los Cartujos, levantada por estos religiosos en el siglo XVII como un conjunto de dependencias dedicada a la agricultura para abastecer de productos a El Paular. Aunque su aspecto es de bastante abandono, impresiona aún su aspecto, y la leyenda urbana le atribuye la existencia de algún que otro fantasma o duende que recorre sus estancias de las dos plantas situadas en torno a un patio en forma de L, donde hay diversas pinturas de animales, ángeles… Se encuentra unida por un pasadizo subterráneo a un almacén de vinos, la bodega del Arrabal, que se levanta junto al arroyo de Valdejudíos.

Pero, es más, y como no puede haber un pueblo tan antiguo que no tenga una advocación mariana especial, en Talamanca encontramos una leyenda unida a la devoción de la Virgen de la Fuente Santa.

Un 25 de marzo de principios del siglo XIV, un pastor del municipio de El Molar, de nombre Juan Gómez, que tenía sus ojos enfermos, se encontraba a orillas del Jarama con sus ovejas, cuando para aliviar su dolor se lavó la cara en la fuente del Abrojal, junto a la orilla derecha del río. Al secarse la cara vio debajo del agua la imagen de la Virgen. Y ante la visión ocurrió el milagro, ya que sus ojos sanaron. Los vecinos de Talamanca decidieron recuperar la imagen de debajo de las aguas y construyeron en las proximidades una ermita. Cuenta la tradición que fue visitada por numerosas personas de diferentes poblaciones, incluso llegaron desde Madrid, al conocerse la fama de sus milagros.

Tielmes

TEMBLECO

Santos Justo y Pastor
son nuestros Patronos
nos den buenos años
salud y gracia a todos.

Uno de los tres lugares de la Comunidad de Madrid que se relacionan con los santos niños, Justo y Pastor. Nacieron en Tielmes, vivieron en Los Santos de la Humosa y murieron martirizados en Alcalá de Henares. O algo semejante, ya que todas estas poblaciones quieren tenerlos en su santoral.

El nombre de Tielmes es una posible derivación de Thermeda o Thermida, de origen romano sobre un asentamiento carpetano, dado que por su ubicación en la cuenca del río Tajuña, todos los pueblos que han pasado por la península Ibérica han dejado su huella en esta población. Los visigodos tomaron la aldea romana, como lo demuestra el hallazgo de una necrópolis muy cerca del pueblo e introdujeron el cultivo agrícola, que fue aprovechado y mejorado por los musulmanes con un nuevo sistema de riego. No obstante, las primeras noticias datadas de Tielmes provienen de la Reconquista, y de la labor de Alfonso VIII, que la concedió al concejo de Segovia, y que años después pasaría al arzobispado de Toledo. Durante los siglos XV y XVI la localidad vivió un continuo ir y venir de diferentes dueños de la nobleza, hasta que en 1554 consiguió el título de villa, no pasando a manos de la corona hasta el año 1606, cuando Felipe III decide venderla al conde de Villalonga; y en 1752 se la cita como propiedad del conde de Pernía. Volverá a ser libre tras el pronunciamiento de las Cortes de Cádiz, y la desaparición de los señoríos.

La importancia de los niños Justo y Pastor está clara en Tielmes, donde se defiende que nacieron, hijos de san Vidal y de una vecina de la localidad, por lo que son los patronos de la población. Título semejante que han recibido en Alcalá de Henares, mientras que en los Santos de la Humosa se apunta que es esta población y no otra la cuna de los santos niños, e incluso se señala como aseveración las afirmaciones que se dan en las *Relaciones de Lorenzana*, y de las que hemos hablado en ese pueblo.

Del hecho de la vida y martirio de Justo y Pastor, ya hemos hablado en Alcalá de Henares, por lo que remitimos al lector a esas páginas. Aquí destacaremos la existencia de la iglesia de los Santos Justo y Pastor, la ermita de los Niños Mártires, y el Risco de los Mártires, donde los cristianos se refugiaban del acoso de los romanos.

También es muy curiosa la existencia de las cuevas-vivienda, que son una peculiaridad singular de varios pueblos de la vega del Tajuña, que se encuentran excavadas en las laderas o en las pendientes de los montes con pendiente.

Hay una tradición que ha sido recogida por Julio Caro Baroja, que proviene de la Edad Media, y que se ha vinculado a la Cuaresma. Se trata precisamente de la «quema de la Cuaresma», es decir, del final de esta. En algunos pueblos españoles se representaba por una vieja fea y arrugada, o por una figura de Judas, e incluso de un moro. Los habitantes de Tielmes emplean en su ritual a Judas. Aunque la parafernalia es muy larga, pues dura una semana, desde el Domingo de Ramos hasta el Domingo de Pascua, diremos simplemente que se toma un tronco al que se disfraza de Judas, con brazos, manos, piernas y cabeza, y tras un tira y afloja entre los vecinos se introduce en un agujero que está convenientemente lleno de ramas y leña, y se le da fuego.

Titulcia

TITULCIANO

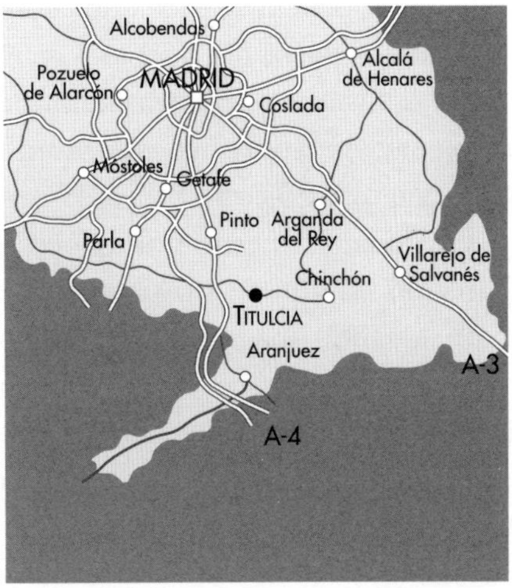

Tierra próxima a la intersección de los ríos Tajuña y Jarama; tierra de los carpetanos; asentamiento romano que le dan el nombre de Titulciam, y se convierte en una villa situada en la Mansión Intermedia entre Toletum (Toledo) y Complutum (Alcalá de Henares), en el camino de la vía que unía Emérita Augusta (Mérida) con Cesar Augusta (Zaragoza). Donde también estuvieron los templarios, y en cuya proximidad vio una cruz luminosa en el cielo el cardenal Cisneros cuando iba con sus tropas rumbo a Cartagena para iniciar posteriormente la conquista de Orán.

El nombre de la población es moderno, aunque se trate de una denominación romana, ya que desde la repoblación de la Reconquista hasta principios del siglo XIX se la conocía como Bayona del Tajuña. Es en 1814 cuando el rey Fernando VII accede a que se denomine con su primitivo nombre de Tutulcia. La denominación de Bayona se basa, según algunos investigadores en una derivación del vasco *ibay* y *ona*, que puede traducirse como «lugar junto a un río bueno»; aunque otros apuntan a la forma *ba-ihua* cuyo significado sería «en el lodo», por la situación de su vega fértil entre dos ríos.

Precisamente su situación ha permitido el asentamiento de pueblos a lo largo de la historia, habiéndose encontrado restos arqueológicos de diferentes culturas y civilizaciones. Se habla de una población carpetana, e incluso se vincula con los combates que mantuvo Viriato contra los romanos, y con el paso de los cartagineses con Aníbal a la cabeza, cuando en el año 200 antes de Cristo empleó el camino de Segovia a Titulcia, para pasar de la región del Duero a la del Tajo, y combatió allí contra las tropas de Publio y Cineo Escipión.

Titulcia aparece mencionada como una mansión de gran importancia en los «Itinerarios» de Antonino, afirmando que se encontraba asentada sobre la vía romana XXV; también en el mapamundi de Catorius y en los textos de Ptolomeo. A lo largo de los siglos se han ido encontrando diferentes restos que denotan su poder, como una lápida de Alicia Anexa, un anillo realizado por un platero llamado Simplicio, sepulcros, un águila romana de bronce…

La llegada de los visigodos y de los árabes supuso la destrucción de la población romana, y la desaparición de su nombre, ya que la volvemos a encontrar en la repoblación de la zona tras la Reconquista, en el siglo XII, con el nombre de Bayona del Tajuña, e integrada en la Tierra de Segovia, formando parte, al igual que San Martín de la Vega y Ciempozuelos, del sexmo de Valdemoro. Así se mantuvo hasta el año 1480, cuando los Reyes Católicos separan estas tres poblaciones de Segovia para dárselas a los marqueses de Moya, pese a las protestas segovianas. Posteriormente será Carlos I quien ceda estos territorios a Pedro Fernández de Bobadilla, cuando le nombre conde de Chinchón. Bajo este señorío permanecerá hasta finales del siglo XVII, cuando se separe del sexmo de Valdemoro y entre a formar parte de las tierras del conde de Torremocha.

El propio obispo Lorenzana nos introduce en la leyenda que, poco conocida, marca algo más la importancia de Titulcia en un sentido «cuasi mágico».

En las *Descripciones* debidas al obispo en el siglo XVIII se dice que «como a doscientos pasos del pueblo hay una ermita dedicada a Nuestra Señora de la Soledad, lo que antes fue humilladero, que mandó construir el Excmo. Sr. Cardenal Cisneros por habérsele aparecido en aquel sitio una cruz en el aire cuando iba a la conquista de Orán».

La leyenda relata que esta cruz celestial fue tomada por Cisneros como símbolo de la victoria que iba a conseguir algún tiempo más tarde en la ciudad norteafricana de Orán. Aunque esta fue la primera de las tres que observó en el cielo en su viaje, una segunda cerca de Cartagena, y la tercera ya en tierras africanas. Pero la narración no se detiene ahí, sino que cuenta que el cardenal también ordenó excavar una serie de galerías que darían origen a lo que ahora conocemos como cueva de la Luna. Descubierta en 1952 por Armando Rico, dueño de un mesón que se encuentra situado encima de ese lugar, desde entonces ha dado origen a multitud de teorías e historias, que incorporan a los templarios por una serie de símbolos que en ella hay, a una relación místico religiosa, a ciertos ritos de iniciación que se llevaban allí, y a diversos fenómenos paranormales.

Lo cierto es que al visitarla se siente un ambiente diferente, hay algo en el aire que hace pensar en una sensación totalmente distinta del entorno que la rodea. Hay una paz y una energía que toca la mente y el corazón del visitante.

Se han escrito cientos de páginas sobre la cueva de la Luna, a las que remito al lector, así como hacia un libro realizado por su descubridor, donde además de lo ya relatado, apunta una serie de equivalencias numéricas en las que toma parte el número pi, los grados de la circunferencia, y la distancia entre Titulcia y Orán. Sobre ello hay un informe del Instituto Geográfico y Catastral (actualmente Instituto Geográfico Nacional).

En cuanto a la ermita de Nuestra Señora de la Soledad es hoy en día la capilla del cementerio.

Torrejón de Ardoz

TORREJONERO

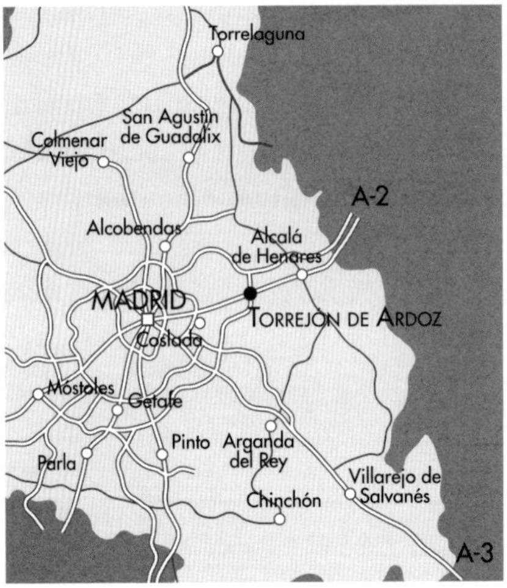

Aunque suele hablarse de la fundación de Torrejón de Ardoz en una fecha posterior a la reconquista de Alcalá de Henares, población a cuya sombra ha permanecido por espacio de siglos, conviene destacar que durante la época de la dominación romana, se crearon numerosas aldeas cerca de Complutum (Alcalá) dedicadas a la explotación agrícola y alimentar a esta ciudad, durante los siglos II y III.

Tras el paso visigodo y árabe, es en pleno siglo XI, tras la construcción del castillo de Aldovea, cuando se empieza a hablar de una aldea conocida como Torrejón edificada sobre los cimientos de las fortificaciones levantadas por los musulmanes.

Como aldea dependiente de Alcalá se benefició de los diferentes fueros que desde Toledo sus arzobispos dieron a esa población. Destacando por encima de todos el documento otorgado por el cardenal Cisneros para todas las tierras de Alcalá. En 1575, Felipe II la intenta vender, y al no hacerlo, decide integrarla a la corona al ser adquirida la jurisdicción por los propios vecinos, manteniéndose así, a lo largo de su historia sin depender de ningún señorío.

En cuanto al origen del nombre, parece claro que se debe a una torre de vigilancia musulmana que había en las proximidades del río Henares, junto a la cual se edificó la primera aldea. Respecto a Ardoz, es el nombre que tiene el arroyo que atraviesa la población, y que hoy en día lo hace ya de forma subterránea.

Pese a convertirse durante el siglo XX en una de las zonas metropolitanas del ámbito de Madrid conocidas como «ciudades dormitorios», y además con un desarrollo industrial amplio, a la hora de referirse a Torrejón de Ardoz conviene que recordemos dos hechos históricos que tienen su importancia.

Por una parte ser el municipio donde el 23 de julio de 1843 se produjo un combate entre las tropas del general Narváez y las del general Seoane, enviadas por Espartero. La victoria del primero supuso la caída de Espartero y su salida de España. El segundo es mucho menos conocido, pero bastante interesante.

El 31 de mayo de 1906 se celebró en la iglesia de los Jerónimos de Madrid la boda del rey Alfonso XIII y Victoria Eugenia de Battenberg, y cuando los soberanos se dirigían al Palacio Real por la calle Mayor, les fue lanzado desde un balcón un ramo de flores con una bomba dentro. La exp losión no afectó a los monarcas, pero sí a la gente que seguía al cortejo, causando una veintena de muertos y más de un centenar de heridos. El atentado se debió a un anarquista, Mateo Morral, quien huyó hacia Zaragoza, haciendo una parada en el Soto de Aldovea, en Torrejón de Ardoz. Allí fue descubierto y detenido por el guarda Fructuoso Vega, quien murió a manos de Morral. Al intentar continuar su huida fue rodeado por varios vecinos y antes de dejarse apresar se disparó un tiro en el pecho.

Todo el que llega hasta la población, o pasa por la carretera de Barcelona, puede ver un cartel que señala «La Casa Grande», que ha quedado considerada como un centro de restauración donde se celebran banquetes y otras fiestas, sin conocer que tiene su historia, una historia que nace a finales del siglo XIV o principios del XV, y que se convirtió durante años en casa de labor de la Compañía de Jesús, hasta su expulsión en 1767. Unos años después aparece como propietario un vecino de Madrid, Juan de Aguirre, que se dedica a restaurar alguna de sus zonas de tal forma que en las *Relaciones de Lorenzana* aparece comentada la estancia en ella de «Su Alteza Real el señor príncipe de Asturias, en las varias veces que ha venido a divertirse en la caza de aves radas, perdigones…». La casa fue subastada en 1805 y fue comprada por Alfonso Pignatelli, conde de Fuentes. En 1902 aparece como propietario José Rodríguez Sedano, director de la Casa de la Moneda. Durante la Guerra Civil se destruyó una parte, y posteriormente se convirtió en casa cuartel de la Guardia Civil, hasta 1972 en que fue abandonada por estar declarada en ruinas. Un año más tarde la adquirió Rafael Onieva, quien la ha remodelado para convertirla en lo que hoy en día es, añadiendo a toda su historia la oferta de una colección de iconos de más de mil doscientas piezas.

Torrejón de la Calzada

TORREJONCILLERO

Cuentan las *Descripciones de Lorenzana*, que este municipio de la Meseta sur de Madrid, tuvo un nombre más antiguo y que la denominación por el que se le conoce en la actualidad, él habla en el siglo XVIII, le fue dado por uno de sus fundadores.

> Tuvo en lo antiguo el nombre de La Manganilla, según se colige de itinerarios antiguos, y su nombre actual le fue dado por su fundador, don Francisco Abad, según consta y parece en una rotulación y retrato que le figura al pie del altar mayor de su iglesia parroquial.

Quizás por eso su origen tiene un ritmo de leyenda, pues se debe a los diferentes avatares que sufren los vecinos de una población que deben buscarse la vida en otro lugar donde crean un nuevo asentamiento.

Siguiendo de nuevo a Lorenzana, tenemos que «su principio fue una venta en donde se hacía descanso de jornada viniendo de Toledo para Madrid, y media jornada de Madrid para Toledo, y dista de dicha ciudad ocho leguas y cuatro de Madrid, a cuya vicaría corresponde, y está en la carretera o camino real que antiguamente traían de Andalucía para la corte, y por el gran concurso de pasajeros de aquel tiempo, hubo cinco o seis mesones, que hoy se reduce a uno, a que se acrecentaron algunas casas y templo, y quedó establecida aldea de Madrid, por ser término de su jurisdicción, habiendo sido los pobladores de dicho pueblo unas familias naturales de Torrejón de Velasco (de que el señor de esta villa dio queja al rey, siendo la corte Valladolid) y fueron fomentadas pos los hijos y nietos de dicho don Francisco Martínez Abad, aposentador que fue del rey…».

Lo que no considera Lorenzana es que estas tierras estaban anteriormente pobladas a la llegada de Francisco Abad y de Bartolomé de Harija, vecinos de Torrejón de Velasco, y que quedaron desabitadas por una epidemia de peste. Pero… situémonos en el primer tercio del siglo XVI, cuando la villa de Torrejón de Velasco pertenece al conde de Puñonrostro, Juan Arias, que aquí, como en otras poblaciones de las que hemos hablado, no tenía una buena relación con sus vasallos. Pues bien, algunos vecinos del citado pueblo deciden quejarse ante el concejo de Madrid y trasladarse a una tierra próxima en una zona que era conocida como Torrejoncillo de la Calzada, que tenía ejido, dehesa e incluso iglesia, y que se podía ocupar pues estaba deshabitado por haberse producido allí, años atrás, una epidemia de peste. El 3 de agosto de 1531 se solicita a Madrid el oportuno permiso de asentamiento y que se medie en el conflicto que hay con Juan Arias. La disputa no se hace esperar, y el 7 de julio de 1532 hay otra Provisión del Consejo en la que se explica que el motivo de la disputa no es otro que el aprovechamiento de los prados y abrevaderos de la zona. Tras otra serie de intercambio de misivas, se decide que la población tenga su señorío jurisdiccional, con lo que se refunda de forma evidente el pueblo bajo los auspicios de dos vecinos, Francisco Abad y Bartolomé de Harija.

Por el privilegio dado a sus fundadores, esta villa jamás perteneció a ningún señorío, y sí estuvo unida a las familias que se asentaron allí en un principio, y fundamentalmente a los Abad.

En cuanto al origen del nombre, está claro que proviene del latín *turris*, es decir, «torre», y estaría asociado a la existencia de una torre de vigilancia del sistema defensivo del territorio que controlaba la calzada que comunicaba Toledo con Madrid y con Alcalá de Henares, en el momento en que esa zona servía de límite de los territorios cristianos y musulmanes. En cuanto a «de la calzada» se supone que precisamente por su situación en el mencionado camino.

Torrejón de Velasco

TORREJONENSE

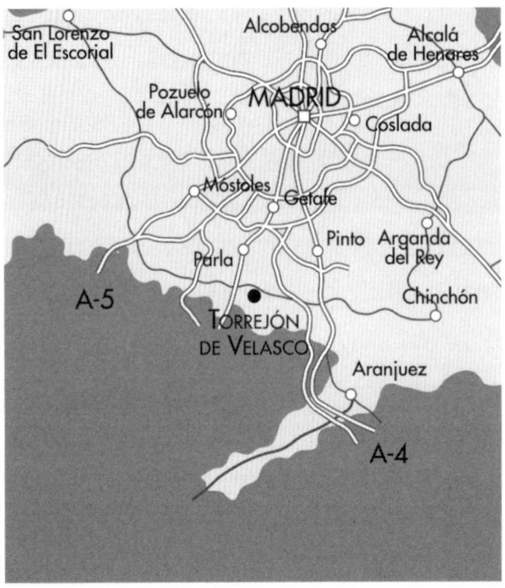

Hay noticias que son curiosas, y curiosidades que son noticia. Y esto es lo que encontramos en las páginas del diario *La Época* del 12 de diciembre de 1853:

> En el pueblo de Torrejón de Velasco se acostumbra a vestir con traje de mujer los cadáveres de los mozos solteros, adornándolos además con guirnaldas y una palma.

Como suele ocurrir cuando se quiere decir de algo que es muy antiguo, y no se sabe cuánto, el origen de Torrejón de Velasco se pierde en la noche de los tiempos. A los restos encontrados en un yacimiento paleontológico del cerro de los Batallones, se suma la idea de gozar de un importante asentamiento militar romano de una avanzadilla de la guarnición de Getafe, que más tarde se convirtió en una población visigoda, de un claro matiz hispanorromano. No obstante, su importancia como población documentada se inicia con la dominación árabe, y con la incorporación de este lugar a la línea defensiva que estos trazaron con la construcción de diferentes fortalezas y atalayas, ante las constantes incursiones de los cristianos del norte.

Siguiendo las *Relaciones de Lorenzana*, encontramos que «en los tiempos más antiguos, que este pueblo era frontera de moros, servía el castillo de tener cuatrocientos hombres, los más de caballería, que servían de resguardo así a las gentes como a los ganados merinos transhumantes, cuando pasaban las primaveras y otoños de Extremadura a Castilla, y de esta provincia a aquella». Así mismo, en este texto también se alude a que en un principio se conoció la aldea con el nombre de Torreón de Sebastián Domingo, a quien le fue donada por el rey Sancho IV en 1294. Durante los siglos XII y XIII en medio de los conflictos entre los reyes y el arzobispado de Toledo, se mantiene la población gracias a la actuación de las órdenes militares que desempeñan un papel importante en la repoblación del lugar. El 1466, Enrique IV concede el privilegio del señorío de la villa a Pedro Arias de Ávila, y al condado de Puñonrostro, al que estaría vinculado desde entonces, y hasta principios del siglo XIX cuando la Constitución de Cádiz acaba con esos privilegios.

Destaca el castillo de la localidad que parece ser fue construido entre 1430 y 1440, posiblemente sobre una antigua fortaleza árabe, aunque su aspecto no responde a un recinto defensivo o militar, sino más bien a un típico castillo señorial. Parece ser que en él se alojaron Carlos I y el rey de Francia, Francisco I. Hoy en día está prácticamente en ruinas ya que sufrió numerosos desperfectos durante la guerra de la Independencia a manos francesas. Quedan la torre central y la entrada principal, que está guarnecida y cuenta con un arco ojival de sillería.

El castillo sirvió de cárcel en época de Felipe II, y allí estuvieron como prisioneros Antonio Pérez y Martín de Acuña. En el siglo XVIII tuvo otro uso menos lúdico y principesco, ya que se convirtió en una fábrica de jabones y de hilatura de lana.

Torrelaguna

TORRELAGUNENSE

Se dice que allí nació María Toribia (santa María de la Cabeza), y que fue en esa aldea donde conoció a Isidro Merlo (san Isidro) y contrajo matrimonio con él. Se sabe que en Torrelaguna nació el cardenal Cisneros, hábil político y religioso que supo compaginar sus obligaciones de regente del reino en la época de los Reyes Católicos y en la del nieto de estos, Carlos I, con la fundación de la Universidad Complutense, y con los trabajos realizados en Alcalá de Henares, entre los que siempre destacará la Biblia Políglota Complutense. Y no podemos olvidarnos de otro personaje ilustre de la cultura, el poeta Juan de Mena, que murió en Torrelaguna y está enterrado en esta villa.

El origen de la población parece estar en una serie de cabañas donde se refugiaban los campesinos dedicados a las labores agrícolas, que en época visigoda formaron una aldea en su conjunto. No obstante se han encontrado restos prehistóricos, celtíberos y romanos, e incluso hay quien defiende más la hipótesis de que fuesen los romanos los que construyesen un asentamiento agrícola que sería utilizado después por los visigodos. Hay una tradición que habla de que para defenderse de los ataques musulmanes, los agricultores que ocupaban una zona muy dispersa con sus caseríos, lo que les hacía muy vulnerables a los ataques, decidieron agruparse en la zona de la Magdalena y formar allí una población levantando murallas para defenderse, y que así apareció Torrelaguna. Sin embargo, no queda muy claro si estas murallas y una atalaya que a su lado había fueron construidas por estos agricultores huidos, o se trata de una leyenda, ya que parece mucho más contrastado que fuesen los musulmanes los que edificasen ambos centros defensivos, como parte de la línea e protección levantada en las poblaciones próximas de El Vellón, Venturada y El Molar.

Iglesia parroquial de Santa María Magdalena, gótica del siglo XV, declarada monumento histórico artístico en 1983.

Alfonso VI la conquistó en el año 1085 y la incorporó a los dominios del arzobispado de Toledo, se mantuvo bajo la jurisdicción de Uceda hasta que en el año 1390, Juan I de Castilla la designa villa libre y permite su separación de Uceda. A partir del siglo XIV se asientan allí importantes familias castellanas, y en 1539 Carlos I le concede la autonomía judicial por no haber participado en la revuelta de las comunidades. Felipe II la incorpora a la corona en 1574 y la vende a sus habitantes, aunque no se va a hacer realidad esta venta hasta el reinado de Felipe IV.

Desde marzo de 1973 Torrelaguna es Conjunto Histórico Artístico, por conservar su conjunto urbano de origen medieval y sus murallas, de las que aún se conservan algunos tramos.

La primera leyenda que afrontamos es la del posible nacimiento de María Toribia, (santa María de la Cabeza) en esta población. El relato afirma que junto al río Jarama, a pocos kilómetros de la población, se encuentran las ruinas de la ermita del nombre de la santa mujer de san Isidro, que pertenecía a un caserío de nombre Caraquiz, y que allí fue donde nació María en el año 1090. Por aquellas tierras conoció a un agricultor llamado Isidro Merlo con el que contrajo matrimonio en Torrelaguna. Tras la muerte de su marido regresó a la ermita que estaba consagrada a la Virgen de la Piedad, donde se dedicó a su cuidado, a la oración y a las obras de caridad, hasta su fallecimiento. Enterrada en 1190 en ese mismo lugar, Alfonso X el Sabio mandó que se le hiciera un sepulcro de mármol y pizarra, en el que permaneció hasta 1596, cuando sus restos fueron inhumados y trasladados al convento de los franciscanos de Torrelaguna, y desde allí, en 1645, a la colegiata de San Isidro de Madrid, donde reposan junto a los de su esposo. Pero la leyenda de su vida no queda ahí, sino que continúa explicando el porqué del apelativo de «de la Cabeza». Se afirma que en el altar de la ermita fue expuesta la cabeza de María como reliquia venerada, y que por eso fue conocida como santa María de la Cabeza, por lo que la ermita cambió de nombre adoptando el de la santa. Según las *Relaciones de Lorenzana*, ese lugar fue visitado por los Reyes Católicos, el cardenal Cisneros, Felipe II, y diversas personalidades de la nobleza española. Y afirma que la tierra del lugar «se aprovecha para diferentes males con maravillosos efectos».

El otro personaje interesante nacido en Torrelaguna, esta vez no es una leyenda, sino que existen los datos objetivos que así lo demuestran, es el cardenal Cisneros, Francisco Jiménez de Cisneros, quien vio la luz en ese pueblo en 1436. A lo largo de su vida, y tras un periodo de encarcelamiento por un enfrentamiento con el arzobispo de Toledo, Isabel la Católica le nombra su confesor particular, y ahí se inicia una labor de gran trascendencia política, ya que designado cardenal y primado de España, asume la presidencia el Consejo real, y la regencia del reino a la muerte de Felipe el Hermoso hasta el regreso de Fernando el Católico como rey de Castilla y Aragón; y de nuevo tiene que aceptar el cargo tras la muerte del soberano hasta la llegada de Carlos I desde Flandes, a quien no conocerá, ya que morirá en el camino hacia Santander en la población de Roa, el 8 de noviembre de 1517.

Supo compaginar su actividad política con la eclesiástica y cultural, lo que demostró con la fundación de la Universidad Complutense (Alcalá de Henares), y con la realización de la magna obra de la Biblia Políglota Complutense.

Fundó la Universidad de Alcalá en 1499 a partir del *Studium General* en el que había sido alumno, diseñándola como un centro renacentista, moderado, humanista y universal. La primera piedra del centro de colocó el 14 de marzo de 1501; las clases se iniciaron en 1508, y dos años después le dio unas constituciones.

Por último recordaremos al poeta Juan de Mena (1411-1456) que falleció en Torrelaguna, y que fue enterrado en la iglesia de la Magdalena.

Allí puede leerse el epitafio que le dedicó el marqués de Santillana.

> Feliz patria dicha buena,
> escondrijo de la muerte,
> que le cupo por suerte
> al poeta Juan de Mena.

Torrelodones

TORRESANO

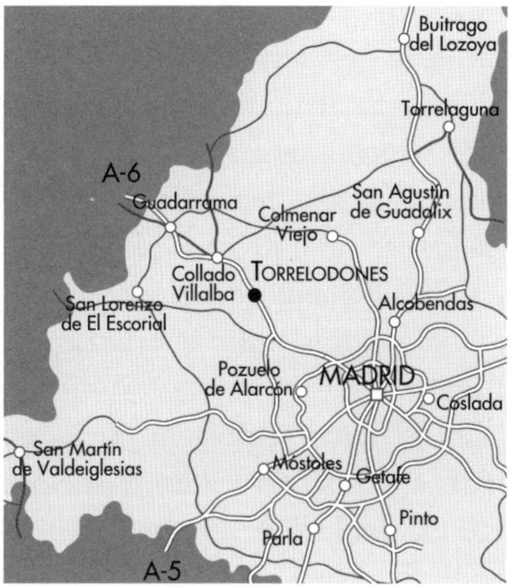

Como se dice en los cuentos «había una vez...» un caballero castellano de nombre Tirso Lodón que edificó un castillo aprovechando la existencia de una atalaya musulmana, para retirarse a vivir allí, tras haber estado guerreando contra los musulmanes con el rey Alfonso VI. Este caballero tenía dos hijos, Sancho y Ferrán, que no eran un dechado de virtudes, ya que hostigaban a los ganaderos y agricultores de la zona, andaban siempre metidos en pleitos y disputas, e incluso se los acusaba de haber cometido más de una violación. El padre intentaba apaciguar el daño que sus hijos cometían, sin conseguirlo, y por eso una tarde recibió en el salón del castillo a un grupo de siervos que se dirigieron a él acusando a sus hijos de seguir cometiendo desmanes sin importarles la vida de los demás, quemando sus cosechas, dándoles palizas en sus borracheras, e incluso violando a sus mujeres. Tirso no pudo hacer otra cosa que prometer a los presentes que haría justicia. Por la mañana dos cuerpos colgaban de una torre con sendas cuerdas enrolladas en sus cuellos. Eran los hijos del señor del castillo, quien horas más tarde también apareció muerto en su lecho. ¿Fue el padre quien aplicó la justicia? ¿Dejó hacer a los siervos? Ese es el secreto que guarda la torre y que por eso forma parte de la leyenda.

De ahí se dice que nace el nombre de pueblo que creció entorno al castillo, La Torre de Lodones, que es como se conocía en un principio a esta aldea de la cuenca alta del río Manzanares. No obstante, el cronista oficial de la villa, José Vicente Muñoz pone más realismo apuntando que el topónimo proviene de la atalaya árabe y del conjunto de árboles «lodones», es decir, almez o lotonero, que allí había.

Aunque se han encontrado pinturas rupestres en la zona del Canto de la Cueva, cerca del Canto del Pico, se considera que el primer asentamiento data de la etapa musulmana, quienes establecieron allí una atalaya de la línea defensiva contra el avance cristiano del norte, entre los siglos IX y X. Esta construcción formaba parte del sistema defensivo jerarquizado con tres fortalezas principales: Mayrit (Madrid), Talamanca y Qal-at-Abd-Al-Salam (Alcalá de Henares). Con la conquista cristiana en el siglo XI se repuebla con segovianos que entran en pleito con los madrileños por hacerse con el control de las tierras, hasta que pasó a formar parte del Real de Manzanares. Alfonso XI en el *Libro de la montería* ya se refiere en pleno siglo XIV a la existencia del berrocal de la Torre de Lodones como un buen monte para cazar osos. En esta aldea descansaban Felipe II y su séquito cuando viajaban desde Madrid hasta las obras de El Escorial, y es precisamente gracias a ello cuando comienza a tener una cierta importancia al formar parte del camino real.

Felipe IV le concedió el privilegio de las Cinco Leguas en 1630 por encontrarse a esa distancia de Madrid (una legua son entre 5,57 y 5,91 m), y en 1728 el pueblo consigue el título de villa, y por lo tanto el privilegio de villazgo.

Como una curiosidad más que añadir a la historia y a las tradiciones de esta población conviene señalar que el año 2006 el Ayuntamiento decidió celebrar el octavo centenario de la fundación del lugar, considerando por lo tanto el año 1206 como fecha de su origen.

Torremocha de Jarama

JARAMEÑO

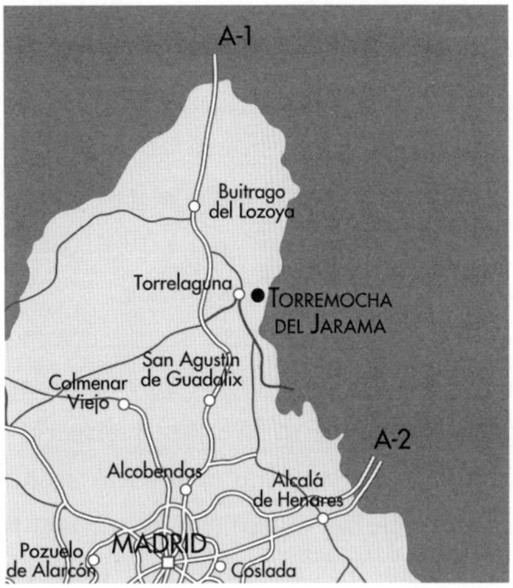

Hubo un tiempo en que este municipio de la vega del río Jarama, se significó por ser una población que ofrecía uno de los mejores belenes vivientes que había en la Comunidad de Madrid, ofrecido por sus vecinos a finales de diciembre desde 1993, pero hace siete u ocho años alguien decidió que se terminó la celebración, y desde entonces Torremocha mira con cierta envidia a otros pueblos madrileños, como por ejemplo Buitrago o el Berrueco que sí mantienen esa tradición.

El nombre parece provenir de la orden dada por los Reyes Católicos de rebajar la altura de las atalayas existentes en la línea defensiva trazada por los árabes en la llamada Marca Media, así como en las torres construidas por los señores feudales, esta acción se conocía como «desmochar», de ahí que se considera que al existir una torre de este tipo en la zona junto a la cual se constituyó una aldea, su nombre fue ese: La Torre Mocha.

Con la existencia de un posible asentamiento romano en la zona, aunque no se han encontrado restos, y el paso de los musulmanes por allí, como demuestra la existencia de una atalaya, que es la base del Torreotón, situado junto al río Jarama, hay que esperar a la repoblación iniciada después de la Reconquista para poder hablar de una aldea creada para aprovechar la fértil vega y a vecinos de Torrelaguna, Talamanca y Uceda, como sus pobladores.

Se habla de la existencia de un grupo de cabañas junto al Torreotón, que se abandonaron por una epidemia de peste, cuyos habitantes se trasladaron a un lugar un poco más alejado del río para fundar la definitiva Torremocha. En las *Relaciones de Lorenzana*, se afirma que había un lugar llamado Torritón, Torreotón o Torre Otón: «En un sitio llamado Torre Otón, inmediato al río Jarama, hay vestigios de que en lo antiguo fue población, como se demuestra de encontrarse allí algunas losas de sepulcros, y extradición que

Ermita de las afueras de Torremocha, próxima a la torre que da nombre a la población.

la efigie de san Andrés Apóstol que hay en esta parroquia estuvo colocada en la iglesia que había en dicho sitio, cuyos cimientos están claros y el motivo de despoblarse sería, sin duda, la inmediación del río y lo dañoso de este a la salud de sus habitantes».

Donada por Alfonso VI al arzobispado de Toledo como parte de la Tierra de Uceda, alcanzó en 1556 la situación de parroquia dependiendo de Alcalá de Henares, y en 1557 aparece como segregada de Uceda y bajo la jurisdicción de Torrelaguna. Pero unos años después, la Tierra de Uceda pleiteó y consiguió que Torremocha regresase a su dependencia, señorío al que perteneció hasta la abolición de estos con la Constitución de 1812.

La famosa torre existente en la población, de unos 12 m de altura y 5,25 de diámetro, sobre cuyo origen se exponen diferentes teorías, pues hay quien la considera árabe, y quien habla de que se trata de una edificación posterior, se ha conservado en un estado aceptable, y aun plantea también la duda de su verdadera utilidad. ¿Defensa de la aldea asentada a su alrededor? ¿Protectora de un embarcadero para cruzar el río Jarama...?

Desde Torrelaguna se ha considerado siempre Torremocha como una población menor, la más pobre de la zona, de ahí que hace tiempo se acuñase un dicho popular peyorativo hacia este pueblo, porque ya se sabe que quien peor se lleva son los vecinos.

Torremocha la pingocha,
tierra de pocos vecinos
el sacristán guarda a las vacas
y el cura a los gorrinos.

Torre Mocha, resto de una atalaya árabe que da origen, según la tradición, a la población de Torremocha del Jarama.

Torres de la Alameda

TORRESANO

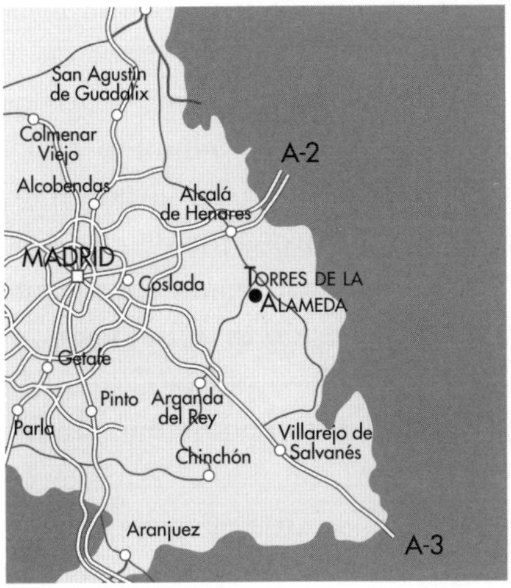

Cargada de tradiciones, aparece con un pasado «latino», como núcleo urbano dedicado a aportar su apoyo agrícola a Complutum (Alcalá de Henares). De esta época se guarda en uno de los muros de la ermita de la Soledad una lápida funeraria con la siguiente inscripción: «Domitia Fvscina Fvscinaes Ttvricvn Fhs, E. S.TTL», que en la traducción señala que «Domicia Fuscina hija de Fuscinae e Iturecino, aquí yace».

El asentamiento romano gana en importancia con la llegada de los visigodos que aprovechan la situación de la localidad, algo que será más definitivo con los musulmanes que construyeron varias torres de vigilancia en su término, de tal forma que se empezó a conocer el lugar como Las Torres. De esta época existe una leyenda que habla de la existencia de un mozárabe toledano, Hashim al-Darrab, que en el año 829 se salvó de la matanza decretada por el emir de Córdoba, Abderramán II, sublevándose contra él, y asolando la comarca de Las Torres y Alcalá, hasta su fallecimiento en un combate.

Tras la Reconquista pasó a formar parte de las Tierras de Alcalá, y por lo tanto, del arzobispado de Toledo, y aunque en 1190 Alfonso VIII colocó todas estas aldeas bajo la jurisdicción de Segovia, unos años después, regresaron a la mitra toledana. En 1555 obtuvo el título de villa, y Felipe II la convirtió en propiedad de la corona, en 1579 quedó eximida de Alcalá de Henares. En documentos del siglo XVIII aparece como integrante del señorío del conde de Altamira, donde permanecerá hasta la abolición de estos títulos a principios del siglo XIX.

Torres de la Alameda guarda en el interior de su iglesia parroquial de Nuestra Señora de la Asunción, una reproducción de la famosa Sábana Santa de Turín, que fue regalada por Margarita de Austria a su confesor, el sacerdote Mariano de la Torre, natural de la localidad, quien la donó a su pueblo. Esta tela tiene unos cuatro metros y medio de largo por dos de ancho, y se encuentra muy bien conservada; forma parte de las reproducciones que fueron encargadas por la casa de Saboya para regalar a las casas reales europeas, y llegó a esta población en mayo de 1620. Se le atribuyen diversos milagros, entre ellos el más próximo es el referido a su propia conservación, ya que durante la Guerra Civil fue guardada en el interior de una caja y escondida en un basurero, y sobrevivió a un incendio en el que solo quedó intacta la tela.

Pero no es únicamente la reproducción de la Sábana el símbolo cristiano que se guarda en Torres de la Alameda, ya que también hay en la iglesia parroquial un pequeño trozo de madera de unos cuatro centímetros que se dice procede del «lignum crucis», es decir de la cruz en la que murió Jesucristo. El problema de este relicario es que se debe añadir a los cientos de ellos que están distribuidos por el mundo, e incluso por la Comunidad de Madrid, recordemos que también se afirma que hay uno en Ambite, con lo que Jesús tendría que haber sido un gigante para ser crucificado en una cruz de varios kilómetros.

Tres Cantos

TRICANTINO

Estamos ante la población más moderna de la Comunidad de Madrid, creada de una forma artificial a la sombra de Colmenar Viejo a principios de los años ochenta del siglo pasado, e iniciada dentro del Plan ACTUR (Actuaciones Urbanísticas Urgentes), que tenía como fin la construcción de ciudades residenciales próximas a las grandes urbes con un crecimiento ordenado y los servicios correspondientes.

En 1982 se realizó la primera entrega de casas, y desde entonces creció como una ciudad dormitorio de Madrid, en la que sus barrios se conocen por sectores. Desde el primer momento mantuvo un litigio con Colmenar Viejo para formar municipio independiente, lo que se consigue el 21 de marzo de 1991, cuando se forma el primer Ayuntamiento y se designa como edil a Antonio Osuna.

No posee ninguna historia importante o curiosa dada su juventud, y lo único destacable es que se afirma desde su Consistorio que es una de las poblaciones que más árboles tiene por habitante.

En cuanto al nombre, parece que proviene de los cantos de granito que se levantan en el punto más alto del lugar, conocido como el cerro de la Marmota, así como que se encuentra muy próximo a un vértice geodésico.

Valdaracete

VALDARACETEÑO

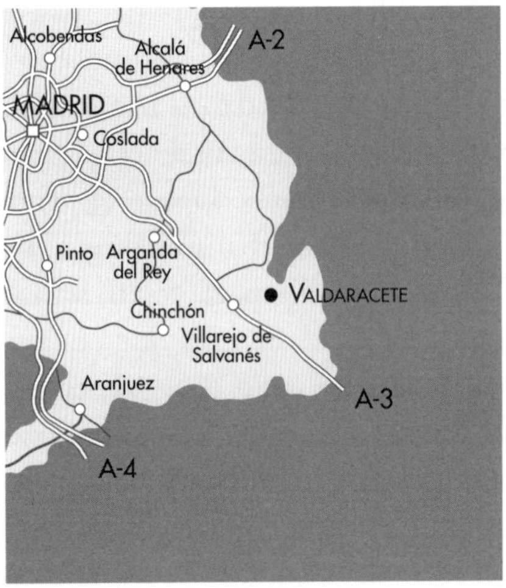

De unas manos a otras parece ser la frase que mejor define el nacimiento de esta población que perteneció durante mucho tiempo a esa llamada «tierra de nadie» o «tierra de todos», al estar situada en la franja entre los dominios de musulmanes y cristianos. Y más tarde zona de disputa entre la Orden de Santiago y el arzobispado de Toledo. Aunque también podríamos decir que es el lugar donde nació la famosa Estefanía, o el famoso Esteban, un hermafrodita que planteó a finales del siglo XV una de las situaciones que en el siglo XXI vivimos con la duda que plantean algunas atletas de las que se duda su feminidad. Se trata de un caso que entraría en el conjunto de leyendas, si no fuese porque hay un texto en las *Relaciones topográficas* de Felipe II que atestiguan su existencia.

Variadas teorías quieren explicar su topónimo con mayor o menor imaginación. Para algunos la palabra Valdaracete tiene su origen en la unión de valle y acedo, derivación de *acetum*, es decir de algo «agrio o amargo»; otra idea es la que se basa en las *Relaciones topográficas* de Felipe II que habla de la existencia de un moro de nombre Acete: «Se llama así porque antiguamente en el tiempo que esta villa era de moros fue un señor de esta un moro que tenía por nombre Acete y por razón de un valle que tiene plantado huertos y el nombre de dicho Acete moro se llamó el valle de Acete y después se ha producido esta palabra en Valderacete». A ello también se apunta las *Relaciones de Lorenzana*, aunque cambia el nombre de Acete por el de Cete. Una tercera posibilidad es la que habla de que el nombre de Valderacete es debido a que en la zona había una abundancia de olivos, con lo que nos encontraríamos ante el Valle del Aceite, y de ahí el nombre definitivo.

Ya hemos señalado que históricamente fue una aldea que pasaba rápidamente de unas manos a otras. Sirva a modo de ejemplo que en el año 1085 fue incorporada por Alfonso VI al bando cristiano tras la toma de Toledo; mientras que en el 1110 los almorávides reconquistaron Valdaracete, para volver a manos cristianas un año más tarde, y regresar a los árabes en 1113, tras hacerse fuertes en la zona actual de Colmenar de Oreja. En 1139 Alfonso VII la reconquista, y a partir del año 1177 pasa a formar parte de la Encomienda Mayor de Castilla. A partir de ese momento se inicia otro periodo de litigios, esta vez no es entre cristianos y musulmanes, sino entre los intereses de los propios defensores de la cristiandad. La Orden Militar de Santiago choca directamente con el arzobispado de Toledo por ver quién es el que posee la propiedad de la zona. Por fin las negociaciones de ambas autoridades permiten cerrar a finales del siglo XIII, un acuerdo que da tranquilidad a los vecinos de esta aldea y de otras existentes en la zona, que pueden ir asentándose y aumentando su tamaño. Para ello se crea una institución que solventa las disputas.

De nuevo recurrimos a las *Relaciones topográficas* de Felipe II: «Dijeron que en esta villa hay una jurisdicción que fue fundada el año de mil doscientos setenta y siete años por el arzobispo de Toledo y el comendador de Santiago en cuyo distrito en aquel tiempo caía esta villa sobre que entre los pueblos del arzobispo de Toledo que están en la ribera de Tajuña con los vasallos del comendador de Uclés tenían en inmemoriales tiempos diferencias y disensiones sobre que hubo muertes y robos de los unos contra los otros, y para evitar esto y convenirlos y concertarlos los dichos arzobispos de Toledo y comendador de Uclés instituyeron y ordenaron la dicha Hermandad y Concordia en esta manera que mandaron que seis pueblos de la ribera del Tajuña del arzobispado de Toledo que son Ambite, Orusco, Carabaña, Valdilecha, Tielmes, Perales, con otros seis, que están en frontera de la parte del comendador que son esta villa, Estremera, Fuentidueña, Fuente Saúco, Salvanés y Valdepuerco, que estos tres últimos son al presente lugares muertos a causa de falta de aguas, tuviesen aprovechamiento en calidades comunes los unos en los términos de los otros, y los otros en los términos de los otros, y mas mandaron y nombraron que hubiese un juez en esta villa de Valdaracete que conociese los pleitos y causas que los vecinos de esta villa tuviesen...».

En el año 1328 y debido a la escasez de agua y a la concesión del Fuero de Fuentidueña por parte del gran maestre de la Orden de Santiago, numerosos vecinos de Valdaracete abandonan la población. En el siglo XVI, Felipe II permite que el príncipe de Éboli adquiera Estremera y Valdaracete. Y ya en el XVIII pasó a formar parte de las tierras del duque del Infantado.

La aparición de un ser hermafrodita a finales del siglo XV, que además era un «atleta», pone de manifiesto que nada hay nuevo bajo el sol, y que los problemas que se dan entre los interrogantes de feminidad de algunas competidoras del atletismo actual, ya se producían hace más de quinientos años.

Posiblemente podríamos pensar que se trata de una leyenda más de las que añadir a la amplia colección que existe en la Comunidad de Madrid, si no fuera porque en las *Relaciones topográficas* de Felipe II se encuentra el relato de una tal Estebanía que fue conocida más tarde por Esteban, y en cuyo entierro su madre exclamaba: «¡Ay, hija mía!», y su esposa, «¡Ay, marido mío!».

Dijeron que en el año de cuatrocientos noventa y seis nació en esta villa de Valdaracete una mujer que tuvo por nombre Estebanía, la cual cuando llegó a tener veinte años era tan suelta y tan ligera y de tan buenas fuerzas que corría y saltaba y tiraba la barra y jugaba la pelota con tanta presteza y desenvoltura que en su tiempo ningún mancebo la igualaba, en todos estos hechos era cosa notable de ver a la dicha correr sueltos sus cabellos largos y rubios en gran manera y discurriendo por muchas partes hizo muchas cosas notables, llegó a la ciudad de Granada donde se dio noticia de ella a los señores de la Chancillería y ante ellos fue puesta y les pareció que una mujer no podía hacer cosas tan heroicas, la mandaron ver y examinar por matronas y parteras para ver su participación del sexo viril, y fue hallada ser hermafrodita, y visto la mandaron que escogiese en el hábito que quería vivir y andar y eligió el de hombre y en este se casó después con otra mujer y vivieron casados y velados en facie ecclesiae, fue hombre de mediana estatura, claro gesto sin barba y recio de miembros, fue maestro de esgrimas con examen tuvo escuelas y arnés en Granada, y en esta villa en su arte fue tan diestro que ningún hombre jugando con él pudo ganar honra...

Valdeavero

VALDEAVEÑO

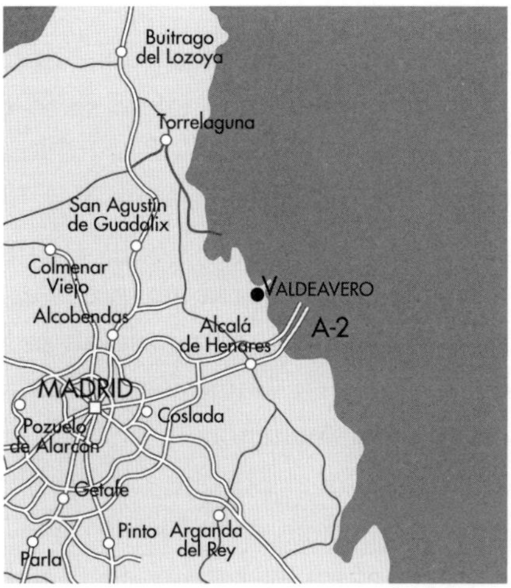

Sería realmente su origen el de un criadero para aves, tal y como parece derivarse de la raíz de su nombre, «avero», o tendría otro fundamento su aparición. No es posible saberlo, ya que son muy pocos los datos que se pueden encontrar en referencia a esta población.

Está considerada como parte de una vía secundaria del itinerario romano de Antonino, aunque tanto las *Relaciones topográficas* de Felipe II, como las *Descripciones de Lorenzo*, afirman desconocer la fundación de esta población. No obstante, Antonio Cantó indica que se trata de una fundación árabe del siglo XIII, que comenzó a tener mayor importancia con la Reconquista.

Perteneciente al alfoz de Alcolea, y bajo una donación realizada a las monjas del convento de Santa Clara de Guadalajara, en 1323 se produce una permuta de diversas tierras entre estas y el arzobispado de Toledo. En este cambio se incluye Valdeavero que pasará a formar parte de los territorios bajo la curia toledana. Como tal, pasó a la corona a finales del siglo XVI, disponiendo de horca, picota y justicias. A lo largo de los siglos XVII y XVIII, fue pasando de unos nobles a otros, formando parte de los dominios de marqueses de Camoflorido, del señorío ducal de Medinaceli, y más tarde de un tal Lucas de San Juan, vecino de Madrid que había comprado la población.

Como hecho curioso de este lugar podemos destacar la imagen del Cristo del Sudor, una obra anónima del siglo XVII, del que se dice que recibió un balazo en la guerra y que por ello posee la medalla de mutilado.

Valdelaguna

VALDELAGUNÉS

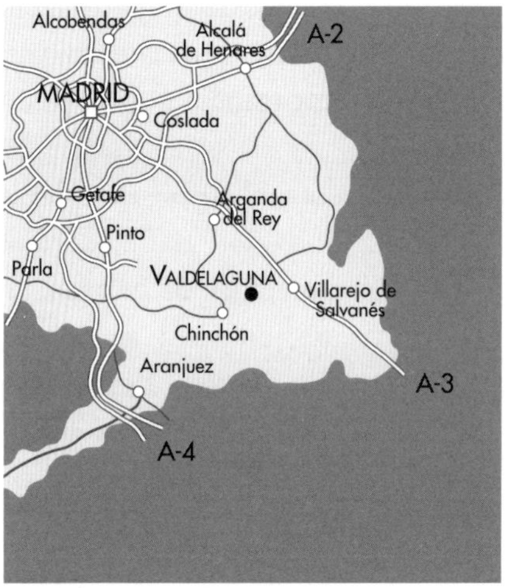

Dos Vírgenes, o quizás sería mejor decir dos consideraciones diferentes de la Virgen, mantuvieron durante años una cierta controversia por saber cuál de ellas era designada finalmente patrona de Valdelaguna, aunque su patrono es santo Toribio. Naturalmente no hubo enfrentamiento entre ellas, ni entre sus devotos vecinos. Por una parte, la Virgen Blanca, de mayor antigüedad en la población, y por otra, la Virgen del Carmen, que es desde 1915 la verdadera patrona del municipio.

Según relatos recogidos en el propio pueblo, la Hermandad de la Virgen del Carmen, que existía en Valdelaguna desde 1707, fue aumentando su número de cofrades, a la vez que los seguidores de la Virgen Blanca fueron disminuyendo, de forma que dos siglos más tarde, fue la primera la que prevaleció sobre la segunda, ocupando su lugar de privilegio en la iglesia de Nuestra Señora de la Asunción.

En cuanto al porqué del nombre de Valdelaguna, se habla de que la primitiva aldea se asentó en el valle, cerca de una laguna. Que sería desecada siglos después, según señalan las *Relaciones topográficas* de Felipe II, por ser un foco de fiebres palúdicas.

Imagen de la Virgen Blanca.

No existen pruebas documentales del origen de este municipio de la cuenca del río Tajo, aunque ya en el siglo XII se menciona como aldea integrada en las tierras segovianas del sexmo de Valdemoro. Los Reyes Católicos entregan Valdelaguna, junto con Chinchón y otras aldeas, a los marqueses de Moya. En 1576, la corona entrega estas tierras a Diego Fernández de Cabrera y Bobadilla, mayordomo real, y le confiere el título de conde de Chinchón. A partir de ese momento la historia de la población va unida a la del condado. Felipe V comprará estas tierras para dárselas a su hijo Felipe, quien a su vez las venderá a su hermano Luis. La hija de este último, la condesa de Chinchón, se casará con el valido de Carlos IV, Manuel Godoy, quien pasará diversas temporadas en el lugar, como dueño de la casa rectoral, hasta que caiga en desgracia tras el motín de Aranjuez.

Valdemanco
VALMANQUEÑO

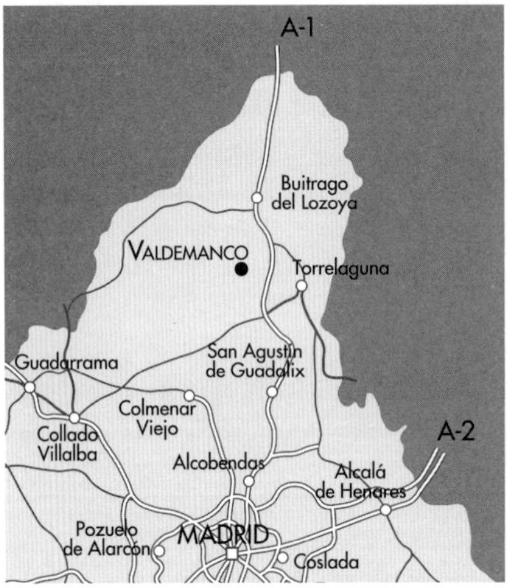

En Valdemanco está el chivo,
en La Cabrera la cabra,
en Cabanillas morcillas,
porque matan muchas guarras,
y en Guadalix cebolleros,
porque tienen mucha agua,
en Miraflores tramposos,
porque deben y no pagan.

(Fragmento del romancero popular madrileño)

Al igual que en Talamanca del Jarama, en Valdemanco encontramos una leyenda que justifica tanto el nombre, como el origen de la población. En ambos casos tiene que ver con la falta de parte de un miembro a su fundador.

Un vecino de Bustarviejo llamado Juan Valdés, conocido como el Manco, por faltarle el brazo derecho, no pudiéndose dedicar a las labores agrícolas, decidió construir una venta junto al camino que iba de Buitrago a Madrid, en una zona conocida como Vallejuelo. La casa la levantó a principios del siglo XVI y en ella ofrecía comida y bebida a los viajeros que por el camino pasaban. El lugar se conocía como la Venta de Valdés el Manco. Este hombre tenía varias hijas que se casaron con vecinos de Bustarviejo y construyeron sus casas cerca de la de su padre, de tal forma que gracias a ello se fue organizando alrededor de la venta una pequeña aldea. Esa es la leyenda o tradición que se cuenta sobre el origen de Valdemanco, así como el porqué de su nombre. Realidad o ficción, lo cierto es que este municipio de la zona madrileña de la sierra de la Cabrera y del río Guadalix, aparece reflejado en el *Libro de la montería*, siglo XIV, como Casa de Muño Manco, y destacado como grupo de casas que dependen de Bustarviejo. La aparición en esta obra rompe la aportación de la leyenda por la diferencia de años, salvo que esa afirmación de la alquería en el siglo XVI sea un error y existiese muchos años antes, y que quien ha propagado la tradición se haya equivocado al fecharla.

Pero lo que parece claro, sea en el siglo XIV o sea en el XV o en el XVI, lo cierto es que el nombre de Valdemanco está unido a un vecino que era manco.

Su evolución ha estado siempre unida a la de Bustarviejo, e integrado en la Comunidad de Ciudad y Villa de Segovia. Al ser declarada villa en 1626 por Felipe IV, la cabecera del valle, es decir Bustarviejo, Valdemanco se independizó de Segovia, y evolucionó hasta conseguir en pleno siglo XIX su definitiva emancipación y jurisdicción, y el 7 de enero de 1841 pudo, por fin, formar su propio Ayuntamiento.

Tiene muchas historias que comparte con Bustarviejo, algunas de las cuales ya hemos mencionado al analizar esa villa, por ello aquí vamos a mencionar alguna curiosidad más.

Una está relacionada con las fuentes y con los más de ciento cincuenta manantiales que hay hacia el monte Mondalindo (1833 m de altura). Cuenta que un día los pastores que atravesaban esas tierras con su ganado perdieron, debido al mal tiempo, la ruta, y que seguían caminando agotando sus fuerzas, y sin poder saciar la sed, tanto de hombres como de ganado. Por fin encontraron al pie del monte un manantial, que no fue suficiente, pero a los pocos metros apareció otro, y otro, y otro..., y así sucesivamente hasta que todos quedaron satisfechos y pudieron calmar la sed.

Otra es más tradicional y mística a la vez, puesto que se relaciona con la muerte, se trata de la conocida como vereda de los Muertos, un camino que se interna en la montaña y en el que se puede encontrar una piedra donde se debe dejar una limosna para tener derecho a ser enterrado en el pueblo...

Y por último recordemos que en Valdemanco también existe la tradición de la celebración de la fiesta invernal de la vaquilla, muy común a numerosos pueblos de la Comunidad. El armazón de madera en forma de vaquilla que lleva un mozo sobre sus hombros recorre el pueblo acompañado por los cencerros y seguido por diferentes personajes que contribuyen al festejo del Carnaval.

Valdemaqueda

VALDEMAQUEDANO

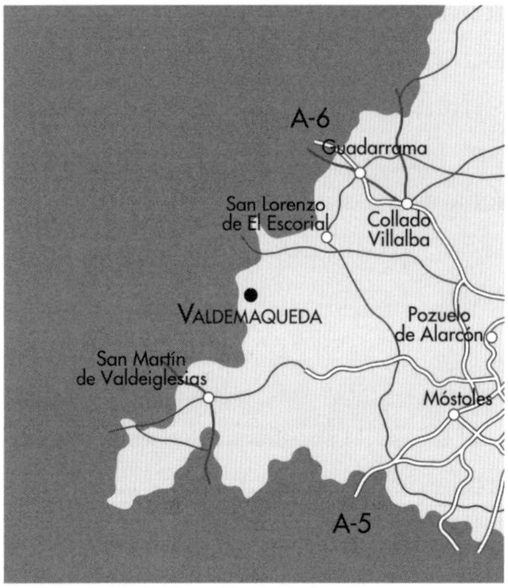

El famoso Val de Maqueda, un lugar de la vertiente norte de la sierra de Guadarrama, cuyo nombre se atribuye a la palabra musulmana *maqueda*, que puede traducirse como «firme».

Se habla de un posible origen romano y se ofrece como ejemplo la existencia del llamado puente Mocha, sobre el río Cofio, que ante la falta de evidencias de asentamientos romanos en la zona se considera más medieval. De ahí que se suela considerar una población fundada por los árabes, y se apunte como una prueba la toponimia del cerro de la Atalaya y la llamada Tumba del Moro.

Este puente de cuatro ojos, de ser romano estaría integrado en la calzada que enlazaba Segovia y Toledo y que atravesaría Galapagar. De hecho siglos después fue utilizado por los trabajadores del monasterio de San Lorenzo de El Escorial para cruzar con los materiales el río Cofio.

El territorio fue repoblado en el siglo XIII por pastores segovianos y abulenses, y formó parte de la Tierra de Ávila en el siglo XIV como parte de las tierras dependientes de la villa de Las Navas. En el *Libro de la montería* de Alfonso XI, se hace mención a un enclave de prados y collados conocido como Val de Maqueda, que era una buena zona para cazar osos en invierno.

En 1475 se constituye en el condado del Risco, junto a Las Navas, y en 1533 Carlos I concede el título de marqués de las Navas a Pedro Dávila y Zúñiga que se convierte en el señor del marquesado. En 1790 los vecinos solicitan la incorporación a la corona aludiendo que se encuentran oprimidos por el señor del lugar, dado que les había impuesto una serie de obligaciones y coartado sus posibilidades de crecer, cobrándoles además una renta muy alta. Pero esta desvinculación no se producirá, y en el siglo XIX encontramos a Valdequemada en manos de los duques de Medinaceli, que construyeron allí un palacio del que quedan algunos restos.

Una tradición muy antigua y hoy en día abandonada, es la de los «enterradores». Se refería a que los encargados de enterrar a las personas que falleciesen en el pueblo debían ser las personas que se hubiesen casado ese mismo año. A cambio se les concedía el privilegio de pedir el aguinaldo la noche del 24 de diciembre, para lo que las parejas se separaban, recorriendo la población las mujeres por una parte y los hombres por otra.

Dentro de la oleada de avistamientos de extraterrestres y objetos voladores no identificados de los años ochenta, en Valdemaqueda se registra un hecho muy curioso. Se trata del la presencia de un ser humanoide que salió de una especie de huevo en un paraje forestar entre Robledo de Chavela y este pueblo, y que desapareció dentro de su nave a gran velocidad por el cielo dejando un rastro luminosos. Sin comentarios.

Valdemorillo

VALDEMORILLANO

Los días 2 y 3 de febrero del año 1574, en la pequeña aldea de Valdemorillo se registró un gran revuelo al llegar la comitiva real que escoltaba los restos de Carlos I rumbo al Panteón Real del monasterio de El Escorial. Allí se dio cita la flora de la nobleza española con el nuevo rey, Felipe II, a la cabeza. Otro revuelo semejante se produjo varios días durante los años ochenta del siglo pasado, ante la oleada de objetos luminosos desconocidos que se desplazaban por la noche sobre el embalse de Valmayor.

Vinculado a la historia de la aldea de Valmayor, ya desaparecida y de la que apenas queda alguna constancia, tan solo su ermita, y el nombre dado en su honor al embalse que forma el río Aulencia en las proximidades de Valdemorillo, el origen de este municipio de la sierra de Guadarrama, se atribuye a los árabes, aunque en su término se han encontrado restos arqueológicos de la Edad del Bronce, vestigios romanos y visigodos. No obstante, su nombre, «Valle del Moro», así como la suposición de que algunas partes de la iglesia de Nuestra Señora de la Asunción se asientan sobre una mezquita, contribuyen a la primera aseveración.

Durante la Edad Media se establecieron en el lugar artesanos de la teja y del ladrillo, a la vez que los montes entre el río Aulencia y el arroyo Pradejón, sirvieron de cotos de caza a diversas personalidades de la realeza, algo que se mantendrá después como demuestra el hecho de que el rey Felipe III construyera en el siglo XVIII tres pabellones de caza para su uso. De todas formas es con la construcción del monasterio de El Escorial cuando Valdemorillo comienza a gozar de gran importancia, ya que sirve de alojamiento a los trabajadores de la obra, así como de reposo para muchos de los nobles que acompañan al rey a visitar la situación de la edificación. En 1628 Felipe IV le otorga el privilegio de villazgo, y aunque en los siglos posteriores decae un poco su importancia, la situación privilegiada de las canteras de granito que posee, permite a sus vecinos llevar a cabo una laboriosa actividad económica. En 1833 pasa a formar parte de la provincia de Madrid.

La población se vio afectada durante la Guerra Civil, por instalarse en la Casa Señorial el mando republicano del frente de esa zona de Madrid, compartiendo protagonismo con Brunete. AL finalizar la contienda, Valdemorillo fue incorporado a la categoría de pueblo adoptado y se inició su reconstrucción por parte de la Dirección General de Regiones Devastadas.

Valdemoro

VALDEMORANO

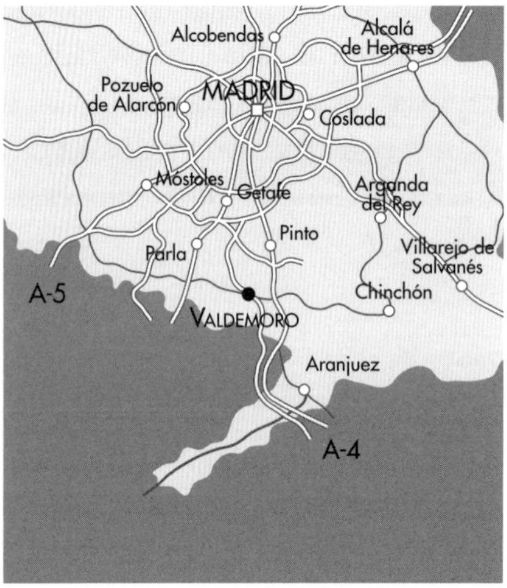

La leyenda habla de una fundación muy rocambolesca y, ¡claro!, legendaria. Dicen, que los habitantes de la comarca que ocupaban una pequeña aldea visigoda, hicieron frente a los invasores musulmanes, mostrando gran audacia y resistencia, lo que se tradujo en un dicho popular: «En balde,(valde) moro, te cansas», y de ahí proviene el nombre de Valdemoro. Aunque parece un chiste, aun hoy en día se pueden encontrar vecinos del lugar que lo defienden. No obstante habrá que inclinarse más por una rápida conquista árabe de esos territorios y una ocupación de todo el valle, por lo que hablaríamos del «Valle del Moro». Sea una u otra, o quién sabe si ninguna de las dos, lo cierto es que en el escudo de la villa se puede apreciar a un moro atado con una cadena a un castillo, luego algo tuvieron que ver sus pobladores visigodos, los moros, los cristianos del norte y la Reconquista, en la fundación de Valdemoro.

También el topónimo aseveraría la afirmación de que este municipio de la Meseta sur de Madrid, es de origen musulmán, aunque los primeros indicios de la presencia humana en Valdemoro apuntan a la Edad del Hierro y a la Edad del Bronce, con restos que se han encontrado en las proximidades de esta población y en la de Ciempozuelos, a muy pocos kilómetros una de otra. También hay restos de la época romana, y de la estancia visigoda allí. Pero muchos investigadores mantienen la idea, en función de los vestigios para el abastecimiento de agua encontrados, de que fueron los árabes los que fundaron la población. Tras la Reconquista, la aldea quedó adscrita al concejo segoviano.

A mediados del siglo XIV encontramos Valdemoro como parte del arzobispado de Toledo, y es entonces cuando Enrique III le concede el privilegio de villa. Ya en época de Felipe II se separa de Toledo como villa de realengo, y pasa a manos del marqués de Auñón, Melchor de Herrera, en cuyo poder permanecerá hasta que en 1602 sus herederos la vendan al duque de Lerma. Con la llegada de los Borbones a España se instala una fábrica de paños en la población que permite salir a Valdemoro de una situación de abandono y deterioro. En 1822 la villa pasa a integrarse en la provincia de Madrid.

Un hecho curioso acaecido en este pueblo es la repercusión que tuvo en la parroquia de Nuestra Señora de la Asunción, el terremoto de Lisboa de 1755, que la afectó profundamente. También hay que destacar la existencia del dicho popular «Entre Pinto y Valdemoro». Aunque hay varias teorías al respecto, la más probable es la que señala que Fernando III decidió poner fin, en el año 1239, a los litigios entre las demarcaciones de ambas poblaciones, y Madrid y Segovia, otorgando Pinto a Madrid y Valdemoro a Segovia, y que a tal fin se colocó una línea de cuarenta y dos hitos, de tal forma que el que se colocaba sobre esa línea no estaba en ninguno de los pueblos, sino entre uno y otro. Algo añadido a ello, pero un tanto más rocambolesco es la idea de que al pasar el rey unos días en la casa de postas que había en la línea divisoria alguien de la corte al ser preguntado por el lugar donde estaba Fernando III, dijera la frase «entre Pinto y Valdemoro». Alguna idea mucho más lúdica al respecto ya la hemos expuesto al referirnos a Pinto.

Las leyendas religiosas están patentes en Valdemoro a través del Cristo de la Salud, ya mencionada en las *Descripciones de Lorenzana*, donde se dice que «en la misma población, aunque en las afueras de ella, hay una bella ermita en que se venera a Jesucristo crucificado con el título de la Salud».

Hablamos de leyendas y no de leyenda, porque se suelen relatar hasta tres diferentes sobre el mismo tema que mencionamos brevemente. Por una parte se afirma que la imagen fue llevada a Valdemoro en el siglo XV por el cardenal Mendoza; otra es la que se refiere a que fue encontrado en una caja a la entrada del pueblo, de una forma milagrosa, con un cartel que decía «salud para Valdemoro», y que por eso recibe ese nombre. Y una tercera cuenta que fue un emigrante a América, nacido en la villa, quien la mandó a la población en agradecimiento por haberle salvado de una enfermedad y para que estuviese en una ermita de su pueblo natal. Como vemos, hay gustos para todos.

Valdeolmos-Alalpardo

VALDIOLMEDO

Curiosamente el municipio mantiene el nombre de Valdeolmos, aunque parece ser que la historia más antigua y profunda la tiene Alalpardo, una pedanía integrada en el Ayuntamiento de la primera, y que fue independiente durante varios siglos, perteneciendo, incluso, cada una de ellas a diferentes señoríos. Ambas poblaciones han mantenido una pugna por ver qué nombre era el que recibía el municipio, que en 1845 tomó el de Valdeolmos, con protestas por parte de los vecinos de Alalpardo que eran más numerosos y consideraban, además que su pueblo era más antiguo. En 1994 se adoptó la fórmula de unir ambos nombres, solución que no ha gustado a ninguna de las partes en litigio.

Los nombres de ambas poblaciones no tienen una explicación clara. No obstante se apunta a que Valdeolmos proviene de la cantidad de árboles de este tipo que había en el lugar donde se instalaron unas cabañas que dieron lugar a la primera aldea. Y así lo atestiguan las *Relaciones topográficas* de Felipe II, que habla de un pueblo conocido como Val de Olmos, cuyas casas estaban «construidas de tierra cubierta de madera de olmo y saz y pino y ripia», y se añade que estaba situado junto a dos dehesas donde crecían las encinas y los olmos. En cuanto a Alalpardo, hay una teoría que dice que se trata de un término árabe que podría traducirse por «al lado de la sombra», o «al lado del camino», y que se utilizaría por ser el bosque junto al que había unas cabañas de la aldea, un lugar de descanso en época musulmana. Pero también se considera la posibilidad aportada por las *Relaciones topográficas* de Felipe II, que habla de una unión de palabras castellanas que reúnen la forma Aldeapardo. «Siempre se ha llamado así mientras nosotros hemos vivido, en otras partes la llaman Aldea el Pardo».

Se habla de un origen musulmán en ambos casos, aunque en las proxi-

Templo parroquial de la Inmaculada Concepción de Alalpardo.

midades de Alalpardo se han encontrado restos romanos y visigodos. Con una especial importancia de los primeros, como demuestra la piedra conocida como el Ara o Árula de Alalpardo, que posee una forma de pilar y que fue estudiada en el siglo XVI por el catedrático de la Universidad de Alcalá de Henares, Ambrosio de Morales. En ella se puede leer la siguiente inscripción: «Sacrum numi nis pro salute et pro victoria Caesaris», es decir, «Sacrificio a Dios por la salud y la victoria de César». Por el texto se suponía que podría tratarse de una referencia a las guerras mantenidas por César y los hijos de Pompeyo en el año 47 antes de Cristo, pero recientes investigaciones la fechan en el siglo I después de Cristo. En cuanto a los restos visigodos, existe en el templo parroquial de la Inmaculada Concepción de la misma población una lápida funeraria del siglo VII.

No obstante, ambos lugares, situados en la vega del río Jarama, parecen tener un origen musulmán, cuando en el siglo IX los árabes fortifican la villa de Talamanca, y aunque se trate, posiblemente, de unas pocas cabañas, seguramente servirían para desarrollar la agricultura con la que alimentar a la población cabeza de la frontera frente a los cristianos. Consta que entre el año 860 y el 1197, todas las aldeas próximas a Talamanca fueron destruidas y reconstruidas, en algunos casos por los cristianos, y en otros por los musulmanes, dado que se encontraba en una zona fronteriza.

En 1190 pasan a formar parte del arzobispado de Toledo, y en 1214 se incorporan a la corona, aunque de nuevo serán entregadas las dos aldeas al arzobispado y permanecerán bajo la tutela de Talamanca, hasta que en 1563 Valdeolmos consigue ser denominada villazgo, independizándose por lo tanto; algo que va a lograr Alalpardo en 1651. En el siglo XVIII ambas localidades forman parte de la Mancomunidad de pastos de Talamanca. Y será en 1845 cuando Alalpardo se integre definitivamente en Valdeolmos.

Desde hace once años estas dos poblaciones se han sumado a las que durante la Navidad celebran un belén viviente en la Comunidad de Madrid. Esta representación, llevada a cabo por los vecinos, escenifica a lo largo de mil ochocientos metros de recorrido diversas escenas relacionadas con el nacimiento del Niño Jesús. Más de doscientas personas ponen en escena actuaciones agrícolas, de pastoreo, la anunciación a los pastores, Herodes y su castillo, las lavanderas en el río, la posada que no da refugio a la Sagrada Familia..., y finaliza en el portal con el Niño, a cuyo lado están la Virgen y san José, que son adorados por los Reyes Magos. Protagonistas esenciales de este belén viviente son la gran cantidad de animales que a lo largo del recorrido participan como otros actores más.

Otra tradición curiosa es la que tiene lugar en las fiestas que con motivo de san Sebastián se celebran el 20 de enero, y durante las cuales se confecciona un muñeco de tamaño natural que se rellena como un pelele y al que se quema por la noche tras haber acompañado durante toda la jornada festiva, se trata del llamado «Mozo».

Valdepiélagos
VALDEPIELAGUEÑO

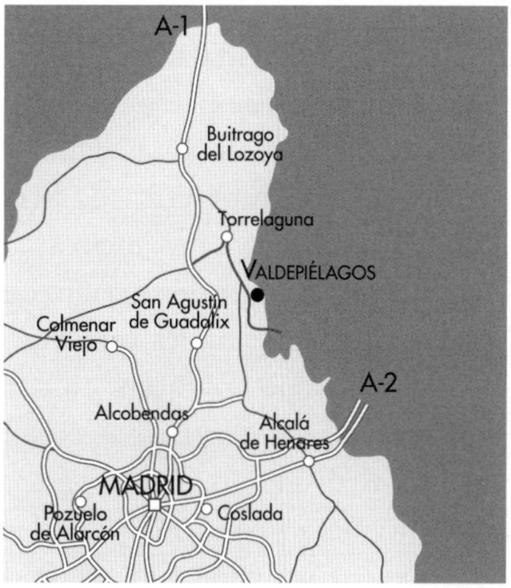

La brujería y la Inquisición tuvieron en esta población su protagonismo en el siglo XVII, aunque parece ser que la sangre no llegó al río.

El origen del nombre de este municipio situado en la vega del río Jarama no es muy preciso, y por ello se han esbozado diferentes teorías de las que nos quedamos con tres que parecen ser las más lógicas a la hora de defender el topónimo Valdepiélagos.

Una teoría indica que el nombre de la población proviene de la unión de las palabras «valle» y «piélago» término con el que se suelen referir los poetas al mar, a su inmensidad, y también a los estanques y a las balsas, por lo que vendría entonces a ser un valle de las muchas aguas; la otra es la que nos dice que fue un lugar elegido por los vecinos de Talamanca para secar las pieles al sol y después curtirlas, lo que supondría que se habrían unido tres palabras diferentes, «valle, piel y lagunas (agua)», para dar Val-de Piel-de Lagos. De todas formas, existe también una tercera posibilidad unida a un origen árabe, y su asentamiento en toda esta zona, y es la traducción de Valdepiélagos con un significado próximo a «valle frío rico en aguas».

Dando por hecho que hubo una aldea musulmana allí, conviene señalar que no aparece el nombre de Valdepiélagos en un documento oficial hasta el año 1335, en un privilegio otorgado por Alfonso XI de León a Gonzalo Ruiz de la Vega, un vasallo al quien el rey quiere recompensar por un servicio prestado a la corona.

> ... los dineros que su majestad había y debía haber en todos los lugares de Valdepiélagos y de todas otras cosas que le pertenecían haber en dichos lugares para que fueran del dicho Gonzalo Ruiz y de los que vinieran por su juro de heredad...

Esta población permanece vinculada a lo largo de su historia al desarrollo de la villa de Talamanca, tal y como refleja el texto de las *Relaciones topográficas* mandadas hacer por Felipe II:

> La dicha villa de Talamanca tiene tres aldeas que son Zarzuela, Valdepiélagos y Alalpardo, que todas tienen como 250 vecinos, y la una está a dos leguas de Talamanca, que es Alalpardo, y otro tanto Zazuela, y Valdepiélagos media legua…

En 1585 se vende Valdepiélagos a García de Alvarado, y en 1669 llega a manos de Teresa Sarmiento de la Cerda, duquesa de Béjar. Más tarde, en las *Relaciones de Lorenzana*, aparece como propiedad del conde de Benavente.

El 3 de mayo de 1801 obtuvo de Carlos IV el título de villa, con lo que ya pudo realizar el deslinde de Talamanca, formando parte de la provincia de Guadalajara, hasta que en 1833 se integró a Madrid.

Una historia curiosa se produjo en este pueblo en 1640 y está relacionada con la brujería y la santa Inquisición.

Una vecina de la localidad, María de Espolea, conocida en el pueblo como la Pastora, fue presentada ante el tribunal de la santa Inquisición de Toledo, acusada de practicar la brujería. Pese a que durante el juicio se habló de sus malas artes, de su pacto con el diablo y de los rituales que practicaba en el campo mientras cuidaba el ganado, la falta de pruebas concluyentes motivó que no fuese condenada a la hoguera y sí a una pena leve de prisión. Afortunada ella que pudo convencer a los severos jueces de que todo se trataba de un excesivo celo de sus vecinos.

Valdetorres del Jarama

VALDETORREÑO

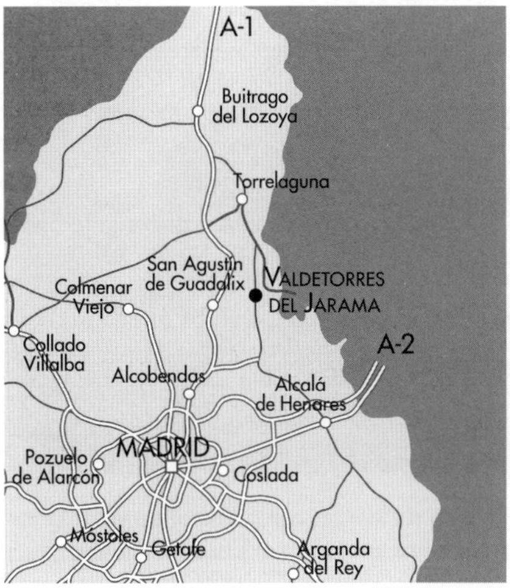

Valdetorres los cagones,
que se cagan en la cama
agotaron siete pozos,
y enturbiaron el Jarama,
en Fuentelsaz los judíos,
las campanas lo declaran,
en Algete los tramposos,
los que deben y no pagan,
Alalpardo y Valdeolmos,
valientes Ribatejada,
más arriba está Alcolea,
donde azotaron la cabra
que se comió el perejil,
que el alcalde lo sembraba.

(Fragmento del Romancero tradicional madrileño)

Tres veces tiraron el madero al río, y las tres veces se enganchó en las redes que los pescadores tenían tendidas en el Jarama para conseguir su pesca. La última vez vieron que el madero brillaba, y al limpiar el barro que tenía, se encontraron con la figura de un Cristo sin brazos, que se convirtió en el patrono de Valdetorres. Brevemente, esa es la leyenda de la aparición en las aguas crecidas del Jarama de esta imagen de la que volveremos a hablar más adelante, y que aparece reflejada en el escudo de la población.

Más complicado es trazar un origen de esta población, que ha permanecido siempre unida al río Jarama, tal y como se refleja en el romancero tradicional madrileño, y a la localidad vecina de Talamanca. Cierto es que se han encontrado restos de asentamientos humanos de la Edad del Hierro, y algunos vestigios romanos, como es una casa de forma octogonal que podría ser una villa rural de labranza cuya producción estaría destinada a producir alimentos para Talamanca y Complutum (Alcalá), aunque también se habla de que podía tratarse de una simple posada de camino. La construcción de este edificio se fija entorno a los años 337 y 361, y su destrucción pudo ser unos cien años más tarde, en plena dominación visigoda de la zona. Posee cuatro áreas diferenciadas, integrada cada una por cinco habitaciones, con un ala principal de forma cuadrada. Pero de la repoblación cristiana nada se sabe, tal y como indican las *Relaciones topográficas* de Felipe II: «Oído a sus antepasados que es nuevo pueblo, mas que ellos no se acuerdan ni han oído decir el tiempo que ha que se fundó, ni quién fue el fundador, ni cuándo se ganó a los moros...».

El nombre es mucho más sencillo de determinar, ya que se encuentra relacionado con su situación geográfica, y las torres de vigilancia que construyeron tanto árabes como cristianos en esa zona fronteriza.

En 1127 aparece mencionada como una aldea de la Villa y Tierra de Talamanca, donada por la corona al arzobispado de Toledo, y años más tarde se incorpora al concejo de Segovia por decisión de Alfonso VIII, aunque en 1214 regresa a manos toledanas. En 1563 Valdetorres recibe el título de villa, aunque continúa permaneciendo en el común de Talamanca hasta 1573. Tres años más tarde, la corona decide vender la población a Francisco de Garnica, contador mayor de Felipe II, caballero de la Orden de Santiago, primer señor de Valdetorres. Posteriormente se creó el marquesado de Valdetorres en 1685.

Esta vez la leyenda no la protagoniza la Virgen, sino su hijo, un Cristo. Corría el año 1639 cuando tuvo lugar una fuerte crecida del río Jarama. Aprovechando el aumento del caudal, un grupo de pescadores miembros de la familia Portalaes arrojaban sus redes al agua, y veían que se les enganchaba un madero y no los peces que esperaban conseguir. Por tres veces arrojaron la madera cubierta de lodo de nuevo al agua, y las mismas veces se volvía a enganchar. La última vez les pareció distinguir un brillo en el madero, lo sacaron y tras limpiarlo se encontraron con una talla de un Cristo que solo tenía tronco. Llevado hasta el pueblo próximo, se buscó entre todos el nombre que se le debía poner. Para ello se metieron seis papeles con nombres en una bolsa con diferentes nombres, y por tres veces seguidas salió el mismo nombre, Ultrajes, con lo que se acabó conviniendo en llamarle el Cristo de los Ultrajes.

Portada de la iglesia parroquial de Valdetorres, donde se encuentra el Cristo de los Ultrajes.

Valdilecha

VALDILECHERO

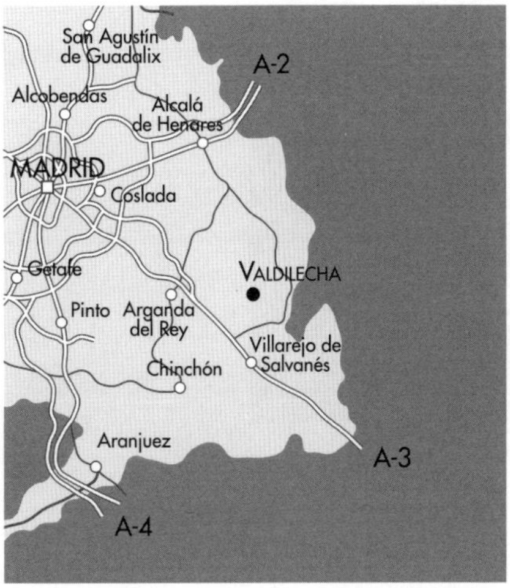

El pueblo que tenía una de las mejores leches de Madrid, dado que se encargaba de proveer a la casa real de este producto, pues allí se apacentaba el ganado de la realeza. Algo que aparece remarcado, con especial interés durante los siglos XVIII y XIX, aunque hoy en día esa tradición está olvidada y a simple vista parece muy imprevisible, pues en sus campos hay más cultivos agrícolas que vacas lecheras. De esa leche de siglos atrás se quiere hacer ver que proviene su nombre, ya que sería el valle donde se produce la leche, es decir, el Valle de Leche, desde donde se llegaría a Valdileche o Valdilecha. Eso sí que parece una leyenda más que una posibilidad, pues esta aldea aparece mencionada como Valdehecha en un documento de 1190.

La idea que nos parece más lógica sobre el origen del topónimo, viene dada por las palabras latinas *vallis* que se traduce como «valle», y *dilectum*, que es «escogido», para darle el significado de «el valle escogido». Es decir, el lugar designado para construir una aldea por su situación, aprovechando que se trata de un amplio valle con amplios recursos naturales.

Aunque su origen es desconocido, y se suele remontar a la época musulmana, se supone que el primer asentamiento se debió de producir después de la reconquista de la zona por parte cristiana. En 1190, Alfonso VIII cedió esta tierra, al igual que otras próximas, al concejo de Segovia, en agradecimiento a su ayuda para combatir a los musulmanes en la zona fronteriza. En 1214 pasa a manos del arzobispado de Toledo, bajo la jurisdicción de Alcalá de Henares. Con los Reyes Católicos, la población fue donada a Gonzalo Fernández de Córdoba, el Gran Capitán, y se mantuvo así hasta que los vecinos compraron el título de villa en 1556, cuando consiguó independizarse de la jurisdicción de Alcalá. Pese a ello, Valdilecha pasará por diferentes se-

Vista de la localidad de Valdilecha.

ñoríos de la nobleza al ser vendida de unos a otros, hasta que a principios del siglo XIX se puso fin a ese tipo de régimen.

Valdilecha cuenta con una Virgen milagrosa, o al menos así lo relata la leyenda incluida en las *Relaciones topográficas* de Felipe II de 1576, que vincula una aparición mariana en un olivar a la construcción de una ermita que lleva precisamente el nombre de Nuestra Señora de la Oliva, donde se encuentra instalada la imagen de la Virgen de la Oliva, patrona de la población, y que es la autora de numerosos milagros.

> Hay una ermita de Nuestra Señora de la Oliva, muy señalada que está dicha, y otro humilladero del señor San Sebastián, dícese que en esta ermita de Nuestra Señora de la Oliva se tiene por cosa cierta haber hecho milagros que es sanar cojos y tullidos.

Menos devota es la historia de uno de los bandoleros que se hizo famoso en la vega del Tajuña durante el siglo XIX, y al que se ha considerado legendariamente como una especie de Robin Hood. Se trata del conocido como el Capellán, del que se dice que robaba a los ricos para dárselo a los pobres. Su apodo provenía de que se trataba de un sacerdote que ante los agravios que veía en su pueblo natal, Valdilecha, y en la comarca, decidió colgar los hábitos y lanzarse al monte a la caza y captura de los bienes del que más tenía. Una historia de la existencia real de un personaje prácticamente de novela que encarna la leyenda romántica de un momento de la vida de la España negra. En su partida había otros bandoleros de reconocida fama, y que eran conocidos por sus apodos, entre ellos destaca el

Tío Catarrillo. La leyenda es tal, que su vida está llena de hechos insólitos, e incluso el fin del bandolero, que nunca fue atrapado por la Guardia Civil, es también muy del gusto de la época: muerto a manos de sus propios hombres por una discusión en el reparto de lo conseguido en un robo, en la plaza Mayor de su pueblo.

Se cuenta también en Valdilecha, aunque es una historia que se repite a lo largo del valle del río Tajuña, la aparición de una mujer vestida de negro, de una «bruja», como se la considera, sobre las aguas del citado río, que no es otra cosa que una forma de «coco» para asustar a los niños. Se trata de la denominada «madre del río». El cuento dice que la descubrieron tres niños que una noche jugaban a explorar una cabaña que había cerca de la ribera, y que allí pudieron observar a una mujer muy vieja, vestida de negro, cuyos pies llevan botas retorcidas acabadas en cuchillas, y en su cinturón colgaban diversas argollas. Los niños, espantados huyeron en cuanto pudieron del lugar, no sin antes ver que la mujer se dirigía hacia el centro de las aguas para convertirse en un gran gusano verde y sumergirse envuelto en babas y gelatinas causando un gran remolino.

Valverde de Alcalá

VALVERDEÑO

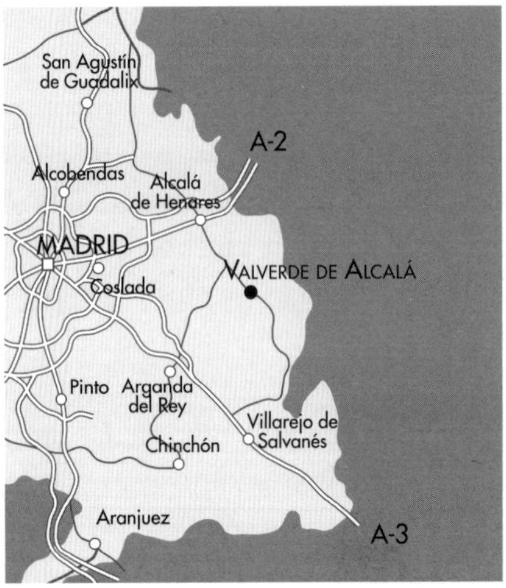

La ermita de Nuestra Señora de los Ángeles y sus milagros, conocidos ya en el siglo XVI, contrastan en Valverde con el desconocimiento del origen de su nombre y de su fundación.

En las *Relaciones topográficas* de Felipe II se asegura que «esta villa se llama de Valverde, la causa no se sabe por qué se llamó así, y que los antiguos han dicho que antiguamente se llamó Quejo y de una pestilencia que casi asoló y que entonces la pusieron Valverde».

Aunque no hay pruebas de ello, la leyenda-tradición, o la tradición-leyenda, cuenta que en una zona poblada de quejigos, tipo de roble, se construyeron una serie de cabañas que crearon una aldea conocida como Quejo, que fue abandonada tras una epidemia, dejando el lugar despoblado al trasladarse sus vecinos hacia unas tierras más saneadas, dando origen a Valverde.

Su nombre parece provenir de la fértil tierra que posee la comarca gracias a la vega del arroyo Pantueño, y que sería la transformación de «valle verde», al que se añadiría el «de Alcalá» por la pertenencia que ha tenido desde su fundación a esta localidad.

Respecto a la fundación, las propias *Relaciones topográficas* de Felipe II, aseguran que «este lugar es antiguo». Aunque se supone que por la proximidad a Alcalá debió de tener un origen musulmán, aunque su repoblación más importante la tendría tras la Reconquista. La primera referencia de Valverde la encontramos en 1129, cuando Alfonso VII de Castilla dona al arzobispado de Toledo la villa de Alcalá y las aldeas de su entorno, apareciendo entre ellas esta como integrante de ese alfoz. En 1190 estas aldeas fueron donadas al concejo de Segovia por Alfonso VIII, que compensó a Toledo con la entrega de Talamanca. En 1564 obtuvo el rango de villa y pudo eximirse de la jurisdicción de Alcalá de Henares. Posteriormente, en el siglo XVIII, Valverde aparece bajo el dominio del conde de Oñate, al que se «le pagan las alcabalas y unas aves por feudo todos los años».

La tradición milagrosa de la Virgen, bajo la advocación de Nuestra Señora de los Ángeles, ya era conocida en el siglo XVI, cuando se habla de una ermita cuya administración la tienen frailes dominicos. Se dice que en ella, donde hay numerosas reliquias de santos, y se apunta que no se sabe de qué santos, se han registrado gran número de milagros que han curado a cojos y quebrados.

Velilla de San Antonio

VELILLERO/TOSTAO

El río Jarama marca de forma ineludible la historia y la tradición de esta población, así como su origen. La caza y la pesca que proporciona la zona, unida a sus humedales, hacen pensar en que el primer hombre que puso su pie en aquellos lugares lo hizo allá por el Paleolítico inferior. La agricultura atrajo a otros pobladores, y ya en la época romana hubo algunos asentamientos. La llegada de los musulmanes a la zona no hace sino acrecentar la importancia del lugar con la construcción de una atalaya denominada torre Bermeja de la que no queda ningún resto y se desconoce su ubicación exacta.

Precisamente de esta construcción proviene el nombre de Velilla, que tiene su raíz en el latín *vigilia*, es decir, «vigilar», al que se le añadió en el siglo XVIII el «San Antonio». Pero, aunque estos datos sean determinantes, hay una leyenda que habla tanto de la denominación como de la fundación de la población. Y la verdad es que nos parece mucho más interesante que esa fría realidad aportada por algunos investigadores, porque recordemos que detrás de cualquier leyenda hay siempre una historia que tiene algo de realidad.

Se cuenta que durante la Reconquista llegó a esa zona fronteriza un grupo de cristianos a cuyo frente iba un noble que era devoto de san Antonio, a quien se encomendó en la batalla, y tras derrotar a los árabes y tomar la aldea que estaba próxima a la atalaya, se arrodilló junto a sus hombres y, tras rezar al santo, decidió añadir al nombre del lugar el de su devoción, apareciendo de esta forma Velilla de San Antonio.

Su historia es sencilla, semejante a la de muchos pueblos de la Comunidad que van pasando de un señorío a otro en función de los reyes sucesivos y de los cambios en la política de cada uno de ellos. Es importante destacar que fue atacado por las tropas comuneras en la revuelta de estos contra Carlos I, y que fue quemado y casi destruido, de donde proviene el apodo de «tostaos» para sus vecinos. En 1627 pasa a ser señorío y propiedad del conde duque de Olivares.

Interesantes son los humedales que hay junto al Jarama, o gracias a este río, que tienen su origen en las extracciones de áridos que se llevaron a cabo junto a sus riberas. Allí se pueden encontrar numerosas aves migratorias que los utilizan como zona de invernada. Destacan las del Raso, Picón de los Conejos y el Soto.

El Vellón

VELLONERO

Evidentemente se trata de una población de origen árabe considerada un arrabal de Talamanca, asentada entorno a una importante atalaya de vigilancia construida en un cerro próximo, que formaba parte de la línea fronteriza marcada por las construcciones similares en Venturada, Arrebatacapas y El Berrueco. Numerosos vestigios dan cuenta de ese inicio musulmán que tomó su nombre por ser el lugar idóneo elegido por los vecinos de Talamanca para tener allí sus secaderos de la lana de las ovejas tras ser esquiladas, es decir de los «vellones».

La importancia de su atalaya es referida en las *Relaciones de Lorenzana* donde se afirma que «se halla en este término una torre o atalaya que, según opinión les sirvió a los moros de centinela para no ser expulsados de España».

La atalaya es una construcción de mampostería de planta circular y volumen cilíndrico de algo más de seis metros de diámetro por nueve metros de altura, que estaba estructurada interiormente en tres niveles. Ha sido restaurada y se conserva en buen estado.

Tras la reconquista de la zona, y junto a una pequeña aldea que más tarde se convertiría en una pedanía como explotación agraria, El Espartal, gracias a la labor de los monjes cistercienses y más tarde del cardenal Cisneros, paso a formar parte de la Comunidad de la Villa y Tierra de Talamanca. En 1564 pudo separarse y formar su propia jurisdicción, y tres años más tarde consiguió la separación definitiva, tras haber sido comprado el lugar por Antonio de Eguino y Zuguiarre a Felipe II. Esta familia se mantuvo con el dominio de El Vellón hasta el inicio del siglo XIX.

Como lugar de tradición árabe, guarda en su historia una leyenda que implica la presencia de los musulmanes. Se trata de la leyenda de la Mora. Cuenta que en la cueva del mismo nombre que existe en el término municipal, vivía una mora que era muy hermosa y que todos los días salía de ella para sentarse en el denominado «balcón de la mora» y peinar sus dorados cabellos con un peine de oro. Un día pasó por el lugar un pastor con sus ovejas, justo cuando la mujer estaba peinándose, y la saludó, quedándose a observar su belleza. Entonces la joven le preguntó que qué era lo que más le gustaba, si lo que estaba viendo, es decir ella, su belleza, o el peine de oro con el que se tocaba el cabello. A ello el pastor respondió que le interesaba y gustaba más el peine. La mora se indignó, despidió al pastor y se encerró en la cueva asegurando que nunca más volvería a salir. Y la leyenda dice que en efecto, así fue, ya que nadie la ha vuelto a ver desde entonces.

Otra tradición muy curiosa que se da en El Vellón, tiene que ver con san Blas y con las enfermedades de la garganta. Existe la creencia de que este santo protege a todo aquel que pasa un pañuelo por su talla y luego lo coloca en la garganta, de cualquier mal que pueda afectar a esa parte del cuerpo. Esta actuación tiene lugar durante la procesión que lleva al santo desde su ermita hasta la iglesia. Pero si usted no puede estar a tiempo ese 3 de febrero, no se preocupe, pues le venden los «ataos» o roscas del santo que también ayudan a defenderse de las enfermedades de la garganta.

Torre atalaya de El Vellón, una de las defensas musulmanas de la Marca Media que jalonaban, junto a otras semejantes, esta zona de la Comunidad de Madrid.

Venturada

VENTURALEÑO

Al llegar a esta localidad situada en las estribaciones de la sierra de la Cabrera, que nadie espere que le digan la buenaventura, o que algún vecino le cuente que el nombre proviene de que en siglos anteriores hubo en la zona personas que conocían el arte de las predicciones del futuro, o incluso, que quien vivía allí tenía suerte. No obstante, quizás se podría hablar, de una forma casi pueril, de la buena suerte que suponía para el viajero llegar hasta una aldea donde refugiarse del viento y del frío, y descansar antes de prepararse para atravesar la sierra. Por todo esto, el origen del nombre de Venturada se encuentra dentro de multitud de hipótesis, que realmente no aportan, ninguna de ellas, una solución real a la duda del porqué de esta denominación. No hay ninguna leyenda destacable en la población, aunque en sí mismo la raíz de su nombre ya lo es.

En este caso no hay una situación determinada que permita elucubrar sobre la raíz de un nombre, y por ello se dan bandazos; desde la búsqueda de la justificación en que se trata de una zona de fuertes vientos, de donde sería «una ventada» o «golpe de viento», hasta la consideración de una casa de hospedaje para los viajeros, una venta, entorno a la que creció una aldea, como continuación de un asentamiento romano que contaba allí con una «mansio-itineraria». Sin olvidarnos del paso de los árabes y de la existencia de una atalaya en su término, por lo que se ha querido considerar como una aproximación al nacimiento del nombre de Venturada, la fórmula «viento que azota la atalaya».

En cuanto al origen de la población, y aunque se hable del paso de los romanos, y como ya hemos visto de algún asentamiento en la zona, es muy importante destacar su situación estratégica en la línea defensiva que se trazó entre los cristianos del norte y los musulmanes, y que dieron como

Vista general de la población de Venturada, en las proximidades de la sierra de Somosierra.

resultado que estos últimos construyesen una serie de torres de vigilancia, atalayas, para prevenirse contra las incursiones de los primeros. Se supone que la existente en Venturada es, como las que hay en El Berrueco, El Vellón, El Molar…, del siglo X, y que todas ellas estaban bajo la influencia de la localidad de Talamanca. Esta atalaya, conservada bastante bien, se encuentra sobre un saliente rocoso, cuenta con un diámetro de 5,7 m y una altura de unos 9 m.

Tras la conquista de Toledo por parte de Alfonso VI, la aldea de Venturada queda dentro de la administración de la Comunidad de Villa y Tierra de Uceda. Se mantuvo como tierra de realengo hasta 1119, cuando se hizo cargo de la aldea Fernando García de Hita, de donde pasó a la jurisdicción del arzobispado de Toledo. En 1575 el condado de Uceda es enajenado por la corona, y en 1593, por orden de Felipe II se constituye como villa, y permanece como tal dentro de la provincia de Guadalajara, hasta que en la división realizada a mediados del siglo XIX, pasa a formar parte de Madrid.

Villaconejos

CONEJERO

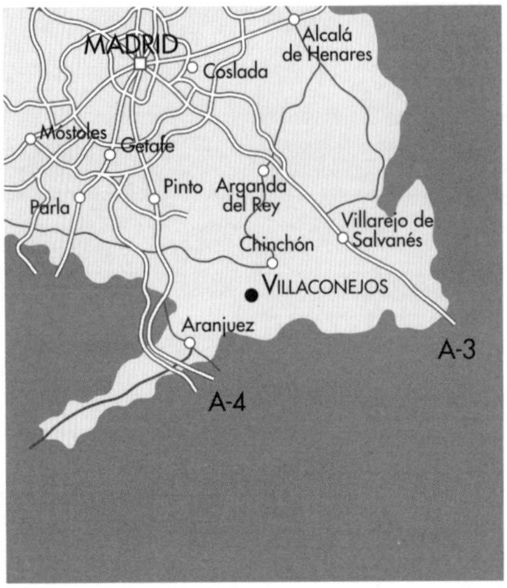

Es desconocida por su historia, y famosa por la calidad de sus melones y por la leyenda que habla de su origen; así como por la existencia de un bandolero del siglo XIX que se lanzó al campo por una riña de amores, conformando una historia que hubiese hecho las delicias de alguno de nuestros autores dramáticos del Siglo de Oro: Lope de Vega, Calderón, Amescua...

Villaconejos, la Villa de los Conejos, a la que algunos dan como asentamiento medieval, resulta que se encuentra situada en una zona atravesada por dos calzadas romanas muy importantes, de ahí que coincidamos con los que hablan de la existencia de una aldea hispanorromana. Una de ellas iba desde Emerita Augusta (Mérida) a Caesar Augusta (Zaragoza), mientras que la otra unía Urci (Huercal) con Flaviobriga (Castro Urdiales). Esos caminos serían posteriormente aprovechados por los árabes, por lo que tampoco parece descabellado afirmar que en una zona de tan importes caminos no hubiese alguna vigilancia por parte de los musulmanes. Aunque de ello no quede ningún vestigio. Quizás por ello habrá que esperar a la Reconquista para hablar de la aparición de un lugar poblado, conocido como la Villa de los Conejos por la cantidad de este tipo de animal que había en los montes próximos.

Conviene aclarar que curiosamente era un animal desconocido para los griegos y romanos, y cuyo nombre es ibero, *kyniklos*, de donde pasó al término latino *cuniculus*, y de ahí a conejo,

La aldea, repoblada por ganaderos y agricultores cristianos, fue cedida por Enrique IV en 1454 al concejo de Segovia, pero unos años más tarde, los Reyes Católicos deciden eximir a una serie de aldeas –Villaconejos, Chinchón, Valdelaguna, Bayona, Ciempozuelos y San Martín de la Vega– de tal concejo, y las otorga a los marqueses de Moya. En el siglo XVIII el rey compra estas poblaciones para dárselas al infante Felipe de Borbón y Farnesio, quien se hará cargo de ellas en 1738, aunque en 1761 será su hermano Luis el que posea el condado. En 1801 su administración pasara a la provincia de Madrid.

La leyenda de Villaconejos, como no podía ser de otra forma, aparece unida a su producto agrícola por excelencia, al melón, esta fruta de calidad excepcional que ha adquirido una fama mundial. Actualmente se venden melones de esta población en numerosos lugares, en tanto que es muy difícil que todos sean de Villaconejos. Cuenta el relato que fue un soldado que había estado guerreando en África a finales del siglo XV, vecino de esta aldea, quien trajo las primeras semillas envueltas en una tela. Este vecino de Villaconejos se retiró a una choza cerca de un terreno cultivable, y allí plantó las semillas, que germinaron perfectamente gracias a las condiciones de la tierra y del agua de esta zona. Desde entonces se ha querido imitar su cultivo en otros lugares de España, incluso copiando la conservación tradicional de colgarlos, pero en ningún lugar se ha dado un melón semejante, ya sea «mochuelo» o «piel de sapo», semejante.

Para aquellos curiosos que quieran conocer más de los melones de Villaconejos, pueden visitar en la población un museo dedicado a esta fruta, único que hay en el mundo con tal fin.

Una leyenda, un romance, una historia en parte cierta y en parte inflada, es la que protagoniza Márgano Martínez, un campesino que por un problema de amores tuvo que lanzarse al monte y hacer la carrera de bandolero a mediados del siglo XIX.

La historia, que sería idónea para nuestros grandes autores dramáticos de siglos anteriores, cuenta que vivía en Villaconejos un joven campesino llamado Márgano, que tenía de novia a Simona. Un día en las fiestas se presentó allí otro individuo vecino de un pueblo cercano que acosó a la joven obligándola a bailar con él. Intervino el novio, y pese a que los presentes mediaron para evitar la pelea, la suerte ya estaba echada. Horas más tarde ambos se buscaron y salieron a relucir las navajas, dando muerte Márgano a su oponente. Detenido por la Guardia Civil fue condenado a cadena perpetua, pero cuando iba a ser trasladado desde el penal de Chinchón a Madrid, consiguió escaparse con otros presos y se refugió en los cerros situados entre los ríos Jarama y Tajuña. Allí formó una partida de salteadores de caminos. No obstante, y como no quería que ninguno de los suyos hiciese daño a los amigos que tenía, les entregó un pañuelo rojo con el que fuesen identificados. El final de la leyenda habla de que nunca fue hecho preso por la Guardia Civil, que nunca volvió a ver a Simona, y que fue uno de sus hombres el que cuando Márgano falleció, le llevó la noticia a la mujer entregándole un pañuelo rojo.

Villa del Prado

PRADEÑO

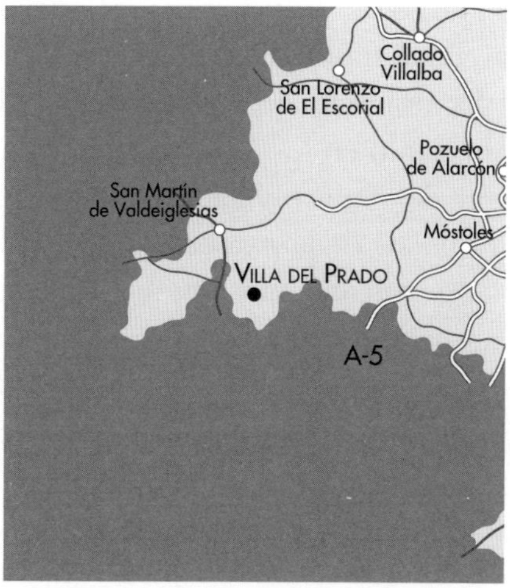

La devoción a la milagrosa Virgen de la Poveda y su creación como aldea en torno al señorío de Alamín; así como una pedanía de este mismo nombre donde se ubica un conjunto de casas con iglesia que ofrecen supuestos fenómenos parapsicológicos, un «pueblo fantasma», conforman la curiosa historia de una población conocida como El Prado, que en el siglo XV alcanzaría el título de villa, y por ello a partir de ese momento se conocería como Villa del Prado.

En las *Relaciones de Lorenzana* podemos leer la importancia de la Virgen de la Poveda:

> Tiene extramuros un santuario o ermita de Nuestra Señora de la Poveda, distante de la villa como cinco cuartos de legua; se dice que esta imagen fue aparecida y se la hace fiesta el día ocho de septiembre de cada año, a la que concurren muchas gentes movidas de su devoción y de muchas promesas que hacen a dicha imagen.

Situada en una zona donde los musulmanes construyeron su red defensiva en torno al río Alberche, en la marca de Toledo, y en el terreno dominado por el castillo de Alamín o Alhamín, una plaza fuerte en un lugar tan conflictivo, se edificaron en su proximidad una serie de cabañas sobre un extenso prado destinado al ganado que se puede considerar como el embrión de El Prado, y, como ya hemos señalado, de Villa del Prado.

En el siglo X el castillo de Alamín, cuyas ruinas hoy están situadas en la provincia de Toledo, fue una zona de permanente conflicto hasta que en el año 1085 y tras la conquista de Toledo, se inició la repoblación cristiana de la zona, que fue entregada por Alfonso VIII al arzobispado de Toledo. Así permanecerá hasta el siglo XV, hasta que se hizo cargo del territorio don Álvaro de Luna, desde la cabecera de sus dominios en Escalona. Tras la caída de este, sus bienes fueron donados a su esposa, Juana Pimentel, quien en el año 1461 entregó parte del señorío de Escalona como dote a María de Luna, hija de ambos, y a su esposo Íñigo López de Mendoza, duque del Infantado. Ese fue el momento en que obtuvo El Prado el título de villa, y cuando cambió de nombre. Pasó por las manos del marqués de Mondejar, y más tarde por las de Diego Vargas, secretario de Felipe II, para retornar en 1627 a la casa del Infantado, a la que perteneció hasta la desaparición de los señoríos a principios del siglo XIX.

La patrona de Villa del Prado, Nuestra Señora de la Poveda, protagoniza, como no puede ser de otra forma, una llegada legendaria a esa población. Con motivo de la riada del río Alberche, un pastor la encontró en el hueco de un árbol. Pudo haber llegado allí con la subida de las aguas, o bien haber estado allí escondida antes la llegada de los árabes, y que la acción del líquido elemento la pusiera al descubierto. Lo cierto es que fue recogida la talla con todo el cariño de los vecinos de la localidad que construyeron una ermita en la parte alta del pueblo. Pero la Virgen desaparecía constantemente del lugar y volvía a aparecer en el hueco del árbol donde había aparecido. Ante ello se decidió construir una ermita en el mismo sitio, en la orilla del Alberche. Esa ermita ha estado más de una vez a lo largo de su historia en peligro de inundación por las subidas del río.

El poblado de El Alamín se ha convertido en los últimos años en un lugar de visita obligada de todos los estudiosos de la parapsicología, dado que se afirma que allí se producen fenómenos paranormales. Aunque también es un centro de reunión de jóvenes los fines de semana para realizar sus fiestas y botellones, con la excusa de ir a la caza y captura de algún fantasma. Este poblado rural fue construido en la década de los años cincuenta del pasado siglo por el marqués de Comillas para los trabajadores agrarios de la zona. Contaba con todo tipo de servicios para hacer vida en él, desde escuelas, hasta bares, pasando por una iglesia, oficina de correos, casas en torno a un desarrollo urbanístico de calles tradicional… Su despoblación se inicio a finales de la década de los ochenta, y poco a poco se quedó totalmente desierto en el año 2000. Desde entonces ha servido de lugar misterioso, con la condición de «pueblo fantasma» y con todo lo que eso entraña.

Villalbilla

VILLALBILLANO

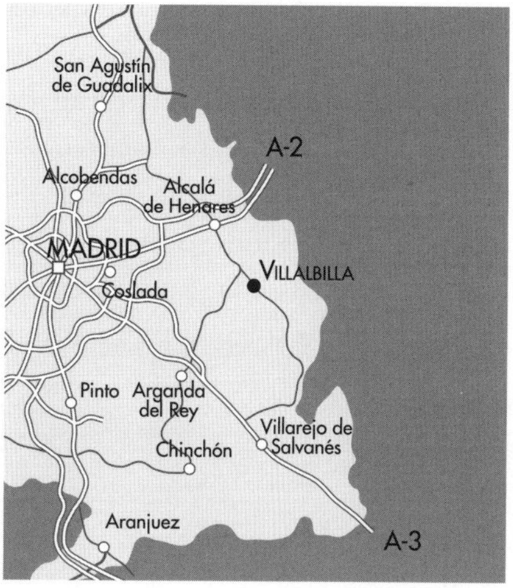

Se habla de la «villa blanquilla», como origen de su nombre, por la cantidad de yeso que hay en la comarca; así como de «albilla», precisamente por el color que da este mineral existente en los montes próximos. Según las *Relaciones topográficas* de Felipe II, «las casas se hacen de yeso y de ello se cría el pueblo».

Sobre su fundación, hay quien defiende que pudo existir allí un asentamiento romano, aunque la teoría más aceptada es que este municipio de la comarca de Alcalá de Henares fue fundado en el siglo XII, momento en el que se le concede el Fuero Viejo a Alcalá y con ello comienza la repoblación de todas las tierras próximas, dependientes del arzobispado de Toledo. A finales del siglo XV su importancia queda reflejada cuando aparece como cabeza de uno de los cuartos en que se dividen las poblaciones dependientes de Alcalá. Y en el siglo XVIII las *Relaciones de Lorenzana* se refieren a esta población indicando que «en algún tiempo fue lugar de señorío, ahora goza de los privilegios de realengo».

Dentro de su historia destaca la existencia de la aldea de los Hueros, que fue municipio independiente hasta que en 1883 se incorporó a Villalbilla, y que tiene su propia importancia destacada también por Lorenzana, quien cuenta que se trata de una antigua ciudad llamada Guria que fue edificada por el rey godo Sisenando, y que quedó destruida por el paso del tiempo y la marcha de sus vecinos, hasta que en tiempos de Felipe II fue de nuevo repoblada.

Además de reseñar las correrías que por estas tierras llevó a cabo durante la guerra de la Independencia, Juan Martín *el Empecinado* con su denominado Batallón de Tiradores de Sigüenza, en algunas obras y guías se habla de la existencia de un tesoro que supuestamente dejarían los árabes en su huida de la comarca alcalaína tras ser derrotados por los

cristianos. Y este tesoro estaría en las proximidades de la vega de Retuenga, formada por el arroyo del mismo nombre que nace en Anchuelo y atraviesa Villalbilla, y al que se conoce con el nombre popular de arroyo del Tesoro. Hasta el momento, y ya han pasado siglos desde que se lanzó al aire esta leyenda popular, nadie, al menos que se sepa, ha conseguido encontrar un tesoro o pieza alguna que suponga tal cosa.

Zona de la vega de Retuenga, atravesada por el arroyo del mismo nombre.

Villamanrique de Tajo

VILLAMANRIQUEÑO

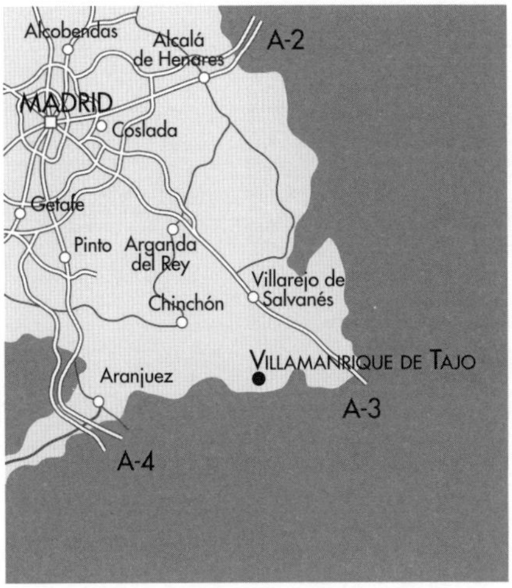

Los nómadas del Paleolítico ya conocían la buena caza que existía en las tierras de la cuenca del río Tajo, como atestiguan los restos hallados dentro del término municipal de Villamanrique, hachas de sílex y cuarcita, y otros instrumentos similares. Pero no solamente ellos supieron aprovechar lo que esta zona ofrecía, como prueba de ello se han localizado diversos vestigios iberos y, naturalmente, romanos. De la época visigoda quedan dos pequeñas necrópolis que estarían próximas a alguna de las villas romanas allí existentes. No obstante, se sigue hablando de un decisivo asentamiento en tiempo árabe, gracias a la construcción del castillo de Alboer o Albuher, y de una aldea establecida a su amparo. Ese lugar contaba con molinos y tierras de labor en el siglo XI; y el castillo, que fue totalmente destruido en la contienda entre Isabel la Católica y Juana la Beltraneja en 1478, delimitaba la zona defensiva de la Marca Media, frontera entre cristianos y musulmanes.

Albuher se convirtió en una encomienda de la Orden de Santiago, pero las guerras civiles de Castilla hicieron que se despoblase el lugar, sobre todo tras la destrucción de la fortaleza, del castillo. De esa aldea tan solo quedó la ermita de Santa María de Albuher, que se convirtió en la iglesia de Villamanrique cuando esta población se fundó gracias a la llegada de algunos vecinos de Pozuelo de Belmonte atraídos por sus fértiles tierras.

La tradición, a medio camino entre la leyenda y realidad, habla de un tal Diego Pérez, vecino de Pozuelo de Belmonte, es decir, del actual Belmonte del Tajo, como de la primera persona que se instaló en aquellas tierras que años atrás habían sido abandonadas por la destrucción del castillo y por una epidemia de peste. No obstante, hay una disparidad de criterios a la hora de hablar de la fundación de Villamanrique. Una de las teorías une su origen al propio topó-

A orillas del Tajo estaría situada la aldea de Alboer o Albuher. De ella tan sólo queda la ermita de Santa María de Albuher.

nimo, y a la pertenencia de las tierras a la Orden de Santiago, ya que entre 1474 y 1477 el maestre de la Orden era Rodrigo Manrique, padre de Jorge Manrique, que además de darle su nombre a la aldea le concedió el título de villa. Aunque quien destruyó el castillo y derrotó al marqués de Villena que era favorable a Juana la Beltraneja, fue Pedro Manrique, segundo duque de Osorno, en 1478. Sin embargo las *Relaciones topográficas* de Felipe II apuntan su fundación en 1527, haciéndose eco de la leyenda de Diego Pérez, mientras que en las *Relaciones de Lorenzana* se habla de que Villamanrique existía en 1368. Como podemos apreciar, una verdadera confusión de fechas, a la que se añade otra más, como es el documento por el que Alfonso VI donaba a la iglesia de Toledo las tierras de Perales, Montroleas, Villmanrique y Villarejo, y todo ello en 1099.

La población, algo ya más grande que una aldea, continuó perteneciendo a la Orden de Santiago hasta que en 1573 fue vendida como villa a Catalina Lasso de Castilla. Posteriormente, ya en 1666 el rey Carlos II la convirtió en condado, y concedió a Francisco Lasso el título de conde de Villamanrique, situación que se mantuvo hasta la desaparición de los señoríos a principios del siglo XIX.

Las epidemias de peste que asolaron diversos pueblos y aldeas desde el siglo XIII al XV, supusieron la aparición de gran número de supersticiones religiosas e invocaciones para evitar el contagio. Aquí, en Villamanrique, encontramos una muy curiosa y bastante completa, que demuestra que es mejor tener la ayuda de varios santos que la

Oficina de Correos improvisada en Villamanrique de Tajo, servicio curioso en pleno siglo XXI.

de uno solo. El texto nos lo aportan las *Relaciones topográficas* de Felipe II: «Se tiene por votos a Santa Fe, y se da en el dicho día caridad en el pueblo de pan y vino y queso por la pestilencia, que se votó y se guarda, y lo mismo el día de San Sebastián, que se tiene vigilia y dan la misma cantidad, es de caridad en el pueblo y propios del concejo, y se fundó por los pobladores que fueron de esta villa, que eran vecinos de Pozuelo y Chinchón, y también se guarda el día de San Gregorio Nacianceno por el cuquillo de las heredades, y todo esto por la pestilencia».

Así mismo, Villamanrique del Tajo se ha unido, desde hace unos años, a la serie de pueblos de la Comunidad de Madrid que celebran durante la Navidad un belén viviente.

Villamanta

VILLAMANTEÑO

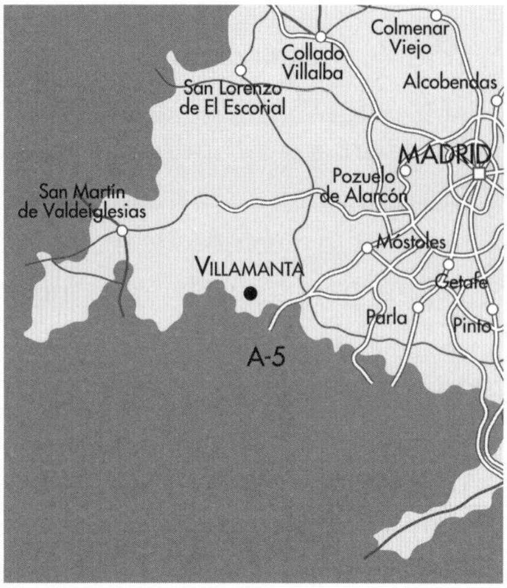

Gloria al Padre, al Hijo y al Espíritu Santo, como era en un principio, ahora y siempre por los siglos de los siglos. Amén.

Se defiende que esa oración fue introducida en el culto cristiano por el papa Dámaso I (san Dámaso) que según la leyenda recogida por las *Relaciones topográficas* de Felipe II, nació en el año 366 en una villa hispanorromana sobre la que creció Villamanta. A esta tradición se une también la teoría legendaria de que la Mantua Carpetanorum romana es el origen de esta población perteneciente a la denominada Sierra del Oeste de la Comunidad de Madrid. El nombre dado por los romanos hace hincapié en una aldea conquistada a los carpetanos y un recuerdo, posiblemente de alguno de los generales que comandaban las legiones, a la ciudad de Mantua. Al menos esta hipótesis no es una idea que haya surgido en nuestros días, ya que aparece tal cual en el siglo XVI, cuando varios cronistas de la época, como Pedro de Esquivel o Ambrosio de Morales, entre otros, lo defienden así por la cantidad de hallazgos de aquel pueblo encontrados allí. Sin embargo en la actualidad se habla más de origen legendario que real, pues Mantua Carpetanorum es disputada por diversos municipios, entre ellos Talamanca del Jarama, Villamantilla, e incluso la propia Madrid. Pero sea de una forma u otra, lo cierto es que todo apunta a que Villamanta tuvo un origen romano, y que su nombre proviene de la deformación de Mantua en «manta», palabra utilizada por sus primeros pobladores. Entonces queda la pregunta en el aire, si los primeros pobladores de la aldea la llamaban «manta», sería por algo ¿o no?

La leyenda, como posibilidad de que se trate de la famosa Mantua Carpetanorum, es recogida, y reafirmada en las *Relaciones topográficas* de Felipe II, ya que allí se dice que «este dicho lugar se llama al presente Villamanta, y por qué se llama así no entiende, ni se sabe, y en cuanto si se ha llamado antiguamente de otro nombre, ciertamente no se sabe más de que el maestro Esquivel, cronista que fue del Emperador don Carlos, Quinto de este nombre y rey de España, nuestro señor, estuvo en este dicho lugar mirando las antiguallas que había en él y la disposición de la tierra y edificios caídos y piedras y letreros de ellas, y echando el astrolabio y midiéndole con el norte halló y dijo que esta población era la verdadera Mantua Carpetanea, nombrada por los cosmógrafos e historiadores antiguos, y que le tenían usurpado el nombre la villa de Madrid llamándose Mantua la Carpetanea, y lo mismo dijo el maestro Ambrosio de Morales que le sucedió en la dicha historia viendo este dicho lugar y los dichos edificios, piedras y letreros de ellas, y que los labradores que tornaron a poblar este dicho lugar pudieron corromper el vocablo y por decir Mantua dijeron Villamanta, como han hecho otros muchos vocablos».

En la Edad Media formó parte del sexmo segoviano de Casarrubios, hasta que en 1629 Felipe IV le otorgó el título de villa, separándolo del sexmo para adjudicarlo al señorío de los condes de Miranda.

Una nueva leyenda, que también forma parte de las *Relaciones topográficas* de Felipe II, apunta que el papa Dámaso I, 37º pontífice de la Iglesia de Roma, nació en la población prerromana sobre la que se asentó Villamanta en el año 366, algo que choca con algunas investigaciones actuales que, si bien mantienen su origen en Hispania, apuntan a una zona de Gallaecia, como lugar de su natalicio. Nombrado papa, desarrolló una amplia actividad durante los casi veinte años que duró su papado. Combatió las diferentes herejías del momento, y con especial vigor el priscilianismo nacido en Galicia. Fue el primero en llamar Sede Apostólica a Roma, impuso como lengua oficial y obligatoria de la Iglesia el latín, desplazando al griego, y dio instrucciones para que se comenzase a llevar a cabo la traducción de la Biblia al latín, creándose así la Vulgata. Falleció en Roma en el año 384.

Villamantilla

VILLAMANTENSE

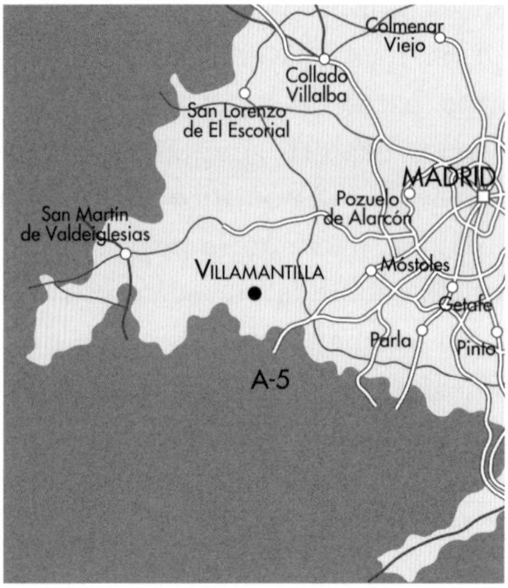

Aunque rivaliza en su origen con Villamanta por los restos romanos encontrados en la zona, e incluso en haber sido la famosa Mantua Carpetanorum, todo parece indicar que Villamantilla fue fundada por vecinos de la anterior que se trasladaron unos kilómetros más allá por no estar de acuerdo con algunas de las obligaciones establecidas, incluso con los impuestos que debían pagar. Por eso se habla de su nombre como un diminutivo del de Villamanta.

De origen pastoril, dicen las *Relaciones de Lorenzana* que «la única memoria que se conserva de la fundación de este pueblo es que, por lo abrigado del sitio (cubierto al norte) unos pastores formaron una choza a la que se agregaron otras, y después se erigieron las casas».

Dependiente del sexmo de Casarrubios, dentro del concejo de Segovia, obtuvo una cierta separación, que no fue total, de la ciudad del acueducto con el rey Felipe III, y no fue sino hasta el año 1629 cuando con Felipe IV se le otorgó el privilegio de villazgo a cambio del pago de 17 000 maravedíes por legua, tras la negociaciones realizadas por un vecino de la localidad, Alonso Lucero. Desde ese momento pasaron estas tierras por diferentes manos, Bartolomé de Espinosa, los marqueses de Perales…, y aunque los señoríos fueron abolidos por la Constitución de Cádiz de 1812, curiosamente el rey Alfonso XII en 1895, crea el título de marqués de Villamantilla de Perales.

Un «milagro» del siglo XVIII, mitad leyenda, mitad realidad, a juzgar por los documentos que sobre este hecho existen, es la aportación de este municipio a nuestro estudio. En él intervienen las abejas, la cera y los exvotos, una mezcla que aparece reflejada en las *Relaciones de Lorenzana*, y que habla de cómo estos insectos pusieron la cara roja a una mujer que faltó a su promesa ante san Antonio de Padua, venerado en Villamantilla, al pedir al santo que curarse una mano de uno de sus hijos.

Para no tener que entrar a discernir entre lo que es realidad y lo que resulta ficción, nos vamos a ceñir a la narración que ofrece las *Relaciones*.

> Certifico yo, don Antonio Vicente de Sossa, cura propio de esta parroquial de Villamantilla, que habiéndosele descompuesto la mano izquierda, habrá como cuatro años, a un niño llamado Aquilino Antonio, hijo legítimo de Bernabé Antonio Núñez y Juana Agudo, naturales y vecinos de dicha villa, y mandado su madre una mano de cera a una efigie de san Antonio de Padua que se venera con suma devoción en este pueblo, y por olvido natural no haber cumplido su madre la oferta, acaeció que, estando el dicho Bernabé cuidando sus colmenas, observó una de ellas muy arrebozada y cubierto cuasi todo el corcho de abexas por espacio de tres o cuatro días y, admirado de que, sin embargo los calores fuertes que hacían dichos días, no salía la enxambre, dispuso, contra la práctica que hay en esta tierra, que es esperar a que salga, sacarla, y al tiempo abrir brecha para introducir el humo, se levantó el témpano, sacando una figura de cera correspondiente a la mano izquierda, que le hizo acordar a la madre su oferta, que ya ha cumplido, siendo más particular que queriendo el referido Bernabé haberla deshecho, un hijo suyo, hermanito del Aquilino, dijo «No la deshaga usted, padre; la llevaré para que madre la vea», todo lo cual me consta puntualmente, por tratar a esta honrada familia.

El documento del cura párroco está firmado el 27 de junio de 1787.

No obstante, el propio cardenal Lorenzana rechaza la teoría de que esa mano de cera, que tenía seis dedos, fuese un milagro, sino un fenómeno de la naturaleza.

> Se me ha presentado la mano de cera y, reconocido que tiene seis dedos y procede de las varias labores que hacen los enjambres, sin que haya fundamento para creer que este hecho ser milagroso, ni para pasar a las diligencias que prescribió el señor Urbano VIII, he mandado se suspenda todo procedimiento, pues, aunque sea muy laudable el recuerdo del voto, también es constante que ninguno puede poner, por su autoridad, manos de cera en los altares sin que preceda licencia del ordinario.

Villanueva de la Cañada

VILLANOVENSE

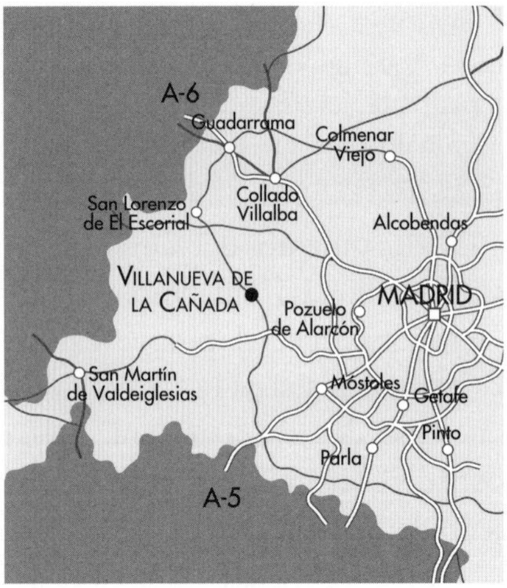

Una población nacida de la leyenda, tan defendida por sus vecinos que siempre ha permanecido unido al nombre de Villanueva el de La Despernada, contándose en la población con una escultura de esa legendaria mujer sin una pierna, o con una rotura en una de sus extremidades, ocupando un lugar de privilegio junto al antiguo Ayuntamiento, debida a la artista Mercedes Durán.

Dos historias, dos leyendas, una misma protagonista: una mujer, y una misma aportación, el nombre de una aldea.

Cuentan las *Relaciones topográficas* de Felipe II que «este lugar se dice el lugar de La Despernada, y es por razón que antiguamente la majestad de los serenísimos reyes don Juan y don Enrique, últimos de estos nombres, tenían a un cuarto de legua de este lugar una dehesa y bosque entre medio de este lugar y el lugar de Valdemorillo, que es a la parte de septentrión como se va a la villa de El Escorial y en el dicho bosque tenían unos palacios antiguos, que al presente están despoblados y caídos, y hoy día hay una puerta de ellos en este lugar, y el sitio aunque está asolado, arado y plantado de viñas que es en un alto, se dice hoy día Los Palacios, y en el mojón de este bosque y dehesa estaba puesta una estatua de piedra en figura de mujer en medio del camino real que iba por ello, y va desde Segovia a Toledo, y pasa por en medio de este lugar, y pasando gentes por el camino, tirando piedras acertaron a quitar una pierna a la dicha estatua y la despernaron. Y de allí quedó a este lugar por nombre La Despernada, porque antes y hasta allí se llamaba Villanueva de la Cañada, por ser y estar en una cañada del camino…».

La otra historia es la que cuenta que en una cacería que se estaba realizando en un bosque próximo, una princesa tuvo una caída del caballo y se rompió una pierna. Para que curase la fractura se quedó un tiempo inmovilizada viviendo en una de las cabañas de caza, comenzando a llamarse el lugar La Despernada por ella.

Los primeros asentamientos en la zona parecen provenir de la Edad del Bronce, aunque generalmente no se habla de una población más o menos estable hasta la llegada de los musulmanes, que construyeron sus cabañas alrededor de una laguna que usaban como abrevadero, y que presumiblemente construyeron el castillo de Villafranca, cerca del río Aulencia, por lo que también se conoce como castillo de Aulencia, formando parte de la línea defensiva contra los cristianos del norte. Esta fortaleza, hoy en día en estado semirruinoso, fue aprovechada por los cristianos tras la reconquista de esas tierras. Se apunta como fecha de su construcción el siglo XIV. Cuenta con una barbacana y una planta cuadrada de unos veinticinco metros de lado, destacando la torre del homenaje que tiene unos veinte metros de altura; junto a ella hay ocho torres cilíndricas.

Su importancia creció con la llegada de pastores segovianos que establecieron en la zona sus refugios, y más tarde hay constancia de que se construyó una venta al borde del camino real. En las *Relaciones topográficas* de Felipe II se habla de «tratarse de un anejo a Valdemorillo», de donde se independizó en la segunda mitad del siglo XV.

Hasta finales del siglo XVI se mantenían los dos nombres, el de Villanueva y el de La Despernada, y a partir de entonces pasó a ser conocida como se la conoce en la actualidad.

Se mantuvo unida a las Tierras de Segovia, hasta que a principios del siglo XIX se desvinculó y pasó definitivamente a la provincia de Madrid, dentro del partido de Navalcarnero.

Villanueva de Perales

VILLANOPEREALENSE

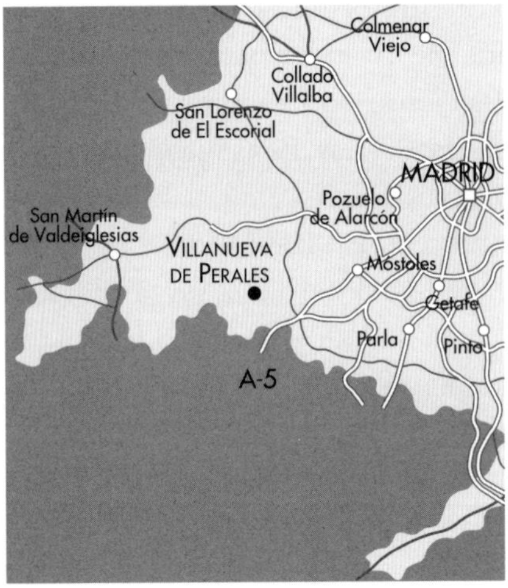

Había un pueblo llamado Perales de la Milla fundado tras la Reconquista posiblemente por pastores, que pertenecía a la Comunidad de Ciudad y Tierra de Segovia, integrado en el sexmo de Casarrubios, que contaba con restos de núcleos romanos de pequeña importancia, hoy en día conocido como Caserío de Quijorna. Se han encontrado fragmentos de cerámica y dos estelas sepulcrales del siglo I, que según Ortega Rubio decían: «A los dioses Manes. Emilio Elavo Etúrico, licenciado del ejército, de edad de cincuenta y cinco años. Su hijo Saturnino le puso este monumento. Séate la tierra ligera», y, «A los dioses Manes. Britto Vlazquiz Dático, de edad de setenta años. Séate la tierra ligera». Con el paso de los años se fue despoblando debido a la labor de la trashumancia y a la búsqueda de pastos, construyendo cabañas los pastores en otra zona próxima, de manera que surgió una nueva aldea que sin embargo pasó a depender de Perales. Esto ocurrió aproximadamente a mediados del siglo XV. El nuevo asentamiento se llamó la Villa Nueva de Perales, y más tarde Villanueva de Perales, pero siempre dependiente de Perales de la Milla.

La población tomó parte activa en 1520 en la revuelta de los comuneros, a favor de estos, y una vez fracasada la sublevación, los vecinos tuvieron que pagar una fuerte multa al conde de Chinchón. En el siglo XVIII forma parte del señorío del marqués de Perales. En 1820, Villanueva se constituyó en Ayuntamiento propio y dejó de depender de Perales de Milla, población que se despobló rápidamente. En 1833 pasa a formar parte de la provincia de Madrid, dentro del partido judicial de Navalcarnero.

El patrón de Villanueva de Perales es el «Santísimo Cristo de la Campana», protagonista de una de las leyendas más curiosas que se pueden encontrar en la Comunidad. Cuenta que había un buey pastando en una zona conocida como cerro Campanero, cuando excavando la hierba con sus patas descubrió una talla de un Cristo en la cruz y junto a él una campana. Y de ahí aparece esta tradicional devoción al Cristo de la Campana que se celebra en esta localidad el día 3 de mayo.

También la Virgen tiene su protagonismo en esta población, y curiosamente enlaza con la brujería pero no en el sentido negativo que siempre se ha dado a brujos y brujas. Precisamente por el desarrollo de esta leyenda se conoce a los habitantes de Villanueva como «brujos».

Había una talla de la Virgen por la que entraron en litigio los habitantes de de Villanueva de Perales y los de Villamantilla. Tras fuertes disputas, se acordó que la imagen se colocase en la iglesia del segundo pueblo. Pero al día siguiente la Virgen apareció en la iglesia del primero, sin que se pudiese comprobar que había sido robada y trasladada. La operación se repitió cuantas veces se la colocó en Villamantilla, de forma que si la Virgen estaba en su iglesia durante la noche, siempre amanecía en Villanueva. Por lo tanto se cambió la decisión, y la imagen pasó a reposar en la segunda población, ya que todos los vecinos reconocieron que «prefería estar en Villanueva». Este episodio hizo que en la comarca se hablase de que los vecinos de Villanueva de Perales habían recurrido a la brujería para quedarse con la Virgen, y de ahí el sobrenombre o mote de «brujos».

Villanueva del Pardillo

PARDILLANO

Hasta el siglo XVIII encontramos una aldea dependiente de Galapagar que era conocida como El Pardillo, perteneciente al condado del Real de Manzanares del ducado del Infantado. A principios de ese siglo, en 1702 adquiere el rango de villa, por lo que a partir de ese momento incluye en su denominación «Villanueva», para demostrar que había alcanzado un estado superior a cuando era simplemente El Pardillo.

El origen de su primitivo nombre emana de una leyenda muy popular, que refiere que sobre el siglo XI llegó hasta allí un pastor al que se conocía como Pardo, y que fue quien primero construyó una cabaña en la que refugiarse para cuidar el ganado. Esta tradición está reflejada en las *Relaciones topográficas* de Felipe II, cuando se afirma que «se ha oído decir que se nombra así porque el primero que empezó a fundar la primera casa en el dicho lugar se llamo Fulano del Pardo». Pero hay unas reflexiones mucho más cultas. Y así se buscan diferentes explicaciones filológicas para el topónimo. Una de ellas apunta a que se puede tratar de un derivado de «parar», aplicado en el sentido de lugar de parada o paradero; otra indica que se podría tener como una referencia de un lugar con paredes y sin techo, un lugar destinado a resguardarse durante la caza. Esta última quiere justificar esta idea en la cita que de la zona de Pardo hay en el *Libro de la montería* de Alfonso XI: «El monte de sobre El Pardo es un buen monte de puerco en invierno, y en tiempo de los panes, y es en el Real de Manzanares. Y es la vocería en el camino desde la Foz de las Gallinas a Santa María del Retamar, y la otra encima de la cumbre. Y son las armadas en el camino que va desde Galapagar a la casa del Pardo, y que está a ojo de la casa». Pero aun hay más, puesto que también se habla de pardal, palabra aplicada a los que vivían en las aldeas tras la Reconquista por vestir ropa generalmente de color pardo. E incluso se apunta a la palabra latina *paries*, que en castellano ha dado origen a pardina, y que se define como monte bajo de pasto.

Enclavada la población en el entorno de la sierra de Guadarrama, entre dos macizos montañosos de esta sierra y de la de Gredos, y aunque no se pueda hablar de un asentamiento estable hasta la llegada de los cristianos del norte, lo cierto es que en esta zona se han encontrado algunos vestigios del paso de los romanos. De acuerdo con ellos, y considerando su proximidad a Galapagar por donde pasaba la calzada romana que iba desde Segovia a Madrid a través del puerto de la Fuenfría, se habla de la existencia de un núcleo habitado próximo al camino, e incluso de una villa agrícola.

Saltando en el tiempo, debemos avanzar hasta su inclusión en el Real de Manzanares, y en Galapagar, que logra en 1523 su titulación de villa, quedando la aldea de El Pardillo bajo su jurisdicción, situación que se solucionará cuando en 1702 compre la categoría de villa y pueda independizarse en la administración de justicia y contar con jurisdicción propia. Como ya hemos señalado es precisamente en esa fecha cuando es «villa nueva» y adopta el nuevo nombre. El 1799 pasa a formar parte de Madrid, y en 1812 se desvincula del condado de Manzanares al abolirse este tipo de señoríos por la Constitución de Cádiz.

No obstante, hay pocos datos de la evolución de esta población dado que sus archivos quedaron destruidos, al igual que prácticamente todo el pueblo, durante la Guerra Civil por los combates que se registraron en esa zona próxima a Brunete, en julio de 1937. El pueblo fue reconstruido por la actuación del programa de la Dirección General de Regiones Devastadas, lo que supuso la construcción de una nueva población sobre los restos de la antigua.

Como una de las curiosidades que ofrece Villanueva del Pardillo, destacaremos la existencia del Museo de la Sastrería Histórica, iniciativa comenzada en el año 2000, que ofrece en el Centro Municipal de Mayores una evolución histórica de la vestimenta, así como trajes de personajes de las principales obras literarias, y regionales.

Villar del Olmo

VILLAREÑO

En día tan señalado,
Virgencita, te pedimos
bendice a Villar del Olmo
y a los aquí reunidos,
en día tan señalado.

Este fragmento pertenece a una canción popular que se canta en Villar del Olmo a Nuestra Señora de la Soledad, patrona de la población, a quien una leyenda considera la autora del milagro que evitó una epidemia de cólera que hizo estragos a mediados del siglo XIX en toda esa zona de Madrid, y que causó numerosas muertes en las localidades próximas de Ambite, Orusco y Carabaña.

Su nombre proviene de los árboles que había en la zona donde se instauró el pueblo, y que pese a la deforestación sufrida con el paso de los siglos, aún era importante en el siglo XVIII, ya que en las *Descripciones de Lorenzana* hay una referencia a «una alameda que está a la orilla del arroyo, poblada de álamos negros y de una altura o elevación regular». No obstante, como siempre hay interpretaciones para todos los gustos, incluiremos aquí la tradición relatada por un vecino del lugar, quien afirma que el nombre se debe a que las primeras casas se levantaron en torno a un álamo formando una especie de plaza a su alrededor.

En cuanto al origen de la población, y aunque generalmente se remonte a la Reconquista, cuando un grupo de agricultores se asentó allí, se puede destacar que ya en la Edad del Bronce en estas tierras hubo diferentes grupos humanos, que pudieron habitar en las diferentes cuevas que hay en la zona, como por ejemplo en la Peña Rondán. Del periodo celtibero se han encontrado dos poblados, uno es el denominado El Servo, considerado como una defensa estratégica con murallas levantadas de piedra y dos torres circulares en su entrada principal, y el de Las Caleras. También hay pruebas de la presencia romana, como es la presa de El Paredón, en el arroyo de la Vega. A partir del siglo XI el

Visión de Villar del Olmo desde el bosque próximo a la población.

territorio quedará bajo el arzobispado de Toledo, y en 1214, al igual que la otra aldea próxima, Villar del Olmo pasará a manos de caballeros segovianos en agradecimiento por su apoyo al rey Alfonso VIII en la lucha contra los almohades. Al moverse la frontera entre musulmanes y cristianos hacia el sur, la población pasará a depender de Alcalá de Henares. En 1561, la aldea compra su independencia y recibe el título de villa, pero unos años después pasa a manos de Juan de Ocón y Trillo quien funda en 1609 el mayorazgo de Villar del Olmo. De ese señorío no se podrá desvincular hasta la desaparición de este tipo de concesiones a principios del siglo XIX.

Además de la leyenda que ya hemos comentado sobre la Virgen que protegió a los vecinos de la población contra la epidemia de cólera que se dio en esta zona en 1855, hay que mencionar otra relacionada con un cierto convento de San Bartolomé, hoy en día inexistente, y que supuestamente fue templario, pero sobre ello no hay más constancia que una breve referencia en las *Relaciones de Lorenzana* de 1782, donde se apunta esta existencia a través de relatos de los vecinos de la localidad.

Villarejo de Salvanés

VILLAREJERO

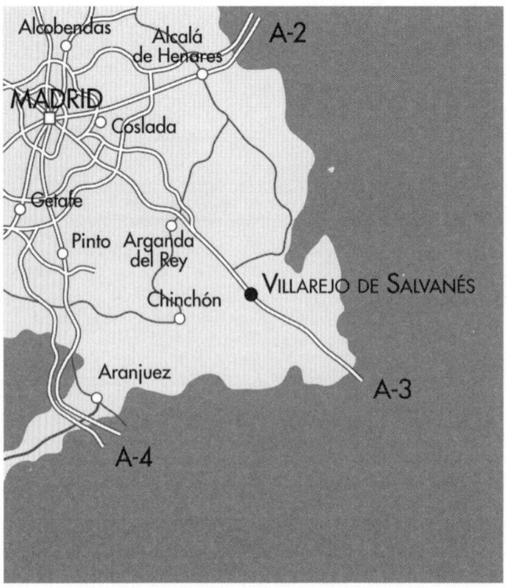

Una aldea abandonada por la insalubridad del lugar, las epidemias y la muerte de varios de sus habitantes, conocida como Salvanés, que se encontraba cerca de Estremera, y el paso de sus vecinos a otra zona de mejor tierra es el origen de Villarejo de Salvanés. Su historia está plagada de hechos curiosos, desde la propia fundación, hasta la construcción del castillo más importante que existe en la Comunidad, su ocupación por la Orden de Santiago, y su protagonismo en determinados hechos históricos importantes, pasando por las peleas de esta y la Iglesia de Toledo, que llegó incluso a amenazar a los caballeros y a los habitantes de la población con la excomunión. Y todo ello sin olvidarnos de las leyendas surgidas alrededor de la Virgen, de Nuestra Señora de la Victoria de Lepanto.

El origen del topónimo se suele relacionar con una antigua villa hispanorromana, de donde vendría Villarejo, y de los vecinos que abandonaron Salvanés, nombre que podría referirse a un diminutivo de sauce. En cuanto a su origen, y aunque la primera noticia que hay de algún asentamiento data del año 1099, cuando Alfonso VI dona el valle de Salvanés, junto con otras tierras, a la Iglesia de Toledo, el hallazgo a finales del siglo pasado del yacimiento arqueológico de Santa María, a unos cinco kilómetros de la población, apunta a que este municipio de la cuenca del río Tajo, existía de alguna forma en época de los carpetanos, y que también tuvo presencia romana, visigoda y posteriormente musulmana. En este último aspecto destaca la importancia que tuvo el castillo levantado allí posiblemente durante el siglo XIV como defensa en una zona de lucha constante de cristianos y almorávides. No obstante, lo que está presente siempre en todos los documentos que hablan de esta población es que su origen se encuentra ligado a la primitiva aldea de Salvanés, próxima a Estremera, que fue abandonada por resultar insana y nociva para la vida. Recordemos que el propio pueblo de Estremera fue fundado también por el abandono de los vecinos de otro lugar próximo, cuya aldea fue destruida por las hormigas.

Las *Relaciones topográficas* de Felipe II aportan documentación a esta situación. «Se transplantó en su propio término de un pueblo que se decía Salvanés y por se haber pasado se nombra el dicho nombre de Villarejo de Salvanés».

Sobre la fecha aproximada, se apunta hacia el último tercio del siglo XIV, aunque hay quien lo considera anterior y lo vincula a la construcción del castillo, aunque en este caso también hay un problema de fijación de un año e incluso siglo, pues se habla del XII y también del XV. En ambos casos sería una población que aprovecharía los muros defensivos para asentarse a su alrededor. El baile de fechas está también en la entrega que hizo Alfonso VIII a la Orden Militar de Santiago para que consiguiese estabilidad en la zona y defendiese los territorios del río Tajo de los ataques de los musulmanes. Como la Iglesia de Toledo había poseído todas las aldeas que habían aparecido en la comarca según se había ido produciendo la retirada de los árabes, y como la Orden de Santiago también se hizo cargo de estas, la disputa entre unos y otros no se hizo esperar. Por ello encontramos una curiosidad histórica ligada a Villarejo de Salvanés, como es la amenaza para todos los vecinos de las villas que estaban bajo el dominio de la orden de excomunión, si no aceptaban estar bajo la iglesia toledana. La solución fue llegar a un acuerdo por el que los santiaguistas pagaban un diezmo a la Iglesia por sus aldeas. Es decir, que una vez más el acuerdo fue económico.

A finales del siglo XV, Villarejo de Salvanés fue considerada cabecera de la Encomienda Mayor de Castilla de la Orden de Santiago, lo que aumentó su importancia en el reino y supuso que esta población tuviese una cierta influencia en los conflictos entre Juana la Beltraneja e Isabel la Católica en su lucha por hacerse con el reino de Castilla. Dado que el marqués de Villena, que poseía importantes propiedades en la región, apoyó a la primera contra la segunda, al ser derrotado, serán los Reyes Católicos los que tomen la comarca bajo su mandato, incluida la administración de la Orden de Santiago, quedando su máxima categoría, maestrazgo, en manos del rey. De esta forma el comendador será designado directamente por el propio soberano. Esta postura se mantiene y a lo largo de los siglos serán designados nobles

Restos del castillo de Villarejo de Salvanés, una de las fortalezas más importantes de la Comunidad, debida a la Orden de Santiago.

de gran influencia, que en muchos casos más que preocuparse por la encomienda, se ocupan de su propio patrimonio. Esta situación contribuye a una especie de descomposición de la orden que entra en plena decadencia. A principios del siglo XIX la Encomienda Mayor de Castilla se desintegra y sus dominios están en manos de la nobleza.

Destacamos de Villarejo, por la importancia que ha tenido en su desarrollo histórico, el castillo que tuvo un papel principal en el asentamiento de la Orden de Santiago, y de la población que surgió en su entorno y que contribuyó al nacimiento de un nuevo pueblo. Aunque, como ya hemos dicho, hay una cierta disparidad en cuanto a las fechas de su construcción que abarcan desde el siglo XII al XV, se puede afirmar gracias a las excavaciones que se han llevado a cabo, que hay partes de diferentes etapas: la torre del homenaje sería del siglo XIV, la fortaleza como tal podría ser anterior... Hoy en día tan solo se conserva la torre.

Al ser un pueblo con tan dilatada historia y estar en medio de disputas y unido a una orden militar, Villarejo de Salvanés no podía por menos que contar con una leyenda mariana, con una advocación a la Virgen, esta vez bajo la forma de Nuestra Señora de Lepanto, protagonista de dos leyendas singulares.

La primera nos aproxima al combate de la cristiandad contra los turcos en el golfo de Lepanto, y al comendador mayor de Castilla, Luis de Requesens, quien luchó en esa batalla naval, y quien se encargó de que se levantase el convento de Nuestra Señora de la Victoria de Lepanto, y ocupase allí un lugar de privilegio la imagen de la Virgen que llevaba en su galera. El relato afirma que este caballero se encomendó a la imagen cuando se vio rodeado por las naves enemigas y que gracias a sus rezos y a la intervención de la Virgen pudo salir airoso. Se le suele dar el mismo protagonismo que el que tiene el Cristo de Lepanto que viajaba en el barco de Juan de Austria.

En segundo lugar, es la propia Virgen la que decide dónde quiere estar. Se trata de una leyenda que ya hemos visto en otras ocasiones, y que siempre se ha empleado para afirmar que la imagen desea quedarse para ser honrada en un pueblo y no ir a otro. En este caso, cuando era trasladada la imagen desde Valencia hacia Madrid, al pasar por Villarejo y quedarse allí los carreteros que la transportaban a pasar la noche, la Virgen decidió que aquel debía ser el lugar donde debía estar, de tal forma que al amanecer y cuando se quería reiniciar el camino, los bueyes se negaron, y todos comprendieron que era allí donde debería quedarse.

Un hecho histórico importante es el conocido como alzamiento de Villarejo de Salvanés, intento de golpe de Estado encabezado por Juan Prim el 3 de enero de 1866, contra Leopoldo O'Donnell e Isabel II, a quienes se consideraba un obstáculo para el progreso de España.

Para tal fin, el general Prim organizó el alzamiento de varios cuarteles de las poblaciones próximas a Madrid para entrar en la capital y tener éxito en su golpe. Saliendo de Madrid, se dirigió a Villarejo de Salvanés, donde realizó una proclama y puso rumbo a Madrid con sus tropas. Por el camino le fueron abandonando diversos compañeros de aventura, de forma que antes de llegar a la capital abandona la intentona y huye hacia la localidad toledana de Madridejos y de allí hacia Badajoz, desde donde pasará a Portugal.

Villaviciosa de Odón

VILLAVICIOSERO

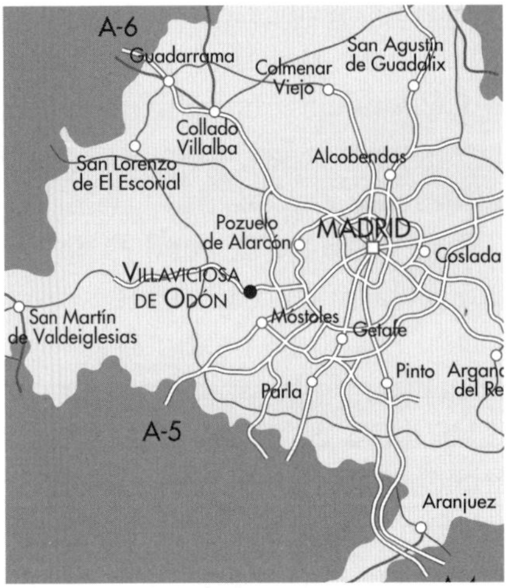

Villaviciosa es una de las poblaciones de la Comunidad de Madrid elegida por las hadas para instalarse, o a menos eso es lo que nos cuenta María Luisa Gefaell en un libro delicioso dedicado a sus hijas en el que aborda su estancia veraniega en ese lugar y la existencia de las hadas. Menos espiritual, «feérico», y más legendario es la existencia de Calalifa como origen musulmán de Odón, y muchos siglos más tarde, y gracias al rey Fernando VI, Villaviciosa.

La leyenda cuenta que el califa Abderramán III iba con sus tropas hacia el norte, en su campaña contra Simancas, sobre el año 939, cuando se detuvo en las proximidades de la orilla izquierda del río Guadarrama. Estaban disponiendo el campamento, cuando se produjo un eclipse de sol, lo que fue entendido como una señal por parte del califa. Entendiendo que aquel era un lugar especial, ordenó la construcción de una fortificación allí mismo, y según el relato del cronista árabe Ibn Hayyan, quedó una guarnición al cuidado de las obras que se iniciaron en el 940. Muy pronto Catalifa o el «Castillo del Califa», se convirtió en una pequeña ciudad amurallada que custodiaba el camino entre Toledo y Guadalajara, y lo defendía ante los ataques cristianos. Esta fortificación ha sido considerada históricamente como el embrión de Villaviciosa.

Tras la llegada de las fuerzas castellano-leonesas en el siglo XII, y la situación fronteriza más al sur, la fortificación fue perdiendo interés estratégico y se poco a poco se inició la marcha de la población hacia otras zonas de más interés y posibilidades agrícolas. Así se despobló y los vecinos se trasladaron a un paraje próximo donde se creó una nueva aldea que se llamó Odón. No está muy claro el porqué de este nombre, aunque Sebastián de Cobarrubias dice que se trata de un nombre hebreo que puede traducirse como «colorado o rubio», y apunta que quizás se deba a un apellido o apodo de uno de los vecinos que iniciaron la construcción de la nueva aldea. Quién sabe. En cuanto a Villaviciosa, parece proceder del título de la población y viciosa viene del latín *vitiosus* que puede traducirse en una de sus acepciones como «abundante». Estaríamos en consecuencia ante «la abundante villa de Odón» o con «la abundante villa del colorado».

A finales del siglo xv los marqueses de Moya que reciben la población de Odón, junto con otra próxima, Sacedón de Canales, bajo su señorío, construyen un castillo sobre los restos del musulmán, que aún hoy en día se conserva tras haber pasado por diversas restauraciones. La influencia que tenía este marquesado en la corte, le fue reconocido por Carlos I otorgando al tercer hijo de los marqueses el título de conde de Chinchón. Durante la guerra de las Comunidades, en 1521, los comuneros segovianos y madrileños arrasaron la fortaleza palacio existente en Odón. No obstante, gracias a la petición de los vecinos de esta población y de Sacedón, Felipe II autorizó al tercer conde de Chinchón, Diego Fernández de Cabrera y Bobadilla, a que levantase de nuevo el castillo. En el siglo xvii la población fue vendida a la corona convirtiéndose en real sitio.

En 1759 el palacio existente en Villaviciosa será el lugar de retiro de Fernando VI tras la muerte de su esposa, Bárbara de Braganza. Y es en esta época cuando la población adopta el definitivo nombre de Villaviciosa de Odón. En ese mismo lugar estuvo preso por espacio de un mes Manuel Godoy en 1808, tras el motín de Aranjuez.

Hay una historia deliciosa referida a Villaviciosa y protagonizada por una mujer, María Luisa Gefaell, que pasaba allí el verano junto a sus hijas, y que les dedicó la obra *Las hadas de Villaviciosa de Odón*. No sabemos si ella o alguna de sus dos hijas, Sol y Maitina, las vieron, o si ella misma se encontró con alguna, o si bien todo es una sucesión de cuentos enlazados sobre estos seres que habitan entre nosotros sin que los podamos ver. Sea de una forma o de otra, no podía dejar pasar esta oportunidad sin mencionar las diez narraciones que sobre diferentes hadas se nos ofrecen.

También, parece ser, que los objetos volantes no identificados visitaron Villaviciosa allá por el 16 de mayo de 1851. Una luz blanquecina en forma de cruz que emitía destellos de diversos colores pudo ser vista en el cielo por numerosas personas. Tras unos minutos se desvaneció tan misteriosamente como había aparecido. ¿Extraterrestres o fenómeno atmosférico?

Villavieja del Lozoya

VILLAVIEJANO

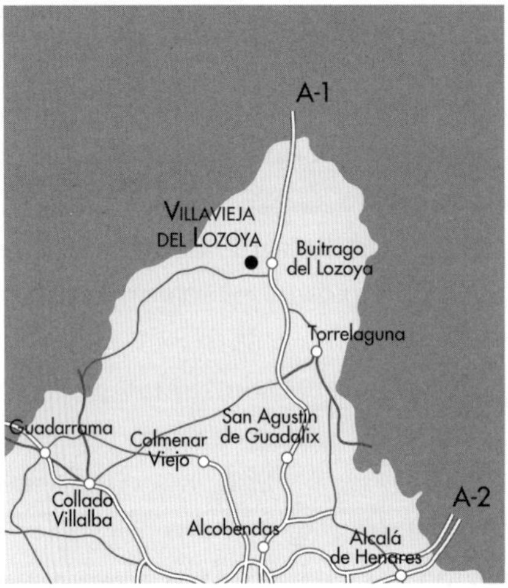

Una cabaña de un pastor que se construyó en un lugar denominado Zarzoso por la cantidad de zarzas que había, como refugio donde resguardarse mientras el ganado pastaba, puede ser el origen de esta, primero aldea, y más tarde población, surgida a la sombra de las tierras de Buitrago. No obstante, hay autores que no descartan la posibilidad de la existencia allí de un cierto asentamiento árabe, aunque no está muy claro, ya que tan solo se basa en la existencia de una puerta que podría ser de este estilo y que se data en el siglo XI, aunque para algunos expertos es mudéjar y del siglo XIV. No obstante, como aldea perteneciente al valle del Lozoya, no sería extraño que tuviese ese origen, pero…

Como ya hemos visto, su nombre inicial era Zarzoso, por la cantidad de zarzas que allí había, y se trataba de un asentamiento eventual relacionado con el aprovechamiento de los pastos. El primer documento en el que se menciona data de 1485, dentro de las ordenanzas que regulan para las Tierras de Buitrago el sistema de riegos para los pastos. Hay que tener en cuenta que en esa zona se cruzaban cuatro cañadas y seis coladas (zonas de tránsito a los pastos).

Con la calificación de villa, Zarzoso cambia su nombre por el de Villavieja del Lozoya, aplicando la antigüedad a su denominación y la proximidad del río. En 1492 también aparece mencionada en la relación de las propiedades que tienen los judíos tras la orden de su expulsión de España.

Siempre ha estado unida a la evolución de Buitrago de Lozoya, y regido por este municipio, integrando el cuarto de Braojos. En el siglo XVIII está unida a la casa del Infantado, donde permanecerá hasta mediados del siglo XIX.

Una tradición ancestral es la del Berraco, y aún hoy en día se puede visitar el Corte del Berraco. Lugar donde se guardaba el semental que pertenecía a todo el pueblo.

Zarzalejo

ZARZALEJEÑO

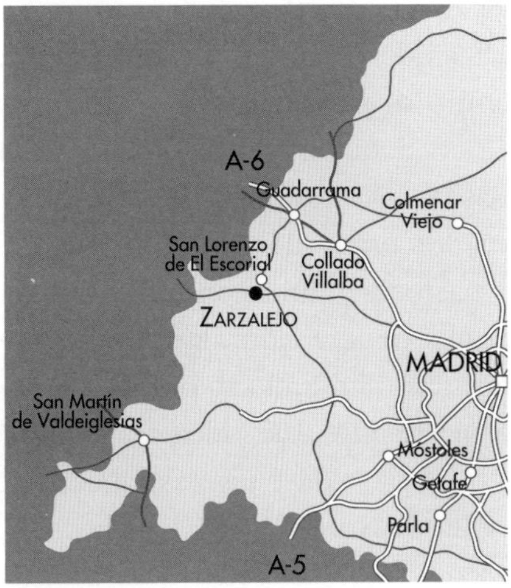

Los vecinos de Zarzalejo tiene desde el siglo XVI el mote de «caribes», ya que según la leyenda ante la posibilidad de que fuese cerca de su aldea donde se construyese el monasterio que quería llevar a cabo Felipe II, su oposición fue tal que el propio monarca tuvo que pensar en otra ubicación, no sin antes mostrar su enfado, y referirse a los habitantes del lugar como «tan indómitos como los indios caribes». Pero si bien el rey cambió la localización del monasterio de El Escorial, no dejó sin sancionar aquella afrenta, condenando a los zazalejeños a tener que pagar un alto tributo a la corona, una dote anual al monasterio, y a dar piedra de sus canteras para la obra.

Se dice que Zarzalejo había sido el lugar ideal para tan magna construcción, ya que la existencia de numerosas canteras de granito en su término y la habilidad de sus habitantes de tallar la piedra, fue considerada muy importante por los constructores. No obstante, de ser real esta idea, se vendría abajo la otra leyenda que apunta a que el monasterio de El Escorial se construyó en ese lugar por ser una de las bocas del infierno.

Quizás una de las razones que llevaron a estos «indios caribes» a la madrileña, a rebelarse, fue la de no querer compartir con ningún santo el protagonismo de la Virgen, pues de acuerdo con la leyenda mariana de Zarzalejo se cuenta que cuando la zona era aún un espeso bosque, un grupo de pastores contempló la aparición de la Virgen sobre una zarza. Este lugar fue considerado sagrado y allí se edificó una iglesia y a su alrededor la aldea. No obstante hay una razón menos sacra, y es la de la existencia en la zona de numerosas zarzas en donde se recogían moras.

De todas formas, como ocurre en otros pueblos de la Comunidad, se han encontrado restos de asentamientos humanos de la época prehistórica, en el yacimiento de las Machotas y en las canteras de granito. También se han encontrado varios tramos de una calzada romana, posiblemente secundaria, que se uniría con la de Cercedilla y que correspondería a la que iba desde Mérida hasta Zaragoza.

Pero, naturalmente, y debido al lugar serrano que ocupa, también se habla de que fuesen los musulmanes los que fundasen un primer asentamiento estable. De todas formas, la primera noticia que se tiene del pueblo data del siglo xii, cuando tras la Reconquista la zona fue repoblada por ganaderos segovianos e incorporada al sexmo de Casarrubios del Monte. En el siglo xiv aparece mencionado en el *Libro de la montería* de Alfonso XI, y hasta el siglo xvii permaneció unida a Robledo de Chavela, cuando consiguió segregarse y formar un municipio propio.

En las *Descripciones de Lorenzana* se indica que «nada hay cierto acerca del tiempo ni principio de su fundación. Solo se tiene por tradición de los antiguos que, con motivo de apacentarse ganados en su distrito, construyeron los pastores algunas chozas o cabañas en que, procreando algunas familias, fueron fomentando su población, que primeramente, fue aldea de la ciudad de Segovia y después pasó a serlo de la villa de Robledo de Chavela».

En 1769, los vecinos entablaron un pleito contra el duque de Canzano, que consiguieron ganar, abandonando así el régimen señorial, para pasar a tributar únicamente a la corona.

BIBLIOGRAFÍA

ACASO, Francisco: *Leyendas de la sierra de Guadarrama*, Madrid: Fundación Cultural Cercedilla, 1991.

A.I.E.M.: *La Ordenanza de Colmenar Viejo*, Madrid, 1982.

A.I.E.M.: *Fuentes para el conocimiento histórico-gráfico de algunos pueblos de la provincia de Madrid en el último cuarto del siglo XVIII*, Madrid, 1979.

A.I.E.M.: *Notas geográfico-históricas de los pueblos de la actual provincia de Madrid en el siglo XVIII*, IAEM: Madrid, 1979.

ALCOBENDAS FERNÁNDEZ, M.: *Crónicas de Algete*, Madrid, 1995.

ALEJO MORATILLA, L.: *Villar del Olmo, un desconocido en la historia,* Ayto. de VIllar del Olmo: Madrid, 1994.

ALEMÁN, M.: *Guzmán de Alfarache*, Cátedra, 1987.

ALONSO DE QUINTANILLA, M.: *Sevilla la Nueva y su historia*, Ayto. de Sevilla la Nueva, 1998.

ÁLVAREZ EZQUERRA, A.: *Relaciones topográficas de Felipe II*, CSIC: Madrid, 1989.

ÁLVAREZ LAVIADA, P.: *Chinchón histórico y diplomático.*

AMER, J.: «El milenario reino de Patones», *Revista Historia y Vida*, n.º 45, diciembre, 1971.

ANDRÉS JALVO, F.: *Alpedrete*, Madrid: Don Bosco, 1933.

ARCIPRESTE DE HITA: *Libro de buen amor*, Madrid: Espasa Calpe, 1997.

ARENAS MURILLO, I.: *El castillo de Villaviciosa de Odón*, Comunidad de Madrid, 1991.

AVISÓN, J. P.: *La sierra de Guadarrama*, Madrid, 1998.

AYARZAGÜENA: *La villa de Perales y su historia*, Ayto. de Perales, 1988.

AYUNTAMIENTO DE COLMENAR VIEJO: *Guía histórica de Colmenar Viejo,* 2000.

AZAÑA, E.: *Historia de Alcalá de Henares*, facsímil, 1986.

BAILLO, R.: *Valdemoro*, Ayto. de Valdemoro, 2001.
BANGO, Isidro: *La iglesia de San Martín de Valdilecha*, Guadalajara: Alcarria, 1998.
BARBADO, L.: *Érase una vez Tres Cantos*, Madrid: Iniciativas de Tres Cantos, 1997.
BAREA GONZÁLEZ, B.: *Valdemorillo: historia y presente*, Editorial Polonus, 1993.
BARTOLOMÉ, E.: *El Nuevo Baztán. Un caso singular*, Ayto. de Nuevo Baztán, 1971.
BAUSA ARROYO, J.: *Historia de Navalcarnero*, Ayto. de Navalcarnero, 1998.
BLAS BENITO, J.: *Olmeda de las Fuentes*, Madrid: Comunidad de Madrid, 1989.
BORROW, G.: *La Biblia en España*, Madrid: Alianza Editorial, 2008.
BOX MARÍA-COSPEDAL, A.: *Cadalso de los Vidrios*, Madrid: Ayto. de Cadalso de los Vidrios, 1999.
CABALLERO ZOREDA, L.: *El grupo de atalayas de la sierra de Madrid*, Madrid: CSIC, 1990.
CALLEJA GUIJARRO, T.: *Romances del Tuerto de Pirón*, Madrid: Hijos de Minuesa, 1981.
CANTO, A.: *El turismo en la provincia de Madrid*, Madrid: Diputación Provincial de Madrid, 1958.
CARDENAL LORENZANA: *Transcripciones de los manuscritos de las respuestas al cuestionario enviado por el cardenal Lorenzana. (Relaciones)*, Madrid: Biblioteca Nacional.
CARO BAROJA, Julio: *Ensayo sobre la literatura de cordel*, Madrid: Itsmo, 1990.
CARRERO PÉREZ, L.: *El castillo y la villa de Fuentidueña*, Madrid: Comunidad de Madrid, 1990.
CERVERA VERA, L.: *Desarrollo y organización de las obras del monasterio de El Escorial*, Madrid: IAEM, 1985.
CHAVES, Ángel: *Recuerdo de Madrid*, Universidad de La Rioja, 1991.
COMUNIDAD DE MADRID: *Romancero tradicional de la provincia de Madrid*, 2001.
— *Fortificaciones y recintos amurallados*, Madrid, 2000.
CORELLA SUÁREZ, P.: *Leganés, su arte e historia*, Madrid, Ayto. de Leganés, 1987.
COSANO GARCÍA, J.: *Monografía de Manzanares*, Documadrid, 1981.
COTARELO, J.: *Manual de la provincia de Madrid*, Documadrid, 1981.
CRISTÓBAL LÓPEZ, V.: *Romance del Capellán*, 1996.
DIEGO ARRIBAS, J.: *Morata de Tajuña*, Madrid: Diputación de Madrid, 1981.
DIÉGUEZ PATAO, S.: *Brunete: estudio de un pueblo adoptado*, Documadrid, 1981.
DOCUMADRID: *La cuenca alta del Manzanares y Rascafría*, Madrid: Comunidad de Madrid, 1999.
— *El valle del Henares (I)*, Madrid: Comunidad de Madrid, 1999.
— *El valle del Henares (II)*, Madrid: Comunidad de Madrid, 1999.

DOCUMADRID: *De las ciudades del suroeste a las vegas del sur del Guadarrama*, Madrid: Comunidad de Madrid, 1999.
— *En torno al Alberche*, Madrid: Comunidad de Madrid, 1999.
— *Del valle del Lozoya al embalse de El Vellón*, Madrid: Comunidad de Madrid, 1999.
— *El valle del Jarama*, Madrid: Comunidad de Madrid, 1999.
— *Las grandes ciudades del norte y el camino de la sierra*, Madrid: Comunidad de Madrid, 1999.
— *Camino de Andalucía*, Madrid: Comunidad de Madrid, 1999.
— *Tierras de Buitrago*, Madrid: Comunidad de Madrid, 1999.
— *Arganda, Chinchón y la vega del Tajuña*, Madrid: Comunidad de Madrid, 1999.
— *El oeste de Madrid*, Madrid: Comunidad de Madrid, 1999.
— *El puerto de Navacerrada y El Escorial*, Madrid: Comunidad de Madrid, 1999.
— *Aranjuez y la vega del Tajo*, Madrid: Comunidad de Madrid, 1999.
DOTOR, A.: *Los castillos de Manzanares el Real y Buitrago*, Madrid: IAEM, 1970.
DOTU, J.: *Origen y significado de los nombres de los pueblos de la Comunidad de Madrid*, Madrid: J. D. Ediciones, 1997.
FERNÁNDEZ GARCÍA, M.: *Pezuela de las Torres, lugar y villa*, Madrid: Ayto. de Pezuela de Torres, 1988.
— *El rey de los patones*, Madrid: Tierra de Fuego, 1987.
— *Montejo, aldea de la villa de Buitrago*, Madrid: IAEM, 1976.
— *Buitrago y su tierra*, Madrid: IAEM, 1976.
FERNÁNDEZ, A.: *Pueblos con leyenda de la Comunidad de Madrid*, Madrid: Ediciones La Librería, 2008.
FERNÁNDEZ IBERO, F.: *Miraflores de la Sierra*, Madrid, 1953.
FRADEJAS LEBRERO, J.: *Geografía literaria de la provincia de Madrid*, Madrid: CSIC, 1958.
FRAILE, J. M.: *Cuentos de tradición oral madrileña*, Madrid: Consejería de Cultura, 1982.
GACETA DE MADRID: *Decreto del cambio de nombres de ayuntamientos el 2 de julio de 1916.*
GARCÍA DIEGO, V.: *Leyendas de España*, Labor, 1953.
GARCÍA DOMINGO, J.: *Lozoya, pueblo y valle*, Madrid: Gráficas Juma, 1997.
GARCÍA GUTIÉRREZ, F.: *Historia de Meco*, Madrid: Ayto. de Meco, 1989.
GASCO BERMEJO, S.: *Breve historia de la villa de Moralzarzal*, Ayto. de Moralzarzal, 1998.
GEFAELL, M. L.: *Las hadas de Villaviciosa de Odón*, Anaya, 2004.

GIL, B.: *Cancionero popular*, Madrid: Tres, Catorce, Diecisiete, 1981.
GÓMEZ GÓMEZ, L.: *San Martín de Valdeiglesias*, Madrid: Lorama, 1995.
GÓMEZ RUIZ, A.: *Fuenlabrada, cinco siglos de historia*, Ayto. de Fuenlabrada, 1998.
GONZÁLEZ, Tomás: *Censo de las provincias y partidos de la corona de Castilla*, Ministerio de Economía, 1982.
GONZÁLEZ GUADALIX, J.: *Miraflores de la Sierra*, Madrid: Centreur, 1994.
GONZÁLEZ HERNÁNDEZ, C.: *Ambite de Tajuña.*
GONZÁLEZ SANZ, J.: *Pedrezuela en sus documentos*, Madrid: Tierra de Fuego, 1989.
GUTIÉRREZ RUEDA, L.: *Robledo de Chavela, un pueblo en la historia*, Comunidad de Madrid, 2004.
HURTADO, Antonio: *Colección de leyendas*, Madrid: Ed. Luis Jaime, 1870.
HURTADO FERNÁNDEZ, C.: *Colmenar de Oreja y su entorno*, Madrid: autor-editor, 1991.
LERALTA, J.: *Pueblos y paisajes de Madrid*, Madrid: Ediciones La Librería, 1998.
— *Cuentos, leyendas y anécdotas de Madrid (I y II)*, Madrid: Sílex, 2001.
Libro de la montería de Alfonso XI.
LÓPEZ CARCELÉN, P.: *Atlas ilustrado de la Comunidad de Madrid*, Madrid: Ediciones La Librería, 2006.
LÓPEZ Y LÓPEZ DE LERENA, V.: *Historia de la villa de Valdemoro*, 1875.
MADOZ, Pascual: *Diccionario geográfico-estadístico-histórico de España*, Madrid: Giner, 1981.
MARÍN BLASCO, F: *Santorcaz, un pueblo con historia*, Madrid: autor-editor, 1998.
MARÍN PÉREZ, A.: *Guía de Madrid y su provincia*, 1891.
— *Guía histórica del monasterio de San Lorenzo de El Escorial*, Editorial Maxtos, 2008.
MARTÍN CASTILLO, M.: *Fiestas del judas*, Madrid: Consejería de Agricultura, 1991.
MARTÍN ORTEGA, A.: *Historia de la villa de San Agustín*, Escuela de Minas, 1954.
MATEOS CARRETERO, J.: *Parla. Del realengo en Madrid al señorío de Malpica*, Ayto. de Parla, 2006.
MAYORAL MORAGA, M.: *Camarma de Esteruelas de la aldea medieval a la villa moderna*, Madrid: Ayto. de Camarma, 1998.
MENESES GARCÍA, E,: *Origen de San Sebastián de los Reyes*, Madrid: Ayto. de San Sebastián de los Reyes, 1998.
MERINO ARRIBAS, J. M,: *Torrejón de Ardoz, una historia viva*, Ayto. de Torrejón de Ardoz, 1996.
MERINO DE MESA, J.: *La villa de Alalpardo a través de la historia*, Ayto. de Alalpardo, 2006.

MIGUEL Y ECED, C.: *La vía romana a su paso por Cercedilla*, Madrid: Diputación de Madrid, 1980.

MOHÍNO CRUZ, A.: *El título de la villa de Torrelodones*, Ayto. de Torrelodones, 2004.

MONTEJANO MONTERO, I.: *Crónica de los pueblos de Madrid*, Madrid: Asamblea de Madrid, 1990.

MONTERO GARCÍA, L.: *Crónica de San Sebastián de los Reyes.*

MORCILLO ESTEBAN, V.: *San Martín de Valdeiglesias*, Diputación Provincial de Madrid, 1890.

MORENO CASANOVA, J.: *La villa de Guadarrama en las ordenanzas de 1580*, CSIC, 1990.

MORENO LACASA, M.; Brunete en reconstrucción.

MORENO VILLABA, F.: *Alcorcón. Historia, literatura, leyenda*, Colección Alcorcón, 1990.

MORÓN GARCÍA, M.: *Pozuelo de Alarcón.*

MUÑOZ MARTÍNEZ, E.: *Ciempozuelos*, Ayto. de Ciempozuelos, 2000.

Navalagamella: Historia y patrimonio, Ayto. de Navalagamella, 2001.

ORTEGA RUBIO, J.: *Historia de Madrid y de los pueblos de su provincia*, Madrid, 1921.

PASCUAL, María. T.: *Fuente el Saz del Jarama*, Ayto. de Fuente el Saz, 1980.

PAVÓN MALDONADO, B.: *Las fortalezas islámicas en Ribas de Jarama y Cervera*, Madrid: CSIC, 1982.

PAZ SERRANO, T.: *Rascafría: historia y arte*, Madrid: Este Oeste, 1990.

PÉREZ ROBLEDANO, F.: «La Vaquilla (Los Molinos)», *ABC*, 1994.

PÉREZ SOMARRIBA, P.: *Villanueva del Pardillo*, Ayto. de Villanueva, 1975.

PERIS BARRIO, A.: *Móstoles*, de pequeña aldea a ciudad populosa, Madrid: autor-editor, 1998.

— *Villa del Prado*, Madrid: autor-editor, 1997.

PLUTARCO: *Vidas Paralelas (Sertorio y Eumenes)*, Madrid: Aguilar, 1964.

PONZ, A.: *Viaje por España*, Madrid: Atlas, 1972.

QUEVEDO: *El Buscón*, Madrid: Espasa Calpe, 1982.

REDONDO ALCAIDE, M.: *Villarejo de Salvanés: una historia viva*, Madrid: Cuétara, 1994.

— *Humanes de Madrid desde su historia*, Madrid: Cuétara, 1992.

Relaciones topográficas de Felipe II, Madrid: CSIC, 1993.

RÍO, A.: *Atlas de geografía e historia de la Comunidad Autónoma de Madrid*, Editorial Educativa, 1991.

ROJO, T.: *El año en que se fundó Navalcarnero*, Madrid: Ayto. de Navalcarnero, 1996.

RUIZ APARICIO, C.: *El innovador Juan de Goyeneche*, Nerea, 2005.

SÁNCHEZ MECO, G.: *El Escorial. De comunidad de aldea a villa de realengo*, Ayto. de El Escorial, 1995.

SÁNCHEZ VIGIL, Juan Miguel: *Un mago en la corte: cuentos y leyendas de la Comunidad de Madrid*, Madrid: Editorial Gaviota, 1998.

— *El valle del Tajuña*, Madrid, Albia, 1991.

— *Carabaña*, Madrid, autor-editor, 1992.

SANZ Y ONRUBIA, G.: *Torrelaguna. La patria de Cisneros.*

TORRES BALBÁS, L.: *Talamanca y la ruta olvidada del Jarama*, Academia de la Historia, 1960.

URRUTIA, J.: *Cubas, la desconocida*, Madrid, Secretariado Reina del Cielo, 1991.

VACAS, Luis Antonio: *Apuntes para la historia de Collado Villalba*, Alpedrete y los Serranos, Madrid: Diputación Provincial.

VALDEZATE, J.: *Algete*, villa y tierra.

VERA ÍÑIGUEZ, E.: *Historia de Nuestra Señora de la Virgen de la Fuensanta.*

VIANA GIL, F.: *Alcalá de Henares, historia, tradiciones y leyendas*, autor-editor, 2008.